D1727826

Schriftenreihe

Management – Forschung und Praxis

Hrsg.: Prof. Dr. Gerd-Michael Hellstern
Lehrstuhl für Verwaltungsökonomie und -management
FB Wirtschaftswissenschaften
Universität Gh Kassel

Band 1

ISSN 1615-1151

Verlag Dr. Kovač

Peter Belker

Leitbilder
für Veränderungsmanagement

Wie Qualität und Innovation
zusammenwirken

Verlag Dr. Kovač

VERLAG DR. KOVAČ

Arnoldstraße 49 · 22763 Hamburg · Tel. 040 - 39 88 80-0 · Fax 040 - 39 88 80-55

Die Deutsche Bibliothek - CIP-Einheitsaufnahme

Belker, Peter:
Leitbilder für Veränderungsmanagement : wie Qualität
und Innovation zusammenwirken / Peter Belker. –
Hamburg : Kovač, 2000
(Management ; Bd. 1)
Zugl.: Kassel, Univ., Diss., 1999

ISSN 1615-1151
ISBN 3-8300-0123-1

© VERLAG DR. KOVAČ in Hamburg 2000

Für Betty, Emily und Julia

für meine lieben
Freunde

Andrea, Michael & ...

Euer

Peter

Madrid, 20. V. 2000

Geleitwort des Herausgebers

Qualität oder Innovation?

Mit der Zielvorstellung, strategische Wettbewerbspotentiale zu realisieren, erlangten in den achtziger und neunziger Jahren Managementkonzepte Verbreitung, die sich als Paradigmenwechsel bisheriger Konzepte verstanden und zu einer grundlegenden Neustrukturierung von Unternehmen führen sollten. In einem auffallenden Gegensatz zur Bedeutung von derartigen Reorganisationsprozessen in der Praxis steht deren wissenschaftliche Durchdringung.

Während die Notwendigkeit zum Verändern in Unternehmen weitgehend erkannt wird, fehlt es zwischen der Erkenntnis und der Umsetzung an Maßnahmen, die bewirken, daß organisatorische, technische und wirtschaftliche Anpassungen Verhaltensänderungen induzieren, die die Wettbewerbsfähigkeit nachhaltig steigern. Ziel der Untersuchung ist, aus den bisherigen Managementkonzepten entsprechende Gestaltungsfelder und notwendige Instrumente eines Veränderungsmanagements aufzuzeigen, um die internen Ressourcen eines Unternehmens so zu entwickeln, daß dauerhaft die Wettbewerbsfähigkeit gewährleistet wird.

Bisher, so die Ausgangsthese, wurden in den Konzepten Instrumente zur Qualitätssicherung und Innovation weitgehend konfliktär entwickelt, wie z.B. die Betrachtung von Total Quality Management, Kaizen, Business Reengineering, Lean-Management oder Innovationsmanagement zeigt. In einer vom Wettbewerb geprägten Umwelt können Unternehmen jedoch nur erfolgreich sein, wenn es gelingt, unternehmerisches Handeln an Qualität und an Innovation auszurichten, d.h.

Perfektion und Kreativität, Standardisierung und Flexibilisierung bzw. Normung und Differenzierung als komplementäre Mechanismen zu begreifen.

Eine Diskussion der Wirkungszusammenhänge auf Grundlage der Erkenntnisse der Neuen Institutionenökonomik erkennt im Vertrauensmanagement und Lernen den Schlüssel für ein Gestaltungsmanagement, das dieser Forderung gerecht wird. Der Mitarbeiter rückt als zentrale Verknüpfung zwischen den Prinzipien und Anforderungen beider Leitbilder in den Mittelpunkt der Untersuchung.

Die Regulierung der Austauschbeziehungen zwischen dem Unternehmen und seinen Mitarbeitern und die Analyse des Vertrauens zur Verhinderung destruktiver Spiele und als Voraussetzung für Selbststeuerung werden zum zentralen Thema. Die Fähigkeit zu Lernen wird zum Katalysator, der es ermöglicht, diese Prozesse zu beherrschen und die Dimensionen Qualität und Innovation miteinander in Einklang zu bringen. Umzusetzen ist dieses Konzept innerhalb der zentralen Gestaltungsfelder Mitarbeiter-, Kunden- und Prozeßorientierung.

Der wissenschaftliche Beitrag der Untersuchung besteht vor allem darin, daß er zu einem besseren Verständnis der in der Beratungspraxis gängigen Konzepte verhilft und eine gemeinsame Umsetzungsgrundlage für diese schafft. Die Diskussion um die aktuellen Konzeptionen wird durch Hinweise auf die kritischen Erfolgsfaktoren des Gestaltungsmanagements bereichert. Die vorliegende Arbeit vermittelt dabei richtungsweisende Anregungen für eine gezielte Weiterentwicklung der betriebswirtschaftlichen Managementkonzepte, die für den Praktiker wie für den Wissenschaftler gleichermaßen wertvoll sind.

Kassel, Dezember 1999   Gerd-Michael Hellstern

Inhaltsverzeichnis

Tabellen- und Abbildungsverzeichnis

Abkürzungsverzeichnis

a.a.O.	am angegebenen Ort
Abb.	Abbildung
ASQ	Administrative Science Quarterly
asw	Absatzwirtschaft
Aufl.	Auflage
Bd.	Band
BfuP	Betriebswirtschaftliche Forschung und Praxis
bspw.	beispielsweise
BVW	Betriebliches Vorschlagswesen
CAD	Computer Aided Design
CIM	Computer Integrated Manufacturing
CIP	Continuous Improvement Process
CWQC	Company Wide Quality Control
D.	Deutschland
d.h.	das heißt
DBW	Die Betriebswirtschaft
ders.	derselbe
DfA	Design for Assembly
DGQ	Deutsche Gesellschaft für Qualität e.V.
DIN	Deutsches Institut für Normung
DoE	Design of Experiments
dt.	deutsche
EFQM	European Foundation for Quality Management
EN	Europäische Norm
EOQ	European Organization for Quality
EQA	European Quality Award
et al.	et allii
F.	Frankreich
FAZ	Frankfurter Allgemeine Zeitung
FB/ IE	Fortschrittliche Betriebsführung und Industrial Engineering
FMEA	Fehler-Möglichkeits-und-Einfluß-Analyse
FuE, F+E, F&E	Forschung und Entwicklung
GB	Großbritannien
HBM	Harvard Business Manager
HBR	Harvard Business Review
HM	Harvard Manager
HoQ	House of Quality
Hrsg.	Herausgeber
I.	Italien
i.Brg.	im Breisgau
i.e.	it est
i.w.S.	im engeren Sinn
i.e.S.	im weiteren Sinn
IFAS	innovationsförderliches Anreizsystem
IMD	International Institute for Management Development
IMVP	International Motor Vehicle Program
Innov.	Innovation(en)
Irl.	Irland

ISO	International Standardizations Office
J.	Japan
Jg.	Jahrgang
JiT	Just-in-Time
JUSE	Union of Japanese Scientists and Engineers
KFZ	Kraftfahrzeug
M&M	Marktforschung und Management
m.E.	meines Erachtens
MBNQA	Malcolm Baldrige National Quality Award
Mio.	Millionen
MIR	Management International Review
MIT	Massachusetts Institute of Technology
NIST	National Institute for Standards and Technology
Nr.	Nummer
NUMMI	New United Motor Manufacturing Inc.
o.J.	ohne Jahr
o.Jg.	ohne Jahrgang
o.S.	ohne Seitenangabe
o.V.	ohne Verfasser
PDCA	Plan Do Check Action
ppm	parts per million
QC	Quality Control
QFD	Quality Function Deployment
QK	Qualitätskontrolle
QS	Qualitätssicherung
Qual.	Qualität
QZ	Qualität und Zuverlässigkeit
R&D	Research and Development
S.	Seite(n)
SBAG	Selbstbestimmte Arbeitsgruppe
SDWT	Self Directed Work Team
Sp.	Spanien
SPC	Statistical Process Control
Std.	Stunden
TBM	Time Based Management
TIP	Täglich im Programm
TOP	Time Optimized Process
TQC	Total Quality Control
TQM	Total Quality Management
u.a.	und andere/ unter anderem
UK	United Kingdom
USA	United States of Amerika
Vgl.	Vergleiche
WiSt	Wirtschaftswissenschaftliches Studium
WiSu	Das Wirtschaftsstudium
z.B.	zum Beispiel
ZfB	Zeitschrift für Betriebswirtschaftslehre
ZfBf	(Schmalenbachs) Zeitschrift für betriebswirtschaftliche Forschung
zfo	Zeitschrift Führung-Organisation
ZFP	Marketing-Zeitschrift für Forschung und Praxis

1 Qualität und Innovation als Herausforderungen im Wettbewerb

Die vorliegende Analyse beschäftigt sich mit zwei abstrakten Begriffen, die häufig im Zentrum unternehmerischen Gestaltens gesehen werden: Qualität und Innovation. Ihre Bedeutung liegt darin, daß beide auf Grund ihrer spezifischen Wirkungsmechanismen über den Erfolg und den Mißerfolg von Unternehmen im Wettbewerb entscheiden. Qualität gilt in jedem Bereich unternehmerischer Tätigkeit als Maßstab für die Güte der Leistung, an ihr müssen sich die einzelnen Mitarbeiter und Manager ebenso messen lassen wie ganze Branchen. Auch Innovationen sind häufig erfolgskritisch. Sie lassen ganze Märkte entstehen oder Unternehmen untergehen. Beide Begriffe geben in grundsätzlicher, allgemeingültiger und abstrakter Form Ziele eines Unternehmens und damit seine angestrebten Verhaltensweisen vor. Qualität und Innovation können daher als grundlegende Bestandteile eines generellen Leitbildes für und in Unternehmen oder sogar als eigenständige Leitbilder[1] angesehen werden.

Qualität und Innovation können sich aber auch gegenseitig beeinträchtigen, hemmen, unter Umständen sogar ausschließen, wie zahlreiche Beispiele in der betrieblichen Praxis belegen. Eine neue Modellreihe (eine Innovation) hat mit „Kinderkrankheiten" (also Qualitätsmängeln) zu kämpfen. Die Umstellung von Prozessen (Prozeßinnovation) führt zu einem vorübergehenden Anstieg der Fehlerraten (einem Maßstab für Qualität). Ein innovatives Produkt wird nur schwer vom Markt angenommen, weil die Kunden sich auf die Qualität des bisherigen Produktes verlassen. Paradoxerweise sind Innovationen aber auch Voraussetzung

---

1) Vgl. Hodel, M.: Organisationales Lernen - dargestellt an der Erarbeitung und Implementation eines durch Mind Mapping visualisierten Qualitätsleitbildes, Hallstadt 1995, S. 129f.

für Qualität, denn die Marktanforderungen ändern sich und verlangen nach neuen Lösungen. Es stellt sich die Frage: <u>Sind Qualität und Innovation vorwiegend komplementäre oder konfligierende Leitbilder,</u> bzw. unter welchen Bedingungen und Voraussetzungen verhalten sie sich komplementär zueinander und wann hemmen sie sich gegenseitig?

1.1 Übersicht über den Aufbau der Analyse

Ziel dieser Untersuchung ist es, differenziert das Verhältnis von Qualität und Innovation zu untersuchen. Dabei kann auf eine Fülle von Veröffentlichungen zum Thema Qualität und zum Thema Innovation zurückgegriffen werden. Grundlegende Veröffentlichungen zum Thema Qualität <u>und</u> Innovation finden sich dagegen bisher nicht.

Dieses Vorgehen will keinen neuen Managementansatz kreieren, sondern vielmehr Grundlagen schaffen, um die unüberschaubare Vielzahl bestehender Ansätze des Veränderungsmanagements besser einordnen und bewerten zu können und sie durch diese theoretische Fundierung für die Unternehmenspraxis besser nutzbar zu machen. Das Hauptanliegen der Analyse ist darin zu sehen, daß ein tiefergehendes Verständnis des Zusammenwirkens von Qualität und Innovation geschaffen werden soll.

Dazu wird zunächst der Bezug zu den konkreten Wirkungskräften des Wettbewerbs und in einem zweiten Schritt zu praktizierten und aktuell diskutierten Managementkonzepten hergestellt, die aus unterschiedlichen Perspektiven versuchen, Qualität und/ oder Innovation in Unternehmen umzusetzen. Hierauf aufbauend werden die Begriffe Qualität und Innovation definiert, klassifiziert und ihre

2

Interdependenzen untersucht. Daran schließt sich die theoretische Ableitung von Ansatzpunkten zur parallelen Umsetzung der beiden Leitbilder im Unternehmen an. Hieraus folgt die Deduktion konkreter Gestaltungsempfehlungen. Die Argumentationskette folgt einer Sequenz von Praxisbezug, Theoriebildung und Praxisempfehlung.

Dieses Untersuchungsdesign bildet inhaltlich und formal die Basis für die vorliegende Analyse. Kapitel 1 beschäftigt sich im Anschluß an diesen Überblick kurz mit dem herausragenden Stellenwert von Qualität und Innovation im internationalen Wettbewerb.

Die Untersuchung der Konzepte des Veränderungsmanagements ist Gegenstand des 2. Kapitels. Eine Reihe von Managementkonzepten ordnen sich dem Leitbild Qualität unter. Sie lassen sich in ihren sehr unterschiedlichen Wirkungen miteinander vergleichen und werden am Endes des Kapitels 2.1 verschiedenen Leistungsniveaus zugeordnet. Bei Kaizen, Lean-Ansätzen, Reengineering und Innovationsmanagement kann im Gegensatz zu den vorgenannten Konzepten kaum von einem einheitlichen Leitbild gesprochen werden. Ihre Wirkungsmechanismen werden zunächst sequentiell, danach im Zusammenhang zueinander und im Vergleich mit Total Quality Management untersucht. Dadurch lassen sich die Konzepte des Veränderungsmanagements charakterisieren und in bezug auf den Stellenwert, den sie Qualität und Innovation und weiteren Leitbildern einräumen, bewerten. Die beobachtbaren Defizite und Leistungsfähigkeiten der Managementkonzepte erlauben Hinweise darauf, welche Gestaltungsfelder bei der Übertragung der Ergebnisse im fünften Kapitel zu berücksichtigen sein werden.

Im 3. Kapitel werden kurz die Leitbilder Standardisierung und Flexibilität analysiert, die als grundlegend für das Verständnis von Qualität und Innovation identifiziert worden sind. Vor diesem Hintergrund kann Qualität als wesentlicher Erfolgsfaktor gekennzeichnet werden. Dazu werden die Dimensionen und Merkmale von Qualität unter Berücksichtigung unterschiedlicher Auffassungen und Verständnisse eingehend erörtert. Insbesondere wird auf Qualitätshemmnisse eingegangen, um weitere Grundlagen für die Gestaltung eines qualitätsorientierten Veränderungsmanagements zu schaffen. Innovationen werden als Basis für die erfolgreiche Bewältigung von Diskontinuitäten erkannt. Auf der Grundlage eines linearen und eines evolutorischen Innovationsverständnisses werden in Analogie zum Qualitätsbegriff Arten, Wirkungen und Merkmale von Innovationen untersucht. Insbesondere wird auf den Begriff der Kreativität eingegangen. Innovationshemmnisse stellen das Gegenstück zu den Qualitätshemmnissen dar. Im Anschluß werden die beiden Leitbilder miteinander verglichen. Dabei wird eine Reihe von Konvergenzen und Divergenzen identifiziert. Ihre Analyse zeigt, daß es möglich ist, Qualität und Innovation in der betrieblichen Praxis miteinander zu vereinbaren. Dem Lernen kommt in diesem Zusammenhang eine besondere Bedeutung zu.

Das Kapitel 4 ist der Frage gewidmet, wie Unternehmen die Integration beider Leitbilder verwirklichen können. Dazu wird auf die Erkenntnisse der Neuen Institutionenökonomik zurückgegriffen. Unternehmen werden als Institutionen zur Bewältigung langfristiger, komplexer und unsicherer Aufgaben gekennzeichnet, die divergierende Austauschziele zwischen Mitarbeitern und Organisation miteinander vereinbaren müssen. Vertrauen und Selbstverpflichtung werden in dieser Situation, die durch die Alternativen Anweisung oder Anreize gekennzeichnet ist, zu Kernelementen einer qualitäts- und innovationsförderlichen Unternehmenskultur. Den Abschluß dieses Kapitels bildet die Diskussion, wie Lernen von Organisationen und von Individuen in Organisationen integrierender Bestandteil eines derartigen Veränderungsmanagements werden kann.

4

Das 5. Kapitel greift die Elemente Mitarbeiter-, Kunden- und Prozeßorientierung als wichtige Bausteine für die Gestaltung von Veränderungsmanagement auf. Es zeichnet das Bild eines Managementansatzes, der die Leitbilder Innovation und Qualität miteinander verbindet. Dabei wird insbesondere deutlich gemacht, wie die tragende Funktion der Mitarbeiter bei der Umsetzung der Leitbilder ausgestaltet werden kann. Auf die Vorbild- und Initiatorrolle der Unternehmensführung wird ebenfalls kurz eingegangen.

Das 6. Kapitel schließt mit einer zusammenfassenden Bewertung von Innovation und Qualität als Leitbilder für ein wirksames Veränderungsmanagement.

Der Aufbau der Untersuchung ist in der folgenden Abbildung dargestellt:

Abbildung 1:

Aufbau der Untersuchung

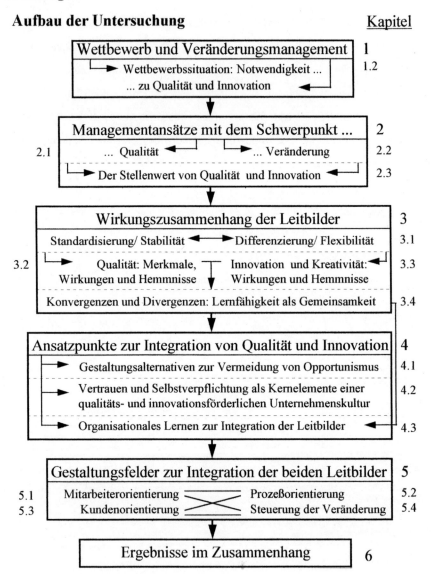

Wettbewerb und Veränderungsmanagement — 1
Wettbewerbssituation: Notwendigkeit ... ... zu Qualität und Innovation — 1.2

Managementansätze mit dem Schwerpunkt ... — 2
2.1 ... Qualität ... Veränderung — 2.2
Der Stellenwert von Qualität und Innovation — 2.3

Wirkungszusammenhang der Leitbilder — 3
Standardisierung/ Stabilität Differenzierung/ Flexibilität — 3.1
3.2 Qualität: Merkmale, Wirkungen und Hemmnisse Innovation und Kreativität: Wirkungen und Hemmnisse — 3.3
Konvergenzen und Divergenzen: Lernfähigkeit als Gemeinsamkeit — 3.4

Ansatzpunkte zur Integration von Qualität und Innovation — 4
Gestaltungsalternativen zur Vermeidung von Opportunismus — 4.1
Vertrauen und Selbstverpflichtung als Kernelemente einer qualitäts- und innovationsförderlichen Unternehmenskultur — 4.2
Organisationales Lernen zur Integration der Leitbilder — 4.3

Gestaltungsfelder zur Integration der beiden Leitbilder — 5
5.1 Mitarbeiterorientierung Prozeßorientierung — 5.2
5.3 Kundenorientierung Steuerung der Veränderung — 5.4

Ergebnisse im Zusammenhang — 6

1.2 Veränderungsmanagement als Antwort auf den internationalen Wettbewerb

Wettbewerbsfähigkeit wird als die „Fähigkeit einer Wirtschaftseinheit zur Erreichung ihrer Ziele in Konkurrenz mit anderen Wirtschaftseinheiten"[2] bezeichnet. Mit „Wirtschaftseinheiten" können dabei ganze Volkswirtschaften - also die Wettbewerbsfähigkeit von Nationen - oder auch nur einzelne Betriebe - Wettbewerbsfähigkeit von Unternehmen - gemeint sein. DEGER hebt den Zusammenhang hervor, daß es vorwiegend die betriebswirtschaftlichen Determinanten bezüglich einzelner Unternehmen sind, die die internationale Wettbewerbsfähigkeit ganzer Nationen ausmachen.[3] Jedes Unternehmen, das sich im Wettbewerb in einer internationalen Branche befindet, ist dem Wettbewerb auf internationaler Ebene ausgesetzt, unabhängig davon, ob es die internationale Konkurrenz direkt wahrnimmt oder nur durch indirekte Auswirkungen davon betroffen ist.[4] Die zunehmende Internationalität des Wettbewerbs bestimmt daher die aktuelle Wettbewerbssituation mit und verstärkt den Wettbewerbsdruck „Wettbewerb ist wie Evolution Ausleseprozeß und Überlebenskampf."[5] Wie in der Natur kann eine Unternehmung nur dann überleben, „... wenn sie zumindest eine lebenswichtige Aktivität besser beherrscht als ihre Feinde".[6] Notwendig ist daher das Erlangen von zumindest einem strategischen Wettbewerbsvorteil. Damit ist eine Leistung gemeint, die im Vergleich zur Konkurrenz möglichst dauerhaft überlegen ist, die

2) Deger, R.: Deutschland versus Weltklasse: Internationale Wettbewerbsfähigkeit und Unternehmenserfolg, Stuttgart 1995, S. 5.

3) Vgl. ebenda, S. 234ff.

4) Vgl. Henzler, H.: Die Globalisierung von Unternehmen im internationalen Vergleich, in: Zeitschrift für Betriebswirtschaft (ZfB), Ergänzungsheft Nr. 2, 62. Jg., 1992, S. 84.

5) Simon, H.: Management strategischer Wettbewerbsvorteile, in: Zeitschrift für Betriebswirtschaft (ZfB), Heft 4, 58. Jg., 1988, S. 465.

6) Ebenda.

vom Kunden wahrgenommen wird und einen möglichst hohen Nutzen für ihn hat. In dieser Differenzierung liegt der Schlüssel zum Bestehen im internationalen Wettbewerb. Im weiteren soll anhand einiger internationaler Erfolgsfaktoren-Untersuchungen gezeigt werden, worin die Differenzierungsalternativen gesehen werden können. Es wird deutlich, daß sich die Wettbewerbsfähigkeit von Regionen in einer Stufenabfolge entwickelt hat, die sowohl inhaltlich, als auch historisch nachvollzogen werden kann.

Erste Stufe: „Japan führt"

Eine erste Stufe kann man mit „Japan führt" kennzeichnen: Nur langsam verbreitete sich in den USA Ende der 80er Jahre und später in Europa die Erkenntnis, daß japanische Unternehmen in vielen Bereichen und bezüglich vieler betriebswirtschaftlicher Vergleichskennzahlen führend geworden waren.[7] Deutlich wird das vor allem in der Produktivität und dem Zeitvorteil bei der Forschung und Entwicklung. Mit „japanische Unternehmen" sind in erster Linie die großen japanischen Industrieunternehmen gemeint, denen eine Schlüsselstellung für die Wettbewerbsfähigkeit der gesamten nationalen Wirtschaft zukommt, die jedoch nicht unbedingt repräsentativ für den Rest der japanischen Wirtschaft sind. Zwei amerikanische Studien haben den Produktivitätsforschritt japanischer Unternehmen im internationalen Vergleich exemplarisch für die Automobilindustrie nachgewiesen und weltweite Beachtung gefunden: die Studie des Massachusetts Insti-

---

7) Für einen kurzen Abriß der Entwicklung der japanischen Wettbewerbsfähigkeit vgl. Juran, J.M.: Juran`s Message for Europe, in: European Quality, Nr. 1, Vol. 1, 1993, S. 22ff. und Cusumano, M.A.: Manufacturing Innovation: Lessons from the Japanese Auto Industry, in: Sloan Management Review, Nr. 4, Vol. 29, 1988, S. 29ff.

tute of Technology („MIT-Studie")[8] über die Automobilindustrie wurde 1991 veröffentlicht, die sogenannte „Harvard-Studie" folgte fast zeitgleich.[9]

Zweite Stufe: „Die USA holen auf"

Um international wettbewerbsfähig zu bleiben, begannen US-amerikanische Unternehmen gezielt ab Mitte der 80er-Jahre, die japanischen Erfolge einzuholen. Zeitlich festmachen läßt sich diese Erkenntnis an der ersten Ausschreibung des Malcolm Baldrige National Quality Award (MBNQA), die 1987 erfolgte. Der MBNQA ist inhaltlich umfangreicher als der japanische Deming-Prize und geht über dessen einseitige Orientierung an statistischen Methoden der Qualitätssicherung weit hinaus. Jedoch zeigt die Tatsache, daß der japanische Deming-Prize schon 1951 ins Leben gerufen wurde, wie weit die US-amerikanische Wirtschaft hinter der japanischen zurückgeblieben war.[10] Im deutschsprachigen Raum hat die Untersuchung von SEITZ[11] zur japanisch-amerikanischen Herausforderung nachgewiesen, daß langfristige und auf breiter Basis wirksame Erfolgsfaktoren japanischer Unternehmen in der Technologiebeherrschung in Schlüsselindustrien und in deren gesamtwirtschaftlicher vertikalen Integration zu sehen sind.[12]

---

8) Vgl. Womack, J.P., Jones, D.T., Roos, D.: Die zweite Revolution in der Autoindustrie - Konsequenzen aus der weltweiten Studie des Massachusetts Institute of Technology, 3. Aufl., Frankfurt/ New York 1991.

9) Vgl. Clark, K.B., Fujimoto, T.: Automobilentwicklung mit System - Strategie, Organisation und Management in Europa, Japan und USA, Frankfurt/ New York 1992.

10) Vgl. Bush, D., Dooley, K.: The Deming Prize and the Baldrige Award: How they compare, in: Quality Progress, Nr. 1, Vol. 21, 1988, S. 28ff.

11) Vgl. Seitz, K.: Die japanisch-amerikanische Herausforderung: Deutschlands Hochtechnologie-Industrien kämpfen ums Überleben, München 1990.

12) Vgl. auch Legler, H.: Europa im Technologie-Wettbewerb: Stärken und Schwächen, in: Technologie und Management, Nr. 4, o.Jg., 1992, S. 16ff.

Die Studie von Quellen, Zeiten und Kosten von Innovationen deutscher Unternehmen durch ALBACH et al.[13] untersucht aufbauend auf einer Arbeit von MANSFIELD 300 Unternehmen per schriftlicher Befragung und insgesamt 80 Unternehmen mittels Tiefeninterviews. 1989 brauchten die deutschen Entwickler demnach 14 Prozent länger, um vergleichbare Innovationen hervorzubringen als ihre japanischen Kollegen, und das bei 12% höheren Kosten. Im Vergleich zu den USA schnitt Deutschland nur unwesentlich schlechter ab. Als wichtiger Faktor für eine erfolgreiche Innovationstätigkeit konnte die bessere Ausnutzung externer Innovationsquellen durch die Unternehmen in Japan identifiziert werden - also das effizientere Ausnutzen von Nachahmungspotentialen.[14] ALBACH et al. bestätigen durch ihre Untersuchung die Bedeutung von Innovationen für die Wettbewerbsfähigkeit.

Die Benchmarking-Studie „Einfach Überlegen"[15] kennzeichnet den Zeitpunkt, seit dem amerikanische Beratungsunternehmen verstärkt die Erkenntnisse aus dem Vergleich mit Japan in Unternehmen hineintragen. Die Recherche wurde auf Basis einer Kennzahlendatenbank (Zeitraum 1985 bis 1989) erstellt und umfaßt Komponentenhersteller und Maschinenbauer. Leider ist die Datenbasis für Nicht-Klienten nicht ausreichend transparent. Die Untersuchung stellt auch keinen Triadenvergleich dar, sondern nur eine nationale Studie von McKinsey Deutschland. Trotzdem markiert die Analyse die Verbreitung der Erkenntnis, daß sich die Ziel- und Erfolgsparameter Qualität, Zeit und Kosten gleichzeitig optimieren lassen. Anhand von Vergleichen der Gruppe der besten Beispielunternehmen mit der

---

13) Vgl. Albach, H., de Pay, D., Rojas, R.: Quellen, Zeiten und Kosten von Innovationen, in: Zeitschrift für Betriebswirtschaft (ZfB), Heft 3, 61. Jg. 1991, S. 317 und S. 319.
14) Vgl. ebenda, S. 309ff.
15) Vgl. Rommel, G. et al.: Einfach überlegen - Das Unternehmenskonzept, das die Schlanken schlank und die Schnellen schnell macht, Stuttgart 1993, S. 18.

Gruppe der schlechten wird eben dieser Zusammenhang nachgewiesen. Sehr eindringlich kommt man zu dem Schluß: „Vollkommenheit entsteht offensichtlich nicht dann, wenn man nichts mehr hinzuzufügen hat, sondern wenn man nichts mehr wegnehmen kann."[16] Dieser Aufruf zur konsequenten Komplexitätsreduzierung paraphrasiert das Programm aller „Lean-Ansätze", die noch folgen sollten.

Dritte Stufe: „Europa folgt nach"

„Europa folgt nach" könnte man formulieren, denn erst später als in Japan und den USA wurden hierzulande[17] nennenswerte konzeptionelle Antworten auf die geschilderte internationale Wettbewerbssituation verwirklicht. Umfassende Managementansätze wie „Lean Management" oder „Total Quality Management" als Antwort auf den härteren Wettbewerb wurden zuerst in England und Irland und später dann in französischen Unternehmen umgesetzt. Die für Europa frühe Verbreitung von Total Quality Management in Großbritannien weist der „UK-TQM-Report"[18] nach. Von den 136 Rückläufen hatten 1993 bereits 65% Total Quality Management-Programme eingeführt, fast ein Drittel dieser Unternehmen praktizierte Total Quality Management schon vor 1990.

Der zweite „Lean Enterprise Report"[19] von 1994 der Unternehmensberatung Andersen Consulting beschränkt sich auf drei Automobilzulieferbranchen in fünf europäischen Ländern, Japan, Mexiko und USA/Kanada. Diese Untersuchung

---

16) Saint-Exupéry, A.: Wind, Sand und Sterne, 18. Aufl., Düsseldorf 1989, zitiert nach Rommel, G. et al.: Einfach überlegen, a.a.O., S. 18.

17) Im Sinne von „in Europa".

18) Vgl. Abram, Hawkes plc. (Hrsg.): A report on TQM within the UK's 500 largest companies, Hayward Heath 1993.

19) Vgl. Oliver, N., Jones, D., Delbridge, R., Lowe, J., Roberts, P., Thayer, B.: Worldwide Manufacturing Competitiveness Study - The Second Lean Enterprise Report, London und Manchester 1994.

zeigt, wenn auch exemplarisch, daß nordamerikanische Unternehmen mittlerweile durch Produktivitäts- und Qualitätsfortschritte Anschluß an japanische Vergleichsunternehmen gefunden haben. Zu dem gleichen Ergebnis kommt auch die „Qualität Gewinnt"[20]-Studie der Unternehmensberatung McKinsey von 1995. Diese Studie ist zwar von ihrem Umfang her nicht primär als internationale Benchmarking-Studie angelegt, kann aber als solche verstanden werden, wie die Autoren in ihrem letzten Kapitel explizit ausführen. Danach sind es vor allem japanische und nordamerikanische Unternehmen, die die hohe 3. und 4. Entwicklungsstufe im Qualitätsmanagement erreichen. Von den 62 befragten deutschen Unternehmen schaffen den Sprung in die höchste Beurteilungsstufe lediglich 3 Unternehmen, also 5 Prozent, gegenüber 13 Prozent im Durchschnitt des Ländervergleiches. 37 Prozent der deutschen Unternehmen der Stichprobe gehören zu den Verlierern, im Ländervergleich sind es nur 26 Prozent.[21]

In den beiden aufeinander folgenden Benchmarkingprojekten „Made in Germany 1" (Produktionsbereich) und „Made in Germany 2"[22] (Forschung und Entwicklung) hat sich die IBM-Unternehmensberatung gemeinsam mit der Universität Regensburg mit den Erfolgsfaktoren deutscher Unternehmen befaßt. Dabei wurden sowohl Managementkonzepte („Praktiken") als auch erreichte Leistungsniveaus („Performances") verglichen. Im Ergebnis wurde die Produktivitätslücke deutscher Unternehmen im internationalen Vergleich bestätigt. Ein aktueller deut-

---

20) Vgl. Rommel, G. et al.: Qualität gewinnt - Mit Hochleistungskultur und Kundennutzen an die Weltspitze, Stuttgart 1995.

21) Vgl. Groothuis, U.: Wandel in den Köpfen, in: WirtschaftsWoche, Nr. 17, 50. Jg., 9.11.1996, S. 141 und S. 145.

22) Vgl. Bartmann, D., Metzger, R.: Made in Germany, Mainz 1994 und Jetter, M., Metzger, R., Bartmann, D.: Made in Germany 2, Mainz 1995 sowie Jetter, M., Bartmann, D., Metzger, R.: Forschung und Entwicklung in Deutschland, in: Qualität und Zuverlässigkeit (QZ), Nr. 4, 41. Jg. 1996, S. ff.

scher Beitrag zum internationalen Vergleich ist „Deutschland versus Weltklasse"
von DEGER[23], der zu einer vergleichbaren Schlußfolgerung kommt. Er sieht die
Ursachen „...für die stark geschwächte deutsche Produktivität...[24]" im Weltver-
gleich hauptsächlich innerbetrieblich und in einem verspäteten Antritt deutscher
Unternehmen bei der Umsetzung moderner Managementkonzepte. In diesem
Punkt stimmen die genannten Untersuchungen[25] im Tenor mit ihm überein, sie
sind einander in der Tabelle 1 gegenübergestellt[26].

Die Differenzierungsalternativen, die weiter oben als Resultat des Wettbewerbs
gefordert wurden, werden durch die angeführten Erfolgsfaktorenuntersuchungen
aufgezeigt: Zum einen ist die Innovationsforderung zu nennen, wie bspw. aus der
„MIT-" und der „Harvard-Studie" sowie aus den Untersuchungen zu Quellen,
Zeiten und Kosten von „Innovationen deutscher Unternehmen" und der „Made in
Germany 2"-Studie hervorgeht. Innovationen sind „Schlüsselfaktoren zur Aufrechterhaltung der Wettbewerbsfähigkeit":[27] „Wir brauchen neue Ideen für neue

---

23) Vgl. Deger, R., a.a.O., S. 234ff.
24) Vgl. ebenda, S. 355.
25) Zum Unterschied zwischen „Gültigkeit" (Validität) und „Zuverlässigkeit"(Reliabilität) vgl.
    Mayntz, R., Holm, K., Hübner, P.: Einführung in die Methoden der empirischen Sozio-
    logie, 5. Aufl., Opladen 1978, S. 22ff. und Wicher, H: Probleme der Innovationsmes-
    sung, in: Das Wirtschaftsstudium (WISU), Nr. 5, 25. Jg., 1996, S. 455.
26) Unter „Triade" werden im folgenden die Wirtschaftsräume Japans, der USA und (West-)
    Europas verstanden. Der Begriff wurde von Ohmae eingeführt, der diese Wirtschafts-
    räume als „Schicksalsgemeinschaft" mit Bezug auf ihre Wettbewerbssituation bezeichnet.
    Vgl. Ohmae, K.: Macht der Triade, Wiesbaden 1985.
27) Albach, H.: Innovationsstrategien zur Verbesserung der Wettbewerbsfähigkeit, in: Zeit-
    schrift für Betriebswirtschaft (ZfB), Heft 12, 59. Jg. 1989, S. 1339.

Tabelle 1:

Verbreitung der Erkenntnisse über die Wettbewerbsfähigkeit

Stufe	Zeit	Studie	Vorgehen	Gültigkeit	Kernaussage
1. „Japan führt"	bis ca. 1991/'92	MIT-Studie	Teiler-hebung	Automobil-industrie in der Triade	Japan: • schnellere Produkt-entwicklung
		Harvard-Studie	Teiler-hebung		• höhere Produktivität • bessere Qualität
2. „USA holen auf"	ca. ab 1992	Die japanisch-amerikanische Herausforde-rung	Sekundär-analyse	Halbleiter- und andere Industrien der Triade	Deutschland: • fällt in wesentlichen Schlüsselindustrien hinter J und USA
		Innovationen deutscher Unternehmen	Fragebogen und Inter-views	6 Schlüssel-industrien in der Triade	Deutschland: • hohe Innovationsko-sten • lange Innovationzeiten
		Einfach über-legen	Benchmar-kingstudie	deutscher Maschinen-bau + Kom-ponenten-hersteller	• Zeit, Qualität und Kosten lassen sich gleichzeitig optimieren • Komplexitätsredu-zierung wesentlich
3. „Europa folgt nach"	in GB/ Irl.: kurz nach USA	UK-TQM-Report	Interviews	„UK-500"	Großbritannien: • Verbreitung von TQM
		2. Lean Enter-prise Report	Teilerhe-bung mit Fallstudien-charakter	ausgewählte Automobil-zulieferer in der Triade	Deutschland: • geringe Produktivität • hohe Arbeitskosten • geringe Qualität
	F., Sp. und I. erst mit EQA,	Qualität Ge-winnt	Teiler. mit Fallstudien-charakter	diverse In-dustrien in der Triade	Allgemein: • Qualität als wesentli-cher Erfolgsfaktor
	D. erst seit Mitte der 90er Jahre	Made in Ger-many 1	Benchmar-kingstudie: 204 bzw.	7 Branchen: - Produkti-onsbereich - Forschung und Entw.	Deutschland: • Standortfaktoren nicht entscheidend • FuE-Aspekte besser als Produktionsaspek-te
		Made in Ger-many 2	123 Inter-views		
		Deutschland versus Welt-klasse	Datenbank-auswertung und Sekun-däranalyse	Elektronik-industrie/ „Montage-industrien"	Deutschland: • Ursachen für Produk-tivitätsnachteile inner-betrieblich

Quelle: eigene Zusammenstellung anhand ausgewählter Erfolgsfaktorenuntersuchungen

Produkte und Märkte."[28] Der Begriff „Innovation", der an anderer Stelle eingehend klassifiziert und definiert wird, geht über technische Innovationen hinaus, er
umfaßt in seinem weitesten Verständnis gesellschaftliche, institutionelle und sogar mentale Innovationen.[29]

Zum anderen ist eine umfassende Qualitätsforderung festzustellen. Die „MIT-"
und die „Harvard"-Studie haben dies ebenso ergeben wie bspw. die Untersuchungen „Qualität Gewinnt" und „Deutschland versus Weltklasse". Die Forderung nach erhöhter Qualität erstreckt sich sowohl auf unternehmensinterne und
-externe Prozesse als auch auf die Marktleistungen selbst als Ergebnisse dieser
Prozesse. Dabei besteht ein enger Zusammenhang zwischen den Anforderungen
nach Qualitäts-, Zeit- und Kostenoptimierungen: „Erfolgreiche Unternehmen sind
in allen drei Dimensionen gleichzeitig überlegen", wie die „Einfach Überlegen"-
Analyse exemplarisch nachweist.[30] Die Aktualität des Themas Qualität und Innovation zeigt sich schließlich auch darin, daß der 40. Kongress der „European
Organisation for Quality" (EOQ) in Zusammenarbeit mit der „Deutschen Gesellschaft für Qualität" (DGQ e.V.) im September 1996 in Berlin unter dem Thema
„Qualitätsmanagement - Impuls für Innovationen" stand.[31]

Die angesprochenen Differenzierungsalternativen zu erfüllen, wird nicht nur
durch die externen Einflüsse des Wettbewerbs zur Forderung an Unternehmen.
Auch unabhängig von äußeren Einflüssen verändern sich Organisationen[32] durch

---

28) Henzler, H.: Wir brauchen neue Ideen und eine neue Politik, in: Stern, Nr. 43, 1994, S. 46.
29) Vgl. Herzog, R.: Globale Innovation, in: Controlling, Heft 4, 7. Jg. 1995, S. 186.
30) Rommel, G. et al.: Einfach überlegen, a.a.O., S. 6, vgl. auch ebenda, S. 8, 77 und 197.
31) Vgl. European Organization for Quality (Hrsg.): 40th Annual EOQ-Congress, Procee-
    dings, Vol. 1 - Vol. 3, Berlin, 1996.
32) Mit Organisation werden komplexe, soziale Institutionen bezeichnet. Sie sind durch
    Strukturen zur Koordination der Austauschprozesse der Organisationsmitglieder, ge-

interne Phänomene, wie Lebenszyklus- und Alterungserscheinungen, Veränderungen im Bestand der Organisationsmitglieder oder durch die Verschiebung von Informations-, Anreiz- oder Machtkonstellationen.[33] Dazu kommt, daß die Veränderung der internen- und Umweltbedingungen weiter fortschreitet und Wandel daher immer wieder erneut notwendig ist. WILLIAMSON kommt zu dem Schluß, „...daß Anpassungsfähigkeit das Kernproblem ökonomischer Organisationen darstellt".[34] Wie soll vor diesem Hintergrund notwendiger unternehmerischer Wandel zielgerichtet gestaltet werden?[35] Die Bandbreite der Vorschläge zur Beantwortung dieser Frage reicht von der Anwendung einzelner Instrumente und Methoden bis hin zur Implementierung umfassender Konzepte in Organisationen.

Der Ansatzpunkt der klassischen Organisationslehre besteht in der Veränderung der Struktur und ist durch eine statische Sichtweise gekennzeichnet: Die Aufgabe,

---

meinsame Ziele und zeitbeständige Abgrenzungen nach außen gekennzeichnet. Vgl. Costello, N.: Organizations as economic agents, in: Mackintosh, M., et al.: Economics and changing economies, Milton Keynes 1996, S. 145. Der Begriff „Organisation" umfaßt Unternehmen. Der Gegenstand von Unternehmen ist die langfristige Absicherung von Austauschbeziehungen. Vgl. Alchian, A., Demsetz, H.: Production, Information Costs and Economic Organization, in: The American Economic Review, 62. Jg., 1972, S. 777f. Die in dieser Analyse getroffenen Aussagen zur Organisation sind auf Unternehmen übertragbar. Vgl. auch Kirsch, W., Esser, W.-M., Gabele, E.: Das Management des geplanten Wandels von Organisationen, Stuttgart 1979.

33) Vgl. Milgrom, P., Roberts, J.: Economics, Organization and Management, Englewood Cliffs 1992, S. 16f.

34) Williamson, O.: Vergleichende ökonomische Organisationstheorie: Die Analyse diskreter Strukturalternativen, in: Ordelheide, D., Rudolph, Büsselmann, E.: Betriebswirtschaftslehre und ökonomische Theorie, Stuttgart 1991, S. 18ff. Williamson bezieht sich dabei auf identische Beobachtungen, die von Hayek bezüglich externer, marktgegebener Veränderungen und - unabhängig davon - auch Barnard bezüglich interner, organisationsspezifischer Änderungen gemacht haben. Vgl. dazu Hayek, F.A. von: The use of knowledge in society, American Economic Review, Vol. 35, 1945, S. 523ff. und Barnard, C.: The Functions of Executive, Cambridge Massachusetts 1962, S. 6f.

35) Vgl. Schaeffer, R.H.: Die Leistung steigern, aber wie?, in: Harvard Manager, Nr. 1, 14. Jg., 1992, S. 68f.

den Wandel zu bewältigen, stellt für Organisationen kein elementares Problem dar und bedeutet kein besonderes Risiko. Es handelt sich um eine reine Planungsaufgabe, die im Kern darin besteht, eine Änderung des Strukturgefüges festzulegen.[36] Die Veränderung der Struktur von Organisationen in dynamischer Sichtweise gestaltet sich bereits wesentlich aufwendiger: Planung allein ist demnach nicht ausreichend, eine adäquate Umsetzung ist darüber hinaus unerläßlich. Dazu kommt, daß die Veränderung der internen- und Umweltbedingungen weiter fortschreitet und Wandel daher immer wieder erneut notwendig ist.

Bei gescheiterten Neuorganisationen zeigt sich, daß „... Reorganisationsprojekte weniger wegen konzeptionellen Mängeln [sic], sondern in erster Linie aufgrund von Defiziten in der Bewältigung des organisatorischen Wandels abgebrochen werden müssen".[37] Hierfür ist vor allem der Aufbau von Veränderungsbarrieren und -widerständen der Mitarbeiter verantwortlich. Als Lösung wird ein Einbezug der Mitarbeiter in den Wandel gefordert. Die Erkenntnisse der Organisations- und Personalentwicklung ergänzen daher die vorgenannten Überlegungen um den Aspekt der Veränderung von Verhaltensweisen.[38] Schließlich ist eine Kombination einer Veränderung von Verhaltensweisen bei gleichzeitiger permanenter Anpassung von Strukturen an den Wandel als vierte Alternative zu erwägen.

---

36) Vgl. Schreyögg, G., Noss, C.: Organisatorischer Wandel: Von der Organisationsentwicklung zur lernenden Organisation, in: Die Betriebswirtschaft (DBW), Nr. 2, 55. Jg., 1995, S. 170f.

37) Hadamitzky, M.: Restrukturierung, organisatorisches Lernen und Unternehmenserfolg, in: Zeitschrift für Betriebswirtschaft (ZfB) - Ergänzungsheft, Nr. 3, 65. Jg., 1995, S. 175.

38) Vgl. Wildemann, H.: Ein Ansatz zur Steigerung der Reorganisationsgeschwindigkeit von Unternehmen: Die Lernende Organisation, in: Zeitschrift für Betriebswirtschaft (ZfB) - Ergänzungsheft, Nr. 3, 65. Jg. 1995, S. 2ff.

Vor diesem Hintergrund sollen als „Veränderungsmanagement" umfassende Konzepte[39] verstanden werden, die eine Anpassung von Wirtschaftseinheiten - im Sinne einer Unternehmung oder wesentlicher Organisationsteile - an externe und interne Anforderungen zum Ziel haben. Der Begriff „Verbesserungsmanagement" betont zusätzlich den Aspekt, daß die angestrebten Veränderungen mit den Zielen der Organisation in Übereinstimmung stehen. Der Terminus „Change Management" wird in der Literatur teilweise für die Kennzeichnung eigenständiger Managementkonzepte verwendet. Da es sich bei diesem Ausdruck aber um die Übersetzung von „Veränderungsmanagement" handelt, wird „Change Management" in dieser Arbeit synonym dazu verwendet.

Eine Vielzahl von Management-Konzepten hat die Anpassung von Unternehmen an externe und interne Erfordernisse zum Ziel; unterschiedliche Leitbilder werden angeboten. So folgen zum Beispiel STALK und HOUT[40] mit ihrem Ansatz zum Zeitwettbewerb der Prämisse, daß „Zeit" als Optimierungsparameter „Qualität" und „Kosten" und sogar „Innovation" beinhaltet:[41] „...time is the equivalent of money, productivity, quality, even innovation".[42] Der Faktor Geschwindigkeit

---

39) Unter „Management" werden die Aufgaben und Aktivitäten der Unternehmensführung verstanden. Die Begriffe Management„-programm" und „-konzept" werden im folgenden synonym zur Kennzeichnung geschlossener Ansätze zur Leistungsverbesserung verwendet, der Ausdruck „Managementmethode" bezieht sich auf „-praktiken" und „-instrumente", also einzelne Elemente, Verfahren bzw. Anwendungsdetails derartiger Programme.

40) Stalk, G., Hout, T.: Zeitwettbewerb - Schnelligkeit entscheidet auf den Märkten der Zukunft, Frankfurt/ New York, 1990.

41) Vgl. Bower, J.L., Hout, T.M.: Fast-Cycle Capability for Competitive Power, in: Harvard Business Review, Nr. 6, Vol. 66. 1988, S. 110ff. und Dichtl, E.: Weswegen im Wettbewerb Zeit zählt, in: Wirtschaftswissenschaftliches Studium (WiSt), Heft 1, 24. Jg., 1995, S. 33f.

42) Stalk, G.: Time - The Next Source of Competitive Advantage, in: Harvard Business Review, Nr. 4, Vol. 66 1988, S. 41.

wird als Leitbild aber schon wieder angezweifelt. Es wird argumentiert, daß es nicht ausreicht, einfach nur Zeit einzusparen, sondern daß es durchaus sinnvoll sein kann, Langsamkeit gezielt einzusetzen, denn Schnelligkeit und Langsamkeit können zwei Seiten einer Medaille sein.[43] Ebenso scheint auch die Qualitätsdiskussion an Aktualität zu verlieren. Der Malcolm Baldrige National Quality Award büßt derzeit seine herausragende Bedeutung für die US-amerikanische Wirtschaft ein. Die Zahl der Bewerbungen um den Qualitätspreis geht zurück, Veröffentlichungen zum Thema werden seltener, und ihnen wird weniger Bedeutung beigemessen.[44] Unternehmen, die Qualitätspreise gewonnen haben, erweisen sich nicht ausnahmslos als wirtschaftlich erfolgreich. Der neuere Ansatz Reengineering schien Total Quality Management eine Zeitlang zu verdrängen.

Offensichtlich sind Managementkonzepte nur über einen beschränkten Zeitraum modern. Häufig wird in diesem Zusammenhang das Wort vom Paradigmenwechsel - teilweise vorschnell - verwendet.[45] Es stellt sich daher die Frage, ob es sinnvoll ist, sich mit aktuellen Veränderungsmanagement-Ansätzen zu beschäftigen, oder ob es sich dabei um „Auslaufmodelle"[46] handelt. Zunächst ist es nicht

---

43) Vgl. Backhaus, K., Bonus, H. (Hrsg.): Die Beschleunigungsfalle oder der Triumph der Schildkröte, Stuttgart 1997 und Kapitel 3.3.3: Auftreten und Konsequenzen von Innovationshemmnissen. Im weiteren wird Zeit als ein Subkriterium zur Optimierungsbedingung Qualität interpretiert. Die Fokussierung auf die beiden ausgewählten Leitbilder ist daher nur ein möglicher Analyseausgangspunkt unter vielen.

44) So wird 1994 nicht mehr auf der ersten, sondern erst auf der fünften Seite des „Wall Street Journals" über den Malcolm Baldrige Preis berichtet. Vgl. Reichheld, F.: The Forces of Loyalty vs. Chaos, unveröffentlichtes Manuskript, Boston 1994, S. 1.

45) Vgl. Töpfer, A.: Zeit-, Kosten- und Qualitätswettbewerb: Ein Paradigmenwechsel in der marktorientierten Unternehmensführung?, in: Blum, U., Greipl, E., Hereth, H., Müller, S. (Hrsg.): Wettbewerb und Unternehmensführung, Stuttgart 1994, S. 223ff.

46) Vgl. Bauer, E.: Auslaufmodell TQM?, in: Qualität und Zuverlässigkeit (QZ), Nr. 4, 40. Jg., 1995, S. 365.

verwunderlich, daß Managementkonzepte in relativ schneller Folge durch neue Programme abgelöst werden. Aus einer evolutorischen Perspektive betrachtet, sind derartige Managementlehren noch relativ jung und, verglichen mit den Gedankengebäuden in den Naturwissenschaften wie der Medizin oder Physik, häufig weniger ausgereift.[47] Zudem treten wissenschaftliche Moden auf, Themengebiete, auf denen viele Wissenschaftler für einen beschränkten Zeitraum forschen möchten, da sich hier neue Erkenntnisse gewinnen lassen. Darüber hinaus wird die Betriebswirtschaftslehre naturgemäß sehr stark durch aktuelle Entwicklungen in den Unternehmen beeinflußt. Auf der Suche nach Differenzierungsvorteilen werden neue Methoden entwickelt und in Unternehmen umgesetzt. Viele Berater verdienen ihr Geld damit, Konzepte mit einem möglichst hohen Neuigkeitsgrad und klingenden Namen anzupreisen und einzuführen, und tragen somit weiter zu der Konzeptvielfalt bei. Dabei muß unterschieden werden zwischen Konzeptbestandteilen, die inhaltlich wirklich neu sind, und solchen, die aus Bekanntem kombiniert wurden.[48] Das Resultat ist eine Begriffsvielfalt bei Konzepten, die inhaltliche Schnittmengen aufweisen oder sogar in weiten Bereichen deckungsgleich sind. Total Quality Management wird im Zusammenhang mit den Qualitätspreisen neuerdings mit „Business Excellence"[49] gleichgesetzt. Aber auch Time Based Management, Lean Management, Kaizen und Business Process Reengineering weisen starke inhaltliche Überschneidungen auf.

Die Frage, die im weiteren geklärt werden soll, läßt sich aus den zuvor aufgezeigten Erfolgsfaktorenuntersuchungen ableiten: Welcher Stellenwert kommt Innova-

---

47) Vgl. Reichheld, F.: The Forces of Loyalty vs. Chaos, a.a.O., S. 1f.
48) Vgl. die Analogie zu subjektiven und objektiven Innovationen in Kapitel 3.3.1: Arten und Wirkungen von Innovationen.
49) Schmidt, A., Zink, K.: Nutzt ein nationaler Qualitätspreis?, in: Qualität und Zuverlässigkeit (QZ), Heft 11, 39. Jg., 1994, S. 1242 und Bauer, E., a.a.O., S. 365.

tion und Qualität als Leitbildern innerhalb von derartigen Konzepten des Veränderungsmanagements zu? Die vorliegende Analyse soll also darüber Aufschluß geben, welche Wirkungen die jeweiligen Methoden und Instrumente auf Qualität und Innovation in Unternehmen haben, ohne jedoch aus den Augen zu verlieren, daß die einzelnen Praktiken ihre beabsichtigte Wirkung möglicherweise erst im Rahmen umfassender Managementkonzepte voll entfalten. Die ausgewählten Konzepte, also Total Quality Management, Kaizen, Lean-Ansätze, Reengineering/ BPM und Innovationsmanagement, dienen dabei zur Identifizierung der einzelnen Managementelemente und der Gestaltungsfelder, auf denen Verbesserungsbemühungen greifen können.

Bevor die Begriffe „Qualität" und „Innovation" definiert werden und ehe geprüft wird, ob diese beiden Leitbilder zusammen zu verwirklichen sind, soll zunächst ein Überblick über aktuelle Konzepte gegeben werden. Ziel ist es, durch einen Vergleich der Schnittmengen dieser Programme Gestaltungsfelder zu identifizieren, die von zentraler Bedeutung für die Verwirklichung der Anforderungen des internationalen Wettbewerbs sind. Erst danach kann überprüft werden, ob bzw. wie Qualität und Innovation durch die Gestaltung dieser Felder forciert werden können. Dabei sollen die Wirkungsbeziehungen zwischen den einzelnen Elementen von Veränderungsmanagementkonzepten und den Leitbildern „Qualität" und „Innovation" zusammenhängend untersucht werden, was in dieser Form in der Literatur bisher nicht geschehen ist.

2 Charakterisierung ausgewählter Managementansätze

Im folgenden werden zunächst Managementkonzepte mit dem Leitbild Qualität vorgestellt und in ein Entwicklungsschema eingeordnet. Dabei wird nur kurz auf die Norm DIN 9000ff. eingegangen, da sie in der Praxis zwar eine weite Verbreitung gefunden hat, jedoch gegenüber Total Quality Management einen eingeschränkten Wirkungsbereich aufweist. Davon werden Ansätze unterschieden, die zumindest eine Komponente der Veränderung betonen. Diese vergleichende Analyse mündet in einer Gegenüberstellung der Wirkungen der unterschiedlichen Konzepte. Dieser Teil der Untersuchung hat die Aufgabe der Identifikation und Konkretisierung von Gestaltungsbereichen, die der Umsetzung der Qualitäts- und der Innovationsforderung dienen.

2.1 Managementkonzepte mit dem Leitbild Qualität

Total Quality Management hat im Vergleich zu anderen Managementansätzen eine relativ lange Tradition, präsentiert sich (je nach Vertreter) als umfassendster Ansatz und hat durch die verschiedenen Qualitätspreise (Quality Awards) eine weitergehende Standardisierung erfahren als andere Veränderungsmanagement-Programme. Entstanden ist Total Quality Management aus der Statistischen Qualitätskontrolle[50] (SPC), die seit ca. 1920 zunächst in den USA zur Verbesserung der industriellen Fertigung eingesetzt wird.[51] Das Bemühen der japanischen

---

50) Weitere, sehr eng mit der Statistischen Qualitätskontrolle (SPC - Statistical Process Control) verwandte Begriffe, sind Qualitätskontrolle (QK) und Quality Control (QC).

51) Vgl. Mizuno, S.: Why company-wide total quality control?, in: Gestion 2000, Nr. 12, Vol. 5/6, 1989, S. 113.

Industrie, nach dem verheerenden Ausgang des zweiten Weltkrieges den Anschluß an die Weltwirtschaft zurückzuerlangen, hat die Qualitätskontrolle entscheidend weiterentwickelt. 1949 hat die Japanese Union of Engineers ein Komi-
tee zur Steigerung der Produktivität der japanischen Wirtschaft ins Leben gerufen. Unter Mitwirung der amerikanischen Qualitätsstatistiker DEMING und etwas
später JURAN[52] wurde zunächst die Qualitätskontrolle (QC/ Quality Control)
weiterentwickelt, daraus wurde Company Wide Quality Control (CWQC) und
später TQC[53] (Total Quality Control),[54] ein Vorgänger von Total Quality Management.[55] Im Umgang mit CWQC hatte man erkannt, welche Schlüsselrolle den
Mitarbeitern als Träger der Leistungsprozesse bei dem Erreichen von Null-
Fehler-Zielsetzungen zukommt, und diesen Ansatz um entsprechende Führungs-
elemente erweitert. Total Quality Management wandelte sich von einer ausschließlich ingenieurwissenschaftlichen Disziplin zum interdisziplinären Themen-
gebiet.[56] Zu Beginn der 80er Jahre finden sich in den USA - z.B. bei den Unternehmen Rank Xerox und Motorola - erste Umsetzungsbeispiele, die auf breiter
Basis als Erfolg gewertet können

Heute versteht man unter Total Quality Management „... ein langfristig angelegtes
integriertes Konzept und ein System von Prinzipien und praktischen Instrumen-

---

52) Vgl. Ripley, R.E., Ripley, M.J.: Empowerment, the Cornerstone of Quality: Empowering
    Management in Innovative Organizations in the 1990`s, in: Management Decision, Nr. 4,
    Vol. 30, 1992, S. 22f.
53) Vgl. Ishikawa, K.: What is Total Quality Control? - The Japanese Way, Englewood Cliffs,
    1985.
54) Vgl. Mizuno, S., a.a.O., S. 113ff.
55) Vgl. Kreuter, A.: Total Quality Management, in: Die Betriebswirtschaft (DBW), Nr. 5, 54.
    Jg., 1994, S. 683.
56) Erste Schritte in diese Richtung unternahm auch Feigenbaum im wissenschaftlichen Be-
    reich. Vgl. Feigenbaum, A.: Total Quality Control, 3. Aufl., New York 1986.

ten, mit deren Hilfe die Effizienz der internen Prozesse und die Qualität der Produkte und Dienstleistungen kontinuierlich verbessert werden sollen, um eine optimale Bedürfnisbefriedigung der Kunden zu ermöglichen."[57] Wichtig an dieser Definition von OESS ist, daß Total Quality Management den Kunden und seine Bedürfnisse an die erste Stelle setzt. Das kann aus altruistischen Gründen geschehen, an erster Stelle steht aber das Interesse der Interessengruppen (Stakeholder) eines Unternehmens. Ausgangspunkt ist die Erkenntnis, daß die Kunden über ihre Wahlentscheidungen die Instanz sind, die langfristig über Erfolg und Mißerfolg eines Unternehmens entscheidet. Qualität wird im Total Quality Management als die Erfüllung von Kundenbedürfnissen aufgefaßt. Die Koordination der Leistungserbringung in einem Unternehmen ist das Management. Der Begriff umfassendes Qualitätsmanagement (Total Quality Management)[58] meint aber auch, daß jeder einzelne Mitarbeiter betroffen ist. Alle Phasen des Lebenszyklusses eines Produktes werden erfaßt: Vom Erkennen der Kundenanforderung über Planung, Konstruktion und Fertigung bis hin zur Auslieferung, zum Service und zum Recyceln/Verwerten/Entsorgen sollen alle Pre-Sales-, Sales- und After-Sales-Aktivitäten auf die Kundenbedürfnisse abgestimmt werden. „Umfassend" schließt auch die vorgelagerten Wertschöpfungsstufen, d.h. also Lieferanten, Vorlieferanten und die nachfolgenden mit ein. Total Quality Management geht in diesem umfassenden Verständnis über seine ingenieurwissenschaftlichen Wurzeln hinaus und hat eine marktbezogene Komponente: Die Markanforderungen von Anbietern, Nachfragern und Wettbewerbern sollen Berücksichtigung finden. Total Quality Management wird als Konzept, Programm oder auch als Philosophie bezeichnet. Die Bezeichnung „Philosophie" macht deutlich,

---

57) Vgl. Oess, A.: Total Quality Management - Die ganzheitliche Qualitätsstrategie, 3. Aufl., Wiesbaden 1993, S. 89.

58) Vgl. Haist, F., Fromm, H.: Qualität im Unternehmen, Prinzipien - Methoden - Techniken, 2. Aufl., München 1992, S. 12 f.

24

daß Total Quality Management eine ideologische[59] Komponente besitzt. Total Quality Management (TQM) ist ein Konzept zur gezielten Steigerung der dauerhaften wettbewerblichen Überlegenheit der Ressourcen eines Unternehmens durch eine konsequente Orientierung am Kundennutzen.

Total Quality Management wird häufig mit der Normenreihe DIN EN ISO 9000 bis 9004[60] in Zusammenhang gebracht oder sogar damit gleichgesetzt.[61] Der Schwerpunkt der Normenreihe liegt auf der Dokumentation von Prozessen und Abläufen mit Relevanz für die Qualitätssicherung.[62] Damit sollen Schwachstellen in der Qualitätssicherung identifiziert oder vermieden werden. Dies gilt aber nur im Sinne einer Fehlervermeidung und Fehlerverhütung, nicht im Sinne einer Restrukturierung der Prozesse. Die ISO-Normenreihe leistet weder eine Neuanlage noch eine grundlegende Verbesserung der Leistungserstellungsprozesse. Es ist auch nicht ihre primäre Aufgabe, Fehler in Prozessen weitgehend zu vermeiden und die Ursachen zu analysieren und abzustellen. Statt einer Qualitätspolitik im Sinne eines „first time right" werden Prüfverfahren am Ende von Leistungsprozessen festgeschrieben. Dadurch entsteht die Gefahr einer Bürokratisierung von Prozessen, die Flexibilität hemmt und gleichzeitig hohe Komplexitätskosten be-

---

59) „Ideologisch" bezeichnet hier im Sinne des kritischen Rationalismus Aussagen, die sich der Falsifikation entziehen und einen normativen Charakter haben.

60) Im weiteren wie in der Literatur üblich mit „Normenreihe", „ISO-Normenreihe", „die Normen" oder „ISO 9000ff." o.ä. bezeichnet.

61) Vgl. bspw. Seghezzi, H.-D., Bleicher, K.: Integriertes Qualitätsmanagement, in: Qualität und Zuverlässigkeit (QZ), Heft 6, 40. Jg., 1995, S. 675ff. und Michael, H.: Qualitätsmanagement entsprechend ISO 9000, die Basis für Total Quality Management?, in: Produktionsautomatisierung, Nr. 4, 3. Jg., 1994, S. 20ff.

62) Vgl. Korn, G., Schmitt, H.: Auf dem Weg zum produktiven, qualitätsorientierten Unternehmen - Zertifizierung nach DIN ISO 9000 als Standpunkt für kontinuierliche Verbesserung - Ein Erfahrungsbericht, in: Qualität und Zuverlässigkeit, Nr. 5, 38. Jg., 1993, S. 275.

dingt.[63] In der Normenreihe ist eine explizite Analyse der Kundenwünsche nicht enthalten.[64] Im Prinzip kann sogar ein Verfahren zur Herstellung von einem Produkt, das marktunfähig ist, ISO-zertifiziert werden: Ob ein Produkt Kundenbedürfnisse nicht befriedigt, schlechter als ein Substitut oder im Vergleich mit Konkurrenzprodukten zu teuer ist, wird von der ISO-Normenreihe nicht beachtet. Ebenso könnte eine umweltpolitisch bedenkliche oder gesellschaftlich nicht akzeptable Marktleistung in einem ISO-zertifizierten Verfahren entstehen. Die Normenreihe basiert also auf einem einseitig technisch- und verfahrensorientierten Qualitätsverständnis zu Lasten einer notwendigen Kundenorientierung, sie ist ausschließlich gegenwartsorientiert, sie liefert also nur eine Momentaufnahme eines gegenwärtig vorhandenen Qualitätsmanagement-Systemes.[65] Notwendige Veränderungen aufgrund dynamischer endogener Gegebenheiten werden nicht antizipiert. Daher bietet die Normenreihe keine Alternative zu einem TQM-Ansatz.

In der Literatur ist dennoch häufig der Hinweis zu finden, daß eine Zertifizierung nach der ISO 9000ff. zumindest „... als der Grundstein für ein umfassendes Qualitätsmanagement..."[66] angesehen werden kann.[67] Die potentiellen negativen Wir-

---

63) Vgl. Homburg, C., Becker, J.: Zertifizierung von Qualitätssicherungssystemen nach den Qualitätssicherungsnormen DIN ISO 9000ff. Eine kritische Beurteilung, in: Wirtschaftswissenschaftliches Studium (WiSt), Heft 9, 25. Jg. 1996, S. 447.

64) Vgl. zur Bedeutung von Kundeninformationssystemen vor dem Hintergrund der Bedürfnispyramiden Herter, R.N.: Total Quality Management, in: Das Wirtschaftsstudium (WiSu), Heft 1, 22. Jg., 1993, S. 30.

65) Vgl. Kassebohm, K., Malorny, C.: Auditierung und Zertifizierung im Brennpunkt wirtschaftlicher und rechtlicher Interessen, in: Zeitschrift für Betriebswirtschaft (ZfB), Heft 6, 64. Jg., 1994, S. 708.

66) Homburg, C., Becker, J., a.a.O., S. 447.

67) Vgl. fast gleichlautend auch Milville, F.: DIN ISO 9000 oder TQM - Widerspruch oder Ergänzung?, in: Bankinformation und Genossenschaftsforum, Heft 3, o.Jg., 1996, S. 71

kungen einer Zertifizierung sind im Einführungs- und Auditierungsaufwand, in vermehrter Bürokratie und in der Festschreibung von - im Sinne einer ernsthaften Kundenorientierung - möglicherweise unsinnigen oder schädlichen Prozessen zu sehen. Darüber hinaus muß die Anlage eines Qualitätsmanagementhandbuches als potentiell innovationshemmend angesehen werden, da in einem Qualitätsmanagementhandbuch relativ starre, d.h. nur mit einem gewissen Aufwand veränderbare Prüf-, Handlungs- und Verfahrensanweisungen festgeschrieben werden. Innovationen können so in ihrer Entstehung behindert werden. Vor diesem Hintergrund ist anzuzweifeln, daß die Normenreihe im Rahmen eines Veränderungsmanagementkonzeptes überhaupt Nutzen stiften kann. SPRENGER kommt zu dem Schluß:[68] „Wer aus innerer Überzeugung für TQM ist, ist gegen ISO. Muß es sein."[69] Auch Ergebnisse empirischer Untersuchungen lassen einen generellen Nutzen einer Zertifizierung eher fraglich erscheinen.[70] „Ein Zertifikat garantiert noch keine Qualität!"[71]

Um eine einheitliche Festlegung der Inhalte von Total Quality Management haben sich statt dessen die Qualitätspreise, die jeweils für Unternehmen der drei Triaderegionen vergeben werden, verdient gemacht: Der Deming-Preis in Japan wird

---

und vgl. Benes, G., Vossebein, U.: Wandel in der Gewichtung - Ein Vergleich zweier Umfragen über die Erfahrungen zertifizierter Unternehmen, in: Qualität und Zuverlässigkeit (QZ), Nr. 5, 41. Jg., 1996, S. 527f.

68) Vgl. z.B. Stauss, B., Friege, C.: Zehn Lektionen in TQM, in: Harvard Business Manager, Nr. 2, 18. Jg., 1996, S. 32.

69) Sprenger, R.: Der große Bluff, in: Manager Magazin, Nr. 8, 25. Jg., 1995, S. 128.

70) Vgl. Rieker, J.: Norm ohne Nutzen?, in: Manager Magazin, Nr. 12, 25. Jg., 1995, S. 201ff. und Homburg, C., Becker, J., a.a.O., S. 448f.

71) Lasinger, M., Schneckenreither, W.: Zertifizierung allein reicht nicht - Erfahrungen mit TQM in einem Dienstleistungsunternehmen, in: Qualität und Zuverlässigkeit (QZ), Nr. 2, 40. Jg., 1995, S. 173.

seit 1951,[72] der Malcolm Baldrige National Quality Award (MBNQA) der USA seit 1987 und der European Quality Award (EQA) seit 1992 verliehen. Sie haben Kriterienlisten zum Inhalt, nach denen sich bestimmen läßt, wieweit ein Unternehmen Total Quality Management verwirklicht. Ihre Wirkung entfalten sie, indem sie einen Anreiz bieten, Total Quality Management einzuführen und auf dem Weg der kontinuierlichen Verbesserung Jahr für Jahr weiter voranzuschreiten. Dieser Anreiz entfaltet sich nicht nur für Unternehmen, die den Preis auch wirklich gewinnen wollen, sondern für alle, die Total Quality Management als sinnvoll zur Erreichung ihrer Unternehmensziele ansehen. Die Kriterienlisten sind also nicht nur Grundlage für die Bewertung durch die Preisjury, sondern sie sollen auch zu einer Selbstbewertung, dem „Self Assessment", einladen.[73] Eine weitere Wirkung besteht in der Informationsfunktion der Preisträger. Sie werden gebeten bzw. verpflichtet, ihre erfolgreichen Qualitätsstrategien auf breiter Basis an interessierte Unternehmen weiterzugeben.[74] Trotz der Vielzahl der Qualitätspreise[75]

---

72) Vgl. zur Geschichte des Deming Preises Bush, D., Dooley, K., a.a.O., S. 28ff. und Union of Japanese Scientists and Engineers (JUSE): The Deming Prize Guide - For Oversea Companies, Tokyo, 1992, S. 1f. Seit 1984 können auch nicht-japanische Firmen den Deming-Preis bekommen, bei dem es im Gegensatz zu anderen Qualitätspreisen keine relativen Gewinner gibt, sondern nur, wenn auch wenige, mit einer absoluten Punktzahl ausgezeichnete Unternehmen.

73) Vgl. Conti, T.: Company Quality Assessments (1), in: The TQM Magazine, Nr. 3, Vol. 3, 1991, S. 169f.

74) Vgl. Reimann, C., Hertz, H.: The Malcolm Baldrige National Quality Award and ISO 9000 Registration, in: ASTM Standardization News, Nr. 11, o.Jg., 1993, S. 44 und Delsanter, J.: Baldrige Winners, in: The TQM Magazine, Nr. 2, Vol. 4, 1992, S. 15.

75) So gibt es eine Reihe von regionalen Qualitätspreisen, die inhaltlich eng an „die großen drei" angelehnt sind und diese eher ergänzen, als in Konkurrenz zu ihnen stehen. Vgl. etwa Hong Kong Management Association: Hong Kong Management Association Quality Award - Award Criteria, Hong Kong 1992 oder Wildemann, H.: Der Bayerische Qualitätspreis, in: Qualität und Zuverlässigkeit (QZ), Nr. 4, 40. Jg., 1995, S. 408ff. Der seit langem geforderte deutsche Qualitätspreis wird in Analogie zum amerikanischen

haben diese zu einer Standardisierung[76] von Total Quality Management erheblich beigetragen. Dadurch ist auch längerfristig kaum vorstellbar, daß der Gedanke des Total Quality Management vollständigen Bedeutungsverlust in der Unternehmenspraxis erleiden wird.

Der Deming-Preis hat einen vorwiegend ingenieurwissenschaflich geprägten Charakter[77] und wird durch verhaltensorientierte Aspekte ergänzt.[78] Der MBNQA und der EQA weisen zusätzliche Marktorientierung auf. Damit beachten diese beiden TQM-Standards nicht nur interne, sondern verstärkt auch externe Erfolgspotentiale. Der EQA ist offensichtlich an den MBNQA angelehnt,[79] er überträgt die generelle Zielsetzung, amerikanische Unternehmen zu umfassendem Qualitätsbewußtsein zu bewegen, um den Anschluß an den internationalen Wettbewerb wiederzuerlangen, auf europäische Verhältnisse. Man konnte von den Erfahrun-

---

„Ludwig-Erhardt-Qualitätspreis" heißen und inhaltlich dem EQA ähneln. Vgl. Schmidt, A., Zink, K., a.a.O., S. 1242ff.

76) Damit kann sich für TQM ein „dominantes Design" durchsetzen, das durch den MBNQA und den EQA repräsentiert wird, denn beide sind sich prinzipiell ähnlich. Dies wiederum schafft Standardisierungsvorteile in der Anwendung, Abstimmung und durch den Wettbewerb der Systeme. Vgl. zu Standardisierungsvorteilen durch dominantes Design in einem anderen Zusammenhang den klassischen Artikel von Abernathy, W.J., Utterback, J.M.: Patterns of Technological Innovation, in: Technology Review, Nr. 3, Vol. 80, 1978, S. 46.

77) Die Punkte 5: Analyse, 6: Standardisierung, 7: Kontrolle/ Management, 8: Qualitätssicherung und 9: Effekte beschränken sich auf Qualitätssicherung.

78) Bemerkenswert ist in diesem Zusammenhang die beispiellose Initiative, nicht nur ein Bewertungsraster für die Unternehmen selber aufzustellen, sondern auch für die Personen, die mit der Unternehmensleitung betraut sind: „The Deming Application Prize Checklist (for Senior Executives)". Vgl. Union of Japanese Scientists and Engineers (JUSE), a.a.O., S. 26ff.

79) Vgl. Zink, K., Hauer, R., Schmidt, A.: Quality Assessment - Instrumentarium auf der Basis von EN 29000, Malcolm Baldrige Award und European Quality Award, Teil 1, in: Qualität und Zuverlässigkeit (QZ), Nr. 10, 37. Jg., 1992, S. 585-590 und Conti, T.: Company Quality Assessments (2), in: The TQM Magazine, Nr. 4, Vol. 3, 1991, S. 229.

gen des jährlich überarbeiteten MBNQA lernen und hat als bedeutsamste Neuerung eine Unterscheidung in „Befähiger-" (Driver) und „Ergebniskriterien" (Results) eingeführt. Driver und Results gehen zu jeweils fünfzig Prozent in die Bewertung ein. Diese lang geforderte Ausgewogenheit hat der Malcolm Baldrige Award erst in seiner 1997er-Ausgabe verwirklicht.[80] Der EQA spiegelt ein Ursache-Wirkungs-Erklärungschema wider: „Kundenzufriedenheit, Mitarbeiterzufriedenheit und positive Auswirkungen auf die Gesellschaft werden durch ein Managementkonzept erzielt, welches durch eine spezifische Politik und Strategie, eine geeignete Mitarbeiterorientierung sowie das Management der Ressourcen und Prozesse zu herausragenden Geschäftsergebnissen führt. Die neun Elemente dieses Modells entsprechen den Kriterien zur Beurteilung des Fortschritts einer Organisation auf dem Weg zu Spitzenleistungen. Die Kriterien lassen sich in die beiden Gruppen Befähiger und Ergebnisse zusammenfassen."[81] In der Abbildung 2 ist das Bewertungsschema des EQA dargestellt.

Wie die häufigen Vergleiche von EQA und MBNQA dokumentieren, hat man auch Rückschritte bei der Konzeption des EQA in Kauf genommen. Der europäische Preis hat zwar mit zehn im Gegensatz zu sieben mehr Oberkriterien als der amerikanische,[82] aber dafür eine geringere Gliederungstiefe der Einzelkriterien.

---

80) Vgl. Conti, T.: A critical review of the current approach to quality awards, in: EOQ Quality, Nr. 3, o.Jg., 1992, S. 15.

81) European Foundation for Quality Management (EFQM): Der European Quality Award - Bewerbungsbroschüre, Brüssel, 1996, S. 9.

82) Vgl. National Institute for Standards and Technology (NIST): Malcolm Baldrige National Quality
Award - 1996 Award Criteria, Gaithersburg 1996, S. 3 und S. 33.

Abbildung 2:

Bewertungsmodell des European Quality Award

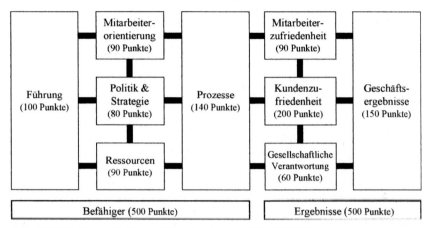

Quelle: EFQM: Der European Quality Award - Bewerbungsbroschüre, Brüssel 1996, S. 9

Das ist vor allem geschehen, um eine Komplexitätsreduzierung der Ausgestaltung der Bewerbungskriterien zu erreichen. Der MBNQA präsentiert sich wesentlich weiter ausdifferenziert und weist damit weniger Unschärfenbereiche auf.[83] Auch das Fehlen des „Befähiger-Kriteriums" „Kundenorientierung" wird dem EQA als unausgewogen angelastet,[84] zumal der MBNQA den Prozeß der Kundenorientierung sehr wohl thematisiert.[85]

---

83) Vgl. Zink, K., Hauer, R., Schmidt, A.: Quality Assessment - Instrumentarium auf der Basis von EN 29000, Malcolm Baldrige Award und European Quality Award, Teil 2, in: Qualität und Zuverlässigkeit (QZ), Nr. 11, 37. Jg., 1992, S. 653 und S. 656, die vom „Stenogrammstil" des EQA sprechen.

84) Vgl. ebenda, S. 656.

85) Vgl. National Institute for Standards and Technology (NIST), a.a.O., S. 21ff., Punkt 7.1, 7.2, 7.3.

Beide Qualitätspreise weisen also Vor- und Nachteile auf, die allerdings in keinem Fall als zu gravierend zu bewerten sind, um die Leistung der Preise insgesamt in Frage zu stellen, und die auch in Bereiche subjektiver Werturteile hineinreichen.[86] Veränderungen in den Rahmenbedingungen machen eine inhaltliche Anpassung der Qualitätsmodelle notwendig.[87] Dies geschieht beim MBNQA seit Jahren regelmäßig, der EQA bleibt weitgehend unverändert. Eine weitere Konvergenz der Preise ist - wie das Beispiel der Unterscheidung in „Driver" und „Results" zeigt - zu erwarten. Im weiteren soll der EQA als Grundlage für die Klassifikation der Total Quality Management-Inhalte dienen.

In der betrieblichen Praxis existiert eine fast unüberschaubare Anzahl von Qualitätsmanagement-Konzepten.[88] In der Literatur gibt es vielfältige Versuche, durch die Einführung von Entwicklungsstufen des Qualitätsmanagement mehr Klarheit zu deren Unterscheidung zu erlangen. Diese Einteilungen leiden jedoch darunter, daß sie nicht zwischen zeitlichen Bezügen und inhaltlichen Ausprägungen unterscheiden. Genau genommen kann zwischen einer historischen Betrachtungsweise und einer inhaltlichen unterschieden werden. Eine weitere Unterscheidungsdimension ergibt sich, wenn man die Entwicklungen von Qualitätsmanagement bezüglich einzelner Unternehmen betrachtet oder auf eine generelle Konzeptkritik bezieht, wie es bei der Diskussion um den Stellenwert der DIN-Normenreihe im Vergleich zu TQM geschieht. Dabei macht es einen Unterschied, ob man aus wissenschaftlichem Interesse beurteilen möchte, mit welchem inhaltlichen Niveau ein Qualitätsmanagementansatz zu bewerten ist, oder ob ein Unternehmen feststellen will, welches Umsetzungsniveau im Hinblick auf ein angestrebtes TQM-

---

86) Vgl. Conti, T.: A critical review of the current approach to quality awards, a.a.O., S.16.
87) Vgl. Zink, K., Hauer, R., Schmidt, A.: Quality Assessment, Teil 2, a.a.O., S. 658.
88) Vgl. Hummeltenberg, W.: Bewertungsmodelle für TQM, in: Preßmar, D. (Hrsg.): Total Quality Management I, Wiesbaden 1995, S. 143ff.

Programm erreicht worden ist.[89] Letzteres ist an Hand der Bewertungskriterien des europäischen und des amerikanischen Qualitätspreises mittlerweile sehr präzise möglich.[90]

In Anlehnung an ISHIKAWA schlagen z.b. ENGELHARDT/ SCHÜTZ zur Bewertung von QM-Ansätzen vor, nach drei Qualitätsdimensionen zu unterscheiden: Inspektionssysteme (Qualität wird nach der Produktion geprüft), Qualitätskontrollsysteme (Qualitätskontrolle während der laufenden Produktion) und TQM-Systeme (umfassendes Qualitätsmanagement).[91] Bei anderen Autoren heißen die Einteilungen „Prüfung, Fehlerverhütung, TQM"[92] oder etwa „...rational-konservativ: Qualitätskontrolle, integral-halbherzig: Qualitätssicherung und visionär-programmatisch: TQM".[93] SCHILDKNECHT[94] hat fünf Entwicklungsstufen eingeführt und nennt sowohl eine zeitliche Eingrenzung als auch inhaltliche Aspekte. Diesem Ansatz soll in der weiteren Untersuchung weitgehend gefolgt werden, da er am weitesten entwickelt erscheint, allerdings mit der Einschränkung, daß die vierte

89) Vgl. z.B. das „Maturity Model on the Path to TQM" bei Malorny, C.: Function and Use of Quality Management Models for the Introductory Path to Total Quality Management, in: European Foundation for Quality Management (EFQM) (Hrsg.): The 1996 Learning Edge Conference, Conference Papers, Paris 1996, S. 142.

90) Vgl. Hummeltenberg, W., a.a.O., S. 160ff. und 175 ff.

91) Vgl. Engelhardt, W.H., Schütz, P.: Total Quality Management, in: Wirtschaftswissenschaftliches Studium (WiSt), Heft 8, 20. Jg., 1991, S. 396, vgl. auch Walther, J.: Betriebswirtschaftliche Analyse und Beurteilung von Total Quality Management-Konzeptionen, in: Zeitschrift für Planung, Heft 1, Band 6, 1995, S. 7ff.

92) Walther, J.: Betriebswirtschaftliche Analyse und Beurteilung von Total Quality Management-Konzeptionen, in: Zeitschrift für Planung, Heft 1, Band 6, 1995, S. 7ff.

93) Kamiske, G., Malorny, C.: Total Quality Management - Ein bestechendes Führungsmodell mit hohen Anforderungen und großen Chancen, in: Zeitschrift Führung-Organisation (ZFO), Nr. 5, 61. Jg., 1992, S. 276.

94) Vgl. Schildknecht, R.: Total Quality Managment, Konzeption und State of the Art, Frankfurt/ New York 1992, S. 44ff.

und fünfte Entwicklungsstufe zusammengefaßt betrachtet werden, da „mitarbeiterorientierte Qualitätskonzepte" inhaltlich kaum von „umfassenden Qualitätskonzepten" im Sinne eines Total Quality Management zu trennen sind. Diese Vierer-Einteilung scheint sich auch in der Literatur durchzusetzen.[95] Es ergibt sich das folgende Bild inhaltlicher Entwicklungsstufen von Qualitätsmanagementansätzen. Die inhaltlichen Einordnungen gelten dabei gleichermaßen zur Bewertung von Qualitätskonzepten und Qualitätsprogrammen einzelner Unternehmen (Siehe Tabelle 2). Inhaltlich lassen sich demnach folgende Leistungsniveaus unterscheiden:

Erstes Leistungsniveau: Qualitätskontrolle (QK)

Qualitätskontrolle im Sinne einer Endkontrolle der Leistungsergebnisse stellt die unterste Stufe des Qualitätsmanagements dar. Ihr liegt die Auffassung zugrunde, daß Qualität durch das Entdecken von Fehlern entsteht, denn Qualität wird als diskreter Wert verstanden: entweder Qualität ist vorhanden oder nicht. Qualitätsverbesserungen werden auf dieser Stufe durch Verschärfung der Prüfanforderungen erreicht, das Ziel besteht in der Verhinderung der Auslieferung fehlerhafter Produkte.

Dieses einseitig technikorientierte Verständnis ist als relativ ineffizient zu bewerten, da es nur zu rein reaktivem Verhalten führt. Es verursacht Produktionsprobleme, da Fehler zu spät gefunden werden. Das erreichte Qualitätsniveau ist - vor allem bei komplexen Leistungsergebnissen - unzureichend, da sich nicht alle

---

95) Vgl. Groothuis, U.: Wandel in den Köpfen, a.a.O., S. 145 und Rommel, G. et al.: Qualität Gewinnt, a.a.O.

Tabelle 2:

Historische und inhaltliche Entwicklungsstufen von Qualitätsmanagementkonzepten

	Entwicklungs- stufe	Verbrei- tung	historische Einordnung	Leistungsniveau
1	Qualitäts- kontrolle (QK)	ca. 1910 - 1930 vor allem in USA	In tayloristischen Produkti- onssystemen kommt es zur Trennung von Planung, Aus- führung und Kontrolle und zum vermehrten Einsatz ungelernter Arbeitskräfte.	Produktprüfungen am Ende von Produktionsprozessen verhin- dern die Auslieferung fehlerhaf- ter Produkte.
2	Qualitäts- sicherung (QS)	ca. 1930 - 1950 in USA und später in Japan	In den USA und Europa stag- niert die Entwicklung der Qualitätssicherung und wird in Japan als Wettbewerbsfaktor entdeckt.	Stichprobenverfahren ersetzen Vollprüfungen und tragen so zur Kostensenkung im Produktions- prozeß bei.
3	Qualitäts- manage- ment (QM)	in Japan ab ca. 1950	Die Zulieferer werden in den Planungsprozeß mit eingebun- den, dem Leistungserstellungs- prozeß wird verstärkt Auf- merksamkeit geschenkt.	Die Aufgaben der Qualitäts- sicherung werden komplexer und in QM-Systeme eingebettet. Eine einfache Version wird durch die ISO 9000er-Reihe re- präsentiert.
4	Umfas- sende Qualitäts- konzepte (TQM)	seit Mitte der 80er Jahre in USA und Europa	Die Triaderegionen wetteifern um die effektivsten Produkti- onssysteme.	Die Erkenntnis setzt sich durch, daß Qualität von allen Unter- nehmensbereichen abhängt.

Quellen: eigene Übersicht in Anlehnung an Hummeltenberg, W.: Bewertungsmodelle für TQM, in: Preßmar, D. (Hrsg.): Total Quality Management I, Wiesbaden 1995, S. 143ff. und Schildknecht, R.: Total Quality Management, Konzeption und State of the Art, Frankfurt/ New York 1992, S. 44ff.

Fehler im nachhinein finden lassen. Außerdem muß die Qualitätskontrolle als weitgehend innovationsfeindlich angesehen werden, da aufgrund der strengen Qualitätsstandards hoher Änderungswiderstand erzeugt wird.

Zweites Leistungsniveau: Qualitätssicherung (QS)

Das zweite Leistungsniveau wird durch regelmäßige Prüfaktivitäten schon während des Fertigungsprozesses gekennzeichnet. Stichprobenverfahren ersetzen die Vollerhebungen und tragen so dazu bei, die qualitätsbezogenen Kosten zu senken. In dem Verständnis der Qualitätssicherung läßt sich Qualität „erprüfen". Ihr Ziel besteht in der Sicherstellung stabiler Prozesse, d.h. von Prozessen, die innerhalb bestimmter Grenzwerte ablaufen. Erreicht wird dies über die Festlegung von Produkt- und Verfahrensstandards und durch die Überwachung der Einhaltung durch eine Qualitätssicherungsabteilung. Die Standards erlauben die Anwendung statistischer Werkzeuge zur Kontrolle der Prozesse (SPC) und die Durchführung von Experimenten zur Identifikation von „Stellmechanismen" zur „Feineinstellung" der Prozesse (Design of Experiments).[96]

Qualitätssicherung kann dazu auf ein leistungsfähiges Instrumentarium zurückgreifen. Trotz einer möglicherweise hohen Prozeßbeherrschung bleibt die Qualität je nach Unternehmensspezifika dennoch unzureichend. Vorprodukte, Außenbeziehungen und die eigenen Mitarbeiter[97] werden nicht explizit in ein Qualitätssystem mit einbezogen. Vor allem wirkt sich negativ aus, daß die Kundenanforderungen nicht thematisiert werden: Unternehmen können trotz einer vorbildlichen Qualitätssicherung am Markt vorbei produzieren. Hinzu kommt, daß die hohen

---

96) Vgl. Markfort, D.: Japanische Methoden des Qualitäts-Engineering, in: CIM Management, Nr. 5, 8. Jg., 1992, S. 18ff.

97) Vgl. Bushe, G.R.: Cultural Contradictions of Statistical Process Control in American Manufacturing Organizations, in: Journal of Management, Nr. 1, Vol. 14, 1988, S. 23ff.

Prozeß- und Verfahrensstandards innovationshemmende oder -feindliche Wirkungen entfalten können.[98]

Drittes Leistungsniveau: Qualitätsmanagement (QM)

Ein gewichtiges Problem bei der Qualitätssicherung ist die Überwachung der Vorleistungen. Wareneingangskontrollen sind bei hohen Losgrößen nicht effizient. Wenn es um das Aufdecken von Fehlern im ppm- (parts per million) Bereich geht, sind selbst Stichprobenuntersuchungen wirtschaftlich nicht mehr tragbar.[99] Gerade aus diesem Grund ist die ISO 9000-Normenreihe geschaffen worden, um schon bei der Produktentstehung beim Lieferanten die häufig auftretenden Fehlerquellen zu beseitigen. Insofern hat die Normenreihe ihre Berechtigung, wenn sie auch aus den vorgenannten Gründen[100] als isolierte Maßnahme sicher kein Erfolgsgarant ist. Obwohl die Normenreihe eine aufwendige Umbenennung von „Qualitätssicherungssystem" zu „Qualitätsmanagementsystem" durchlitten hat, stellt sie nur ein relativ beschränktes Qualitätsmanagement-System dar. Ein weiter entwickeltes Qualitätsmanagementsystem zeichnet sich dadurch aus, daß es die Messung der Kundenanforderungen zumindest mitberücksichtigt. Dabei liegt dem System die Auffassung zugrunde, daß Qualität vor allem in den klassischen direkten Wertschöpfungsphasen, also der Beschaffung, Produktion und Lieferung, entsteht. Deshalb umfaßt es zusammenhängend alle Prozesse nach Möglichkeit schon beim Lieferanten und bis hin zum Kunden. Darin eingeschlossen ist auch die „aktive Qualitätsförderung" durch die Mitarbeiter, d.h. daß Mitarbeiter für die Qualität ihrer Leistungen direkt verantwortlich sind.

---

98) Vgl. Kapitel 3.3.3: Auftreten und Konsequenzen von Innovationshemmnissen.

99) Vgl. Malorny, C., Kassebohm, K.: Von der Wareneingangskontrolle zur Qualitäts- und Wertschöpfungspartnerschaft, in: Die Betriebswirtschaft (DBW), Nr. 4, 54. Jg., 1994, S. 473.

100) Vgl. Kapitel 2.1: Managementkonzepte mit dem Leitbild Qualität.

Offen bleibt hingegen die Frage, wie die Mitarbeiter zur Selbstverantwortung motiviert werden können, und ebenso, wie die Kundenanforderungen in jedem Teilbereich des Unternehmens spürbar richtungsgebend werden. Auch auf dieser Leistungsstufe besteht das Problem, daß das System tendenziell innovationsfeindlich wirkt, da Prozesse festgeschrieben werden und eine Änderung der Standards zunächst dem System entgegenläuft.

Viertes Leistungsniveau: umfassendes Qualitätsmanagement (TQM)

Total Quality Management umfaßt die vorgenannten Qualitätsstufen und geht durch seinen umfassenden Ansatz darüber hinaus. Kundenanforderung besser als die weltbesten Vergleichsunternehmen zu erfüllen wird als Unternehmensziel festgelegt. Die gleichzeitige Ausrichtung auf Kunden, Mitarbeiter, Prozesse und gesellschaftliche Aspekte wirkt umfassend auf die Gestaltung des Unternehmens und soll ihren Niederschlag in den Geschäftsergebnissen finden. Qualität wird bei einer optimalen Umsetzung auch optimal gefördert.

Das umfangreiche TQM-Programm birgt aber auch Gefahren mit der Konsequenz: „Acht von zehn Qualitätskampagnen schlagen fehl, oder das Resultat wird von den Managern mit „unzufrieden" bewertet."[101] Eine derartige konsequente Qualitätsorientierung kann einseitig wirken: ein flexibles, schnelles Diskontinuitätenmanagement ist bei TQM nicht vorgesehen. Falls keine explizite Berücksichtigung des Innovationsprozesses erfolgt oder Innovationsmanagement auf einer strategischen Ebene verharrt,[102] kann es zu innovationshemmenden Wirkungen

---

101) Groothuis, U.: Wandel in den Köpfen, a.a.O., S. 141.
102) Vgl. Wilkinson, A., Witcher, B.: Fitness for use? Barriers to full TQM in the UK, in: Management Decision, Nr. 8, Vol. 29, 1991, S. 48

kommen, denn auch TQM baut auf die Verbesserungswirkung der Standardisierung: „...we have reached the limits of standardization of quality."[103] Notwendige Veränderungen oder solche mit einem hohen Erfolgspotential können behindert werden, da Flexibilität im Vergleich zur Qualität keinen hohen Stellenwert besitzt. Übertriebene Prozeßstandardisierung erzeugt vielmehr systematisch „Kundenferne" statt Kundennähe.[104] Qualität ist zwar die Erfüllung von Kundenanforderungen, aber auch die Kundenanforderungen unterliegen einem ständigen Wandel. Auch „...Total Quality Management kann nicht den Anspruch eines innovativen Management-Konzeptes erheben".[105]

---

103) Vandenbrande, W.: Organizational, Social and Political Barriers to TQM, In: European Organization for Quality (Hrsg.): 40th Annual EOQ-Congress, Proceedings, Vol. 1, Berlin 1996, S. 109.

104) Vgl. Homburg, C.: Weiche Wende, in: Manager Magazin, Nr. 1, 26. Jg., 1996, S. 147.

105) Vgl. Engelhardt, W.H., Schütz, P., a.a.O., S. 399.

Tabelle 3:

Leistungsniveaus von Qualitätsmanagementkonzepten

Leistungs-stufe	1: Qualitäts-kontrolle: QK	2: Qualitätssiche-rung: QS	3: Qualitätsmana-gement: QM	4: Umfassendes Qualitätskon-zept: TQM
Ziel	Verhinderung der Auslieferung fehlerhafter Produkte	Verhinderung der Enstehung fehler-hafter Produkte	fehlerfreier Prozeß	höchst zufriedene Kunden
Qualitäts-verbesse-rung	durch strengere Prüfanforde-rungen	durch unfangrei-chere Prüfanforde-rungen	durch Prüf- und Präventionssystem	Orientierung an Kunden und Wettbewerbern
Wirkungs-bezug	Endprodukt	Fertigungsprozeß	Wertschöpfung-kette	gesamtes Unter-nehmen
Methode	einfache Feh-leraufzeich-nungen	Statistische Me-thoden Prozeßstan-dardisierung	Einbindung der Methoden in ein SPC-System	alle relevanten Methoden und Kulturteile
Wirkungs-horizont	kurzfristig	kurz- bis mittelfri-stig	mittelfristig	langfristig
potentielle Leistungs-fähigkeit	sehr gering	gering	mittel	sehr hoch
Bewertung	unzureichende Qualität im Pro-duktionsprozeß, hohe Kosten, innovations-feindlich	Kundenanforde-rungen nicht explizit berücksichtigt, ten-denziell innova-tionsfeindlich durch hohe Änderungs-widerstände	Mitarbeiter unzu-reichend motiviert, Kundenanforde-rungen nur unzurei-chend umgesetzt, tendenziell innova-tionsfeindlich	Gefahr einseitiger Qualitätsorien-tierung, hohes Ri-siko des Schei-terns

Quellen: Eigene Einteilung in Anlehnung an Groothius, U.: Wandel in den Köpfen, in: Wirt-schaftsWoche, Nr. 17, 50. Jg., 9.11.1996, S. 140-145; Kamiske, G., Malorny, C.: Total Quality Management - Ein bestechendes Führungsmodell mit hohen Anforderungen und großen Chancen, in: Zeitschrift Führung-Organisation (ZFO), Nr. 5, 61. Jg., 1992, S. 274-278; Malorny, C.: Function and Use of Quality Management Models for the Intro-ductory Path to Total Quality Management, in: European Foundation for Quality Ma-nagement (EFQM) (Hrsg.): The 1996 Learning Edge Conference, Conference Papers, Paris 1996, S. 135-14; Walther, J.: Betriebswirtschaftliche Analyse und Beurteilung von Total Quality Management-Konzeptionen, in: Zeitschrift für Planung, Heft 1, Band 6, 1995, S. 1-10.

2.2 Konzepte der Veränderung

Die in diesem Kapitel zusammengefaßten Konzepte, namentlich Kaizen, Lean-Ansätze, Reengineering und darunter subsumiert Business Process Management sowie Innovationsmanagement, stehen bezüglich ihrer Zielsetzungen und einzelner inhaltlicher Elemente in einem vergleichsweise weiten Zusammenhang. Im Gegensatz zu den Konzepten des Qualitätsmanagements zeichnen sie sich durch eine stärkere Berücksichtigung des Veränderungserfordernisses aus.

2.2.1 Kaizen: Zur kontinuierlichen Verbesserung

Kaizen ist ein japanisches Managementkonzept, das vor allem durch die Veröffentlichung von IMAI[106] in der westlichen Welt bekanntgeworden ist. Kaizen ist ein Begriff in der japanischen Alltagssprache und kann mit „kontinuierliche Verbesserung" übersetzt werden. Dahinter steht die Idee, sich ohne Unterlaß zu bemühen, alles zumindest ein wenig besser zu machen, ständig nach Verbesserungspotentialen zu suchen und diese umzusetzen. Diese „Taktik der kleinen Schritte" wird im täglichen Leben aus einer Grundhaltung heraus angewendet, nicht als verordnete oder zielbewußte Handlung. Sie ist das Ergebnis einer Weltsicht, die von stetiger Veränderung geprägt ist. Nur vor diesem Hintergrund läßt sich der Erfolg von Kaizen-Programmen in japanischen Unternehmen verstehen. Ein programmatischer Überbau greift die in den persönlichen Sozialisationsphasen erworbenen Kaizen-Denkhaltungen der Mitarbeiter auf und gibt ihnen eine einheitliche Richtung. Kaizen ist in Japan als Weiterentwicklung der statistischen

---

106) Vgl. Imai, M.: Kaizen - der Schlüssel zum Erfolg der Japaner, 3. Aufl., München 1992.

Prozeßkontrolle und verwandter Ansätze wie TQC[107] entstanden, die eingesetzten Instrumente und Methoden gleichen sich sehr. Bei IMAI findet sich eine übersichtliche Aufstellung der wichtigsten Werkzeuge, die in den fünfziger Jahre von ISHIKAWA zusammengestellt worden sind: Prüf-Checklisten, Verhaltensprinzipien, Fragen zur Aufgabenstrukturierung, Checklisten zur Fehlersuche[108] und statistische Werkzeuge.[109] Diese Methoden und Instrumente finden in abgewandelter Form oder in Auswahl vor allem in produzierenden Unternehmen Anwendung. Sie sind so gehalten, daß auch ein „Werker", der nicht akademisch vorgebildet ist, sie anwenden kann. Hierin zeigt sich, daß Kaizen sehr personenorientiert vorgeht. IMAI schlägt die Einteilung in drei Segmente vor: Management, Gruppen und Mitarbeiter.[110] Dergestalt werden alle Mitarbeiter in das Kaizen-Programm mit einbezogen. Über Qualitätszirkel und durch Kaizen am Arbeitsplatz[111] geschieht dies von zwei Seiten. Zentrales Organisationsmodell ist dabei die Gruppe.[112] Die Unternehmensführung richtet darüber hinaus Struktur und Strategie des Unternehmens entsprechend aus. Kaizen kommt dabei einer gezielten und fortwährenden Beeinflussung der Unternehmenskultur gleich. Ein weiteres Kennzeichen von Kaizen ist die weitgehende Prozeßorientierung. Anstatt sich in erster Linie an Ergebnissen zu orientieren, wird der Lei-

---

107) Siehe Kapitel 2.1: Managementkonzepte mit dem Leitbild Qualität.

108) Diese 4 M sind bei anderen Autoren durchgängig als Ishikawa-Diagramm bekannt und bilden die Grundlage für Ursachen-Wirkungsbestimmungen. Vgl. auch Imai, M., a.a.O., S. 81.

109) Vgl. ebenda, S. 273ff.

110) Vgl. Haug, N., Martens, B., Pudeg, R.: Prozeßoptimierung durch Mitarbeiterbeteiligung - Beurteilung von KVP und KAIZEN aus der Sicht eines Anwenders, in: Fortschrittliche Betriebsführung und Industrial Engineering (FB/IE), Nr. 4, 42. Jg., 1993, S. 150 und Imai, M., a.a.O., S. 111f.

111) Vgl. Nakane, Y.: Warum Kaizen Muda vermeidet, in: Beschaffung aktuell, Heft 1, o.Jg., 1993, S. 36.

stungserstellungsprozeß selbst optimiert.[113] Darin drückt sich ein langfristiges Denken aus, das kurzfristigem Gewinnstreben entgegensteht. Qualität bleibt somit als Kernbestandteil in der Kaizenphilosophie erhalten und findet seinen Niederschlag in einer durchgängigen Kundenorientierung: Bestandteil der Unternehmenskultur wird die Ausrichtung jedes Mitarbeiters an dem Ziel der Kundenzufriedenheit. Wenn auch ein direkter Kontakt zum Endkunden nicht in jedem Fall gewährleistet werden kann, so ist über eine Kette von „internen" Kunden doch sichergestellt, daß sich jeder einzelne Mitarbeiter als Erfüller von Kundenwünschen fühlen kann. Dies gilt z.b. auch für den Bereich der Forschung und Entwicklung, in dem bei klassisch strukturierten Unternehmen häufig ein Defizit in der Kundennähe festzustellen ist.[114]

Der Innovationsgedanke ist also im Kaizen-Ansatz enthalten.[115] Die kontinuierliche Verbesserung wird nicht im Gegensatz zu Innovationen gesehen, sondern als deren Ergänzung. Neue, grundlegende Innovationen haben spektakuläre Wirkungen, sie werden zu Differenzierungsmöglichkeiten für Unternehmen, aber sie verlieren als Ressourcen auch mit der Zeit ihre internen und externen Wirkungen. Kaizen verläuft weniger greifbar, unspektakulärer und hebt dabei immer wieder neu den Differenzierungsbeitrag der Innovation auf ein höheres Wirkungsniveau durch eine Vielzahl kleiner Verbesserungen: Kaizen erhöht die Dauerhaftigkeit der Ressource „Innovation". Diese Stetigkeit der kontinuierlichen Verbesserungen setzt sich bei näherem Hinsehen aber aus einzelnen Ideen und deren Umsetzung zusammen, also aus kleinen Innovationen. Insofern ist fraglich, ob die gera-

---

112) Vgl. Herrmany, J., Schwind, M.: Kontinuierlicher Verbesserungsprozeß und Gruppenarbeit, in: PERSONAL - Mensch und Arbeit, Nr. 7, 46. Jg., 1994, S. 646.

113) Vgl. Imai, M., a.a.O., S. 39ff.

114) Vgl. Seiffert, U.: KVP - Bestandteil eines evolutionären Produktentstehungsprozesses, in: Wirtschaftswissenschaftliches Studium (WiSt), Heft 4, 24. Jg., 1995, S. 197ff.

115) Vgl. Imai, M., Kaizen, a.a.O., S. 47ff.

de skizzierte Sichtweise von Kaizen nicht einer künstlichen Einteilung entspringt. Mit anderen Worten kann man argumentieren: Innovationen und kontinuierliche Verbesserungen liegen auf einem Kontinuum. Ihre Unterscheidung ist quantitativer Art und eine Differenzierung nur aus Gründen der Anschaulichkeit sinnvoll. Somit ist ein grundsätzlicher Gegensatz zwischen Innovationen und kontinuierlicher Verbesserung nicht gegeben, Innovationen sind ein integraler Bestandteil von Kaizen. Beide sind notwendig, um auf die stetige Veränderung der Außenwelt einer Unternehmung und seiner internen Bezüge angemessen reagieren zu können. Sie sind Ausdruck der Suche nach einer optimalen Flexibilität eines Unternehmens.[116]

Drei unterschiedliche Auffassungen und Ausprägungen prägen das Bild von Kaizen. In seiner ursprünglichen Form, die durch die oben gekennzeichnete Denkhaltung geprägt ist, kann man es als Management-Philosophie bezeichnen: Kaizen ist Ausdruck „... einer positiven Lebenseinstellung, die nach Verbesserung um der Verbesserung willen strebt".[117] Diese Ausprägung ist aber aufgrund unterschiedlicher Sozialisation japanischer Mitarbeiter und deren Einbindung in kooperative, vertrauensgesteuerte Netzwerke nicht in gleicher Form auf Mitarbeiter der westlichen Hemisphäre übertragbar, die an linear strukturierte Planungsvorgaben und segmentierte Einzelfunktionen gewöhnt sind.[118] Was übertragen werden kann, ist ein Set von Instrumenten zur statistischen Qualitätskontrolle. In dieser Version einer weitgehenden Beschränkung auf operationalisierbare Bestandteile gleicht Kaizen sehr seinem Ursprung, dem Total Quality Control. IMAI subsumiert TQC

---

116) Vgl. Jung, H.: KAIZEN - ein Konzept des mitarbeiterorientierten Managements, in: Personal, Nr. 8, 45. Jg., 1993, S. 359.

117) Volk, H.: Kaizen - Anmerkungen zu einem Mythos, in: Personal, Nr. 3, 45. Jg., 1993, S. 117.

118) Vgl. ebenda, S. 116.

explizit unter Kaizen.[119] Die konsequente Mitarbeiterorientierung hebt Kaizen jedoch auch in dieser reduzierten Form von einfacheren Verbesserungsmanagementansätzen ab. Schließlich kann Kaizen als <u>Konzept</u> umgesetzt werden, indem versucht wird, die mangelhafte Übertragbarkeit der fundamentalen Denkhaltung durch ein KVP-Konzept zu ersetzen. Ein KVP (Kontinuierlicher Verbesserungsprozeß)-Programm setzt nicht nur die einzelnen aus TQC bekannten Instrumente ein, sondern versucht auch, die Mitarbeiter zu kontinuierlichen Verbesserungen anzuhalten. Detailoptimierungen werden von expliziten oder impliziten Zielvereinbarungen gefordert, Teamarbeit bestimmt die Arbeitsstrukturen und das Vorschlagswesen rückt in das Zentrum des Verbesserungssystems. Ein Maßnahmenkatalog wird zur Richtschnur der Umsetzungsbemühungen des kontinuierlichen Verbesserungsprozesses.[120]

Bei diesem Verständnis von Kaizen verliert jedoch die intensive Prozeßorientierung zugunsten einer stärkeren Ergebnisorientierung an Bedeutung. Kaizen wird, in diesem Sinne verstanden, instrumentalisiert, um ein bestimmtes Verbesserungsziel zu erreichen, und muß dadurch zwangsläufig an Effektivität verlieren. Das heißt jedoch nicht, daß Kaizen als KVP-Konzept uneffektiv sein muß, auch KVP erreicht durch die Konzentration auf Details in der Summe eine Vielzahl von Primär- und Synergiewirkungen. KVP westlicher Unternehmen[121] ist mit

---

119) Vgl. Imai, M., a.a.O., S. 35ff.

120) Vgl. Haug, N., Martens, B., Pudeg, R., a.a.O., S. 152.

121) In Deutschland bekannt geworden sind vor allem die KVP-Konzepte von Volkswagen („KVP2") - vgl. dazu z.B. Seiffert, U., a.a.O., S. 197ff. - bei Siemens („Time Optimized Process/ TOP"), vgl. z.B. Herrmany, J., Schwind, M., a.a.O., S. 644ff. - und bei Bosch („Continuous Improvement Process/ CIP"), Schott („Total Customer Care/ TCC") und Blohm+Voss, vgl. Groothuis, U.: Auf Tuchfühlung - Eine Studie über Erfahrungen mit dem Kontinuierlichen Verbesserungsprozeß, in: WirtschaftsWoche, Nr. 24, 50. Jg., 6.06.1996, S. 102ff.

Kaizen, wie es in japanischen Unternehmen[122] verstanden wird, jedoch nur bedingt zu vergleichen. Ein weiterer Aspekt, der Kaizen als Philosophie von KVP-Programmen unterscheidet, ist das Verständnis, daß alle Verbesserungsbemühungen in Zusammenhang mit vielen anderen stehen, also die Erkenntnis der hochgradigen Vernetztheit aller Wirkungsbeziehungen im Unternehmen.[123]

Kaizen wird als Bestandteil von TQM bezeichnet und vice versa.[124] Wie oben gezeigt wurde, kann das nur für einen Kaizen-Ansatz gelten, der auf ein KVP-Konzept beschränkt ist. Denn als Management-Philosophie wirkt Kaizen als eigenständiger und geschlossener Ansatz. Die Gemeinsamkeiten zwischen TQM und Kaizen sind unwidersprochen sehr groß. Auf Grund der historischen Entwicklung finden sich z.b. DEMINGs 14-Punkte sowie der PDCA-Kreis in beiden Konzepten wieder.[125] Für Kaizen ist das konsequente Denken und Handeln jedes Mitarbeiters mit dem Ziel der kontinuierlichen Verbesserung derartig zentral, daß die entsprechende Denkhaltung der Mitarbeiter stellenweise mit Kaizen gleichgesetzt wird. Dieses inhaltlich verkürzte Verständnis vermag zu erklären, warum Kaizen unter TQM subsumiert wird.

---

122) Gemeint sind hier die japanischen „Vorzeigeunternehmen", die Kaizen umfassend umsetzen, wie Toyota, Mitsubishi, Nissan, Canon.

123) Vgl. Jung, H., a.a.O., S. 359ff.

124) Vgl. Zink, K., Hauer, R., Schmidt, A.: Quality Assessment, Teil 2, a.a.O., S. 658 oder Töpfer, A., Mehdorn, H.: Total Quality Management - Anforderungen und Umsetzung im Unternehmen, 2. Aufl., Landsberg 1992, S. 114.

125) Vgl. Haug, N., Martens, B., Pudeg, R., a.a.O., S. 148ff.

2.2.2 Lean-Ansätze: Zum Abbau von Blindleistungen

Lean-Ansätze sind aus dem Bestreben westlicher Wissenschaftler und Manager entstanden, die Ursachen für den Erfolg der japanischen (Automobil-)Industrie im Rahmen des „International Motor Vehicle Program" (IMVP) des MIT[126] zu entschlüsseln. Im Gegensatz zu dem „japanischen" Ansatz Kaizen (kontinuierliche Verbesserung) sind Lean-Ansätze weniger am Weg, der zu einer Optimierung führt, als an der eigentlichen Zielerreichung orientiert. „Lean" heißt schlank und beschreibt das angestrebte Ergebnis derartiger Programme: Unternehmen werden daraufhin untersucht, welche Tätigkeiten unnötig oder nutzlos sind, Verschwendung und Schwund („Blindleistung")[127] werden abgebaut. Während zunächst nur die eigentliche Fertigung im Zentrum des Interesses lag („Lean Production"), wurde bald erkannt, daß sich diese Zielsetzung auf alle Teilbereiche des Unternehmens übertragen läßt („Lean Management"). Die beiden Begriffe werden heute fast synonym verwendet.[128]

Sie kennzeichnen die Konzentration auf Kernbereiche der Wertschöpfung durch eine Straffung der Sortiments- und Kundenstruktur und eine Verringerung der Leistungstiefe.[129] Vor allem ein rigoroser Abbau von Lagerbeständen zwingt zu optimierten Prozessen, bei denen Prozeßinputs „Just-in-Time" (JiT) angeliefert

---

126) Vgl. Scholz, C.: Lean Management, in: Wirtschaftswissenschaftliches Studium (WiSt), Heft 4, 23. Jg., 1994, S. 180.

127) Töpfer, A., Mehdorn, H., a.a.O., S. 139ff.

128) Im folgenden soll „Lean Management" im Zweifel als Oberbegriff von „Lean Production" angesehen werden.

129) Vgl. Rommel, G. et al.: Einfach überlegen, a.a.O., S. 19ff. und S. 43ff.

47

werden.[130] Dies setzt eine punktgenaue Koordination der internen und externen Lieferanten voraus. Neben der Fertigung und der Beschaffung sind Vertrieb, Produktentwicklung und Administration Zielbereiche der „Verschlankung". Dabei werden alle Aktivitäten so verlagert, daß sie möglichst unmittelbar am Ort und zum Zeitpunkt der Wertschöpfung ausgeführt werden.[131] Es ist keine Seltenheit, daß von halbierten Durchlaufzeiten und Beständen und verdoppeltem Lagerumschlag berichtet wird und daß sich die Zahl der rechtzeitig erledigten Aufträge von bspw. 25% auf 98% steigert.[132] Dies setzt den Abbau von Hierarchieebenen voraus, denn zwischen einer entscheidenden und einer ausführenden sind weitere Hierarchieebenen häufig nicht notwendig. Die Rolle des „Meisters" beispielsweise wird zu der einer beratenden und unterstützenden Fachkraft umdefiniert.

In der Konsequenz des reduzierten Ressourceneinsatzes werden durch Lean-Programme entweder personelle Kapazitäten für weitere Aufgaben freigesetzt oder Arbeitsplätze abgebaut.[133] „Lean" ist daher zu einem Managementkonzept mit politischen Auswirkungen geworden und wird häufig einseitig und verkürzt mit Kosteneinsparungen und Stellenabbau gleichgesetzt. Dabei kann ein Betrieb, der nach den Lean-Prinzipien organisiert ist,[134] durch eine hohe Produktivität

---

130) Vgl. Daniel, S., Reitsperger, W.D.: Management Control System for J.I.T.: An Empirical Comparison of Japan and the U.S., in: Journal of International Business Studies, Vol. 21, Nr. 4, 1991, S. 605f.

131) „Genba" auf Japanisch, vgl. Scholz, C., a.a.O., S. 184.

132) Vgl. das Beispiel „Lucas PLC" in Womack, J., Jones, D.: From Lean Production to the Lean Enterprise, in: Harvard Business Review, Nr. 2, Vol. 72, 1994, S. 95.

133) Vgl. z.B. o.V.: When slimming is not enough, in: The Economist, 03.09.1994, S. 61f.

134) Das bekannteste Beispiel für eine Lean-Production in Deutschland ist das Opelwerk in Eisenach. Vgl. z.B. Gottschall, P.: Von 152 auf 110 Sekunden, in: Manager Magazin, Nr. 12, 24. Jg., 1994, S. 239ff. oder Fischer, G., Risch, S., Selzer, P.: Neue Kur, in: Manager Magazin, Nr. 10, 25. Jg., 1995, S. 211, sowie o.V.: Mauern ziehen und Wände einreißen, in: Frankfurter Allgemeine Zeitung (FAZ), Nr. 169, 23.07.1992, S. 14.

durchaus auch Arbeitsplätze schaffen oder zumindest sichern. Eine Reduzierung der Mitarbeiterzahl erreicht, ebenso wie eine reine Kostenreduzierung, lediglich kurzfristige Effekte.[135] Neben dem Verlust von Know-how-Trägern sind negative Effekte auf die Motivation der Mitarbeiter, die im „schlanken Unternehmen" reduzierte Karrierechancen sehen,[136] festzustellen. Die Umsetzung von Lean-Konzepten wird folglich, wie eine empirische Studie unterstreicht, vor allem durch den Widerstand der Betroffenen gefährdet,[137] obwohl gezielt versucht wird, das Personalmanagement an die Lean-Erfordernisse anzupassen.[138] Dazu kommen gesteigerte Abhängigkeiten von und für Systemzulieferer,[139] die das JiT-Prinzip verwirklichen. Mittel- bis langfristig sind vor allem Einbußen in der Flexibilität zu befürchten.[140] Denn „Über"-Kapazitäten haben häufig die Funktion, unvorhergesehene Ereignisse wie zusätzliche Nachfrage, Lieferengpässe oder Maschinenausfälle durch zusätzliche Ressourcen aufzufangen.[141] Drastisch wurde dies durch die Erdbebenkatastrophe in der japanischen Stadt Kobe verdeutlicht, die viele der auf dem Just-in-Time-Prinzip beruhenden Produktionsunter-

---

135) Vgl. Kuhlmann, M.: Wider die „Magersucht", in: Handelsblatt, 18.10.1995, S. B6.

136) Vgl. Hinterhuber, H., Krauthammer, E.: Lean Management und individuelle Arbeitsplatzsicherheit, in: Zeitschrift Führung-Organisation (ZFO), Heft 5, 63. Jg., 1994, S. 297.

137) Vgl. Kleb, R.-H., Svoboda, M.: Trends und Erfahrungen im Lean Management - Studie mit führenden multinationalen Unternehmen, in: Zeitschrift Führung-Organisation (ZFO), Heft 4, 63. Jg., 1994, S. 254.

138) Vgl. z.B. Bösenberg, D.: Seine Rolle im "Lean" finden, in: Personalwirtschaft, Nr. 11, 20. Jg., 1993, S. 35ff.

139) Vgl. bspw. die Auswirkungen auf die deutsche Automobil-Zulieferer-Industrie: Meyer, B., Becker, A., Kühlhorn, G.: Die Killer-Liste der Autohersteller, in: Impulse, Heft 4, o.Jg., 1995, S. 16f.

140) Vgl. Fallgatter, M.: Grenzen der Schlankheit: Lean Management braucht Organizational Slack, in: Zeitschrift Führung-Organisation (ZFO), Nr. 4, 64. Jg., 1995, S. 215ff., siehe auch Cusumano, M.A.: The Limits of „Lean", in: Sloan Management Review, Nr. 4, 36. Jg., 1994, S. 27ff.

nehmen überall in Japan in Mitleidenschaft gezogen hat.[142] Ebenso steht zu befürchten, daß die Innovationskraft eines Unternehmens durch die Beschränkung auf die Ressourcen, die zur eigentlichen Leistungserstellung notwendig sind, geschwächt wird. Die „Lean-Welle" ist auf Grund der kurzfristigen Orientierung des Ansatzes mittlerweile „abgeebbt".

Kaizen wird häufig als Bestandteil von Lean Production verstanden. Gemeint ist damit, von Unschärfen in den definitorischen Grundlagen abgesehen, daß die Denkhaltung der kontinuierlichen Verbesserung Grundlage des Lean-Ansatzes ist.[143] Der grundsätzliche Unterschied zwischen diesen beiden Ansätzen ist darin zu sehen, daß Lean ein Ziel bezeichnet, während Kaizen den Weg beschreibt. Beiden Ansätzen ist gemeinsam, daß sie Blindleistungen abbauen.[144] Elemente des Qualitätsmanagements finden sich ebenfalls in Lean-Programmen wieder.[145] TQM wird sogar unter Lean Management subsumiert,[146] wenn diesem Verständnis bei den hier zugrunde gelegten Definitionen auch nicht gefolgt werden kann.[147]

---

141) Vgl. o.V.: The anorexic corporation, in: The Economist, 03.09.1994, S. 15f.

142) Vgl. o.V.: Not Quite in Time, in: Newsweek, 30.1.1995, S. 26.

143) Vgl. Haug, N., Martens, B., Pudeg, R., a.a.O., S. 148.

144) Vgl. Nakane, Y, a.a.O., S. 35ff., Muda ist das japanische Wort für „Schwund" oder „Blindleistung".

145) Kargl, H.: Lean Production, in: Wirtschaftswissenschaftliches Studium (WiSt), Heft 4, 23. Jg., 1994, S. 177f.

146) Vgl. Scherm, E.: Konsequenzen eines Lean Management für die Planung und das Controlling in der Unternehmung, in: Die Betriebswirtschaft (DBW), Nr. 5, 54. Jg., 1994, S. 647 sowie Klimmer, M., Lay, G.: Lean Production: Ein Begriff wird zum Mythos, in: Die Betriebswirtschaft (DBW), Nr. 6, 54. Jg., 1994, S. S. 819f. Letztgenannter Artikel bietet in Form einer Sammelrezension einen guten Überblick über den „state of the art" des Lean Management in der deutschsprachigen Literatur.

147) Vgl. zur gegenteiligen Meinung: Hiller, J.: Von den Japanern lernen - Lean Management kann Standortnachteile ausgleichen, in: Office Management, Nr. 9, 41. Jg., 1993, S. 30.

Tabelle 4:

Spezifische Stärken und Schwächen von Lean-Ansätzen

Inhalt	Stärke	Schwäche
Abbau von Überkapazitäten	Kostensenkung	Verlust von Flexibilität und Innovationspotential
Konzentration auf Kernbereiche	Reduzierung von Komplexitätskosten	Abbau von Synergieeffekten, Einschränkung des Zukunftspotentials von SGF etc.
Just-in-Time-Zulieferungen	Straffung der Prozesse und Kostensenkung	Störanfälligkeit, Abhängigkeiten von und für Systemzulieferer
Flachere Hierarchien	Zeitersparnis durch kurze Entscheidungswege und Kostensenkung	weniger Aufstiegschancen für Mitarbeiter
Eigenverantwortlichkeit in/ von Arbeitsgruppen	hohe Qualität des Leistungsprozesses	in Praxis schwer zu verwirklichen
Wirkung von Lean-Ansätzen	greifbare, konkrete Resultate, die sich in den Geschäftsergebnissen niederschlagen	nur kurz- bis mittelfristiger Zeithorizont
Insgesamt	hohes Kosteneinsparungspotential	weniger Flexibilität und geschwächtes Innovationspotential

Quelle: Eigene Analyse in Anlehnung an Fallgatter, M.: Grenzen der Schlankheit: Lean Management braucht Organizational Slack, in: Zeitschrift Führung-Organisation (ZFO), Nr. 4, 64. Jg., 1995, S. 215-220, hier S. 215ff.; Rommel, G. et al.: Einfach überlegen - Das Unternehmenskonzept, das die Schlanken schlank und die Schnellen schnell macht, Stuttgart 1993, S. 19ff. und Scholz, C.: Lean Management, in: Wirtschaftswissenschaftliches Studium (WiSt), Heft 4, 23. Jg., 1994, S. 180-186, hier S. 185.

Dieser Analyse wird eine eingeschränkte Auffassung von „Lean Management" zugrunde gelegt, um es von Total Quality Management abgrenzen zu können. Nach dieser Klassifikation ist Lean in seinen Wirkungen, wie oben gezeigt, als „kurzfristig" zu charakterisieren. Abhängig von Definition und Klassifikation des Lean-Konzeptes läßt sich auch die gegenteilige Auffassung vertreten: Lean Management erstreckt sich demnach „....sowohl auf die strategisch-langfristigen als auch auf die taktisch-mittelfristigen und operativ-kurzfristigen Aspekte".[148] Im Unterschied zu PFEIFFER/WEIß/VOLZ soll Lean Management in der Summe seiner Einzelelemente jedoch nicht mit einer Schnittmenge aus TQM, Kaizen und Reengineering gleichgesetzt werden.[149] Lean Management kann in seiner weitesten Auslegung sogar als humanorientiert angesehen werden. Mitarbeiter werden demnach gezielt durch verbesserte Aufstiegschancen und erweiterte Kompetenzen[150] zu eigenverantwortlichem Verhalten angehalten.[151] Da diese Auffassung aber in der Praxis existierenden Lean-Programmen wohl nur eher selten entsprechen dürfte, wird „Lean" weiterhin nicht in seiner umfassenden Auffassung Verwendung finden, zumal die von anderen Autoren unterstellte Humanorientierung ihren Ursprung in unscharfen Definitionen der MIT-Studie hat: JÜRGENS weist nach, daß z.B. die Verbreitung von Teams in Japan in der MIT-Studie anhand der Zahl der „Hancho", der Teamleader, nur sehr ungenau bestimmt wurde. Er kommt u.a. zu dem Schluß: „Zugespitzt kann man durchaus in Zweifel ziehen, daß in japanischen Werken überhaupt Gruppenarbeit existiert."[152] Trotzdem sollen die Erkenntnisse aus der erweiterten Auffassung von „Lean" der Untersuchung zur Verfügung stehen. Der Kritikpunkt eines eingeschränkten Innovationspotentials wird beispielsweise relativiert, wenn die Erfahrungen aus einem Le-

148) Pfeiffer, W., Weiß, E., Volz, T.: Begriff und Prinzipien des Lean Management, in: Datenverarbeitung - Steuer, Wirtschaft, Recht, Heft 1, 23. Jg., 1994, S. 3.

149) Vgl. ebenda, S. 5.

150) Vgl. Burkhardt, K., Sager, O.: Lean Production - auch in Dienstleistungsbetrieben, in: io Management Zeitschrift, Nr. 2, 62. Jg., 1993, S. 71.

151) Vgl. zu dieser Auffassung z.B. Pfeiffer, W., Weiß, E.: Lean Management, Grundlage der Führung und Organisation industrieller Unternehmen, Berlin 1992 und Hirzel, M.: Lean Management muss [sic] in den Köpfen der Manager beginnen, in: io Management Zeitschrift, Nr. 2, 62. Jg., 1993, S. 73ff.

152) Jürgens, U.: Mythos und Realität von Lean Production in Japan - eine kritische Auseinandersetzung mit den Ergebnissen der MIT-Studie, in: Fortschrittliche Betriebsführung und Industrial Engineering (FB/IE), Nr. 1, 42. Jg., 1993, S. 20.

an-Programm im Unternehmen als Benchmarks weitergegeben werden, wie es z.B. im Fall der „Unipart University" geschieht.[153]

2.2.3 Reengineering: Zur Durchsetzung umfassender Veränderungen

Nach Total Quality Management, Kaizen und Lean kam zu Beginn der 90er Jahre ein neues Managementkonzept auf.[154] Reengineering kombiniert die Inhalte der vorgestellten Konzepte und von Ansätzen wie der Ablauf- und Projektorganisation[155] und greift vor allem die Zielsetzung des Lean Management auf. Aufgrund der Erkenntnis „... die meisten Firmen haben die Organisation in den Vordergrund gerückt und dabei die wertsteigernden Prozesse vernachlässigt"[156] wird Unternehmen eine Schlankheitskur durch eine konsequente Prozeßorientierung verordnet. Die Forderung der „Dominanz der Prozesse über die Struktur"[157] wird zum Wesensmerkmal von Reengineering und verwandter Konzepte wie (Business) Process Reengineering (Redesign), (Geschäfts-) Prozeßmanagement und prozeßorientierte Organisations- (oder Unternehmens)gestaltung.[158] Als neu

---

153) Vgl. Womack, J., Jones, D.: From Lean Production to the Lean Enterprise, a.a.O., S. 100.

154) 1993 hatte Reengineering laut einer Umfrage unter 9000 nordamerikanischen CEOs TQM in seiner Bedeutung für die Unternehmenspraxis überholt: Vgl. Kröger, F.: Forcierter Unternehmenswandel durch „Transforming the Enterprise", in: Zeitschrift für Betriebswirtschaft (ZfB), Ergänzungsheft Nr. 2, 65. Jg., 1995, S. 49f.

155) Vgl. Osterloh, M., Frost, J.: Business Reengineering: Modeerscheinung oder „Business Revolution"?, in: Zeitschrift Führung-Organisation (ZFO), Heft 6, 63. Jg., 1994, S. 357f.

156) Womack, J.: Neues von Hammer und Champy, in: Harvard Business Manager, Nr. 1, 17. Jg., 1995, S. 75.

157) Osterloh, M., Frost, J., a.a.O., S. 358.

158) Vgl. Körmeier, K.: Prozeßorientierte Umgestaltung, in: Wirtschaftswissenschaftliches Studium (WiSt), Heft 5, 24. Jg., 1995, S. 259ff. und Theuvsen, L.: Business Reengineering - Möglichkeiten und Grenzen einer prozeßorientierten Organisationsgestaltung,

an Reengineering kann das Vorgehen bewertet werden, alle Veränderungen auf einmal durchzusetzten. Kennzeichnend ist daher vor allem der Begriff des „radikalen Neuanfangs": HAMMER und CHAMPY als wichtigste Vertreter fordern: „The fundamental rethinking and radical redesign of business processes to bring about dramatic improvement in performance."[159]

Verschiedene Elemente lassen sich aus diesem Ansatz ableiten.[160] Zum einen die genannte Prozeßorientierung mit dem Ziel einer Optimierung der Geschäftsprozesse. Damit ist die Konzentration auf eine relativ geringe Anzahl von Input-Bearbeitung-Output-Beziehungen im Unternehmen gemeint, die das Kerngeschäft ausmachen. Des Weiteren folgt - wie beim Lean Management - aus der Zielsetzung, überschüssige Ausführungs- und Entscheidungsschleifen abzubauen, eine Abflachung der Hierarchien mit der Notwendigkeit weitreichender Delegation. Schließlich stellt sich die Aufgabe des Schnittstellenmanagements, um Koordination zwischen den neugebildeten Kerngeschäftsprozessen zu gewährleisten.[161]

---

in: Zeitschrift für betriebswirtschaftliche Forschung (ZfbF), Nr. 1, 48. Jg., 1996, S. 65. Um eine weniger radikale Variante begrifflich unterscheiden zu können, wird in dieser Untersuchung der Begriff „Business Process Management" explizit von den oben genannten unterschieden. Eine Definition und Klassifikation erfolgt weiter unten.

159) Hammer, M., Champy, J.: The Reengineering Corporation - A manifesto for business revolution, New York 1993, S. 3. In der sehr freien deutschen Übersetzung heißt es „...fundamentales Überdenken und radikales Redesign von Unternehmen oder wesentlichen Unternehmensprozessen, mit dem Ziel, Verbesserungen um Größenordnungen in den Bereichen Kosten, Zeit und Kundennutzen zu erreichen". Hammer, M., Champy, J.: Business Reengineering: Die Radikalkur für das Unternehmen, Frankfurt a.M./ New York, 1994, S. 48. Da der Begriff „Verbesserungen um Größenordnungen" unklar ist, wurde das Original-Zitat gewählt.

160) Vgl. Theuvsen, L., a.a.O., S. 67ff.

161) Vgl. Osterloh, M., Frost, J., a.a.O., S. 358ff.

Eine wichtige Rolle im Reengineering kommt der Informationstechnologie zu.[162] „...Hammer versteht Reengineering als den Weg, die moderne Informationstechnik (IT) einzusetzen:"[163] Simulationsprogramme werden z.b. bei der Analyse der bestehenden und der Planung der Soll-Geschäftsprozesse angewendet. Wichtig ist aber auch die Prozeßgestaltung durch Workflow-Automation, also die computergestützte Bearbeitung von gleichen Aufgabenbestandteilen.[164] Die Umgestaltung ermöglicht eine standardisierte Bearbeitung von Prozessen, der Einsatz von Informationstechnologie deren automatisierte Bearbeitung. Häufig wird als Beispiel die Zusammenfassung von Kunden- oder Beschaffungsinformationen in einer Datenbank genannt. Durch die zentrale Zusammenfassung der Daten kann eine Stelle den gesamten Prozeß bearbeiten. Dies ermöglicht die Reduzierung von Schnittstellen, eingesetztem Personal, Warte und Durchlaufzeiten. Prozeß-Reengineering und Informationstechnologie können sich somit sinnvoll ergänzen.[165]

Das Bestechende an der „Bombenwurfstrategie" des Reengineering besteht darin, daß sich in kurzer Zeit aufsehenerregende Verbesserungen der betriebswirtschaftlichen Kennzahlen erreichen lassen. Dadurch, daß nicht auf die in der Un-

---

162) Davenport, der schon relativ früh die Grundlagen für Reengineering als eigenständiges Konzept gelegt hat, sieht sogar die Informationstechnologie als notwendige Voraussetzung für ein „Business Process Redesign" nach seinem Verständnis an. Vgl. Davenport, T., Short, J.: The New Industrial Engineering: Information Technology and Business Process Redesign, in: Sloan Management Review, Nr. 2, Vol. 31, 1990, S. 25.

163) Dixon, R., Arnold, P., Heineke, J., Kim, J., Mulligan, P.: Reengineering II: Mit Ausdauer ist es machbar, in: Havard Business Manager, Nr. 2, Vol. 17, 1995, S. 106.

164) Vgl. Körmeier, K., a.a.O., S. 260f.

165) Vgl. die konträren Ansichten bei Dixon, R., Arnold, P., Heineke, J., Kim, J., Mulligan, P.: Business Process Reengineering: Improving in New Strategic Dimensions, in: California Management Review, Nr. 2, Vol. 36, 1994, S. 93-108., S. 94f. und Davenport, T., Short, J., a.a.O., S. 12.

ternehmensgeschichte gewachsenen Strukturen zurückgegriffen wird, kann - zumindest theoretisch - eine optimale Prozeßgestaltung verwirklicht werden. Die Radikalität der Prozeßorientierung, die konsequente Ausrichtung des Unternehmens auf den Kunden und die damit einhergehende Fokussierung der Kräfte können große Wirkungen entfalten.

Allerdings ist die Gefahr groß, beim Neu-Erfinden einen Großteil der Errungenschaften eines Unternehmens, das in Jahrzehnten gewachsen ist und sich den Wettbewerbsbedingungen durch ein quasi-evolutorisches Umfeld angepaßt hat, wieder aufzugeben. Große Probleme treten auch durch die Umsetzungswiderstände gegen diese Radikalmethode auf. HAMMER und CHAMPY weisen in ihrem Konzept zwar auf die Notwendigkeit der gezielten Gestaltung der „weichen Faktoren" hin. Die durchgängige Prozeßorientierung ermögliche demnach eine „prozeßorientierte Motivation" der Mitarbeiter über ein leistungsorientiertes Entlohnungs- und Beförderungssystem, das als Anreizkonzept fungieren solle.[166] Neue Führungskonzepte, in denen sich Vorgesetzte als „Coach" verstehen,[167] sollen die Vorgesetzen-Mitarbeiter-Beziehung im Sinne der Unternehmensziele verbessern. Das Konzept bleibt allerdings gerade in bezug auf die Motivations- und Führungsthematik normativ: Es wird postuliert, wie Mitarbeiter und Führungskräfte sich verhalten sollen, aber nur unzureichend dargestellt, wie das gewünschte Verhalten erreicht werden kann. Dies erscheint vor allem problema-

---

166) Vgl. Hammer, M., Champy, J.: Business Reengineering: Die Radikalkur für das Unternehmen, a.a.O., S. 86ff. und S. 99ff.
167) Vgl. ebenda, S. 103ff.

tisch, da die Radikalität des Ansatzes ein Top-Down-Vorgehen notwendig macht, das naturgemäß Widerstände auf allen Ebenen hervorruft.[168]

Vertreter des Reengineering weisen darauf hin, daß in der Praxis mehr als 70 % der Reengineering-Projekte scheitern.[169] Empirische Studien belegen, daß gravierende Schwachpunkte des Reengineering-Konzeptes in der Schwierigkeit der Umsetzung, und vor allem in der angemessenen Gestaltung der weichen Faktoren liegen. Notwendig ist von Anfang an ein sehr hoher Ressourceneinsatz, der sich sowohl in der Anzahl als auch der Position und Qualität sowie dem Zeitbudget der beteiligten internen und externen Personen widerspiegelt.[170] Ein derartiger Aufwand verleitet zu halbherzigen Maßnahmen. Hauptgründe für das Scheitern von Reengineering sind jedoch der „Widerstand des mittleren Managements", „Falsches Führungs- und Kommunikationsverhalten" und „Mangelnder Einsatz der Führungskräfte", also die „weichen Faktoren", wie eine weitere empirische Studie belegt.[171] Im Gegensatz zu HAMMER sieht CHAMPY darin mittlerweile

---

168) Vgl. Hammer, M.: „In Feindeshand", in: WirtschaftsWoche, Nr. 47, 49. Jg., 16.11.1995, S. 126ff. und Reiter, G.: Business Reengineering, in: Wirtschaftswissenschaftliches Studium (WiSt), Heft 6, 25. Jg., 1996, S. 322.

169) Vgl. Garvin, D.A.: Leveraging Processes for Strategic Advantage, in: Harvard Business Manager, Nr. 5, 17. Jg., 1995, S. 80.

170) Vgl. Hall, G., Rosenthal, J., Wade, J.: Reengineering: Es braucht kein Flop zu werden, in: Harvard Business Manager, Heft 4, 16. Jg., 1994, S. 91.

171) Vgl. die Studie von 400 Unternehmen durch Perlitz, vorgestellt von Deutsch, Ch.: Weit mehr möglich, in: WirtschaftsWoche, Nr. 22, 49. Jg., 25.5.1995, S. 79. Nach einer Befragung von 49 nordamerikanischen Unternehmensführern stehen „Managerial resistance to change" und „Employee resistance to chance" zusammen mit zwei anderen Punkten an der Spitze der Gründe für das Scheitern von Reengineering. Vgl. Drew, S.: BPR in Financial Services: Factors for Success, in: Long Range Planning, Heft 5, Vol. 27, 1994, S. 34.

auch eine Schwäche ihres Programmes.[172] Um in der Diktion von HAMMER und CHAMPY zu bleiben, muß gefolgert werden, daß die kontrollierte Evolution eines gesunden Unternehmens einer gefährlichen Revolution vorzuziehen ist.

Reengineering und Kaizen weisen ein eher weites Verwandtschaftsverhältnis auf, da inkrementelle Verbesserungen zugunsten radikaler Neuerungen aufgegeben werden.[173] Hierin liegt auch ein Kritikpunkt am Reengineering: Mechanismen zur weiteren Verfeinerung des anfänglich erreichten Zustandes werden nicht angedacht.[174] Reengineering ist eine kurzfristig durchzuführende Maßnahme mit mittelfristigen Wirkungen, allerdings ohne Berücksichtigung des langfristigen Nutzens und Schadens.

Reengineering und Lean sind sich, wie eingangs erwähnt, sehr ähnlich. Der entscheidende Unterschied besteht in der Tatsache, daß Reengineering nur zu einem Zeitpunkt eingeführt wird, während Lean-Ansätze länger im Unternehmen entwickelt werden sollen.[175] Es ist „...nahezu unmöglich, ein umfassendes Konzept wie Reengineering exakt von einem (mindestens) ebenso umfassenden Konzept

---

172) Siehe das Interview mit Champy von Bierach, B.: Unter dem Zug, in: WirtschaftsWoche, Nr. 10, 49. Jg., 02.03.1995, S. 70ff. und o.V.: Hammer defends re-engineering, in: The Economist, 05.11.1994, S. 80.

173) Vgl. Hammer, M., Champy, J.: Business Reengineering: Die Radikalkur für das Unternehmen, a.a.O., S. 49.

174) Vgl. Theuvsen, L, a.a.O., S. 67 und Dixon, R. et. al., Business Process Reengineering, a.a.O., S. 96.

175) Eiff, W. von: Geschäftsprozeßmanagement: Integration von Lean Management-Kultur und Business Process Reengineering, in: Zeitschrift Führung-Organisation (ZFO), Heft 6, 63. Jg., 1994, S. 364ff.

wie Lean Management abzugrenzen".[176] Die Ausdrücke Lean und Reengineering werden deshalb häufig synonym verwendet.[177]

Reengineering hat auch bei TQM Anleihen gemacht und weist viele Parallelen dazu auf,[178] insbesondere zu den Ansätzen von FEIGENBAUM und JURAN.[179] Der große Unterschied zum TQM ist darin zu sehen, daß Reengineering kein funktionierendes Instrument zur Mitarbeiterführung und -motivation anzubieten vermag: „Die bisher veröffentlichte Reengineering-Literatur nimmt so gut wie keinen Bezug zur Organisationsentwicklung."[180] DAVENPORT hat diese Unzulänglichkeit erkannt und schlägt eine Integration von TQM und Reengineering vor.[181] Dies erscheint am ehesten möglich, wenn Reengineering gemäß der eingeschränkten Sichtweise des Business Process Management umgesetzt wird.

Business Process Management
Der oben angeführten Kritik am Reengineering ist noch hinzuzufügen, daß auch HAMMER und CHAMPY gerne Beispiele der Umgestaltung von Teilprozessen benutzen, anstatt darzustellen, wie ein ganzes Unternehmen „reengineered" wird.[182] Vom Reengineering soll daher das Business Process Management

---

176) Theuvsen, L., a.a.O., S. 72.
177) Vgl. Womack, J., Jones, D.: Das schlanke Unternehmen: Ein Kosmos leistungsstarker Firmen, in: Harvard Business Manager, Nr. 3, 16. Jg., 1994, S. 86.
178) Vgl. Garvin, D.A.: Leveraging Processes for Strategic Advantage, a.a.O., S. 80ff.
179) Vgl. Dixon, R., et. al., Business Process Reengineering, a.a.O., S. 96
180) Herbst, A., Heimbrock, K.J.: Zwischen den Zeiten - Personalentwicklung im Reengineering-Prozeß, in: Personalführung, Nr. 11, 28. Jg., 1995, S. 937.
181) Vgl. Davenport, T.: Need Radical Innovation and Continuous Improvement? Integrate Process Reengineering and TQM, in: Planning Review, Nr. 3, Vol. 21, 1993, S. 6ff.
182) Vgl. die klassischen Beispiele „Ford" und „MBL-Versicherung" bei Hammer, M.: Reengineering Work: Don't Automate, Obliterate, in: Harvard Business Review, Nr. 4, Vol.

(BPM) unterschieden werden, als Neustrukturierung von einzelnen Geschäftsprozessen in Unternehmen. Im Gegensatz zum Reengineering werden bei BPM also nicht alle Prozesse im Unternehmen neu gestaltet, sondern man beginnt mit ausgesuchten Geschäftsprozessen. Das hat zur Konsequenz, daß nicht alle Strukturen im Unternehmen von Grund auf erneuert werden. Es ist kaum möglich, nur einige Unternehmensstrukturen „herauszuschneiden" und zu verändern, da die Strukturen alle eng miteinander zusammenhängen. Deshalb werden die Prozesse auf Grundlage der bestehenden Funktionen und Hierarchien neu gestaltet. Hier liegt der hauptsächliche Unterschied zum Reengineering. Die Nachteile des funktionsbasierten Denkens, insbesondere bezogen auf die Schnittstellenproblematik, bleiben bei BPM im Gegensatz zum Reengineering zum Großteil erhalten, der potentielle Wirkungsgrad von BPM ist damit nicht so groß wie der einer das ganze Unternehmen umfassenden Veränderung. Dennoch können die Vorteile der Prozeßorientierung verwirklicht werden.[183] Im Gegensatz zu Reengineering ist das Risiko des Scheiterns eines derartigen Projektes wesentlich geringer: Ein Kerngeschäftsprozeß nach dem anderen läßt sich neu gestalten, nach jedem Projekt kann der Wirkungsgrad der Maßnahmen bestimmt werden und Lehren aus eventuellen Fehlern können gezogen werden. Dazu ist angeraten, zunächst Prozesse auszuwählen, die nicht die größten Schwierigkeiten bei der Umgestaltung und ihrer Erfolgskontrolle bieten (also z.B. nicht die Grundlagenforschung). Sonst scheitert gleich das erste Projekt und Folgeprojekte werden dadurch gleichsam unmöglich gemacht. Ebenso ist es nicht sinnvoll, unterstützende Prozesse oder Prozesse mit geringer Hebelwirkung zuerst umzugestalten. Auf Grund eines solchen Vorge-

68, 1990, S. 105ff. bzw. Hammer, M.: Reengineering I: Der Sprung in eine andere Dimension, in: Havard Business Manager, Nr. 2, Vol. 17, 1995, S. 96.

183) Ripperger und Zwirner haben einen erfolgreichen BPM-Prozeß bei ABB dokumentiert: Ripperger, A., Zwirner, A.: Prozeßoptimierung - Ein Weg zur Steigerung der Wettbewerbsfähigkeit, in: Controlling, Nr. 2, 7. Jg., 1995, S. 72ff.

hens würde den Beteiligten nicht deutlich, wie hoch das Verbesserungspotential ist, daß durch BPM geweckt werden kann. Idealerweise werden Schlüsselprozesse wie die Auftragsabwicklung ausgewählt, die einen direkten Einfluß auf die Kundenzufriedenheit ausüben und bei denen im operativen Bereich viele Verbesserungen greifen können. Die Transparenz der Erfolge der Prozeßumgestaltung ist nicht nur ein Nebeneffekt, sondern ein Hauptvorteil des BPM. Motivation ist, wie oben gezeigt, von eminenter Bedeutung für den Erfolg von Geschäftsprozeß-Umgestaltungen. Die zahlreichen Widerstände gegen Kernprozeßinnovationen, wie sie durch das BPM erreicht werden,[184] lassen sich über greifbare Erfolge und Verbesserungen am besten abbauen.

2.2.4 Innovationsmanagement: Zur Forcierung von Innovationen

„Innovationsmanagement" ist im Gegensatz zu den bisher vorgestellten Konzepten des Veränderungsmanagements weniger ein unternehmensweites Programm als eine vorwiegend betriebswirtschaftlich ausgerichtete wissenschaftliche Disziplin,[185] die zudem kein „modernes" Thema darstellt. Dennoch soll Innovationsmanagement hier Berücksichtigung finden, weil die betriebliche Umsetzung der Erkenntnisse wie keiner der vorgestellten anderen Ansätze dem Veränderungserfordernis des internationalen Wettbewerbs Rechnung trägt und somit wertvolle Anregungen für ein Veränderungsmanagement bietet. Während die vor-

---

184) Vgl. Kreuz, W.: Wege zur umfassenden Veränderung im Unternehmen, in: Blick durch die Wirtschaft, 2.8.1994, S. 7.

185) Vgl. z.B. Hauschild, J., Chakrabarti, A.: Arbeitsteilung im Innovationsmanagement, Forschungsergebnisse, Kriterien und Modelle, in: Zeitschrift Führung-Organisation (ZFO), Heft 6, 57. Jg., 1988, S. 379 und Specht, G.: Grundprobleme eines strategischen markt- und technologieorientierten Innovationsmanagements, in: Wirtschaftswissenschaftliches Studium (WiSt), Heft 12, 15. Jg., 1986, S. 613ff.

genannten Ansätze Ausschließlichkeit für sich beanspruchen, läßt sich Innovationsmanagement neben anderen Konzepten einführen, da es nur einen Teilaspekt der Unternehmensleistung gestaltet: die Innovation. Innovationen sind, in der einfachsten Definition, Neuerungen.[186] Innovationsmanagement kann als ein Unternehmensführungsansatz zur Erhöhung der Fähigkeit von Unternehmen oder Unternehmensteilen, Neuerungen hervorzubringen, aufgefaßt werden. Es kann also, auch wenn das in der Unternehmenspraxis derzeit seltener geschieht, explizit als Programm im Unternehmen eingesetzt werden oder auch, wie es eher der Regelfall ist, impliziter Bestandteil der Unternehmenskultur und der Unternehmensziele sein.

Die Vielzahl unterschiedlicher Auffassungen darüber, was unter „Innovationen" zu verstehen ist, ist der Grund für eine ebenso hohe Anzahl unterschiedlicher Sichtweisen von Innovationsmanagement. Im folgenden soll, soweit nicht anders gekennzeichnet, das Verständnis von „Innovation" zugrunde gelegt werden, das einen möglichst umfassenden Managementansatz zuläßt. Während man Innovationsmanagement auf das Erstellen von Marktleistungen einschränken kann, sollen hier alle Neuerungen, also auch die von Strukturen und Prozessen, darunter subsumiert werden. Damit geht Innovationsmanagement weit über ein reines Forschungs- und Entwicklungsmanagement (FuE-Management) hinaus. Ebenso sollen inkrementale Verbesserungen Berücksichtigung finden, um eine Abgleichung der Erkenntnisse mit dem Kaizen-Ansatz zu ermöglichen. Subjektive Innovationen „...sind alle aus unternehmensindividueller Sicht erstmalig relevanten [sic] Neuheiten".[187] Sie umfassen im Gegensatz zu objektiven Innovationen auch

---

186) Siehe für eine ausführlichere Definition Kapitel 3.3: Innovationsfähigkeit als Basis für Diskontinuitätenmanagement.

187) Trommsdorff, V., Schneider, P.: Grundzüge des betrieblichen Innovationsmanagement, in: Trommsdorff, V. (Hrsg.): Innovationsmanagement, München 1990, S. 3.

Neuerungen, die schon am Markt vorhanden sind. Da es beim Veränderungsmanagement um das Ziel der Optimierung eines spezifischen Unternehmens geht, soll im folgenden der subjektive Innovationsbegriff zugrundegelegt werden. Ebenso finden sowohl technologische als auch soziale Innovationen Beachtung.

Tabelle 5:

Auffassungen von Innovationsmanagement

Sichtweise	Objekt	Aufgabe
klassisch	Marktleistungsinnovationen	neue Marktleistungen von der Ideenfindung bis zur Marktreife begleiten
erweitert	Prozeß- und Marktleistungsinnovationen	nicht nur Marktleistungen, sondern auch die Leistungserstellung als Zielsetzung
umfassend	Alle Neuerungen in Unternehmen	Voraussetzungen für alle denkbaren sinnvollen Veränderungen und Neuerungen im Unternehmen schaffen

Quelle: eigene Analyse

Innovationsmanagement umfaßt in dem weitesten Verständnis sowohl die kreativen Phasen der Ideenfindung als auch die Phasen der Umsetzung dieser Ideen. KRUBASIK[188] berichtet, daß sich in der Vergangenheit gezeigt habe, daß viele deutsche Unternehmen zwar gute Ideen hervorbringen, jedoch amerikanische oder japanische Unternehmen schneller mit der Umsetzung der gleichen Idee am Markt sind. Von großer Bedeutung für das Gelingen von Innovationsmanagement ist also das Bemühen um die erfolgreiche Anwendung und Einführung von neuen Ideen. Es ergeben sich unterschiedliche Charakterisierungen von Innovationsmanagement nach den Innovationsphasen, wobei, soweit nicht anders gekennzeichnet, im weiteren wieder der umfassenden gefolgt werden soll.

---

188) Vgl. Krubasik, E., Vorwort, in: Foster, R.: Innovation - Die technolgische Offensive, Wiesbaden 1986, S. 7ff.

Nach der Art, wie Unternehmen die Umsetzung ihrer Ideen am Markt angehen, lassen sich drei Innovationsmanagement-Philosophien[189] unterscheiden. „Grundlagenforscher" berücksichtigen bspw. die Markteinführung von neuen Produkten kaum. Es wird nicht zielstrebig auf die Bedürfnisse am Markt hin geplant, FuE werden als Gemeinkosten betrachtet, als Aufwendungen, die es zu minimieren gilt.[190] „Marketing-orientierte Unternehmen" erachten im Verhältnis zu Vergleichsunternehmen den Einsatz des Markteting-Mix als wichtiger als die Produktentwicklung. Häufig fahren sie eine Imitator-Strategie. „Innovations-Unternehmen" denken schon in den Kreativ-Phasen Einführungsstrategien mit an, mehrere Produkte oder Produktlinien befinden sich grundsätzlich in unterschiedlichen Phasen der Produktreife.

Innovationsmanagement geht davon aus, daß Innovationen zwar nicht durch einen „...allgemeinen Algorithmus ableitbar..." und deshalb nur zu einem gewissen Grade planbar sind, aber gezielt gefördert werden können.[191] Aufgaben, die sich demnach dem Innovationsmanagement stellen, liegen zum einen in der Gestaltung der Rahmenbedingungen für das Zustandekommen von Innovationen, zum anderen in der gezielten Förderung von Innovationen. Wesentlich ist die Schaffung von Innovationsquellen, der Abbau von Innovationshemmnissen sowie die Planung und Durchführung von Innovationsstrategien. Eine Vielzahl von Methoden, Instrumenten und Kulturbestandteilen, die für die Zielsetzung des Innovationsmanagements zum Einsatz kommen können, bietet sich an.[192] Neben der Gestaltung

---

189) Vgl. ebenda, S. 8.

190) Vgl. Foster, R.: Innovation - Die technolgische Offensive, Wiesbaden 1986, S. 15.

191) Vgl. Leder, M.: Innovationsmanagement, in: Zeitschrift für Betriebswirtschaft (ZfB) - Ergänzungsheft, Nr. 1, 59. Jg., 1989, S. 2ff.

192) Vgl. z.B. Thom, N.: Innovations-Management, in: Zeitschrift Führung-Organisation (ZFO), Nr. 1, 52. Jg., 1983, S. 4f. und S. 9f. sowie Trommsdorff, V., Schneider, P., a.a.O., S. 6ff.

von Struktur und Prozessen steht der Mitarbeiter als kreativer Initiator, Förderer, Bremser oder Träger von Innovationen im Mittelpunkt der Bemühungen.[193]

Diese Humanorientierung eines umfassenden Innovationsmanagements zeigt Schnittstellen zum TQM auf. Zwar taucht die Idee der Innovation nur selten explizit in TQM-Ansätzen auf, jedoch ist jede Verbesserung, die im Rahmen von TQM erzielt wird, gleichzeitig eine Innovation und damit potentieller Gegenstand des Innovationsmanagements. Eine Verbindung von Total Quality Management zu Innovationsmanagement liegt demnach nahe.[194] Dies wird auch darin deutlich, daß Innovationen zumindest bis 1988 ausdrücklicher Bestandteil vieler Einzelkriterien des Malcolm Baldrige National Quality Award gewesen sind. Auf die Gemeinsamkeiten zwischen Kaizen und Innovationsmanagement wurde im Kapitel 2.2.1 bereits eingegangen. Die Überschneidungen zu Lean Management und Reengineering betreffen vor allem die Neuanlage von Prozessen, die als Prozeßinnovationen angesehen werden können. Also kann Innovationsmanagement auch für diese Veränderungsmanagementansätze inhaltliche Impulse geben.

2.3 Der Stellenwert von Qualität und Innovation für das Veränderungsmanagement

Die vorgestellten Konzepte können als unterschiedliche Antworten auf die eingangs festgestellte Differenzierungsnotwendigkeit für Unternehmen im internatio-

---

193) Vgl. als Beispiel für ein entsprechendes Innovationsmanagement-Projekt: Schmidt, J.: Mehr Motivation durch Mitbestimmung, in: Personalführung, Heft 6, 27. Jg., 1994, S. 536ff.

194) Vgl. Oakland, J., a.a.O., S. 44.

nalen Wettbewerb angesehen werden. Sie sind durch historische und konzeptionelle Wurzeln verbunden. Ihre gemeinsame Zielsetzung besteht darin, die internen Ressourcen von Unternehmen so zu entwickeln, daß eine dauerhafte wettbewerbliche Überlegenheit gewährleistet wird. Dabei tragen sie der Qualitätsforderung Rechnung. Sie erfüllen die Primärforderung, daß alle Prozesse ein Minimum an zeitlichen und finanziellen Ressourcen verbrauchen und gleichzeitig optimale Marktleistungen im Sinnes der Kunden hervorbringen sollen. Das Leitbild „Qualität" weist offensichtlich ein hohes integratives Potential auf, da es eine gemeinsame Basis für die unterschiedlichen Ansätze bildet. Es hat dementsprechend eine herausragenden Bedeutung für alle Konzepte. Notwendig ist gleichzeitig die Bereitschaft und die Fähigkeit, Veränderungen durchzuführen. Auffällig ist jedoch, daß Innovation vor allem bei TQM, Lean und Reengineering-Ansätzen als explizite Anforderung wenig Beachtung findet. Hier liegt eine Unzulänglichkeit dieser Konzepte vor, die Qualität zu sehr statisch betrachten und dem Veränderungserfordernis damit nicht in ausreichendem Maße Rechnung tragen. Um diese Einseitigkeit auszugleichen, findet Innovationsmanagement in dieser Analyse ausdrücklich Berücksichtigung.

In der Konsequenz der gleichgerichteten Zielsetzung weisen die Konzepte große inhaltliche Überschneidungen auf. Auf grundsätzliche Aussagen und auf viele Methoden und Instrumente wird gemeinsam zugegriffen. Unterschiede sind eher in der Prioritisierung von Gestaltungsempfehlungen und Maßnahmen als bei eigenständigen Programmelementen festzustellen. Es verwundert daher nicht, daß - wie verschiedentlich aufgezeigt[195] - in der Literatur keine Einigkeit darüber besteht, ob beispielsweise Kaizen TQM unterzuordnen ist, Lean ein Teilbereich von Reengineering ist oder ob TQM oder Reengineering einen Oberbegriff für alle

---

195) Vgl. die Kapitel 2.1 und 2.2 ff.

gängigen Management-Programme darstellen. Von den vorgestellten Ansätzen wird, mit Ausnahme des Innovationsmanagements, wechselseitig behauptet, einer umfasse einen oder mehrere der anderen. Es ist müßig, dieser Frage nach „Henne und Ei"[196] weiter nachzugehen. Fest steht, daß alle vorgestellten Konzepte des Veränderungsmanagements bedeutende <u>Schnittmengen</u> aufweisen. Diese gemeinsamen Elemente werden im weiteren detailliert analysiert. Dabei interessiert u.a. die Fragestellung, welche Ressourcen primär entwickelt werden sollen. Es ist sinnvoll, von den einzelnen Konzepten des Veränderungsmanagements im Verlauf der Untersuchung immer weiter zu abstrahieren, um zu allgemeingültigen Aussagen zu kommen.

2.3.1 Gestaltungsfelder der Managementkonzepte

Anhand der Zusammenhänge und Gemeinsamkeiten der einzelnen Konzepte des Veränderungsmanagements lassen sich deren <u>Kernelemente</u> identifizieren. Diese sind die Gestaltungsfelder, in denen Veränderungsmanagement wirksam werden kann. Die Ausprägung und der Stellenwert, den die genannten Orientierungen in den Ansätzen des Veränderungsmanagements einnehmen, charakterisieren diese treffend. Als „Orientierungen" sollen im weiteren Charakterisierungen verstanden werden, die die Zielsetzungen der Managementansätze zusammenfassen. Bei der gewählten Reihenfolge der untersuchten Orientierungen ist ein genereller Unterschied zwischen einer <u>Analyse- und Implementierungsreihenfolge</u> zu beachten. Die sinnvollste Prioritisierung nach der Wichtigkeit und der Reihenfolge der Einführung korrespondierender Maßnahmen läßt sich nicht per se aus der gewähl-

---

196) Vgl. Schieben, A.: Henne oder Ei?, in: Finanzierung - Leasing - Factoring, Nr. 2, 43. Jg., 1996, S. 45ff.

ten Analyserichtung ableiten. Aus diesem Grunde divergieren auch die hier ge-
wählte Reihenfolge und die Abfolge im 5. Kapitel.

Qualitätsmanagement richtet sich an dem Oberziel der Qualität bezüglich aller
Prozesse und der resultierenden Marktleistungen aus. Alle anderen Leitvorstel-
lungen, wie eine Kosten- und Zeitreduzierung, ordnen sich diesem Ziel unter.
Während die unteren Leistungsniveaus des Qualitätsmanagements Qualität noch
als das Verhindern von Fehlern auffassen, erkennen die höheren Leistungsniveaus
in zunehmendem Maße an, daß es die Kunden eines Unternehmens sind, die die
Unternehmensleistung bewerten und damit über seinen Erfolg im Wettbewerb
befinden.[197] Dieses Verständnis von Qualität hat sich auch bei allen anderen
Konzepten des Veränderungsmanagements durchgesetzt. Die kontinuierliche
Verbesserung bekommt ihre Zielrichtung im Kaizen ebenfalls durch die Anforderung der Kunden. Durchgängige Kundenorientierung[198] ist also eine Primärziel-
setzung dieser Managementkonzepte. Im Reengineering werden die Kernbereiche
der Wertschöpfungsprozesse ebenfalls anhand der Kundenanforderungen definiert, die somit einen wichtigen Ausrichtungsfaktor darstellen. In Lean-Ansätzen
hat Qualität eher den Stellenwert einer notwendigen Bedingung für den Unternehmenserfolg: Erste Priorität im Sinne einer hinreichenden Anforderung hat das
„Schlankwerden", Qualität soll weniger gesteigert, als vielmehr auf einem ausrei-
chenden Niveau gewährleistet werden. Es finden sich zwar Lean-Programme, bei
denen die Kundenorientierung, z.B. durch verkürzte Prozesse, schnellere Durchlaufzeiten und eine fokussierte Sortimentsstruktur, gesteigert werden soll, jedoch

---

197) Vgl. Grant, A., Schlesinger, L.: Realize Your Customers' Full Profit Potential, in: Harvard Business Review, Nr. 5, Vol. 75, 1995, S. 59ff.

198) Vgl. z.B. den Praxisbericht von Dörle, M., Grimmeisen, M.: Fit for Customer bei Alcatel
SEL - Konzept und Implementierung, in: Zeitschrift Führung-Organisation (ZFO), Heft
5, 64. Jg., 1995, S. 310ff.

ist dieses Anliegen erst in zweiter Linie als Folge der Reduzierung von Blindleistung Inhalt der Programme.

Um Kundenorientierung zu verwirklichen, werden alle Prozesse im Unternehmen auf die Kunden ausgerichtet.[199] Das kann als Zielsetzung im Rahmen eines Lean-Ansatzes oder durch die Optimierung der Geschäftsprozesse beim Reengineering geschehen. Auch Total Quality Management und Kaizen erkennen Prozesse als den Weg an, auf dem kontinuierliche Verbesserungen im Sinne der Kunden zu erreichen sind. Als Prozeßorientierung[200] kann das Bemühen, alle Input-Bearbeitungs-Output-Beziehungen im Unternehmen so zu gestalten, daß die Leitgrößen Qualität, Zeit und Kosten optimiert werden können, aufgefaßt werden.[201]

Die Entwicklung von der Qualitätssicherung bis zu Total Quality Management ist dadurch gekennzeichnet, daß die Mitarbeiter als Träger der Leistungsprozesse zunehmend in das Zentrum der Verbesserungsbemühungen rücken.[202] Wesentliche Überzeugung von Kaizen ist, daß die kontinuierliche Verbesserung nur über eine entsprechende Denkhaltung zu erreichen ist. Diese konsequente Mitarbeiterorientierung wird von Lean-Ansätzen und vom Reengineering nicht geteilt. Zwar

199) Vgl. hierzu das Fallbeispiel von Gaukel, F., Bardelli, G.: Einführung der Prozeßorientierung in einem mittelständischen Unternehmen, in: io Management Zeitschrift, Nr. 5, 63. Jg., 1994, S. 34ff. und zur Bedeutung von Kundenorientierung in Managementkonzepten Jetter, M., Bartmann, D., Metzger, R., a.a.O. 348f.

200) Vgl. Hinterhuber, H.: Paradigmenwechsel: Vom Denken in Funktionen zum Denken in Prozessen, in: Journal für Betriebswirtschaft, Nr. 2, 44. Jg., 1994, S. 58ff.

201) Vgl. Kaplan, R., Myrdock, A.: Core Process Redesign, in: McKinsey Quarterly, in: McKinsey Quarterly, Nr. 2, o.Jg., 1991, S. 29ff.

202) Vgl. Knoblauch, R., Schnabel, R.: Qualität beginnt und endet beim Mitarbeiter, in: Gablers Magazin, Nr. 2, 6. Jg., 1992, S. 11ff.

haben auch deren Vertreter erkannt, daß nur die gezielte Beeinflussung der Human-Ressourcen zum Erfolg der Programme führt, jedoch ist eine gewisse Orientierungsschwäche bezüglich der Frage zu erkennen, wie Mitarbeiter zur Unterstützung der Maßnahmen motiviert werden sollen, während ihre gewohnten Tätigkeiten zumindest teilweise durch die Reduzierung von Blindleistungen bedroht werden. Eine ernsthafte Verhaltensorientierung ist in diesen beiden Konzepten also weniger deutlich ausgeprägt als im TQM und Kaizen. Dennoch spielt die Mitarbeiterorientierung bei allen vier Konzepten eine wichtige Rolle.

Im Kaizen ist darüber hinaus im Gegensatz zu den anderen Ansätzen der Innovationsgedanke eine tragende Säule, wenn auch mit einem Innovationsverständnis, das schrittweise Verbesserungen in den Mittelpunkt stellt. Innovationen werden auch in einigen Lean- und Reengineering-Programmen explizit berücksichtigt, vor allem durch die Integration des FuE-Prozesses in die Reduzierungsbemühungen. Dennoch muß festgehalten werden, daß ein stark reduzierter Ressourceneinsatz, vor allem im Humanbereich, tendenziell das Innovationspotential von Unternehmen gefährdet.

Kunden-, Prozeß-, und Mitarbeiterorientierung sind also Leitmotive, die bei allen Management-Konzepten, mit Ausnahme des Innovationsmanagement, explizit enthalten sind. Das heißt nicht, daß Innovationsmanagement nicht auch diese Leitbilder berücksichtigt. Vor allem Prozeßinnovationen können Inhalt des Innovationsmanagement sein. Innovationsmanagement hat darüber hinaus eine starke verhaltenswissenschafliche Komponente.[203] Ziel von Innovationen ist in letzter

---

203) Vgl. Hommerich, B., Maus, M., Creusen, U.: Innovation beginnt in den Köpfen, in: Gablers Magazin, Nr. 6, 7. Jg., 1993, S. 42ff.

Instanz der Kunde.[204] Dennoch werden diese Leitbilder meistens nur implizit berücksichtigt. Darüber hinaus lassen sich noch zwei andere Orientierungen identifizieren, die die Inhalte der Konzepte betreffen.

Gesellschaftsorientierung ist nicht zwangsläufig in den Ansätzen enthalten.[205] Jedoch haben die Qualitäts-Awards die Notwendigkeit einer Ausrichtung aller Unternehmensaktivitäten an den Belangen der Öffentlichkeit in den letzten Jahren in die Diskussion eingebracht. Hintergrund ist die Erkenntnis, daß Kunden ein Teil einer sozialen und politischen Gesellschaft sind und eine umfassende Kundenorientierung damit auch die Gesellschaft mitberücksichtigen muß. Deutlich wird das vor allem bei dem Bemühen um sozial- und ökologisch verträgliche Marktleistungen. Öko- oder Umweltorientierung[206] kann daher unter Gesellschaftsorientierung subsumiert werden. Die Umweltorientierung gewinnt hierzulande durch die EU-Eco-Audit-Verordnung weiterhin an Bedeutung.[207]

---

204) Vgl. zur Bedeutung von Innovationsmanagement für die Leistungsfähigkeit und zur Bedeutung von Kundenorientierung in Managementkonzepten Jetter, M., Bartmann, D., Metzger, R., a.a.O., S. 348f.

205) Gesellschaftsorientierung wird allerdings von allen Managementansätzen für sich vereinnahmt. Vgl. bspw. Sohn, K.-H.: Lean Management - Die Antwort der Unternehmer auf gesellschaftliche Herausforderungen, Düsseldorf et al. 1993.

206) Vgl. Dillinger, A.: Qualität und Umwelt - zwei Seiten einer Medaille, in: Qualität und Zuverlässigkeit (QZ), Nr. 11, 37. Jg., 1992, S. 662ff. sowie Bartscher, T., Fleischer, H.: Perspektiven einer ökologisch orientierten Unternehmensführung - Ansatzpunkte für eine adäquate Personalpolitik, in: Zeitschrift Führung-Organisation (ZFO), Nr. 6, 60. Jg., 1991, S. 440ff.

207) Vgl. Meuser, T.: Orientierung für aktives Umweltmanagement, in: Gablers Magazin, Nr. 11/12, 8. Jg., 1994, S. 66ff.

Wichtig für die Leistungsfähigkeit eines Veränderungsmanagementansatzes ist darüber hinaus die Ergebnisorientierung[208] der Gesamtbemühungen. Es hat sich gezeigt, daß Veränderungsbemühungen vor allem dann erfolgreich sind, wenn auch ihre Wirkung im Fokus der Maßnahmen steht. Kunden-, Prozeß-, Mitarbeiter-, Gesellschafts- und Innovationsorientierung weisen den Weg zu einem effektiveren Ressourceneinsatz. Die Ergebnisorientierung beinhaltet die Überprüfung der Zielerreichung durch ein konsistentes Kontroll- und Feed-Back-Instrumentarium und entfaltet somit zusätzliche Motivationswirkungen. Nicht nur die absoluten betriebswirtschaftlichen Kennzahlen, sondern vor allem auch deren Position im Verhältnis zu den Wettbewerbern sind Maßstab für diese Überprüfung.

Der Qualitätsgedanke ist definitionsgemäß vor allem in der Kundenorientierung enthalten, wenn man Qualität als Erfüllung von Kundenanforderungen auffaßt. Er findet seinen Niederschlag aber auch in den anderen Orientierungsrichtungen, da ein effektiver Einsatz der Ressourcen in diesen Gestaltungsfeldern dem Unternehmen bei der Erfüllung des Qualitätszieles zugute kommt. Ebenso ist die Innovationsforderung zwar vor allem Gegenstand der Innovationsorientierung, sie findet ihren Niederschlag aber auch in den anderen Feldern, die in aller Regel Veränderungen zur ihrer Optimierung voraussetzen.

---

208) Vgl. Hurley, R., Laitamäki, J.: Total Quality Research: Integrating Markets and the Organization, in: California Management Review, Issue 1, Vol. 38, 1995, S. 62ff.

Tabelle 6:

Charakterisierung verschiedener Konzepte des Veränderungsmanagements

	Kunden-orientierung	Prozeß-orientierung	Mitarbeiter-orientierung	Gesellschafts- und Öko-orientierung	Ergebnis-orientierung	Innovations-orientierung
TQM	+++	++	++	++	++	
Kaizen	++	+++	++			+
Lean	+	+++	+		++	+
Reengi-neering	++	+++	+		++	+
Innovations-management	+	+	+			+++

Legende:	nicht be-deutsam	im Konzept enthalten	wichtiger Bestandteil	Hauptcha-rakteristikum
		+	++	+++

Quelle: eigene Analyse

2.3.2 Wirksamkeit der Konzepte des Veränderungsmanagements

Will man die verschiedenen Konzepte vor dem Hintergrund ihrer Wirkungen auf die Entwicklung der Unternehmensressourcenbewerten, bietet sich das Kriterienraster des Ressourcenansatzes[209] an. Zunächst fällt auf, daß sie bezüglich der

---

209) Eine umfassende Sicht von Ressourcen als konstituierendes Merkmal von Unternehmen findet sich schon seit Ende der sechziger Jahre. Doch erst seit Anfang der neunziger Jahre kommt dem „resource based approach" ein breites Interesse in der betriebswirtschaftlichen Literatur zu und man kann von einem elgenen Ansatz sprechen. Vgl. Bamberger, I., Wrona, T.: Der Ressourcenansatz und seine Bedeutung für die Strategische Unternehmensführung, in: Zeitschrift für betriebswirtschaftliche Forschung (ZfbF), Nr. 2, 48. Jg., 1996, S. 131f. und Collis, D., Montgomery, C.: Wettbewerbsstärke durch hervorragende Ressourcen, in: Harvard Business Manager, Nr. 2, 18. Jg., 1996, S. 49ff. sowie

Dauerhaftigkeit ihrer Wirkungen differieren. Total Quality Management kann als Qualitätsphilosophie aufgefaßt werden, die - genauso wie Kaizen - einen permanenten Platz im Unternehmen beansprucht. Aufgrund einer langsamen Veränderung der Unternehmenskultur und des Umfanges der notwendigen Maßnahmen braucht Total Quality Management einen Mindestzeitrahmen von drei Jahren, um wirksam werden zu können.[210] Lean Management erweist sich in der Praxis als eher mittelfristig orientiert. Wenn die Einsparungs- und Reduzierungsziele einmal erreicht sind, haben weitere gleichgerichtete Maßnahmen einen stark fallenden Grenznutzen. Ein in den Unternehmensteilen gleichzeitig stattfindendes Reengineering der Kerngeschäftsprozesse schafft zwar im Idealfall ein „neukonstruiertes" Unternehmen, dem einmal Erreichten folgen aber nur geringfügig neue Impulse. Seine Wirkung ist daher verhältnismäßig kurzfristig.

Bezüglich der Nachahmbarkeit weisen vor allem Kaizen und Total Quality Management einen hohen Wert für das Unternehmen auf, dem es gelingt, entsprechende Programme erfolgreich umzusetzen: „... there are powerful reasons to believe TQM is imperfectly imitable."[211] Aufgrund der Kombination von Mitarbeiter- und Kundenorientierung sind sie schwer zu imitieren. Vor allem eine positive Mitarbeiterorientierung schafft eine dauerhafte Differenzierung vom Wettbewerb: „...TQM requires a complete restructuring of social relationships both within the firm, and among the firm and its stakeholders."[212] Unternehmen, deren Mitarbeiter hochmotiviert für das Ziel der Erfüllung der Kundenwünsche arbeiten, schaffen eine Ausrichtung aller wertschöpfenden Ressourcen auf den Markt. Dieser

---

Rayport, J., Sviokla, J.: Exploiting the Virtual Value Chain, in: Harvard Business Review, Nr. 6, Vol. 74, 1996, S. 75ff.

210) Vgl. Powell, T.: Total Quality Management as Competitive Advantage: A Review and Empirical Study, in: Strategic Management Journal, Vol. 16, 1995, S. 23.

211) Ebenda, S. 20.

212) Ebenda, S. 22.

Zustand ist schwer zu erreichen und erfordert speziell auf die Mitarbeiter im Unternehmen zugeschnittene Maßnahmen. Die Umgestaltung von Prozessen als Kernaufgabe von Lean und Reengineering hingegen kann zumindest ansatzweise standardisiert erfolgen und daher eher imitiert werden.

Der Wirkungshorizont der Konzepte wird auch durch die <u>Umkehrbarkeit</u> der Maßnahmen determiniert. Hier ergibt sich im Gegensatz zur der Dauerhaftigkeit die Besonderheit, daß sich Reengineering nur schwer umkehren läßt, obwohl es keinen permanenten Verbesserungsprozeß beinhaltet. Denn die Radikalität eines Reengineering-Programmes, das möglichst gleichzeitig in allen Kerngeschäftsprozessen greift, erfordert einen immensen Aufwand und schafft damit ein beträchtliches Beharrungsvermögen der neu ausgerichteten Ressourcen. TQM und Kaizen lassen sich aber noch schwerer rückgängig machen, da sie die „weichen Faktoren" im Unternehmen gezielter angehen.

Reengineering und Total Quality Management umfassen definitionsgemäß alle wesentlichen Unternehmensbereiche. Ihr <u>Umfang</u> ist daher beträchtlich im Gegensatz zu Lean und Kaizen. <u>Innovationsmanagement</u> beschränkt sich hingegen nur auf ausgesuchte Teilbereiche von Unternehmen. Zwar ist es auch auf Dauerhaftigkeit angelegt, läßt sich aber schon aufgrund seines geringeren Umfanges einfacher als die anderen Konzepte umkehren.

Der Wettstreit der Konzepte kann an zwei Größen gemessen werden: der <u>wettbewerblichen Überlegenheit</u> und dem Risiko des Scheiterns. Total Quality Management hat theoretisch das größte Potential, dauerhafte und schwer nachzuahmende Wettbewerbsvorteile für ein Unternehmen zu erlangen, da es fast alle erfolgskritischen Gestaltungsorientierungen berücksichtigt. Kaizen läßt im Vergleich die Gesellschafts- und Ergebnisorientierung vermissen und ist vermutlich in unserem Kulturkreis nur eingeschränkt zu verwirklichen. Lean-Programme und Reengineering beschränken sich tendenziell auf die „harten Faktoren" im Unternehmen. Die im Verhältnis einseitige Konzentration auf die Prozeßgestaltung kann zu Verwerfungen zwischen Mitarbeitern und dem Unternehmen führen. Innovationsmanagement tritt im Ansatz „bescheidener" auf und hat nicht die Verbesserung aller Unternehmensbereiche zum Ziel. Ein hohes wettbewerbliches Potential ist trotzdem gegeben, da Innovationen die Wettbewerbsposition entscheidend beeinflussen können.

Auf der anderen Seite der Bilanz steht das Risiko des Scheiterns, das den Programmen innewohnt. Innovationsmanagement bildet auch hier die Ausnahme, da sich ein Scheitern der Maßnahmen - allerdings in Abhängigkeit vom Innovationsdruck der Branche, in der sich ein Unternehmen befindet - häufig weniger stark auswirkt. Daß nur ca. 20 Prozent aller TQM-[213] und höchstens 30 Prozent aller Reengineering-Programme[214] als Erfolg anzusehen sind, wurde bereits konstatiert. Dabei haben aber Teilerfolge von TQM schon positive Auswirkungen, während eine gescheiterte Reengineeringmaßnahme das ganze Unternehmen gefährden kann. Die Auswirkungen der verschiedenen Programme des Veränderungsmanagements auf die Ressourcenstärke eines Unternehmens sind in der folgenden Tabelle zusammengefaßt:

---

213) Vgl. z.B. auch Groothuis, U.: Wandel in den Köpfen, a.a.O., S. 141.
214) Vgl. z.B. Hammer, M.: "Über Bord werfen", in: WirtschaftsWoche, Nr. 46, 49. Jg., 9.11.1995, S. 133ff.

Tabelle 7:

Wirkungen verschiedener Konzepte des Veränderungsmanagements

	Dauerhaftigkeit	Nachahmbarkeit	Umkehrbarkeit	Umfang	wettbewerblicher Vorteil	Risiko des Scheiterns
TQM	+++	+++	+++	+++	+++	- - -
Kaizen	+++	+++	+++	++	++	- -
Lean	++	++	++	++	++	- -
Reengineering	+	++	++	+++	++	- - -
Innovationsmanagement	+++	+	+	+	+	-

Legende:	geringe Auswirkung	große Auswirkung	extreme Auswirkung
+ = positiv	+	++	+++
- = negativ	-	- -	- - -

Quelle: eigene Analyse

2.3.3 Beurteilung der Veränderungsmanagementkonzepte

Man kann die Entwicklung von Managementansätzen in Analogie zu dem bekannten Lebenszykluskonzept von Technologien, Produkten und Unternehmen[215] mit einer Lebenszykluskurve beschreiben.[216] Am Anfang der Entwicklung zu gängigen Managementkonzepten stehen etwa Begriffe wie „emotionale Intelli-

---

215) Vgl. Schumpeter, J.: Business Cycles, New York 1939.
216) Vgl. Rigby, D.: The Secret History of Process Reengineering, in: Planning Review, Nr. 2., Vol. 21, 1993, o.S. sowie Kröger, F., a.a.O., S. 50.

genz" und „kybernetische Managementkonzepte".[217] „Emotionale Intelligenz" ist m.E. noch nicht als eigenständiger Managementansatz zu bezeichnen, da der Begriff in der Praxis noch keine geschlossene Programmatik aufweist. „Kybernetische Managementkonzepte" sind wesentlich weiter entwickelt, sie werden durch Vertreter der „St. Galler Schule" repräsentiert und bilden einen in sich geschlossenen Ansatz mit abgeleiteten Empfehlungen für die Umsetzung in Unternehmen. Während die Vertreter des Ansatzes mit Euphorie für ihr Konzept werben, äußern Kritiker Skepsis.[218]

Die Phase des Alters wird durch zwei Extrementwicklungen eingegrenzt: Entweder es erfolgt ein erneuter, vielleicht auch wiederholter Anstieg („Renaissance") des Vertrauens in das Konzept oder das Alter ist durch Abfallen in die Bedeutungslosigkeit („Verschwinden") gekennzeichnet. In der Praxis zeigen sich eher Mischformen. Eine derartige fortgesetzte, wenn auch eher unspektakuläre Renaissance scheint dem Innovationsmanagement beschieden zu sein.

Die Einschätzung der Lebenszyklusposition von TQM läßt sich vergleichsweise genau anhand der Untersuchung von POWELL vornehmen, derzufolge TQM in den USA bereits 1992 einen Verbreitungsgrad von 93% unter den 500 größten Unternehmen erreicht hatte.[219] TQM befindet sich demnach ebenfalls in seiner Reifephase. Eine ebenso weite Verbreitung bei mittelständischen und kleinen Unternehmen sowie z.B. in Deutschland scheint allerdings ausgeschlossen. Hinzu

---

217) Vgl. bspw. Fuchs, J. (Hrsg.): Das biokybernetische Modell, Wiesbaden 1992 oder Gomez, P., Probst, G.: Vernetztes Denken im Management, in: Die Orientierung, Nr. 89, o.Jg., 1987.

218) Vgl. beispielhaft für den Stand der Diskussion Kieser, A.: Fremdorganisation, Selbstorganisation und evolutionäres Management, in: Zeitschrift für betriebswirtschaftliche Forschung (ZfbF), Nr. 3, 46. Jg., 1994, S. 199ff.

219) Powell, T.: Total Quality Management as Competitive Advantage, a.a.O., S. 15f.

kommen erste kritische Stimmen und Beispiele, die Unsicherheit in bezug auf die Leistungsfähigkeit des Ansatzes aufkommen lassen: Die Wallace Company ging kurz nach der Verleihung des Baldrige Awards in Konkurs und der Deming-Prize-Gewinner Florida Power hat seine TQM-Aktivitäten wieder abgebrochen. „Moreover, empirical studies have not shown that TQM firms consistently outperform non-TQM firms."[220] POWELL kommt zu der Erkenntnis:„The empirical results suggested that TQM can produce competitive advantage, but is TQM necessary to success? Apparently not."[221] Es ist eher die Gestaltung der „stillen Ressourcen", der „intangibles" oder „tacit resources",[222] die für den Erfolg von TQM-Programmen verantwortlich, aber nicht unbedingt zwingend damit verbunden sind. Gemeint ist z.B. eine offene Unternehmenskultur, Emporwerment und das Engagement der Fühung in den Unternehmen.[223] Diese empririschen Ergebnisse bestätigen die Einschätzung aus dem vorhergehenden Kapitel, daß die Nachhaltigkeit der Wirkung von TQM vor allem der Gestaltung der „weichen Faktoren" zuzuschreiben ist. Die Schwierigkeit TQM umzusetzen und die hohe Abbruchrate resultieren ebenfalls aus der Aufgabe, Verhaltensveränderungen zu erreichen.[224] Das trifft auch für Kaizen zu: Gründe für das Scheitern von Kaizenprogrammen werden neben der eingeschränkten Übertragbarkeit aus asiatischen Kulturkreisen darin gesehen, daß die Programme nicht lange genug andauern, die

---

220) Ebenda, S. 16.
221) Ebenda, S. 31.
222) Ebenda, S. 15.
223) Vgl. ders.: When Lemmings Learn to Sail: Turning TQM to Competitive Advantage, in: Voss, B., Willey, D. (Hrsg.): 1995 Handbook of Business Strategy, Rhode Island, 1995, S. 42.
224) Vgl. auch Barclay, C. A.: QualÍty strategy and TQM policies: empirical evidence, in: Ma nagement International Review (MIR), Special Issue, Heft 2, Vol. 33, 1993, S. 97 sowie Radovilsky, Z., Gotcher, W., Slattsveen, S.: Implementing total quality management, in: International Journal of Quality & Reliability Management, Nr. 1, Vol. 13, 1995, S. 11 und S. 22.

Beteiligten durch eine zu hohe Komplexität der Aufgabenstellung überfordern, und vor allem, daß die notwendige Vertrauensstruktur unter den Mitarbeitern nicht verwirklicht wird:[225] „In der Literatur werden die Tragweite und die Implikationen dieses Paradigma-Wechsels tendenziell vernachlässigt, unterschätzt oder verharmlost. Der arbeitende Mensch, dessen Arbeitsinhalte in tayloristischen Systemen überwiegend sinnentleert sind, ... soll nun zum engagierten und in die bereichsbezogenen Entscheidungsprozesse involvierten Qualitätsproduzenten avancieren."[226]

Lean-Ansätze sind auf Grund ihrer kurzfristigen Orientierung stark kritisiert worden. Die Gründe wurden bereits dargestellt.[227] Vor allem Unsicherheiten gegenüber dem Konzept der Just-in-Time-Zulieferungen wachsen: „Das Beschaffungsrespektive Produktionslager wird eine Renaissance erleben."[228] Extreme Formen der Lean Production werden durch weniger Automatisierung, vermehrte Eigenverantwortung von Prozeßteams und in den Arbeitsprozeß integrierten Stauraum - also die Wiederentdeckung der Puffer-Funktion von Lagern - abgemildert, wie das Beispiel der Toyota-Fabrik auf Kyushu zeigt.[229] Lean Management hat seine

---

225) Vgl. Jung, H., a.a.O., S. 359f. und Volk, H., a.a.O., S. 116 sowie Kapitel 4.2.1: Voraussetzung eigenständigen Handelns: Vertrauen.

226) Witzig, T., Breisig, T.: Umsetzung aktueller Konzepte des Qualitätsmanagements, Erkenntnisse aus einer Fallstudie, in: Zeitschrift für betriebswirtschaftliche Forschung (ZfbF), Nr. 6, 46. Jg., 1994, S. 739.

227) Vgl. Kapitel 2.2.2, siehe vor allem Tabelle 4: Spezifische Stärken und Schwächen von Lean-Ansätzen.

228) Heymann, K.: Das Beschaffungslager wird eine Renaissance erleben, in: Beschaffung aktuell, Nr. 11, o.Jg., 1993, S. 33. Vgl. auch die Liste der Nachteile einer JiT-Produktion: Fandel, G., Francois, P.: Just-In-Time-Produktion und -Beschaffung, in: Zeitschrift für Betriebswirtschaftslehre (ZfB), Nr. 5, 59. Jg., 1989, S. 542 sowie Fischer, E.: Just-In-Time - Sündenbock für das Verkehrschaos?, in: Logistik heute, Nr. 4, o.Jg., 1993, S. 42ff.

229) Vgl. o.V.: Zurück zur Handarbeit, in: Manager Magazin, Nr. 7, 26. Jg., 1996, S. 54f.

Reifephase in seiner derzeitigen Form also schon überschritten. Noch schwerer wiegt die Kritik an Reengineering,[230] also an dem Ansatz, der sich gezielt gegen Kaizen und TQM positioniert hatte.[231] WOMACK kritisiert die vernachlässigte Humanorientierung des Reengineering-Ansatzes: „Angesichts solch grimmiger Tatsachen - weniger Arbeitsplätze, keine Arbeitsplatzgarantien, keine herkömmlichen Karrieren, keine „heimatlichen" Abteilungen für Mitarbeiter (dafür sich ständig verändernde Prozeß-„Teams") und keine feste Aufgabe für Funktionsbereiche - wäre es schon erstaunlich, wenn sich Mitarbeiter und Manager nicht in fanatische Konterrevolutionäre verwandeln."[232] DAVENPORT und STODDARD schätzen bezüglich der Lebenszyklusphase von Reengineering: „Our guess is that it peaked in early 1994 in the United States ... Inevitably, reengineering books will disappear from the best-seller lists, and new management enthusiasms will emerge."[233]

Die Kritik, der sich alle Veränderungskonzepte gegenüber sehen, besteht darin, daß Programme häufig „rezeptbuchhaft", d.h. zu wenig auf die spezifische Unternehmenssituation zugeschnitten, umgesetzt werden. So werden die Kosten nur allzu selten explizit berücksichtigt, die Risiken eines Mißerfolges werden nicht genannt oder verschleiert. Statt den Blick für das Machbare zu schulen, wetteifern die Konzepte in ihrem Ehrgeiz um ihre Zielsetzung. Die Programme glänzen zwar durch eine hervorragende Grundanalyse, vorwiegend durch externe Berater durchgeführt, sind aber in der eigentlichen Implementierung nicht angemessen auf

---

230) Vgl. Kapitel 2.2.3: Reengineering: Zur Durchsetzung umfassender Veränderungen.

231) Vgl. Hammer, M., Champy, J.: The Reengineering Corporation - A manifesto for business revolution, a.a.O., S. 205.

232) Womack, J.: Neues von Hammer und Champy, a.a.O., S. 75.

233) Davenport, T., Stoddard, D.: Reengineering: Business Change of Mythic Proportions?, in: MIS Quarterly, Nr. 2, o.Jg., 1994, S. 126.

die Belange der Betroffenen ausgerichtet. Damit rufen sie zwangsläufig Widerstände hervor. Im Gegensatz dazu hat sich oben gezeigt, daß es die humanorientierten Faktoren sind, die einerseits nachhaltig wirken und schwer zu imitieren sind und deshalb andererseits über den Erfolg von Veränderungskonzepten entscheiden. Die weichen Faktoren werden aus der Kultur (Bestandteil des sozialen Subsystems) und der Software (Bestandteil des technischen Subsystems) einer Unternehmung gebildet.[234] Im Gegensatz zur Struktur und der Hardware sind sie nur teilweise direkt beeinflußbar. Qualität und Innovation sind in wechselnden Anteilen in allen vorgestellten Konzepten als Leitbilder enthalten. Sie sollen im folgenden eingehender analysiert werden. Dabei sollen die zu identifizierenden Einflußmöglichkeiten auf Qualität und Innovation die besondere Bedeutung der weichen Faktoren für einen nachhaltigen Erfolg berücksichtigen.

---

234) Vgl. Doppler, K./ Lauterburg, C.: Change Management - Den Unternehmenswandel gestalten, Frankfurt/ New York, 1995, S. 52f.

3 Qualität und Innovation als Anforderungen an Unternehmen

„Kreativität und Perfektion sind untrennbare Bestandteile eines Managements von Differenzierung"[235], wie ALBACH feststellt. Kreativität und Perfektion stehen in engem Zusammenhang zu Qualität bzw. Innovation und sind demnach die Basis für die Differenzierung vom Wettbewerb, wie sie im ersten Kapitel gefordert wurde. Doch in welchem Verhältnis stehen sie zueinander, und wie sind sie in einem Unternehmen zu gewichten? WOMACK und JONES warnen davor, sich einseitig auf die Einführung von Lean-Techniken zu konzentrieren, um die Kosten zu senken: „... dieses Streben sollte Innovationen ergänzen und nicht ersetzen."[236] Ebensowenig ist eine einseitige Qualitätsorientierung, die notwendige Neuerungen aus dem Blick verliert, empfehlenswert. Innovationen ihrerseits nutzen nur, wenn sie auf die Marktbedürfnisse bezüglich des geforderten Qualitätsniveaus eingehen. Aber sind Qualität und Innovation miteinander vereinbar? Die unteren Leistungsstufen der Qualitätsmanagementkonzepte versuchen Qualität durch strengere und umfangreichere Prüfanforderungen zu verwirklichen.[237] Dies setzt eine Standardisierung der Leistungserstellungsprozesse voraus. Jede Neuerung wirkt zunächst als Störung für ein derartiges Qualitätssicherungssystem. Die vorgestellten Konzepte des Veränderungsmanagements, allen voran Total Quality Management, bauen auf Qualitätskontrolle, Qualitätssicherung und Qualitätsmanagement auf und teilen viele ihrer Methoden und Instrumente miteinander. Wäh-

235) Albach, H. (Hrsg.): Innovationsmanagement. Theorie und Praxis im Kulturvergleich, Wiesbaden 1990, S. 774.

236) Womack, J., Jones, D.: Das schlanke Unternehmen: Ein Kosmos leistungsstarker Firmen, a.a.O., S. 88.

237) Siehe Tabelle 3: Leistungsniveaus von Qualitätsmanagementkonzepten.

rend Standardisierung bei ihnen eine wichtige Rolle spielt, müssen Geschäftsprozesse und Marktleistungen anpassungsfähig gestaltet werden, um dem Veränderungserfordernis gerecht zu werden. Das Verständnis des Zusammenhangs von
Standardisierung und Flexibilität ist offensichtlich eine wesentliche Grundlage für
das Verständnis des Verhältnisses der Qualität zur Innovation. Diese Grundlage
soll im folgenden erarbeitet werden.

3.1 Problematik der Kombination von Standardisierung und Flexibilität

„Ten or 15 years ago, quality was much like flexibility is today: vague and dif-
ficult to improve yet critical to competitiveness..."[238] Flexibilität ist eine wichtige
Zielsetzung. Unternehmen werben damit, daß sie „flexibel" auf die Wünsche der
Kunden reagieren; Prozesse gewinnen durch Umstrukturierungen höhere
„Flexibilität"; Gewerkschaften und Arbeitgebervertreter diskutieren über
„Arbeitszeitflexibilität";[239] und die Unternehmensleitung sucht Flexibilität als
„strategischen Spielraum" des Unternehmens. Aber das Ausmaß, in dem Flexibilität in den Teilbereichen eines Unternehmens verwirklicht werden soll, ist Ge-
genstand von kontroversen Überlegungen. Denn neben der Flexibilitätsforderung
besteht eine Stabilitätsforderung. „Stabile" Kundenbeziehungen versprechen hohe
Renditen, „stabile" Prozesse sind eine Hauptforderung des klassischen Quali-
tätswesens, Mitarbeiter fordern „stabile" Beschäftigungsverhältnisse, und die
Unternehmensführung verspricht Kunden wie Zulieferern „stabile" Geschäftsbe-

---

238) Upton, D.: What Really Makes Factories Flexible?, in: Harvard Business Review, Nr. 4,
    Vol. 73, 1995, S. 75.
239) Vgl. Albach, H.: Urlaub vom Konto, in: WirtschaftsWoche, Nr. 45, 49. Jg., 1995, 53ff.

ziehungen. „Die Diskussion Stabilität versus Flexibilität ist trotz des aktuellen Interesses nicht neu. Seit der Kritik am Bürokratiemodell von Max Weber..." [240] sind ungezählte Spielarten dieses Grundproblemes der Unternehmensführung identifiziert worden.

Stabilität, also Beständigkeit und Dauerhaftigkeit von Strukturen, Prozessen und Beziehungen, ist eine Grundlage für Perfektion, verstanden als Fehlerfreiheit, und damit für Qualität, verstanden als Erfüllung festgelegter Anforderungen.[241] Standardisierung ist die Basis für Stabilität. Wo auch immer Stabilität angestrebt wird, erscheint es sinnvoll, Strukturen, Prozesse, Leistungen oder Ergebnisse zu standardisieren. Ein Standard ist ein Normalmaß, das als Richtschnur eingesetzt wird. Es bezeichnet eine Sollgröße, an der alle auftretenden Phänotypen gemessen werden, und sorgt dafür, daß Verhalten, Prozesse oder Ergebnisse immer gleich in bezug auf festgelegte Spezifikationen ausfallen. Produktstandards sind nur ein Bereich, in dem Standardisierung wirksam wird. Standards entwickeln eine Reihe von Wirkungen und Nutzen in Abhängigkeit von ihrem Einsatzgebiet. Sie können sich per se entwickeln, z.B. weil bestimmte Verhaltensweisen von fast allen Mitgliedern einer Gruppe geteilt werden und somit erwartet werden, oder Standards können gezielt entwickelt werden, damit ein Standardisierungsobjekt vereinheitlicht wird. Eine Norm ist eine Vorschrift oder eine Richtschnur, die für

240) Rößl, D.: Selbstverpflichtung als alternative Koordinationsform von komplexen Austauschbeziehungen, in: Zeitschrift für betriebswirtschaftliche Forschung (ZfbF), Nr. 4, 46. Jg., 1996, S. 311.

241) Vgl. zu diesem Qualitätsverständnis die Auffassung vertreten durch Deutsches Institut für Normung (DIN) (Hrsg.): DIN ISO 8402 - Qualitätsmanagement und Qualitätssicherung - Begriffe, Berlin, Entwurf, März 1992. Alternative Auffassungen von Qualität werden weiter unten diskutiert. Siehe das Kapitel 3.2.1: Dimensionen und Merkmale von Qualität.

Einheitlichkeit sorgt und Standards festlegt.[242] Sie soll Verhalten und Ergebnisse erwartbar machen, unabhängig davon, ob das Objekt eine Person, eine Gruppe, ein Prozeß oder ein Leistungsergebnis ist. Ein Beispiel für Normierung ist die besprochene ISO 9000er-Normenreihe. In der Organisationstheorie ist von Formalisierung die Rede, vom „Einsatz schriftlich fixierter organisatorischer Regeln"[243], die als Standards wirken.

Für den Nutzer einer standardisierten Leistung erhöht sich die Verläßlichkeit und damit die Zuverlässigkeit: Standardisierte Produkte bringen jedesmal den gleichen Nutzen, falls die Bedingungen gleich bleiben. Für den Anwender einer Applikation bedeutet Standardisierung die Möglichkeit zu einer garantierten Kompatibilität, also das Zusammenpassen von Elementen und Anwendungen. Nicht nur in der Computerwelt[244] schaffen Standards eine Basis, an die neue Entwicklungen angepaßt werden können und mit denen sie harmonieren.[245] Eine größere Kompatibilität steigert die Anwendungsmöglichkeiten und damit das Problemlösungspotential. Aus der Sicht eines Nutzers kann Standardisierung also eine höhere Qualität bewirken, da durch sie seine Anforderungen besser erfüllt werden. Die Standardisierung von Prozessen selbst ist ebenfalls Grundlage für Qualität,

---

242) Vgl. Heide, J., John, G.: Do Norms Matter in Marketing Relationships, in: Journal of Marketing, Nr. 4, Vol. 56, 1992, S. 34.

243) Breilmann, U.: Dimensionen der Organisationsstruktur - Ergebnisse einer empirischen Untersuchung , in: Zeitschrift Führung-Organisation (ZFO), Heft 3, 64. Jg., 1995, S. 161.

244) Man denke beispielsweise an den PC-Standard „IBM kompatibel" oder die Diskussion um die Festlegung eines neuen Film-Standards für Fotoapparate. Vgl. hierzu Peters, R.-H., Deysson, Ch.: Fotoindustrie: Offene Ablehnung, in: WirtschaftsWoche, Nr. 25, 49. Jg., 15.6.1995, S. 44ff. und Peters, R.-H.: Fotografie: Milliardengeschäft, in: WirtschaftsWoche, Nr. 24, 49. Jg., 8.6.1995, S. 9.

245) Vgl. Chesbrough, H., Teece, D.: Organizing for Innovation, in: Harvard Business Review, Nr. 1, Vol. 75, 1996, 68.

denn Prozeßbeherrschung setzt stabile Prozesse voraus. Nur über die Analyse von Fehlern können Störgrößen identifiziert und eliminiert werden. Dies wiederum setzt gleichbleibende Abläufe voraus. Standardisierung ist Grundlage aller Managementkonzepte, die das Leitbild Qualität zum Inhalt haben: „Voraussetzung für den erfolgreichen schrittweisen Verbesserungsprozeß ist die Definition eines eindeutigen Ausgangszustandes, der durch die Formulierung von Standards erreicht wird."[246] Die kumulierte Summe standardisierter Abläufe ist wiederum Grundlage für Erfahrungskurveneffekte, also der Stückkostendegression bei hohen Ausbringungsmengen.[247] Die Standardisierung von Vorleistungen kann darüber hinaus Umrüstkosten reduzieren, da Anpassungen an veränderte Prozeßinputs wegfallen, Vorhaltekosten minimieren oder Bearbeitungszeiten verkürzen. Diese Zeit- und Kostenwirkung der Standardisierung ist auf eine Komplexitätsreduktion zurückzuführen, ein Zusammenhang, auf den weiter unten noch eingegangen wird.

Standards entfalten neben der Innen- auch eine Außenwirkung. Für den Anbieter einer standardisierten Leistung ergeben sich Vorteile in dem Maße, wie sich „sein" Standard im Gebrauch oder am Markt durchsetzt. Ein Anbieter, der diesen Prägeprozeß der Standardisierung früh in seinem Sinne entscheidet, kann - häufig ohne die Notwendigkeit andauernder Mehrinvestitionen - einen Ressourcenvorteil gewinnen, den er langfristig ausschöpfen kann.

In mehrstufigen Austauschbeziehungen wechseln Anbieter und Nutzer ihre Rollen. Der Zusammenhang ist in der folgenden Tabelle dargestellt:

---

246) Haug, N., Martens, B., Pudeg, R., a.a.O., S. 149.
247) Vgl. Albach, H.: Innovationsstrategien zur Verbesserung der Wettbewerbsfähigkeit, in: Zeitschrift für Betriebswirtschaft (ZfB), Heft 12, 59. Jg., 1989, S. 1347f.

Tabelle 8:

Vorteile der Standardisierung bei Austauschprozessen

	Nutzer	**Mittler**	**Anbieter**
im Vorfeld	Auswahl und Bestellung erleichtern	Vorhaltekosten reduzieren	Komplexitätskosten reduzieren
während	Bedienung vereinfachen	Auftragsabwicklung erleichtern	Prozesse stabilisieren/ Prüfaufwand minimieren
im Ergebnis	Genauigkeit und Zuverlässigkeit steigern	Kundenbetreuung vereinfachen	Dominantes Design durchsetzen

Quelle: Beispiele in eigener Zusammenstellung in Anlehnung an Bitsch, H., Martini, J., Schmitt, H.: Betriebswirtschaftliche Behandlung von Standardisierung und Normung, in: Zeitschrift für betriebswirtschaftliche Forschung (ZfbF), Nr. 1, 47. Jg., 1995, S. 66-85, hier S. 68.

Das Gegenteil von Standardisierung ist <u>Differenzierung</u>. Das Gegensatzpaar bildet den Rahmen für eine Vielzahl betriebswirtschaftlicher Grundsatzentscheidungen. Der Streit zwischen den beiden Leitbildern geht sogar soweit, daß beispielsweise LEVITT als Anhänger der Standardisierung daraus eine Triebfeder der weltweiten Konvergenz der nationalen Wirtschaften abzuleiten versucht.[248] Von MEFFERT stammt als Gegenposition zu LEVITTs Konvergenzthese die Divergenzhypothese.[249] Daß Differenzierung notwendig ist, um sich vom Wettbewerb abzuheben und Alleinstellungsmerkmale zu erlangen, wurde bereits in der Diskussion der Wettbewerbsfaktoren deutlich. Während die Vereinheitlichung nach bestimmten Mustern wohl das wichtigste Hilfsmittel der Rationalisierung ist,[250]

---

248) Vgl. Levitt, T.: Marketing Imagination, Landsberg 1984, S. 38ff.

249) Vgl. Meffert, H., Wagner, H.: Marketing im Spannungsfeld zwischen weltweitem Wettbewerb und nationalen Bedürfnissen, a.a.O., S. 9ff.

250) Vgl. Bitsch, H., Martini, J., Schmitt, H.: Betriebswirtschaftliche Behandlung von Standardisierung und Normung, in: Zeitschrift für betriebswirtschaftliche Forschung (ZfbF), Nr. 1, 47. Jg., 1995, S. 68.

gefährdet sie gleichzeitig eine Ausrichtung an den realen Erfordernissen, z.b. den unterschiedlichen Anforderungen und Vorlieben von Kunden, oder an der Notwendigkeit, flexibel auf Diskontinuitäten in der Unternehmensumwelt zu reagieren. Kostensenkungspotentiale und Erlöserhöhungspotentiale stehen sich gegenüber. Deren Abwägung gegeneinander führt zu einem situativ geeigneten Mix aus Standardisierung und Differenzierung, wie Tabelle 9 exemplarisch zeigt:

Tabelle 9:

Beispiele für konträre Wirkungen von Standardisierung und Differenzierung

	Erlöserhöhungspotentiale	Kostensenkungspotentiale
Differenzierung	• vermehrter Absatz durch genaueres Treffen der Ansprüche der Zielgruppen • Abdecken von Marktnischen • ethnozentrische Strategien[251]	• Anpassung der Qualität eingesetzter Vorprodukte an Bedürfnisse der Zielgruppen • Ausnutzen von Leerlaufzeiten • Skimming-Pricing zum Abschöpfen von Produzentenrenten
Standardisierung	• Durchsetzen von Dominantem Design am Markt • vereinheitlichte Corporate Identity • Globalstrategien	• geringere Lagerkosten • verminderte Rüstzeiten • weniger Personaleinstellungs- und -entwicklungsaufwand • einheitliche Absatzprogramme

Quelle: Beispiele in eigener Zusammenstellung

Standardisierung und Differenzierung entfalten also konträre Wirkungen auf die Ressourcenentwicklung in Unternehmen. Dies bedingt, daß Standardisierung als Basis für Stabilität im Gegensatz zu Flexibilität steht, die ihrerseits auf Differenzierung aufbaut. Der Schlüssel für das Verständnis dieser antagonistischen Res-

---

251) Vgl. das „EPRG-Modell" von Perlmutter, z.B. bei Kreutzer, R.: Global Marketing, Konzeption eines länderübergreifenden Marketing, Wiesbaden 1989.

sourcenentwicklung ist der Einfluß auf die Komplexität von Prozessen, Ergebnissen und Austauschbeziehungen. Der Begriff der Komplexität soll daher im weiteren genauer untersucht werden. Dabei wird sich der aufgezeigte Gegensatz zumindest teilweise wieder auflösen lassen. Im Zeitablauf betrachtet, also in einer dynamischen Sichtweise, wird deutlich, daß Qualität Stabilität voraussetzt und durch eine perfekte Ausführung unterstützt wird. Flexibilität ist eine Voraussetzung für Innovation, die darüber hinaus auf Kreativität angewiesen ist. Diese Zusammenhänge sind in folgender Abbildung dargestellt:

Abbildung 3:

Wirkungshierarchie ausgesuchter Leitbilder

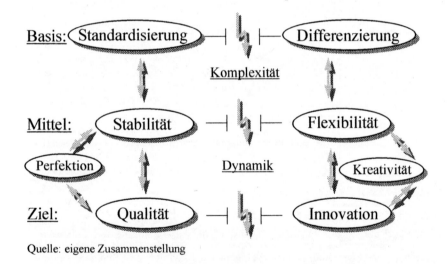

Quelle: eigene Zusammenstellung

Es existieren mindestens 31 verschiedene Definitionen des Begriffes Komplexität, er wird mit „Entropie", der „Unschärfe (fuzziness) eines Systems" oder dem

„Informationsabstand" zweier Systemteile gleichgesetzt.[252] Komplexität bezeichnet im ursprünglichen Sinne eine hohe Anzahl von Verknüpfungen und entfaltet als abstrakte Größe eine Vielzahl von Wirkungen. Komplexität ist die Folgelastigkeit der Weichenstellungen bei Problemlösungen, also die Mehrdeutigkeit von Situationen, Marktleistungen, Prozessen, Strukturen oder Transaktionsbeziehungen.[253] Der Begriff wird in der Mechanik verwendet und hat einen hohen Stellenwert in der Chaos- und Katastrophentheorie. In die Wirtschaftswissenschaften hat er über Fragen der Logistik, der Informatik, und vor allem über die Kybernetik Eingang gefunden.[254]

Um Komplexität gezielt zu steuern, finden sich die Alternativen Komplexitätsbeherrschung und -reduzierung bzw -vermeidung.[255] Komplexitätsreduzierung ist ein wichtiges Lean-Prinzip, sie findet ihren Niederschlag in der Verringerung der Anzahl der Lieferanten, im Abbau von Hierarchieebenen, der Bereinigung von Sortiments- und Kundenstrukturen und in der Verringerung der Leistungstiefe.[256] Bis zu 20% der Gesamtkosten lassen sich - je nach gewähltem Verteilungsschlüssel - der Sortimentskomplexität von Automobilherstellern zuordnen.[257] Komplexitätsvermeidung ist die konsequente Variante der Komplexitätsreduzierung, die in Abhängigkeit von der Situation zum Einsatz kommen kann. Nach der

---

252) Vgl. Horgan, J.: Komplexität in der Krise, in: Spektrum der Wissenschaft, Nr. 9, o.Jg., 1995, S. 61.
253) Vgl. ähnlich bei Rößl, D., a.a.O., S. 314.
254) Vgl. Schneidewind, D.: Jishu Kanri - Ein japanisches Erfolgsgeheimnis, Wiesbaden 1994, S. 172 und 222.
255) Vgl. Wildemann, H.: Lean Management, Frankfurt a.M. 1993, S. 72.
256) Vgl. Kapitel 2.2.2 Lean-Ansätze: Zum Abbau von Blindleistungen.
257) Vgl. Rommel, G. et al.: Einfach überlegen, a.a.O., S. 24.

„ABC-Schätzregel"[258] läßt sich durch die Beschränkung auf die wenigen A-Kunden, die ca. 80% des Umsatzes tragen, und die wenigen Produkte, die den Hauptteil des Umsatzes ausmachen, unnötige Komplexität vermeiden. Die Frage bleibt jedoch bestehen, was als „unnötig" anzusehen ist. Denn häufig sind es die potentiellen Zusatzleistungen, die die wettbewerbswirksame Attraktivität eines Anbieters ausmachen, bzw. die „B-" oder „C-Kunden", die langfristig oder als Meinungsmultiplikatoren über eine direkte Umsatzrelevanz hinaus wichtig sind.

Komplexitätsbeherrschung ist die Aufgabe, bei gegebener Komplexität, die nicht weiter reduziert werden soll, optimal zu wirtschaften und Komplexität gezielt im Sinne der Unternehmensziele einzusetzen. Diese Aufgabe ist besonders anspruchsvoll, die Wirksamkeit von Veränderungsmanagement muß sich an ihr messen lassen: „Business Reengineering ist nur so lange praktikabel, wie relativ wenige, möglichst einfache und überschaubare Geschäftsprozesse reorganisiert werden."[259] Je komplexer ein Prozeß ist, desto schwieriger wird es sein, den gewünschten Zustand im ersten Anlauf zu erreichen. Darüber hinaus ist die Summe optimierter isolierter Prozesse nicht mit einem optimierten Unternehmen gleichzusetzen. Reengineering ist, um der Diktion von MALIK zu folgen, ein konstruktivistischer Ansatz[260], der Prozesse analysiert und neu konstruiert. Viele Detailbezüge und -verbindungen können dabei nicht mitberücksichtigt werden. Kaizen als Philosophie, die wesentlich stärker evolutorisch einzuordnen ist, wirkt gerade auf Detailebenen, berücksichtigt die „Vernetztheit der Wirkungsbezüge" und wird daher in seiner Wirkung durch Komplexität nicht beeinträchtigt.

---

258) Auch „eighty-twenty"-Regel; diese Regel geht auf das aus dem Qualitätsmanagement bekannte Pareto-Diagramm zurück. Vgl. ebenda, S. 32.
259) Theuvsen, L., a.a.O., S. 79.
260) Vgl. Malik, F.: Strategie des Managements komplexer Systeme, 3. Aufl., Bern/ Stuttgart 1989, S. 39ff.

Die Summe der Alternativen, die sich aus der Folgelastigkeit von Entscheidungen oder Situationen ergibt, kann positive, gewollte oder negative, unkontrollierte Auswirkungen haben. Komplexität ist nur schwer im Sinne der Unternehmensziele beeinflußbar, da eine große Anzahl möglicher Umweltzustände nur schwer antizipierbar ist. Darüber hinaus schafft Komplexität in Austauschbeziehungen Opportunismusspielräume, die Akteure wie Lieferanten oder Mitarbeiter aktiv für ihre Zwecke ausnutzen können.[261]

Die gewünschten Alternativen der Komplexität können andererseits als ein erhöhter Grad an Anpassungsfähigkeit wirken und deshalb Leitbildfunktion besitzen: Nach dem Gesetz der „requisite variety" von ASHBY kann Komplexität nicht nur positive Wirkungen entfalten, sondern ist sogar unbedingt erforderlich für die Überlebensfähigkeit von Systemen. Unternehmen sind dann in ihrem Bestand gefährdet, wenn sie nicht „...genügend Varietät zur Lösung der auftauchenden Umweltprobleme..."[262] besitzen. Nissan und Toyota haben vorgemacht, wie die konsequente Vermeidung von Komplexität in der Konstruktion und in Produktionsprozessen Kosten spart, ohne gleichzeitig Einbußen in der Qualität hinnehmen zu müssen: „...there need not to be any „tradeoffs" between productivity and quality".[263] Gleichzeitig haben sie die Flexibilität ihrer Fertigungsanlagen erhöht. Flexibilität und Komplexität sind zwar ein Gegensatzpaar, aber durchaus miteinander vereinbar. Diese Gratwanderung bezeichnet man beispielsweise in der Pro-

---

261) Vgl. Rößl, D., a.a.O., S. 314.
262) Kieser, A.: Fremdorganisation, Selbstorganisation und evolutionäres Management, a.a.O., S. 200.
263) Cusumano, M.A.: Manufacturing Innovation, a.a.O., S. 33.

duktionsplanung als „maßgeschneiderte Massenfertigung"[264], fortschrittliche Unternehmen achten bei der Einführung von ISO 9000 darauf, Flexibilität nach Möglichkeit zu erhalten.[265] Da sich aus Komplexität eine große Anzahl von Alternativen ergibt, setzen komplexe Problemstellungen eine Vielzahl von Lösungsalternativen voraus. Um die Anzahl der verwirklichten Lösungsalternativen gering zu halten, ist Flexibilität geboten. Sie beinhaltet die Wahlmöglichkeit, erforderliche Alternativen zum notwendigen Zeitpunkt zu erbringen. Flexibilität trägt demnach entscheidend zur Komplexitätsbeherrschung bei.

Empirischen Studien zu folge sind die wesentlichen <u>Quellen</u> von Flexibilität eindeutig auszumachen: „The flexibility of the plants depended much more on people than on any technical factor."[266] Der Umkehrschluß ist ebenfalls zulässig: „...most managers put too much faith in machines and technology, and too little faith in the day-to-day management of people."[267]

Es sind hauptsächlich die <u>weichen Faktoren</u>, die Flexibilität fördern: Die Einstellung von Mitarbeitern und Managern zur Veränderung ebenso wie eine „intelligente", vorausschauende Konstruktion von Produkten, Prozessen und Strukturen. Flexibilität, und vor allem dispositive Flexibilität, braucht Raum, in dem sie sich entfalten kann. „Das zugrundeliegende Gestaltungsprinzip besteht in der Auflösung starrer bzw. deterministischer Kopplungsbeziehungen und dem Schaffen von Handlungsspielräumen, die alternative Sichtweisen und Hand-

---

264) Vgl. Zäpfel, G.: Robuste Produktionsplanung zur Bewältigung von Absatzungewißheiten, in: Zeitschrift für Betriebswirtschaft (ZfB), Ergänzungsheft 2, 65. Jg., 1995, S. 78.
265) Vgl. Schröder, M., Wilhelm, R.: Flexibilität stärken, in: Qualität und Zuverlässigkeit (QZ), Nr. 5, 41. Jg., 1996, S. 530ff.
266) Upton, D.: What Really Makes Factories Flexible?, a.a.O., S. 75.
267) Ebenda, S. 74.

lungsmöglichkeiten nicht nur erlauben, sondern herausfordern."[268] Starre Systeme lassen sich zwar um einzelne Alternativen erweitern, diese schaffen aber allenfalls kurzfristige, physische Flexibilität. Notwendig sind „Kapazitäten für Opportunitäten und Kapazitäten für Kalamitäten".[269] Zusätzliche Kapazitäten[270] gehen über das organisatorisch unbedingt erforderliche Maß hinaus. Sie sind keine „Blindleistung", wenn sie gezielt geschaffen werden.[271] Hier werden die Grenzen von Lean Management deutlich. Nicht ausgelastete Kapazitäten können mit dispositiver Flexibilität gleichgesetzt werden. Derartiger „Organizational Slack" befähigt im Bedarfsfall zu zieladäquaten Reaktionen auf Störgrößen.[272] Vor allem im Bereich der Humanressourcen und der Organisation ist Slack erreichbar, indem Flexibilitätshemmnisse abgebaut werden, anstatt daß quantitative Kapazitäten aufgebaut werden müssen. Mittel dazu sind beispielsweise in der Schulung der Mitarbeiter, der gezielten Unternehmenskulturbeeinflussung und dem Gestalten adäquater Unternehmenssubsysteme zu sehen.

Eine andere Möglichkeit, Slack zu erzeugen, findet sich in den harten Faktoren. Sie besteht in dem gezielten Einsatz von Standardisierungen. „Baukastensysteme" erlauben eine Vielzahl von Produktvarianten und damit Sortimentsflexibilität, gleichzeitig ermöglichen sie die Ausnutzung von Erfahrungskurveneffekten über Gleichteile. Derartige „Plattformenmodelle" werden in der

---

268) Steinle, C., Bruch, H., Müller, P.: Selbstorganisation - Ansätze und Implikationen für Organisation und Personalführung, in: Das Wirtschaftsstudium (WISU), Nr. 7, 25. Jg., 1996, S. 651.

269) Schneidewind, D. in der Vorlesung „Unternehmensführung in Asia-Pazifik" an der Technischen Universität Dresden im Wintersemester 95/96.

270) Vgl. im Gegensatz dazu den Begriff „Überschußkapazitäten", der hier nicht gebraucht wird, da er negativ besetzt ist: Steinle, C., Bruch, H., Müller, P., a.a.O., S. 651.

271) Siehe Kapitel 2.2.2: Lean-Ansätze: Zum Abbau von Blindleistungen.

272) Vgl. Fallgatter, M., a.a.O., S. 215 und 217.

Automobilbranche eingesetzt und können als eine Spielart der weiter oben genannten „maßgeschneiderten Massenfertigung" angesehen werden. Standardisierung und Flexibilität können sich also auch ergänzen. Damit ist auch zu erklären, warum SUAREZ et al. weder eine negative Korrelation zwischen Flexibilität und Qualität (verstanden als geringe Fehlerrate) noch zwischen Flexibilität und Kosten nachweisen konnten.[273]

Die Übergänge zwischen Flexibilität und Innovation sind fließend. Flexibilität wurde als Potential charakterisiert, als die Fähigkeit in kurzer Zeit bzw. mit geringem Aufwand Veränderungen durchzuführen. Innovation ist nicht die Fähigkeit, sondern die Verwirklichung von Neuerungen. Flexibilität weist - vor allem bei einem umfassenden Innovationsbegriff - weitreichende Überschneidungen mit dem Begriff „Innovationsfähigkeit" auf. Beide schaffen Veränderung durch eine andere Kombination der Produktionsfaktoren. Beide zeichnen sich durch Komplexität und Unsicherheit aus. Dies gilt in besonderem Maße für die dispositive Flexibilität. Der Unterschied liegt darin, daß Innovationen einmalig auftreten, Flexibilität aber Wiederholungen beinhaltet. Flexibilität kombiniert neue und bekannte Lösungen, Innovationsfähigkeit sucht nach subjektiv oder objektiv neuen Lösungen. Flexibilität erfordert daher weniger Kreativität als Innovation. „Die Flexiblitätssteigerung wird mit dem Ziel unternommen, die Innovationskraft und somit letztlich die Wachstums-, Anpassungs- und Überlebensfähigkeit des Unternehmens zu steigern."[274] Die „Flexibilität im Denken" ist eine wichtige Voraussetzung für Innovationen: „What we need is flexibility in the minds of people, the

273) Vgl. Suarez, F., Cusumano, M., Fine, C.: An Empirical Study of Flexibility in Manufacturing, in: Sloan Management Review, Nr. 2, 37. Jg., 1995, S. 27 und ders.: Wie flexibel produziert Ihre Fabrik?, in: Harvard Business Manager, Nr. 2, 18. Jg., 1996, S. 42.
274) Wieandt, A.: Die Entstehung von Märkten durch Innovationen, in: Betriebswirtschaftliche Forschung und Praxis (BFuP), Heft 4, 47. Jg., 1995, S. 458.

ability to cope with changing [sic] situation, the desire to do new things, to conti-
nuously learn, to develop one's job and one's personality."[275] Die Begriffe Innovation und Kreativität werden im Verlauf der Untersuchung weiter analysiert.

An dieser Stelle kann festgehalten werden, daß Flexibilität und Standardisierung
ebenso wie Flexibilität und Komplexität durchaus miteinander vereinbar sind.
Flexibilität ist eine Voraussetzung für Innovation, und Qualität setzt häufig Standardisierung voraus. Die Wirkung von und der Zusammenhang zwischen Qualität
und Innovation sollen im weiteren eingehender untersucht werden.

3.2 Qualität als grundlegender Erfolgsfaktor

Der Begriff Qualität leitet sich vom lateinischen „qualitas" ab und bezeichnet die
Beschaffenheit einer Sache. Im Deutschen wird „Qualität", wenn sie ohne ein
ausdrücklich negatives Attribut verwendet wird, positiv bewertet. Die einfachste
aller Qualitätsdefinitionen lautet: „Qualität" ist, wenn etwas gut ist. Qualität kann
sich dabei auf Gegenstände, Produkte, Ergebnisse, Leistungen und Ressourcen
beziehen. Der allgemeine und grundlegende Charakter des Qualitätsbegriffes ist
vermutlich dafür verantwortlich, daß er eine derartig weite Verbreitung in Wissenschaft und Praxis findet. Der Nachteil der Allgemeinheit kontrastiert mit einer
großen Integrationsfähigkeit: „Qualität geht jeden etwas an", wie ein häufig ver-
wendetes Unternehmensleitbild lautet. Doch Qualität ist nichts Statisches. Wer
Qualität fordert, wünscht, daß etwas „besser" (lateinisch: optimus) gemacht wird.
Optimierung - Verbesserung - ist also nichts anderes, als die Steigerung von
Qualität. Veränderungsmanagement oder Change Management ist in diesem Sin-

---

275) Vandenbrande, W., a.a.O., S. 108.

ne „Verbesserungsmanagement". „Der Glaube, ein Problem, das sich im Wirtschaftsalltag stellt, ein für allemal und gar noch „bestmöglich" bewältigen zu können, entpuppt sich als Illusion. Nichts ist auf Dauer optimal. Der Qualitätsstandard, den wir an einem Tag erreichen, muß bereits am nächsten übertroffen werden."[276] Kundenwünsche an Unternehmen verändern sich, weil die Bedürfnisse von Kunden mit den technologischen Möglichkeiten Schritt halten und aufgrund gesellschaftlicher Entwicklungen.

Eine einheitliche Definition für Qualität ist nur schwerlich zu erreichen.[277] GARVIN unterscheidet fünf grundsätzlich verschiedene Auffassungen.[278] Der transzendente Ansatz sieht Qualität als ein Ideal, als etwas Absolutes, Einzigartiges, an das kompromißlose Anforderungen gestellt werden. Der Begriff „Made in Germany" hatte einen derartigen Bedeutungsinhalt.[279] Ein solches Idealbild bleibt jedoch realitätsfern und dient im besten Fall als Zielwert. Beim wertbezogenen Ansatz wird Qualität eng in Verbindung gesehen mit den Kosten für die Erstellung von Marktleistungen.[280] Er erlaubt jedoch keine Rückschlüsse über das Zustandekommen eines Qualitätsurteils und seine Einzelkomponenten und ist daher für qualitätsbezogene Analysen nur als Ergänzung geeignet. Beim produktbezogenen Ansatz werden einzelne Qualitätsmerkmale festgelegt, die sich nach

---

276) Vgl. Dichtl, E.: Vom Optimierungskalkül zur Prozeßoptimierung, in: Wirtschaftswissenschaftliches Studium (WiSt), Heft 4, 24. Jg., 1995, S. 173.

277) Vgl. Garvin, D.A.: Quality on the Line, in: Harvard Business Review, Nr. 5, Vol. 61, 1983, S. 65.

278) Vgl. Haller, S.: Methoden zur Beurteilung von Dienstleistungsqualität - Überblick zum State of the Art, in: Zeitschrift für betriebswirtschaftliche Forschung (ZfbF), Heft 1, 45. Jg., 1993, S. 20 und Oess, A., a.a.O., S. 31ff.

279) Vgl. Hansen, W.: Hansen, W.: Made in Germany - Ende eines Mythos?, in: Frankfurter Allgemeine Zeitung (FAZ), Verlagsbeilage Qualität, Nr. 225, 27.9.1994, S. B1.

280) Vgl. Wolinsky, A.: Prices as Signals of Product Quality, in: Review of Economic Studies, Vol 50, 1983, S. 647f.

objektiven Kriterien messen lassen.[281] Zentrales Element ist der Begriff des Fehlers. Bestimmte Toleranzgrenzen legen fest, was als Fehler anzusehen ist und was nicht. „Qualität" läßt sich nach dieser Auffassung, die durch die Qualitätskontrolle vertreten wird, gut operationalisieren, der Subjektivität von Qualität wird jedoch nicht Rechnung getragen. Damit bleibt der Ansatz realitätsfern, da verschiedene Menschen - oder Organisationen - unterschiedliche Auffassungen über ihre entscheidungsrelevanten Kriterien haben.

Der fertigungsbezogene Ansatz vergibt für die Prozesse der Leistungserstellung bestimmte Spezifikationen. „Qualität wird definiert als die Einhaltung vorgegebener Standards"[282], also Normen. Diese Qualitätsauffassung liegt Programmen der Qualitätssicherung und des Qualitätsmanagements zugrunde, wie beispielsweise der Normenreihe DIN/ISO 9000 bis 9004. Dieser Ansatz stellt eine Weiterentwicklung des produktbezogenen Ansatzes dar, der nur das Endresultat, nicht aber dessen Zustandekommen berücksichtigt. Aus der Erkenntnis heraus, daß es schwierig sein kann, das „Innenleben" eines fertigen Produktes zu prüfen, fordert der fertigungsbezogene Ansatz eine Berücksichtigung der Qualitätsentstehung. Er läßt jedoch offen, wie die Qualitätsspezifikationen zustandekommen, welche Bedeutung ihnen für die Qualitätsbewertung zukommt und vernachlässigt den Gesichtspunkt der Subjektivität von Qualität ebenso wie die produktbezogene Qualitätsauffassung.

Die Qualitätsauffassung, die der Subjektivität der Qualität am meisten Rechnung trägt, ist der anwenderbezogene Ansatz. In der Qualitätsmanagement-Literatur wird dieses Qualitätsverständnis durchgängig zugrundegelegt. JURAN spricht von

---

281) Vgl. Mizuno, S., a.a.O., S. 117f.
282) Vgl. Haller, S., a.a.O., S. 20.

„fitness for use", also der Gebrauchstauglichkeit, oder „fitness for purpose"[283], also der Zweckdienlichkeit einer Marktleistung. Dieses Verständnis geht vom Kunden als der Instanz aus, die den Gebrauch beurteilt und den Zweck festlegt. Noch deutlicher faßt DEMING diese Erkenntnis: „Quality should be aimed at the needs of the consumer, present and future."[284] Qualität ist also nicht nur ein Ergebnis, sondern, wie sich schon im transzendenten Ansatz gezeigt hat, läßt sich ebenso auch als Ziel auffassen. Auch FEIGENBAUMs Verständnis stellt darauf ab, Qualität als die Erfüllung der subjektiven Kundenerwartungen zu kennzeichnen. Bei ihm ist Qualität die Gesamtheit der Eigenschaften, durch die „...the product and service in use will meet the expectations by the customer".[285] Auf diesem kundenorientierten Verständnis fußen Total Quality Management und Kaizen. Daraus folgt die Auffassung, daß die Erfüllung der Kundenwünsche im Zentrum aller Bemühungen im Unternehmen steht und nicht nur die Qualitätsabteilung für Qualität verantwortlich ist.[286] Deshalb durchzieht das Streben nach Qualität alle Phasen des Wertschöpfungsprozesses: Von der Konstruktion über die Zusammenarbeit mit den Lieferanten, die Fertigung, die Auslieferung bis zur Betreuung des Kunden.[287] Dazu ist es notwendig, die Mitarbeiter entsprechend auszubilden und über geeignete Maßnahmen an der Entstehung von Qualität teilhaben zu lassen.[288]

---

283) Zitiert nach Oakland, J., a.a.O., S. 5.
284) Ebenda.
285) Ebenda.
286) Vgl. Garvin, D. A.: Managing Quality, in: McKinsey Quarterly, Nr. 2, o.Jg., 1988, S. 61f.
287) Vgl. Juran, J.M.: Japanese and Western Quality: A Contrast in Methods and Results, in: Management Review, Nr. 11, o.Jg., 1978, S. 39ff.
288) Vgl. Juran, J.M.: Product Quality: A Prescription for the West. Part I, in: Management Review, Nr. 6, o.Jg., 1981, S. 10ff. und ders., Product Quality: A Prescription for the West. Part II, in: Management Review, Nr. 7, o.Jg., 1981, S. 59f.

3.2.1 Dimensionen und Merkmale von Qualität

Qualität hat eine absolute Dimension. Qualität ist die Erfüllung von Anforderungen, die durch die Kunden eines Unternehmens festgelegt werden. Diese Anforderungen können erfragt und als bestimmte Mindestkriterien festgelegt werden. Sie wirken als Standards. Ihre Erfüllung kann über Indizes physisch am Produkt oder über die Dokumentation extern oder intern auftretender Fehler als Abweichungen von diesen Standards gemessen werden.[289]

OESS identifiziert folgende Qualitätsmerkmale[290]: Gebrauchstauglichkeit, Funktionstüchtigkeit/Leistung, Ausstattung, Zuverlässigkeit, Anforderungserfüllung, Haltbarkeit, Servicefreundlichkeit, Umweltfreundlichkeit, Sicherheit, Güte und Design („Form und Farbe"). Diese Aufzählung ist jedoch weder erschöpfend, noch bringt sie die Merkmale in eine Reihenfolge nach ihrer Bedeutung. HAIST und FROMM ergänzen die Klassifikationsmerkmale um Preis, Lieferzeit, Kosten, Beratung und „Wartbarkeit", statt Umweltfreundlichkeit sprechen sie treffender von Umweltverträglichkeit.[291] Weitere Dimensionen sind zeitlicher oder ökonomischer Art, in der Diskussion um Servicequalität finden sich wieder andere Qualitätskriterien.[292] Qualität läßt sich also klassifikatorisch nicht trennscharf anhand von Qualitätsmerkmalen definieren.

---

289) Vgl. Garvin, D.A.: Quality on the Line, a.a.O., S. 66.
290) Vgl. Oess, a.a.O., S. 37ff.
291) Vgl. Haist, F., Fromm, H., a.a.O., S. 5.
292) Vgl. Benz, J.: Kundenzufriedenheit im Dienstleistungsbereich - Multivariate Verfahren schaffen Klarheit, in: Marktforschung & Management (M&M), Nr. 2, 35. Jg., 1991, S. 78ff. sowie Zeithaml, V., Parasuraman, A., Berry, L.: Qualitätsservice, Frankfurt a.M./New York 1992, S. 34ff.

Auch eine Klassifikation der Dimensionen von Qualität, z.B. in einen substantiellen, einen erweiterten und einen generischen Produktbegriff,[293] führt bei der Suche nach einem einheitlichen Qualitätsverständnis in die Sackgasse. Hilfreich sind solche Einteilungen lediglich zur Festlegung operationalisierbarer und unternehmensindividueller Zufriedenheitsmaße. Je nach kognitiver, affektiver und konativer Prädisposition werden einzelne Kunden unterschiedlich auf die einzelnen Merkmale reagieren.[294] Qualität hat also eine subjektiv erfahrbare und eine objektiv meßbare Dimension. Von den Kunden wird die Marktleistung gewählt werden, die die Anforderungen am besten und zu einem möglichst günstigen Preis-Aufwand-Verhältnis erfüllt.

Die Qualität von Marktleistungen steht in Relation zu den Konkurrenzprodukten und Substituten. Qualität besitzt also auch eine relative Dimension. Die Kundenzufriedenheit ist das Maß für die Erfüllung der Kundenanforderungen. Nach Reaktionen, die sie auslöst, kann sie in verschiedene Gruppen eingeteilt werden. „Stabilisierende Zufriedenheit" sorgt für eine Aufrechterhaltung oder sogar Erhöhung des Anspruchsniveaus des Kunden und bewirkt damit die oben angesprochene Steigerung des Qualitätsniveaus. „Unzufriedenheit" kann als „resignative" oder versteckte „Pseudo-Zufriedenheit" zu einer Senkung des Anspruchsniveaus führen oder als „konstruktive Unzufriedenheit" zu Abwanderung oder Widerspruch des Kunden.[295] Darüber hinaus ist auch die Einstellung potentieller Kunden erfolgsrelevant. Die Messung der Kundenzufriedenheit ist für Unternehmen

293) Vgl. Bantel, W., Hinterhuber, H., Hübner, H.: Qualitätssicherung als Führungsaufgabe - Integration der Qualitätssicherung in die strategische Unternehmensführung, in: Journal für Betriebswirtschaft, Nr.1, 39. Jg., 1989, S. 34.

294) Vgl. Müller-Hagedorn, L.: Das Konsumentenverhalten - Grundlagen für die Marktforschung, Wiesbaden 1986, S. 22 und S. 70.

295) Vgl. Lingenfelder, M., Schneider, W.: Die Zufriedenheit von Kunden - Ein Marketingziel?, in: Marktforschung & Management (M&M), Nr. 1, 35. Jg., 1991, S. 30.

unabdingbar zur Überprüfung und Verbesserung ihrer Wettbewerbsfähigkeit.[296] Sie spiegelt die Schwierigkeiten wider, den vielschichtigen Begriff „Qualität" einzugrenzen. Selbst Kunden mit einer „Stabilen Zufriedenheit" besitzen nicht unbedingt ein hohes Maß an Loyalität,[297] und von einer Zielgruppe läßt sich nur ungenau auf einzelne Kunden schließen. Selbst wenn Qualität als „Grad der Erfüllung der Kundenanforderungen" verstanden wird, bleibt es ein Begriff, der Interpretationsspielraum bietet und eine Beurteilung im Einzelfall erfordert.

Qualität wird, wie gezeigt, in aller Regel im Sinne des anwenderbezogenen Qualitätsbegriffs aufgefaßt. Es ist jedoch aufschlußreich, sich trotzdem noch einmal den transzendenten Qualitätsbegriff zu vergegenwärtigen. Ihren Ursprung hat diese Auffassung in einem bestimmten Menschenbild, nach dem der Betatigung eines Menschen ein positiver oder auch negativer Wert zugewiesen wird. Die subjektive Komponente von Qualität besteht also nicht zuletzt darin, daß Sinn in einer Leistung gesehen bzw. in diese hineininterpretiert wird. Diese Interpretation erfolgt in der anwenderbezogenen Sichtweise durch den Kunden einer Leistung, also den Empfänger oder den Käufer, Anwender, Verbraucher (empfangene subjektive Qualität). Darüber hinaus erfolgt aber auch noch eine Interpretation über den Wert einer Leistung durch den Leistungsersteller. Er bewertet, inwieweit seine Leistung „gut" oder „schlecht" ist. Qualität existiert also nicht nur in einem anwendungsbezogenen, sondern auch in einem herstellungsbezogenen Kontext, der zwar in der Qualitätsmanagementliteratur bisher kaum thematisiert wurde,

---

296) Vgl. Langner, H.: Kennen Sie die Zufriedenheit ihrer Kunden wirklich?, in: Marketing Journal, Heft 1, 26. Jg., 1993, S. 48f. und Hahn, R., Scharioth, J.: Qualitätscontrolling und Kundenbindung, Weiterbildung bei Siemens, in: Gablers Magazin, Nr. 2, 6. Jg., 1992, S. 27ff.

297) Vgl. Jones, T., Sasser, E.: Why Satisfied Customers Defect, in: Harvard Business Review, Nr. 6, Vol. 73, 1995, S. 88ff.

aber wesentliche Schlußfolgerungen erlaubt. Danach ist die klassische Sichtweise, daß Qualität in der Erfüllung von Kundenanforderungen besteht, einseitig. Qualität ist ebenfalls das, was jemand bzw. eine Organisation hervorbringt (geleistete subjektive Qualität).

Diese beiden Sichtweisen können für ein und dieselbe Leistung unterschiedlich sein. Hieraus ergibt sich ein **Konfliktpotential**. Deutlich wird das an dem Beispiel des Herstellers, der der Meinung ist, eine gute Leistung erbracht zu haben, die Wünsche des Kunden aber nicht erfüllt hat. Diese Problematik findet sich vor allem bei internen Kunden-Lieferanten-Beziehungen. Ein Mitarbeiter beurteilt seine Leistung als gut (geleistete subjektive Qualität), weil er zu ihrer Beurteilung den Aufwand, den er betrieben hat, heranzieht. Sein Vorgesetzter beurteilt die gleiche Leistung als schlecht (empfangene subjektive Qualität), weil er zur Bewertung von seinen eigenen Zielvorgaben ausgeht. Beide sprechen von der „Qualität" der Leistung und mißverstehen sich dennoch grundlegend.

Der transzendente Qualitätsbegriff hilft bei der Lösung dieses Problems nicht weiter. Er geht von einem zugrundeliegenden, existierenden Ideal „Qualität" aus: Einer Leistung wohnt ein bestimmter Wert inne, der erkannt werden kann. Auch bei dieser Sichtweise ergeben sich unterschiedliche Interpretationen für alle an der Leistung Beteiligten.[298] Wichtig ist jedoch festzuhalten, daß nicht nur für den „Kunden", also im weitesten Sinne den Empfänger einer Leistung, Qualität einen Wert darstellt, sondern auch für den Hersteller, den Leistenden selber. Mißverständnisse und daraus resultierende Konflikte lassen sich nur dann ausschließen,

---

298) Der Diskussion, ob ein solcher Wert tatsächlich existiert oder ob er nur zugewiesen, also in die Tätigkeit hineininterpretiert wird, soll nicht gefolgt werden, da sie für die weitere Argumentation keine Relevanz besitzt. Sie wird auch schwerlich allgemeingültig zu beantworten sein, da ihre Beantwortung von normativen Prämissen abhängt.

wenn beide Parteien von einem gemeinsamen Grundverständnis der Qualität ausgehen. Insofern bleibt die Definition, daß Qualität in der Erfüllung von Kundenanforderungen besteht, sinnvoll. Denn die Erfüllung der Kundenanforderungen ist der Minimalkonsens, auf den sich Leistungsersteller und -empfänger einigen können, zumal der Empfänger im Regelfall die Person ist, die die Leistung auch honoriert.

Die Bestandteile der „subjektiv geleisteten Qualität", die über diesen Minimalkonsens hinausgehen, sind für die Leistungserstellung selber wichtig: Ein Mitarbeiter ist stolz auf seine Leistung. Ein Unternehmen feiert die Vollendung eines großen Auftrages nicht nur, weil für diesen Auftrag bezahlt wird, sondern damit alle Beteiligten „ihre Leistung" gewürdigt wissen. Es besteht also offensichtlich ein subjektiver Antrieb zur Qualität, der über das Erfüllen der Kundenanforderungen - und eine erwartete Belohnung - hinausgeht. Man kann ihn mit „Eigenantrieb zur Qualität" bezeichnen: Je stärker diese Qualitätskomponente ist, desto größer ist der Drang einer Person oder einer Gruppe von Personen, Qualität zu erstellen. Daher sind Anreize, Qualität zu produzieren, nicht nur in einer erwarteten Honorierung durch den Empfänger gegeben, sondern können in der Leistung oder sogar in der Erstellung der Leistung selbst bestehen.

Die Qualität der Leistungserstellung ist also, wie sich schon in der Diskussion über den Produkt- versus den Fertigungsbezug gezeigt hat, von der Qualität der Leistung selber zu unterscheiden. Darin begründet sich eine Differenzierung nach den Phasen des Wertschöpfungsprozesses. Die Leistungserstellungsphase bietet im Gegensatz zur Marktphase weniger direkten Kundenkontakt. Die Marktphase beginnt, sobald potentielle Kunden mit der Leistung in Kontakt treten. Sie endet erst, nachdem das Produkt nicht mehr existiert.[299] Qualität hat also, analog zur Innovationsdefinition[300], eine technologische und eine marktliche Komponente. Jede Marktleistung setzt sich aus Eigenschaften zusammen, die dem technologischen, stofflichen Bereich zuzurechnen sind, und aus solchen, die durch die relative Position der Leistung im Marktgeschehen und durch die Interpretation der Kunden gekennzeichnet sind. Dabei kann Qualität vorwiegend technologieinduziert sein, das heißt, durch eine Kombination technologischer Möglichkeiten hervorgebracht werden, oder marktinduziert, das bedeutet, daß die Leistung durch eine gezielte Differenzierung vom Wettbewerb oder ein bewußtes Aufgreifen der Kundenwünsche „market-driven" entsteht. In der Fertigungsphase besteht die Anforderung, für eine optimale Nähe zu Kunden mit ihren Erwartungen und Anforderungen zu sorgen, in der Marktphase müssen die prozeßbedingten Erfordernisse der Leistungserstellung mitberücksichtigt werden.

Ziel von Prozessen ist es, einen gewünschten Output durch die Manipulation von Input zu erzeugen.[301] Dies ist regelmäßig nur dann erreichbar, wenn der Prozeß beherrscht wird, da ansonsten die Zufallskomponente durch Störgrößen zu hoch ist.[302] Dazu werden Standards aufgestellt, deren Einhaltung überprüfbar ist.[303] Derartige Regeln können Ablaufschritte sein, die durchlaufen werden, oder Grenzwerte, die nicht über- oder unterschritten werden dürfen. Grenzwerte helfen

---

299) Vgl. z.B. Takeuchi, H., Quelch, J.: Quality is More than Making a Good Product, in: Harvard Business Review, Nr. 3, Vol. 61, 1983, S. 142f.

300) Siehe Kapitel 3.3.1: Arten und Wirkungen von Innovationen.

301) Effizienz ist die Input/ Output-Relation, Effektivität der Grad der Zielerreichung. Vgl. Keehley, P., Medlin, S.: Productivity Enhancements Through Quality Innovations, in: Public Productivity & Management Review, Issue 6, Vol. 15, 1991, S. 217.

302) Vgl. Taguchi, G., Clausing, D.: Robust Quality, in: Harvard Business Review, Nr. 1, Vol. 68, 1990, S. 65ff.

303) Siehe Kapitel 3.1: Problematik der Kombination von Standardisierung und Flexibilität.

festzustellen, wann ein Prozeß nicht mehr beherrscht wird. Beherrschte Prozesse schöpfen gegenüber nicht beherrschten Prozessen Effizienzpotentiale aus: Bei einem standardisierten und geregelten Prozeßablauf kann die Alternative mit dem geringsten Ressourceneinsatz und -verlust ausgewählt werden. Durch das Wiederholen des Prozesses tritt Übung ein, der Prozeß wird im Sinne des Erfahrungskurveneffektes effizienter. Effizienz ist also die Voraussetzung für das Entstehen von Ergebnisqualität. Prozeßbeherrschung an sich ist ein Qualitätsmerkmal.[304] Sie entsteht durch die Ansammlung von Erfahrungswissen in den entsprechenden oder vergleichbaren Prozessen. Prozesse lassen sich zwar ex-ante planen, aber diese Planung erfordert Aufwand und basiert auf Annahmen über die zu erwartenden Prozeßzusammenhänge, die ihrerseits auf Erfahrungen mit ähnlichen Prozessen der Vergangenheit fußen. Bei aller Planung werden komplexe Prozesse häufig nicht beim ersten Mal beherrscht, es erfordert Übung von Mensch und Maschine bzw. anderen Prozeßelementen, die sich erst aufeinander einspielen müssen, bis ein Optimum erreicht wird. Prozeßbeherrschung erfordert also erfahrungsbasiertes Lernen[305].

Je weiter die maschinelle Herstellung von Produkten voranschreitet, desto austauschbarer können Waren werden. Um sich mit einer Marktleistung vom Wettbewerb abzuheben, wird es zunehmend wichtig, den Faktor Humanressourcen einzusetzen, da dieser eine sehr starke individuelle Komponente besitzt und somit nicht beliebig austauschbar und imitierbar ist. Dienstleistungen werden in hohem Maße durch Menschen gestaltet und sind daher nur schwer imitierbar.[306] Als

304) Vgl. Dichtl, E.: Dimensionen der Produktqualität, in: Marketing ZFP, Zeitschrift für Forschung und Praxis, Heft 3, 13. Jg., 1991, S. 151.
305) Vgl. Schreyögg, G., Noss, C.: Organisatorischer Wandel, a.a.O., S. 176.
306) Graßy, O.: Industrielle Dienstleistungen - Diversifikationspotentiale für Industrieunternehmen, München 1993, S. 12ff.

Service können alle Leistungen, die nicht zum Kern der Marktleistung gehören, bezeichnet werden. Dienstleistungen werden dagegen als Marktleistungen, bei denen das Objekt der Leistung im Verbleib des Kunden bleibt, verstanden.[307] Da im anglophonen Bereich diese Unterscheidung der beiden Begriffe nicht gemacht wird und sie für den Fortgang der Untersuchung nicht relevant ist, erscheint es sinnvoll, in dieser Arbeit Dienstleistung und Service weitgehend synonym zu verwenden. Sie sollen die vorwiegend immateriellen Leistungsbündel bezeichnen, die ihre Leistungsergebnisse überwiegend unter Integration eines „externen Faktors" erbringen.[308] Dienstleistungsqualität läßt sich in Anlehnung an den kundenorientierten Qualitätsbegriff über die Anforderungen, die Kunden an eine Dienstleistung stellen, definieren. Diese Anforderungen haben zum einen eine Sachdimension, sie ist durch die Ergebnisqualität, also den sachlichen Erfüllungsgrad geprägt.[309] Zum anderen wird die Verhaltensdimension, also die Verrichtungsqualität, durch die Interaktionen selbst bestimmt. Diese Interaktionen wirken sich auf die Wahrnehmung des gesamten Unternehmens durch den Kunden aus.[310] Das Besondere an einer Dienstleistung ist der immaterielle Charakter der Leistung.[311] Durch ihn wird der direkte Kontakt mit dem Kunden notwendig

---

307) Vgl. Benkenstein, M.: Dienstleistungsqualität - Ansätze zur Messung und Implikationen für die Steuerung, in: Zeitschrift für Betriebswirtschaft (ZfB), Heft 11, 63. Jg., 1993, S. 1096.

308) Vgl. Engelhardt, W.H., Kleinaltenkamp, M., Reckenfelderbäumer, M.: Leistungsbündel als Absatzobjekte, in: Zeitschrift für betriebswirtschaftliche Forschung (ZfbF), Nr. 5, 45. Jg., 1993, S. 411.

309) Vgl. Lehmann, A.: Qualitätsstrategien für Dienstleistungen - Bausteine zum Management von Dienstleistungsqualität, in: Seghezzi, H.-D., Hansen, J.R. (Hrsg.): Qualitätsstrategien - Anforderungen an das Management der Zukunft, München/Wien 1993, S. 118f.

310) Vgl. Kasper, H., Lemmink, J.: After Sales Service Quality: Views Between Industrial Customers and Service Managers, in: Industrial Marketing Management, Nr. 18, Vol. 18, 1989, S. 200f.

311) Vgl. Geiger, W.: Das spezielle immaterielle Produkt Dienstleistung, in: Qualität und Zuverlässigkeit (QZ), Nr. 9, 38. Jg., 1993, S. 509.

bzw. möglich. Serviceleistungen sind daher immer eine Chance der Differenzierung vom Wettbewerb.[312] Dienstleistungsqualität stellt nicht nur eine Chance zur Profilierung, sondern auch eine besonders komplexe Herausforderung für die Gestaltung der Leistungserbringung dar: „There are many opportunities for something to go wrong when the service provider and the customer interact...",[313] zudem existiert bei Dienstleistungen nur ein eingeschränktes Standardisierungspotential.[314] Das wiederum erklärt, warum es hier besonders schwer ist, eine hohe Ergebnisqualität zu erreichen.[315] Die Diskussion um die Servicequalität zeigt einmal mehr, daß sich Qualität nicht „allgemeingültig" definieren läßt.

Der Zusammenhang zwischen den einzelnen Auffassungen von Qualität ist in der folgenden Abbildung dargestellt.

Eine gleichbleibende Qualität kann nur gewährleistet werden, wenn Prozesse und Inputs in dem Maße veränderlich sind, wie dies Umfeldveränderungen notwendig machen. Vordergründig behindern Prozeßveränderungen das Zustandekommen von Qualität dadurch, daß bestehende Standards, die beherrschte Prozesse garantieren, nicht weiter eingehalten werden können. Prozeßinnovationen, also Neuerungen im Ablauf eines Prozesses, wirken demnach destruktiv, indem sie Stan-

---

312) Vgl. Engelhardt, W.H., Kleinaltenkamp, M., Reckenfelderbäumer, M., a.a.O., S. 418. sowie Benkenstein, M.: Dienstleistungsqualität, a.a.O., S. 1097f.

313) Berry, L., Parasuraman, A., Zeithaml, V.: The Service Quality Puzzle, in: Business Horizons, Nr. 5, Vol. 31, 1988, S. 38.

314) Vgl. Lander, N.: More than the Three-Plate-Trick, in: European Quality, Nr. 2, Vol. 1, 1993, S. 48ff.

315) Vgl. Meyer, A., Mattmüller, R.: Qualität von Dienstleistungen: Entwurf eines praxisorientierten Qualitätsmodells, in: Marketing ZFP, Zeitschrift für Forschung und Praxis, Heft 3, 9. Jg., 1987, S. 193.

Abbildung 4:

Auffassungen von Qualität

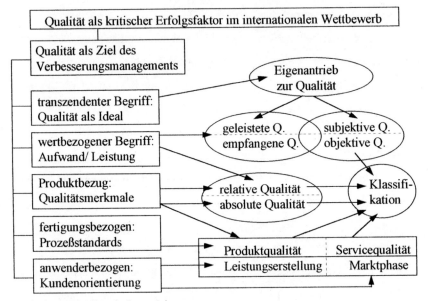

Quelle: eigene Darstellung des Zusammenhangs

dardisierungen, die sich in der Vergangenheit bewährt haben, außer Kraft setzen. In der Folge kann es auch zu internen Auseinandersetzungen unter und zwischen Mitarbeitern und Management kommen. Prozeßveränderungen können demnach Änderungen im internen Machtgefüge ergeben. Darüber hinaus ist die Einführung von Prozeßinnovationen mit der Bindung von Ressourcen verbunden. Prozeßinnovationen müssen also, um positiv erfolgswirksam zu sein, auf die bestehende Prozeßqualität abgestimmt werden.

3.2.2 Qualitätshemmnisse und der Zusammenhang von Qualität und Kosten

Nur ein optimaler, und das heißt, sparsamer Ressourceneinsatz garantiert die Ausschöpfung aller Leistungspotentiale im Sinne des Kunden und damit letztendlich im Sinne des Unternehmens. Es ist also nicht unbedingt ökonomisch sinnvoll, vollständige Kundenzufriedenheit[316] erreichen zu wollen. Der Aufwand eines zusätzlichen zufriedenen Kunden läßt sich theoretisch ins Verhältnis zum Grenznutzen für das Unternehmen setzen. Daher ist es ratsam, „Muß-, Soll- und Kann-Qualität"[317] zu unterscheiden. Mußqualität ist das Mindestmaß, bezogen auf ein Qualitätskriterium, das es zu erfüllen gilt, damit eine Leistung überhaupt für eine Bezugsentscheidung in Betracht kommt. Sollqualität gibt bei den meisten Kunden den Ausschlag über die Bezugsentscheidung, Kann-Qualität wird zwar nur von wenigen Kunden oder nur am Rande bei einer Kaufentscheidung mitberücksichtigt, läßt sich aber dann sinnvoll verwirklichen, wenn dieses Kriterium mit relativ geringem Aufwand zu erfüllen ist. Qualität als L'art pour l'art dagegen schafft Überqualität. Technologieverliebtheit, Konkurrentenneid und Qualitätsbesessenheit führen zu „...Quality Improvement Customers Didn't Want"[318]. Überqualität kann genauso gefährlich für ein Unternehmen sein wie Unterqualität, denn sie verschwendet Ressourcen für Leistungen, die von den Kunden nicht honoriert werden. Dieser Aspekt wird in der Qualitätsdiskussion allzuoft übersehen. Sonst

---

316) Im Sinne von „alle Kunden zu sehr zufriedenen Kunden machen".

317) Vgl. in Anlehnung an die Begriffe Muß-, Soll- und Kann-Service bei Bauche, K.: Segmentierung von Kundendienstleistungen auf intensiven Märkten, Schriften zu Marketing und Management, Band 23, Frankfurt 1994, S. 12ff.

318) Iacobucci, D.: The Quality Improvement Customers Didn't Want, in: Harvard Business Review, Nr. 1, Vol. 74, 1996, S. 20f.

hätte sich die DIN EN ISO Normenreihe nicht so weit verbreiten können.[319] Kritiker werfen ihr vor, daß nach ihr sogar die Hersteller von „Betonschwimmwesten" zertifizierungsfähig seien:[320] Gemeint sind Leistungen, die an den Kundenanforderungen vorbeizielen, aber alle „Qualitäts"-Standards erfüllen.

Deutlich wird die Verselbständigung von Qualitätsstandards auch in der Diskussion um Null-Fehler. Zero-Defect-Programme sind schon seit den 60er Jahren in Deutschland als „industrielle Weltanschauung" bekannt.[321] Zunächst versuchte man über Kampagnen die Mitarbeiter mit zum Teil aufwendigen Auszeichnungen zu motivieren[322], nach dem Motto: „Mach's einmal, aber richtig!"[323] Hinter diesen Bemühungen steht die Erkenntnis, daß die Kosten für die Behebung eines Fehlers exponentiell mit der Entfernung vom Ort des Entstehens ansteigen.[324] Die „Zehnerregel" besagt, daß die Behebung eines Fehlers, wenn man ihn am Ort der Herstellung direkt vermeidet, ungefähr 1 Einheit kostet, während der Weiterverwendung in der Produktion 10, bei der Endprüfung 100 und nach der Markteinführung auf Grund eines Imageschadens und aufwendiger Rückruf- und

319) Vgl. Rieker, J.: Norm ohne Nutzen?, a.a.O., S. 201ff.; Mayrhofer, M.: Zertifizierung nach ISO 9000 - Wunschbild und Wirklichkeit, in: Qualität und Zuverlässigkeit (QZ), Nr. 2, 41. Jg., 1996, S. 168ff.

320) Vgl. Bonarius, S.: Blutleere und Verbalakrobatik, in: management & seminar, Heft 6, o.Jg., 1994, S. 33ff. und ders., Wasch mich, aber mach mich nicht naß, ebenda, S. 31.

321) Vgl. Wagner, H.: Zero-defects - eine industrielle Weltanschauung, in: Qualitätskontrolle, Nr. 6, 11. Jg., 1966, S. 61ff.

322) Vgl. Masing, W.: Null Fehler, in: Qualität und Zuverlässigkeit (QZ), Nr. 1, 32. Jg., 1987, S. 11.

323) Vgl. Wagner, H., a.a.O., S. 63.

324) Vgl. Berke, J., Deutsch, C.: Die Mogelpackung - Qualitätsmanagement: Probleme mit Null-Fehler-Konzepten, in: WirtschaftsWoche, Nr. 25, 46. Jg., 1992, S. 58.

Nachbesserungsaktionen 1000 Einheiten.[325] Vor allem die Arbeit von TAGUCHI brachte ernsthafte Fortschritte für die Systematisierung des Zero-Defect-Ansatzes. Er erkannte, daß nicht die Anzahl der Fehler selbst, sondern die „Robustheit der Prozesse", oder, wie sie oben genannt wurden, „beherrschte Prozesse" der Schlüssel zu höchster Ergebnisqualität sind.[326] Jede Abweichung von einem Zielwert, aber auch jede unkontrollierte Streuung innerhalb von Zielgrenzen, bedeutet Verlust. Dieser läßt sich über die Verlustfunktion bestimmen.[327] Fehler werden mittlerweile in der automatisierten Massenproduktion, wie es Xerox und Motorola vorgemacht haben, in ppm (parts per million) gemessen. Aber es ist ein Fehlschluß, diese Maßeinheit auf andere, weniger standardisierbare Leistungserstellungsprozesse übertragen zu wollen. Neben den Kundenanforderungen hängt das erreichbare Qualitätsniveau vom Verhältnis von Fehler zu Folgen ab. Genau gesagt, richtet es sich nach dem Aufwand für die Fehlerentdeckung, -behebung, für eine in ppm angebbare Fehlervermeidung und nach den Auswirkungen von Fehlern auf die Kundenzufriedenheit und das Unternehmensimage im Vergleich zu den Wettbewerbern: Der Aufwand für die Fehlerbehebung bzw. -vermeidung kann ab einem bestimmten Mindestfehlersatz exponentiell ansteigen. Dann lohnt irgendwann die Behebung oder Prävention nicht mehr. Fehler haben auch höchst unterschiedliche Tragweite: Fehler in der Medizin oder etwa beim Flugzeugbau können leicht lebensgefährdend sein, Fehler in der Telekommunikation oder bei der Stromversorgung beeinträchtigen möglicherweise eine Vielzahl von Menschen, andere Normabweichungen haben selbst für einen betroffenen

---

325) Vgl. ähnlich bei Schnitzler, L.: Kundenorientierung: Siegen lernen, in: WirtschaftsWoche, Nr. 19, 49. Jg., 4.5.1995, S. 73.

326) Vgl. das einfache aber einleuchtende Beispiel bei Taguchi, G., Clausing, D., a.a.O., S. 67f.

327) Vgl. Quentin, H.: Besser als Null-Fehler, in: Qualität und Zuverlässigkeit (QZ), Nr. 1, 41. Jg., 1996, S. 55.

Kunden keine nennenswerten Auswirkungen. Null-Fehler-Zielsetzungen müssen daher situationsgebunden definiert werden, sonst kann eine derartige Zielsetzung ineffizienter sein als bestehende Toleranzwerte.

Wie kommt es überhaupt zu Fehlern? Statistisch gesehen setzen sich Abweichungen von einer Norm immer aus erklärten und nicht erklärten Größen zusammen. Wichtig ist es daher, schon im Vorfeld von Leistungserstellungsprozessen alle denkbaren Qualitätshemmnisse so weit wie möglich abzubauen und damit den Einfluß der erklärten Ursachen zu reduzieren.[328] Der Ursachen-Wirkungsanalyse nach ISHIKAWA folgend, sind alle Fehler auf die Einflußfaktoren Mensch, Maschine, Methode und Material zurückzuführen.[329] In letzter Instanz ist aber immer ein Mensch verantwortlich, der eine Methode anwendet, Material beschafft oder eine Maschine herstellt, bedient oder wartet. Deshalb sind vor allem menschliche und soziale Ursachen der Grund für Qualitätsmängel. Emotionale Qualitätshemmnisse bestehen z.B. in der Angst vor dem eigenen Mißerfolg, mangelndem Selbstvertrauen oder der Enttäuschung über Vorgesetzte, soziokulturelle Hemmnisse können z.B. Gruppendruck oder Erfolgszwang sein und geistige Qualitätshemmnisse sind in Betriebsblindheit, Fixierung auf bestimmte Lösungen oder beispielsweise Wahrnehmungsverzerrungen zu sehen. Derartige Qualitätshemmnisse können zu verdecktem oder offenem, bewußtem oder unbewußtem Widerstandsverhalten führen, personelle Widerstände können aktiv ausgelebt oder passiv ausgetragen werden.[330] Deshalb ist es die wichtigste Aufgabe eines

---

328) Vgl. Oess, A., a.a.O., S. 120ff., Holst, G., Nedeß, C.: Statistische Versuchsmethodik in Zeiten schlanker Produktion, in: Qualität und Zuverlässigkeit (QZ), Nr. 7, 39 Jg., 1991, S. 757ff. und Markfort, D., a.a.O., S. 19.

329) Es finden sich auch die ergänzenden Ursachenbereiche Messung und Milieu.

330) Vgl. Watzka, K.: Personelle Widerstände gegen Qualitätssicherungsmaßnahmen, in: Qualität und Zuverlässigkeit (QZ), Nr. 1, 34. Jg., 1989, S. 49.

Veränderungsmanagements mit dem Leitbild Qualität, die menschlichen und sozialen Ursachen von Qualitätshemmnissen abzubauen und die Entstehung von Qualität gezielt zu fördern. Hier zeigt sich eine wesentliche Parallele zum Leitbild Innovation, das weiter unten analysiert wird.[331]

Das Verhältnis von Fehler zu Folgen läßt sich am genauesten über das Konstrukt Kosten operationalisieren. In klassischer Sichtweise werden Qualitätskosten und Fehlerkosten unterschieden.[332] KAMISKE weist darauf hin, daß der Begriff „Qualitätskosten" unglücklich gewählt ist, da er einen Widerspruch in sich selbst darstellt.[333] Dieser Begriff wird im folgenden vermieden. Wertschöpfung sichert alle mit Geld bewerteten Aufwendungen, die Normabweichungen reduzieren, also Fehler-Vorbeugungskosten, Qualitäts-Überprüfungskosten und Qualitäts Erhöhungskosten. Fehlerkosten sind Aufwendungen, die entstehen, weil Qualitätsaufwand gescheut wurde: interne Fehlerkosten, Fehlerkosten am Produkt und Fehlerkosten durch Kundenunzufriedenheit.[334] Hinter dieser Einteilung steht die Erkenntnis, daß zwischen den beiden Kostenarten eine umgekehrte Wechselbeziehung besteht und bei einer Erhöhung der Aufwendungen für Qualität die Fehlerkosten stärker fallen:[335] Im Idealfall sinken die Gesamtkosten durch die Steigerung der wertschöpfungsbezogenen Kosten. Die strategische Entsprechung dieses Zusammenhangs ist die Outpacing-Strategie, die eine Verbindung von Ko-

---

331) Siehe Kapitel 3.3.1: Arten und Wirkungen von Innovationen.

332) In Anlehnung an Haist, F., Fromm, H., a.a.O., S. 59.

333) Vgl. Kamiske, G.: Das untaugliche Mittel der "Qualitätskostenrechnung", in: Qualität und Zuverlässigkeit (QZ), Nr. 3, 37. Jg., 1992, S. 11f.

334) Vgl. Bär, K.: Wie Qualitätskosten zum Führungsinstrument werden, in: io Management Zeitschrift, Nr. 11, 54. Jg., 1985, S. 493.

335) Vgl. Schneidermann, A.M.: Optimum Quality Costs and Zero Defects, in: Quality Progress, Nr. 11, Vol. 19, 1986, S. 29.

sten- und Qualitätsführerschaft zum Inhalt hat.[336] Dieser Ansatz findet sich auch in der Entwicklung von der Qualitätskontrolle über die Qualitätssicherung zum Qualitätsmanagement sowie in folgender Abbildung wieder[337]:

Abbildung 5:

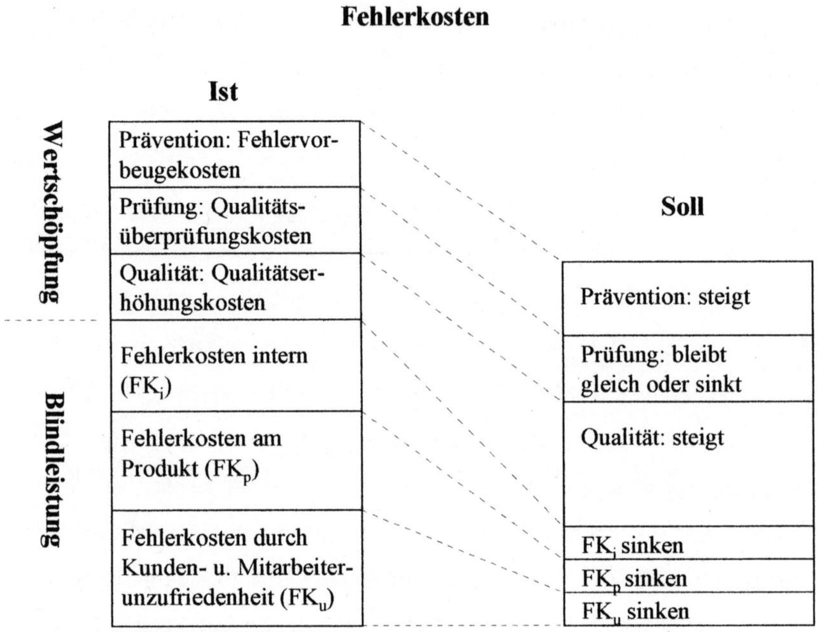

Fehlerkosten

	Ist		**Soll**
Wertschöpfung	Prävention: Fehlervorbeugekosten		
	Prüfung: Qualitätsüberprüfungskosten		
	Qualität: Qualitätserhöhungskosten		Prävention: steigt
Blindleistung	Fehlerkosten intern (FK_i)		Prüfung: bleibt gleich oder sinkt
	Fehlerkosten am Produkt (FK_p)		Qualität: steigt
	Fehlerkosten durch Kunden- u. Mitarbeiterunzufriedenheit (FK_u)		FK_i sinken / FK_p sinken / FK_u sinken

Quelle: eigene Konzeptdarstellung

Am gravierendsten sind Fehler, die Unzufriedenheit bei den Kunden hervorrufen, da sie langfristig wirken und direkt die Wettbewerbsfähigkeit eines Unterneh-

---

336) Vgl. Reitsperger, W. D., Daniel, S. J., Tallman, S. B., Chismar, W. G.: Product Quality and Cost Leadership: Compatible Strategies?, in: Management International Review (MIR), Issue 1, Vol. 33, 1993, S. 11.

337) Vgl. eine ähnliche Darstellung bei Zink, K. (Hrsg.): Qualität als Managementaufgabe - Total Quality Management, Landsberg 1992, S. 16.

mens beeinflussen, sie sind gleichzeitig am schwierigsten zu quantifizieren.[338] Kundenunzufriedenheit führt zu Kundenabwanderung. Nach einer Schätzung in unterschiedlichen Branchen bringt eine um fünf Prozent erhöhte „Customer Retention"-Rate[339] fünfundzwanzig bis einhundert Prozent mehr Gewinn.[340] Denn es ist wesentlich günstiger, Bestandskunden zu halten als Neukunden zu werben, abgewanderte Kunden nutzen den Wettbewerbern, aber schaden durch das Weitererzählen ihrer negativen Erfahrungen, und ältere Bestandskundenbeziehungen generieren tendenziell wesentlich mehr Cash Flow als neue.[341] Mangelhafte Kundenloyalität bringt also eine Reihe von negativen Konsequenzen mit sich, die sich gegenseitig verstärken. Diese Art von Fehlern entwickelt langfristig Multiplikatoreffekte ihrer Negativwirkungen und ist daher der gefährlichste Kostenverursacher in Unternehmen. Kostenrechnungssysteme sind jedoch überfordert, wenn es um die Messung derartiger Folgekosten geht, da sie auf mehr oder weniger konkret zurechenbare Kostenarten angewiesen sind. Vergleichbares gilt für die Abschätzung der Folgekosten von Konstruktionsmängeln[342] oder der Mitarbeiterfluktuation. Komplexitätskosten lassen sich schon einfacher quantifizieren, ziehen aber auch eine Reihe von Folgekosten nach sich. Es ist daher notwendig, die klassische Kostenrechnung durch ein System zu ergänzen, das die Multiplikatoreffekte von einzelnen Fehlerarten nachhält. Das sind explizit Kundenabwanderungs-, Mitarbeiterfluktuations- und Konstruktionsfolgeanalysen. Dies geschieht in der betrieblichen Praxis bisher kaum.

---

338) Vgl. Semich, J.: The Costs of Quality, in: Purchasing, Nr. 8, Vol. 103, 1987, S. 61f.
339) Customer Retention kann man mit „Beibehaltung von Kunden" übersetzen, im Deutschen gibt es nur einen Ausdruck für das Gegenteil, die Kundenabwanderung.
340) Vgl. Reichheld, F.: The Forces of Loyalty vs. Chaos, a.a.O., S. 2.
341) Vgl. O'Brien, L., Jones, C.: Loyalitätsprogramme richtig konzipieren, in: Harvard Business Manager, Nr. 4, 17. Jg., 1995, S. 98 und Reichheld, F.: Learning from Customer Defections, in: Harvard Business Review, Nr. 2, Vol. 74, 1996, S. 56.
342) Vgl. die „Zehnerregel" weiter oben in diesem Kapitel.

Auch die in die Diskussion gebrachte Einteilung der Kosten in Übereinstimmungs- und Abweichungskosten[343] fängt die unzureichende Berücksichtigung der Fehlerfolgekosten nicht auf. Kritik entzündet sich am Konzept der „Abweichungskosten"[344]: Abweichungskosten sind abhängig von den „Anforderungen" des Kunden. Dieses Vorgehen ist im Prinzip sinnvoll, da die Kundenanforderungen definitionsgemäß der natürliche Ausgangspunkt aller Qualitätsbemühungen sind. Kunden haben jedoch häufig sehr unterschiedliche Anforderungen an Leistungen, die Anforderungen der Kunden sind nicht in allen Einzelheiten bekannt, sie können kurz- und langfristig wechseln. Abweichungskosten sind daher nur unzureichend operationalisierbar. Darüber hinaus, und das wiegt noch schwerer, werden Abweichungskosten definiert als „...die Kosten für die Behebung der bereits vorhandenen Abweichungen von den Anforderungen der Kunden, also die Kosten für Nacharbeit, Garantie- und Gewährleistungsansprüche". Dadurch wird jedoch nur ein Bruchteil der unbefriedigten Kundenansprüche geltend gemacht. Viel größer sind die zum großen Teil verdeckten Kosten der Abwanderung, die weiter oben genannt wurden. Denn nur ein Bruchteil aller unzufriedenen Kunden beschwert sich beim Lieferanten.[345]

Daher muß der Vorschlag gemacht werden, daß sich die Fehlerkostenrechnung auf die bekannten Kennzahlensysteme stützt, die in der betrieblichen Praxis trotz

---

343) Vgl. Kandaouroff, A.: Qualitätskosten, in: Zeitschrift für Betriebswirtschaft (ZfB), Heft 6, 64. Jg. 1994, S. 765-786, S. 766ff.

344) Vgl. ebenda, S. 771.

345) Vgl. Hansen, U.: Beschwerdemanagement - Die Karriere einer kundenorientierten Unternehmensstrategie im Konsumgütersektor, in: Marketing ZFP, Zeitschrift für Forschung und Praxis, Heft 2, 17.Jg., 1995, S. 77ff. und Seidel, W., Stauss, B.: Beschwerdemanagement - Personalpolitische Konsequenzen für Dienstleistungsunternehmen, in: Qualität und Zuverlässigkeit (QZ), Heft 8, 40. Jg., 1995, S. 915ff.

schwankender Akzeptanz mittlerweile weite Verbreitung gefunden haben[346].
Diese können durch Schätzparameter der Fehlerfolgekosten ergänzt werden.
Somit wird mehr Transparenz über die reale Kostenstruktur geschaffen, als wenn
nur ein Teil der Kosten, nämlich der quantifizierbare, einbezogen wird, der aber
dafür genau. Sonst erzeugt die Fehlerkostenrechnung lediglich Scheingenauigkeit,
und Möglichkeiten, die Kundenanforderungen noch zielgenauer zu befriedigen,
werden nicht erkannt. Eine Kostenrechnung, die zumindest schätzungsweise die
Kosten für abgewanderte oder unzufriedene Kunden mitberücksichtigt, zeigt
strategische Schwachstellen und Innovationsbedarf auf.[347]

3.3   Innovationsfähigkeit als Basis für Diskontinuitäten management

„Innovation ist durch Wettbewerb gefilterte Kreativität."[348] Diese Aussage von
ALBACH umreißt treffend eine Definition, um die in der Literatur schon seit langem gerungen wird: Innovationen haben ein Komponente der Entstehung und eine, die am Markt Realität wird. Bereits ab 1911 wird der Begriff Innovation
durch SCHUMPETER verwendet.[349] Er versteht darunter eine neue Kombination
von Elementen, die zu neuen Produkten führen. Dieser Einschränkung des Inno-
vationsbegriffes auf „Produkte" wird häufig gefolgt. Die Beschränkung auf den

---

346) Vgl. Hauff, W., Patzschka, C.: Qualitätskostenrechnung noch in den Kinderschuhen, in:
Qualität und Zuverlässigkeit (QZ), Nr. 9, 40. Jg., 1995, S. 1038.

347) Fröhling, O.: Zur Ermittlung von Folgekosten aufgrund von Qualitätsmängeln, in: Zeitschrift für Betriebswirtschaft (ZfB), Heft 6, 63. Jg., 1993, S. 543ff.

348) Albach, H.: Innovationsstrategien zur Verbesserung der Wettbewerbsfähigkeit, a.a.O., S.
1338.

349) Vgl. Hübner, H.: Informationsmanagement als Instrument und Voraussetzung für erfolgreiche Innovationen, in: Der Wirtschaftsingenieur, Nr. 1, 19. Jg., 1987, S. 31.

engen Innovationsbegriff der Produktinnovation ist aber nicht sinnvoll, da neue Kombinationen auch Strukturen und Prozesse innerhalb des Unternehmens oder auf Märkten betreffen können und damit den gesamten Gestaltungsbereich von Unternehmen. Da die Wirkungskräfte von Innovationen sich prinzipiell bei allen unterschiedlichen Arten von Innovationen miteinander vergleichen lassen, ist es sinnvoller, die einzelnen Arten aufzuzeigen und die Unterschiede und Gemeinsamkeiten zu untersuchen, als den Untersuchungsgegenstand von vornherein einzuschränken.

Das bei SCHUMPETER zugrunde liegende (Produkt-)Innovationsverständnis ist dennoch hilfreich, um die einzigartige Wirkung von Innovationen zu verstehen.[350] Ein Pionierunternehmer erdenkt eine Neuerung, durch die er sich Wettbewerbsvorteile verspricht.[351] Diese kann er verwirklichen, indem er sie als erster Wettbewerber am Markt einführt. Solange er keine Nachahmer findet, realisiert er Monopolgewinne. Durch Patente oder ein ihm eigenes technologisches Know-how schützt er seine Position nach Kräften. Die zeitweise Monopolstellung wird erst durch das Aufkommen von Konkurrenten beendet. Dann kann der ehemalige Monopolist aber immer noch am Marktgeschehen teilnehmen, bis kostengünstigere oder bessere Alternativen diese Markphase zugunsten einer neuen beenden, in der ein weiterer Pionierunternehmer Monopolgewinne abschöpfen kann. Diese Aussicht auf temporäre Alleinstellung ist nach SCHUMPETER die Triebfeder der wirtschaftlichen Entwicklung. Daher ist ihr Verständnis wichtig für den Zusammenhang der Anforderungen, die aus dem internationalen Wettbewerb erwachsen. Der Ökonomie-Nobelpreisträger von 1993, FOGEL, hat dieses Modell

---

350) Vgl. auch Kupsch, P.U., Marr, R., Picot, A.: Innovationswirtschaft, in: Heinen, E. (Hrsg.): Industriebetriebslehre: Entscheidungen im Industriebetrieb, 5. Aufl., Wiesbaden, 1991, S. 1072.
351) Vgl. Schumpeter, J.: Theorie der wirtschaftlichen Entwicklung, Leipzig 1911, S. 341.

jedoch bereits 1964 widerlegt. Der Wirtschaftshistoriker weist u.a. am Beispiel der US-amerikanischen Eisenbahnen nach, daß es nicht nur wenige große Erfindungen sind, die die Wirtschaft vorantreiben, sondern daß Fortschritt das Ergebnis vieler einzelner Veränderungen ist.[352] Ebenso entstehen Innovationen in Zeiten moderner Großunternehmen nur noch in Ausnahmefällen durch die Erfindung einzelner Personen, meist sind sie eine Teamleistung, die aus einer Vielzahl von Ideen und kleinen Einzelerfindungen besteht.[353] Dennoch kann an dieser Stelle festgehalten werden, daß Innovationen einen Prozeß der Auslese im Wettbewerb durchlaufen.

Dieser evolutionäre Charakter von Innovationen wird durch das oben genannte ALDACH-Zitat transparent. Es macht aber auch die beiden Bestandteile von Innovationen deutlich. Die Invention (Erfindung) ist die technische Realisierung neuer oder eine Kombination bestehender Erkenntnisse - die technische Komponente. Diese Erkenntnisse können aus der Wissenschaft kommen, müssen das aber nicht. Daneben gibt es eine Erprobung der Innovation an der Realität, und das heißt in letzter Instanz am Wettbewerb: die marktliche Komponente der Innovation. Diese beiden Komponenten laufen klassisch nacheinander ab und kennzeichnen die wesentlichen Perioden des Innovationsprozesses. Aus der differenzierteren Untersuchung der Phasen, in denen Innovationen verlaufen, erschließen sich weitere Auffassungen und Verständnisse von Innovationen.[354] In der Entstehungsphase müssen zunächst Ideen generiert werden. Im Unterschied zu den

---

352) Vgl. o.V.: Institutionen und viele kleine Erfindungen bestimmen das Wachstum, in: Frankfurter Allgemeine Zeitung (FAZ), 13.10.1993, S. 4.

353) Das hat auch Schumpeter später so gesehen. Vgl. Schumpeter, J.: Capitalism, Socialism, and Democracy, New York 1942, S. 134ff.

354) Vgl. vor allem den grundlegenden Artikel von Thom, N.: Innovations-Management, a.a.O., S. 5.

meisten Qualitätserfordernissen ist hier eine kreative Leistung einer Person oder einer Organisation erforderlich. Die Experimentierfreude möglicher Inventoren sollte also nicht unnötig eingeschränkt werden. Da immer mehr Personen an Innovationen beteiligt werden, gestaltet sich die Verwirklichung dieser Forderung nicht einfach.[355] Daran schließt sich die Diffusion der Invention in der Organisation an. Nur ein Bruchteil aller Inventionen „überlebt" die Auslese in dieser Phase. Nach einer Studie von BERTH kommen nur 0,6 % aller fixierten Erstideen zur Marktreife.[356] Der Erfolg eines Innovators ist um so höher, je besser der Auswahlprozeß auf die Realitäten am Markt zugeschnitten ist. Diese beiden ersten Phasen entscheiden am meisten von allen über Erfolg und Mißerfolg einer Innovation, da Versäumnisse, Fehler und vor allem Blockierungen von Ideen in den Initialphasen zu einem späteren Zeitpunkt nicht mehr aufgeholt werden können.[357]

Daran schließt sich die Ideenrealisierung an. Der kritische Erfolgsfaktor besteht jetzt in der Integration aller Beteiligten. Forschung und Entwicklungsabteilung müssen mit der Fertigung und den Zulieferern zusammenarbeiten, damit eine fertigungsgerechte Konstruktion gelingt.[358] Die Marketingabteilung muß am Ideenrealisierungsprozeß beteiligt werden, damit den Erfordernissen der Markteinführung und -bearbeitung schon früh Rechnung getragen wird. Dies gestaltet sich besonders schwierig, da die Denkmodelle von Ingenieuren mit denen von Wirt-

---

355) Vgl. Sommerlatte, T.: Innovationsfähigkeit und betriebswirtschaftliche Steuerung - läßt sich das vereinbaren?, in: Betriebswirtschaft (DBW), Nr. 2, 48. Jg., 1989, S. 162.

356) Vgl. Vogel, B.: Innovationsmanagement - Mehr Freiraum für Visionen, in: TopBusiness, Nr. 4, o.Jg., 1994, S. 94.

357) Vgl. Cooper, R.G.: Predevelopment Activities Determine New Product Success, in: Industrial Marketing Management, Vol. 17, 1988, S. 239f.

358) Vgl. Glöckner, T.: Zulieferindustrie: Großer Sprung, in: WirtschaftsWoche, Nr. 7, 50. Jg., 8.02.1996, S. 36.

schaftlern zusammentreffen.[359] Und vor allem müssen jetzt schon in irgendeiner Form die Kunden am Konstruktionsprozeß beteiligt werden, um ihre Anforderungen zu berücksichtigen. Sonst kann keine Qualität garantiert werden. Zum Schluß steht die Markteinführung an, die marktliche Komponente der Innovation. In der Marktperiode ist das gesamte Marketing-Mix-Instrumentarium gefordert, um die Diffusion der Innovation auf den relevanten Zielmärkten möglichst schnell zu ermöglichen und die Adaption durch die Zielgruppen zu forcieren.[360] ALBACH faßt diese Aktivitäten wie folgt zusammen: „Unter Innovation versteht man die Einführung von auf Forschung und Entwicklung beruhenden technischen oder organisatorischen Produkten und Prozessen am Markt."[361] Eine detaillierte Darstellung dieser phasenbezogenen Sichtweise zeigt Abbildung 6.

Innovation können als „komplexe, schlecht definierte, historische Handlungsabläufe" gekennzeichnet werden.[362] Schlecht definiert und komplex sind sie, weil sie aus einer Vielzahl von wenig abgegrenzten Aktivitäten durch unterschiedliche Akteure bestehen. Eine lineare Darstellungsweise wird dem bereits festgestellten evolutorischen Charakter von Innovationen daher nicht gerecht, denn Innovationen verändern sich im historischen Zeitablauf sowohl während ihrer Entstehungs- als auch während ihrer Marktperiode. Parallele Aktivitäten sind in dem klassisch-linearen Modell nicht enthalten.

359) Vgl. Benkenstein, M.: F&E und Marketing, Wiesbaden 1987.

360) Meffert, H.: Die Durchsetzung von Innovationen in der Unternehmung und am Markt, in: Zeitschrift für Betriebswirtschaft (ZfB), Nr. 2, 46. Jg., 1976, S. 93ff.

361) Albach, H.: Innovationsstrategien zur Verbesserung der Wettbewerbsfähigkeit, a.a.O., S. 1339.

362) Leder, M.: Innovationsmanagement, in: Zeitschrift für Betriebswirtschaft (ZfB) - Ergänzungsheft, Nr. 1, 59. Jg., 1989, S. 1-54, S. 2.

Abbildung 6:

Lineares Phasenmodell von Innovationen

Periode	Entstehungsperiode			Marktperiode
Phase	Invention	Innovation i.e.S.		Diffusion/Adaption
Stufe	Ideen-generierung	interne Ideen-akzeptierung	interne Ideen-realisation	externe Ideen-akzeptierung
Inhalt	- Suchfeldbe-stimmung - Ideenfindung - Ideenvorschlag	- Ideenprüfung - Realisations-pläne erstellen	- Umsetzung der Idee: - Produktent-wicklung	- Marktvorbereitung - Markteinführung - Akzeptanzkontrolle
Aktivität	• Grundlagen-forschung • Marktbeob-achtung	• Ideenauswahl • Zeit- und Res-sourcenplanung • Budgetierung	• Konstruktion • Prototyping • Fertigungsvor-bereitung	• Marktest • Marketingmix-Planung • Kundenbefragungen
Chancen	Erkennen: - schwache Signale - kritische Techno-logiefaktoren	Finden: - Fachpromotor - Machtpromotor - interner Sponsor	Integrieren: - Kunden - Fertigung - FuE	Evolution der Innovation: - Kundennähe vertiefen - Innovation verbessern - Lernen für neue Innov.

Quellen: Eigene Zusammenstellung in Anlehnung an Wolfrum, B.: Strategisches Technologiemanagement, Wiesbaden 1991, S. 13 und Domsch, M.: Partizipative Strategien zur Förderung und Verbesserung des Innovationspotentials im mittelständischen Unternehmen, in: Zahn, R. (Hrsg.): Technologiemanagement und Technologien für das Management, Stuttgart 1994, S. 94.

Deshalb soll hier ein Kreislaufmodell der Innovationsentstehung vorgeschlagen werden.[363] Derartige Modelle haben den Vorteil, den evolutorischen Charakter von Innovationen zu verdeutlichen, die von einer einzelnen Idee bis zur Verdrängung oder Weiterentwicklung eines existierenden Produktes vielen verändernden Einflüssen ausgesetzt sind und sich so an die realen Erfordernisse anpassen:[364] „...innovation is a process of "muddling through" with a purpose..."[365] Zum einen werden Innovationen durch die internen Unternehmensgegebenheiten geprägt, al-

---

363) Vgl. Rothwell, R., Gardiner, P.: The strategic management of re-innovation, in: R&D Management, Vol. 19, 1989, S. 147ff. Siehe auch das Kapitel 3.1: Problematik der Kombination von Standardisierung und Flexibilität.

364) Vgl. Abernathy, W.J., Utterback, J.M., a.a.O., S. 44.

365) Dougherty, D., Bowman, E.: The Effects of Organizational Downsizing on Product Innovation, in: California Management Review, Nr. 4, Vol. 37, 1995, S. 31.

so durch Fach- und Machtbeziehungen der Akteure und durch einen eingeschränkten Ressourcenzugang. Zum anderen wirken die Marktanforderungen selber prägend, die durch die Nachfrage der Abnehmer und die Imitations- und Ab-
wehrversuche der Wettbewerber gekennzeichnet sind. Die folgende Abbildung
verdeutlicht das evolutorische Innovationsverständnis in Ergänzung zu dem linearen Phasenmodell:

Abbildung 7:

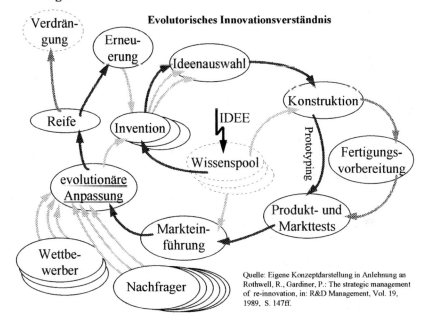

Die evolutionäre Anpassung ist, neben einer zu einem großen Teil zufallsabhän-
gigen Initialisierung, das bestimmende Wesenskriterium von Innovationen. Im
Gegensatz zur Qualität mit ihrem eher statischen Gegenwartsbezug haben Innovationen daher primär einen dynamischen Zukunftsbezug. Ein Dynamik erzeu-
gender Wandel von internen Determinanten oder Rahmenbedingungen kann stetig
erfolgen oder in Diskontinuitäten auftreten. Stetiger Wandel bedeutet, daß An-

passung an sich periodisch und kontinuierlich ändernde Bedingungen, wie sie durch Markttrends gegeben sind, notwendig wird. Solche Veränderungen treten häufig auf und laufen in gewissen Grenzen vorhersehbar ab. Man kann von einer "fließenden Umwelt"[366] sprechen. Wenn die Umweltbedingungen auch nicht konstant sind, so kann trotzdem im Normalfall von beobachtbaren Regelmäßigkeiten ausgegangen werden, die sich mit einer verläßlichen Wahrscheinlichkeit auch in der Zukunft fortsetzen. Innovationen vollziehen sich entlang bereits genutzter Technologielinien, sogenannter Trajekte.[367] Diese ermöglichen zumindest teilweise eine Prognostizierbarkeit von Innovationselementen. Durch diese beobachtbaren Regelmäßigkeiten wird es möglich, Strukturen aufzubauen. Eine Struktur ist ein gefügtes System aus einzelnen, miteinander verbundenen Elementen. Strukturen helfen, wie bereits dargestellt,[368] die Effizienzpotentiale beherrschter Prozesse auszunutzen, indem sie dafür sorgen, daß Prozesse wiederholt auf die gleiche Art und Weise ablaufen, routinemäßig abgearbeitet werden können und daher die weiter oben beschriebenen Vorteile der Standardisierung bieten: Lernen im Prozeß wird entscheidend unterstützt. Nur so können feine Veränderungen und deren Auswirkungen studiert werden. Solche Veränderungen können aus der Umweltsituation (Störgrößen) erfolgen oder lassen sich gezielt als Steuerungsgrößen durch den Prozeßeigner einsetzen. Gezielte Neuerungen an Prozessen und Strukturen sind Prozeßinnovationen respektive Strukturinnovationen. Diese Innovationsarten sind offensichtlich interdependent und lassen sich

---

366) Horváth, P.: Der Betrieb als lernende Entscheidungseinheit, in: Zeitschrift für Betriebswirtschaft (ZfB), 40. Jg., 1970, S. 759

367) Vgl. Dosi, G.: Technological paradigms and technological trajectories. A suggested interpretation of the determinants and direction of technical change, in: Research Policy, Vol. 11, 1982, S. 147f.

368) Siehe Kapitel 3.1: Problematik der Kombination von Standardisierung und Flexibilität.

daher nicht überschneidungsfrei voneinander abgrenzen. Ihre Wirkungen werden weiter unten untersucht.

Unternehmen sehen sich aber auch Diskontinuitäten gegenüber, die plötzlich auftretende und grundlegende Veränderungserfordernisse mit sich bringen. Derartige Diskontinuitäten können sogar in Krisensituationen münden, d.h. den Fortbestand des Unternehmens gefährden. Diskontinuitäten auf einzelne Prozesse bezogen liegen aber schon vor, wenn eine unvermittelte Veränderung der Prozeßbedingungen auftritt. Nicht alle einmaligen, unvorhergesehenen Veränderungen erfordern auch eine Anpassung der Struktur. Strukturen können so elastisch ausgestaltet, so belastbar sein, daß sie auf viele Einflüsse nicht aktiv reagieren und daß Prozesse trotzdem weiter beherrscht bleiben. Um dies zu erreichen, ist es notwendig, bei der Gestaltung von Strukturen diskontinuierliche Veränderungen der Rahmenbedingungen zu antizipieren. Es bedarf also bei der Strukturgestaltung über den Lernprozeß hinaus, der durch die Diskontiuitäten in Gang gesetzt wird, eines vorausschauenden Lernprozesses, um Prozesse möglichst langfristig beherrschbar und stabil zu machen. Anpassungen erfolgen also entweder proaktiv - das ist dann möglich, wenn die Bedingungen sich in gewissen Grenzen vorhergesehen ändern, Anpassungen werden somit planbar - oder Anpassungen können nur noch reaktiv erfolgen, wenn sich die Bedingungen unvorhersehbar und in starkem Maße ändern.

Gerade im Technologiebereich[369] kommt es immer wieder zu Neuentwicklungen, die bisher gültige Regeln auf Märkten oder bei der Anwendung von Verfahren

---

369) Vgl. zum Technologiebegriff und der Bedeutung des optimalen Wechselzeitpunktes die Sammelrezension von Specht, G.: Technologiemanagement, in: Die Betriebswirtschaft (DBW), Nr. 4, 52. Jg., 1992, S. 549ff.

außer Kraft setzen.[370] Der Lebenszyklus von Technologien verläuft in mehreren Phasen:[371] Zu Beginn steigt der Nutzen, z.B. gemessen an der Zahl der Anwendungsmöglichkeiten, der Kompatibilität oder dem Aufwand-Leistungsverhältnis, erst langsam an, da nur wenige Unternehmen Ressourcen in die risikoreiche Entwicklung stecken. In dieser Phase der Schrittmachertechnologien befindet sich derzeit z.B. die Umwelt-, Gen- und Mikrotechnik. Dann kommt eine Phase, in der die Entwicklung von vielen vorangetrieben wird, weil sie hohe Gewinne verspricht. Derartige Schlüsseltechnologien wie die Mikroelektronik und viele Pharmainnovationen zeichnen sich durch sinkende Risiken bei steigenden Gewinnerwartungen aus. In der letzten Phase ist eine Technologie „ausgereizt", allen weiteren Bemühungen zum Trotz steigt ihr Nutzen kaum noch. In dieser Phase befinden sich viele Anwendungen der Kohle- und Stahlindustrie und Teilbereiche von Elektroindustrie und Maschinenbau.[372] Basisinnovationen werden, weil die Zugangsbeschränkungen in den Bereichen Know-how, Personal und Patente/ Lizenzen minimal sind, von vielen beherrscht. Wenn eine neue Technologie entwickelt wird, die den gleichen Grundnutzen hat, wird sie eines Tages die alte Technologie verdrängen. Ein Wechsel auf eine derartige höhere Technologiekurve ist für Technologieanwender immer mit zusätzlichem Aufwand und Risiko verbunden. Trotzdem verliert derjenige Wettbewerbsvorteile, der zu spät von einer Technologiekurve auf eine andere „springt". Sehr gut läßt sich der Zusammenhang an der Entwicklung von neuen Mikroprozessorgenerationen verdeutlichen. Deren Produktion stellt hohe Entscheidungsanforderungen an die Wahl des richtigen

---

370) Vgl. das klassische Beispiel der Verdrängung von Segelschiffen durch Dampfschiffe bei Foster, R, a.a.O., S. 23ff.

371) Vgl. auch Benkenstein, M.: Modelle technologischer Entwicklung als Grundlage für das Technologiemanagement, in: Die Betriebswirtschaft (DBW), Nr. 4, 49. Jg., 1989, S.499ff.

372) Vgl. den Technologielebenszyklus von Dürand, D.: Innovationsfähigkeit: Viel mehr Risiko, in: WirtschaftsWoche, Nr. 38, 50. Jg., 14.9.1996, S. 126.

Zeitpunktes des Technologiewechsels sowohl an die Hersteller als auch an die Anwender.[373]

Aber auch Marktveränderungen aus politischen und wirtschaftlichen Gründen machen grundlegenden Wandel von Zeit zu Zeit notwendig, und das schließt Veränderungen von Strukturen mit ein. Um etwaigen Diskontinuitäten zu begegnen, reicht es also nicht aus, Prozesse und Strukturen einmalig zu gestalten, sondern sie müssen so beschaffen sein, daß sie auch wieder ohne zu großen Aufwand und mit möglichst geringen Reibungsverlusten geändert werden können: „Das innovations-flexible Unternehmen hat mehr Entscheidungsalternativen als sein innovations-inflexibler Wettbewerber."[374] Ein funktionierendes Diskontinuitätenmanagement bedeutet daher die Gradwanderung eines Systemes zwischen der Schaffung von festen Strukturen - innerhalb dieser Grenzen ist Flexibilität ohne Systemeingriffe möglich - und Frühwarnsystemen, deren Impulse eine Initialzündung für rechtzeitige, grundlegende und angemessene Veränderungen bewirken.[375] Dies ist eine weitere Spielart des Spannungsfeldes zwischen Standardisierung und Flexibilität.[376]

3.3.1 Arten und Wirkungen von Innovationen

Aus der Sicht des Innovators oder der Innovatoren ist jede Innovation die Lösung eines Problems. Deshalb ist eine Trennung zwischen Produkt-, Prozeß- und

---

373) Vgl. Weiber, R.: Leapfrogging-Behaviour: Herausforderung für das Marketing-Management neuer Technologien, in: Zahn, R. (Hrsg.): Technologiemanagement und Technologien für das Management, Stuttgart 1994, S. 333ff.

374) Wieandt, A.: Die Entstehung von Märkten durch Innovationen, a.a.O., S. 458.

375) Vgl. Staudt, E.: Mißverständnisse über das Innovieren, in: Die Betriebswirtschaft (DBW), Nr. 3, 43. Jg., 1983, S. 342f.

376) Siehe Kapitel 3.1: Problematik der Kombination von Standardisierung und Flexibilität.

Strukturinnovationen immer etwas Künstliches. Auch der Begriff <u>Marktleistungs-innovation</u> bezeichnet nichts anderes als eine Produktinnovation, erweitert um die Servicekomponente. Die Schwierigkeiten der Eingrenzung des Service-Begriffes wurde bereits weiter oben erwähnt.[377] Bei der Lösung eines Problemes verschwimmen diese Grenzbereiche der Einteilungen weiter: Entweder ist es ein technologisches Problem, dessen Lösung den Innovator herausfordert, oder ein Problem, mit dem ihn seine Arbeit konfrontiert, oder es ist das Problem eines anderen, dessen Lösung er sucht. Die Lösung besteht in einer Prozeß-, Ergebnis-, Strukturkombination. Häufig liegen Probleme in den Bereichen der Kommunikations-, Macht- oder Austauschbeziehungen von Personen. Die neuen Lösungen von derartigen Problemen sind <u>soziale Innovationen</u>. Sozialinnovationen in Unternehmen sind oft gleichzeitig Strukturinnovationen und diese wiederum <u>Systeminnovationen</u>, also neue Verfahren und Strukturen, wie z.B. neue Organisations-, Planungs-, Kontroll- oder Anreizmechanismen.[378] <u>Kontraktinnovationen</u> erneuern die impliziten oder expliziten Vertragsbeziehungen zwischen Mitarbeitern und Organisationen, also die Fragen wie Beförderung, Leistungsbewertung, Entlohnung und Aus- und Weiterbildung.[379] Sind Innovationen nur aus der Sicht der Innovatoren neu, spricht man von <u>subjektiven,</u> sonst von <u>objektiven</u> Innovationen.[380] Die Lösung eines Problems geschieht in aller Regel durch eine Summe von einzelnen kleinen Verbesserungen, in diesem Sinne wurde bereits vorher festgehalten, daß „kontinuierliche Verbesserungen" und Innovationen auf einem

---

377) Siehe Kapitel 3.2.1: Dimensionen und Merkmale von Qualität.

378) Vgl. Link, J.: Die Erringung strategischer Wettbewerbsvorteile durch Systeminnovationen, in: Zeitschrift für Betriebswirtschaft (ZfB), Heft 6, 63. Jg., 1993, S. 1118.

379) Vgl. Latniak, E.: Betriebliche Sozialinnovation, Arbeitspapier 02-92 der Abteilung "Politische Steuerung" des WZN/IAT, Gelsenkirchen, September 1992, S. 22.

380) Siehe die Definition von Trommsdorff und Schneider in Kapitel 2.2.4: Innovationsmanagement: Zur Forcierung von Innovationen.

Kontinuum liegen.[381] Während die Verbesserungen sich häufig und vorwiegend stetig wiederholen, ergänzen sie die kreative Schaffenskraft der Innovation, die im Zeitverlauf sonst abnehmen würde. Diese Verbesserungen werden Teil der Innovation.[382] Eine Innovation ist also die neue Kombination von zum Teil bekannten Lösungen mit dem Ziel einer Problemlösung.

Die Auslöser für die Suche nach Neuerungen können, entsprechend den beiden Komponenten von Innovationen, von der marktlichen Seite kommen oder von der technologischen.[383] Marktinduzierte Innovationen haben tendenziell den Vorteil, enger auf die Konkurrentenbedürfnisse abgestimmt zu sein, technolgieinduzierte weisen häufig einen höheren objektiven Neuigkeitsgrad auf, weil bei ihnen die Problemlösung gegenüber der Suche nach Anwendungsmöglichkeiten im Vordergrund steht. Inkrementale Innovationen sind häufig Verbesserungsinnovationen, die bestehende Produkte oder Verfahren weiterentwickeln, Aspekte oder Details ändern. Gerade bei Verfahren können sie in ihrer Summe entscheidende Weiterentwicklungen bedeuten. „A 1 per cent improvement in 1000 small items may not seem dramatic but it adds up to a significant achievement."[384] Ihr Zustandekommen ist nicht unbedingt auf herausragende kreative Leistungen angewiesen, sondern folgt in aller Regel aus der Beschäftigung von Spezialisten mit ihrem eigenen Tätigkeitsgebiet. Damit inkrementale Verbesserungen in großer Zahl umgesetzt werden können, sind förderliche Umfeldbedingungen der täglichen Arbeit notwendig. Dann kann jeder Mitarbeiter, der seine Aufgaben ein wenig besser oder

---

381) Siehe das Kapitel 2.2.1: Kaizen: Zur kontinuierlichen Verbesserung.
382) Vgl. Sarazen, J. S.: Continuous Improvement and Innovation, in: Journal for Quality and Participation, Nr. 11, Vol. 14, 1991, S. 34ff.
383) Vgl. auch Kapitel 3.2.1: Dimensionen und Merkmale von Qualität, zu marktinduzierter und technologieinduzierter Qualität.
384) Humble, J., Jones, G.: Creating a Climate for Innovation, in: Long Range Planning, Heft 4, Vol. 22, 1989, S. 47.

mit weniger Aufwand erledigen möchte, entsprechende Ideen umsetzen. Dieses Grundverständnis liegt dem japanischen Kaizen zugrunde. Ein radikaler Durchbruch entspringt jedoch nur in den seltensten Fällen aus der „täglichen Arbeit". Die bietet wenig Freiräume, sich mit komplexen Problemen auf eine neue Art auseinanderzusetzen. In aller Regel erfordern derartige Innovationen ein Zusammenspiel von Spezialisten mit unterschiedlichen Fachkenntnissen. Vielmehr bietet erst die Kombination bisher wenig verbundener Technologien eine Vielzahl an neuen Variationsmöglichkeiten und damit ein hohes Innovationspotential.[385]

Der Ort der Entstehung wird durch die „Make-or-buy"-Grundsatzentscheidung bestimmt. Ein Outsourcing von allen Aktivitäten wird vor allem von Lean-Ansätzen propagiert.[386] Aber gerade Innovationstätigkeiten gehören branchenabhängig zum Kernbereich der betrieblichen Leistungserstellung und sind deshalb nur unter Rücksicht auf die strategischen Implikationen an Externe delegierbar. Japanische Unternehmen zeichnen sich dadurch aus, daß sie externe (Marktleistungs-) Innovationsquellen doppelt so kosteneffizient nutzen wie europäische oder US-amerikanische.[387] Eine „...gute Kombination von Produktinnovation und Produktimitation..." ist für den Gesamterfolg von Unternehmen wesentlich.[388] Imitationsstrategien haben eine Reihe von Vorteilen: Neben niedrigeren F&E-Aufwendungen und Marktöffnungskosten sind vor allem die Unsicherheiten über das Ausmaß der Nachfrage und die Kundenanforderungen redu-

---

385) Vgl. Nayak, P., Ketteringham, J.: Breakthroughs, New York 1986, S. 49.

386) Vgl. Knolmayer, G.: Zur Berücksichtigung von Transaktions- und Koordinationskosten in Entscheidungsmodellen für Make-or-Buy-Probleme, in: Betriebswirtschaftliche Forschung und Praxis (BFuP), Heft 4, 46. Jg., 1994, S. 316f.

387) Vgl. Kolatek, C.: Geschwindigkeit von Innovationen, in: WZB-Mitteilungen, Nr. 9, 65. Jg., 1992, S. 23.

388) Albach, H.: Innovationsstrategien zur Verbesserung der Wettbewerbsfähigkeit, a.a.O., S. 1347.

ziert.[389] Die paraphrasierende Forderung lautet: So viel Innovation wie notwendig, um Diskontinuitäten reaktiv und proaktiv zu begegnen, und so wenig (eigene) Innovationen wie möglich, um eine optimale Aufwand/ Nutzen-Relation zu verwirklichen. Neben Imitationsstrategien kann das natürlich auch durch Kooperations- oder Akquisitionsstrategien erreicht werden.[390] Diese haben zudem den Vorteil, notwendige Unternehmensvolumina schaffen zu können, ohne eine transaktionskostenoptimale Unternehmensgröße zu überschreiten.[391]

Die Möglichkeiten einer Organisation, Neuerungen hervorzubringen, bilden ihr Innovationspotential. Es wird bestimmt durch die Möglichkeiten, die auf Mitarbeiter-, Struktur- und Prozeßebene bestehen. Dazu zählen die Qualifikation der Mitarbeiter, vorhandenes Know how und die Gestaltung der Strukturen vor allem von Forschungs- und Entwicklungsprojekten. Das Innovationspotential stellt den Input für mögliche Innovationen bereit. Das Innovationsergebnis, der Output von Innovationen, läßt sich in drei Konkretisierungsstufen darstellen. Die Innovationsfähigkeit ist das theoretische Ergebnis der Innovationsbereitschaft und des Innovationspotentials, also das Vermögen einer Organisation, Innovationen hervorzubringen: „Innovationsfähigkeit wird als die Möglichkeit von Unternehmen definiert, die diese hinsichtlich der Entwicklung und Umsetzung von Neuerungen besitzen, um einen dauerhaften Vorsprung vor der Konkurrenz aufzubauen oder

---

389) Vgl. z.B. Schewe, G.: Erfolg im Technologiemanagement: Eine empirische Analyse der Imitationsstrategie, in: Zeitschrift für Betriebswirtschaft (ZfB), Heft 8, 64. Jg., 1994, S. 1001.

390) Vgl. Teece, D.J.: Profiting from Technological Innovation: Implications for integration, collaboration, licensing and public policy, in: Research Policy, Vol. 15, 1986, S. 293ff.

391) Meyer, D.: Die Forschungs- und Entwicklungskooperation als strategische Allianz, in: Wirtschaftswissenschaftliches Studium (WiSt), Heft 1, 23. Jg., 1994, S. 16ff.

zu wahren."[392] Je nachdem, wie hoch die Innovationsfähigkeit ist und wie stark sie ausgeschöpft wird, kommt eine reale Innovationsleistung zustande. Sie ist eine sichtbare und konkrete Größe, obwohl sich ihre Messung häufig als schwierig erweist.[393] Als Anhaltspunkt für die Innovationsleistung einer Organisation oder ganzer Volkswirtschaften wird häufig die Anzahl der Patente herangezogen.[394] Patente sind bedeutsam, um die „zeitweise Monopolstellung" eines Innovators künstlich zu verlängern, sie können aber nur eine Annäherung an die Höhe der Innovationsleistung sein, da unterschiedliche Innovationsdefinitionen und -statistiken sich nicht miteinander vergleichen lassen.[395] Die Innovationsleistung ist Voraussetzung für den Innovationserfolg.[396] Dieser wird von vielen externen Parametern, vor allem der aktuellen Marktsituation beeinflußt. Zudem ist der Innovationserfolg zielgrößenabhängig und damit eine subjektive Größe. Ansätze zur Stärkung der Innovationstätigkeit in einem Unternehmen beschränken sich zumeist darauf, die Abwicklungssteuerung von Forschung und Entwicklung zu

---

392) Bitzer, B., Poppe, P.: Strategisches Innovationsmanagement - Phasenspezifische Identifikation innerbetrieblicher Innovationshemmnisse, in: Betriebswirtschaftliche Forschung und Praxis (BFuP), Nr. 3, 45. Jg., 1993, S. 309, vgl. auch Riekhof, H.-C.: Kreative Köpfe, Mentoren und Innovationsmanager, in: Harvard Manager, 1986, S. 11ff.

393) Vgl. Braun, Ch.-F., von: Der Innovationskrieg. Ziele und Grenzen der industriellen Forschung und Entwicklung, München 1994, S. 32.

394) Vgl. Häusser, E.: Patentwesen und Forschung, in: Forschung & Lehre, Nr. 3, o.Jg., 1995, S. 136ff. und Scherer, F.M.: Form, Size, Market Structure, Opportunity and the Output of Patented Inventions, in: American Economic Review, Nr. 5, Vol. 55, 1965, S. 1097ff.

395) Vgl. Cohausz, H.: Von der Idee zum Produkt, in: Forschung & Lehre, Nr. 3, o.Jg., 1995, S. 144 sowie Kreikebaum, H.: Die Patentpolitik der deutschen Unternehmen als strategischer Wettbewerbsfaktor in der Triade, in: Wirtschaftswissenschaftliches Studium (WiSt), Heft 7, 23. Jg., 1994, S. 342.

396) Vgl. Domsch, M.: Partizipative Strategien zur Förderung und Verbesserung des Innovationspotentials im mittelständischen Unternehmen, in: Zahn, R. (Hrsg.): Technologiemanagement und Technologien für das Management, Stuttgart 1994, S. 92f. und 96f.

optimieren, das Innovationspotential eines Unternehmens wird dadurch nur unzureichend ausgeschöpft.[397]

Der Innovationserfolg wird vor allem durch den Grad ihrer Neuigkeit bestimmt, sie ist das konstitutive Merkmal der Innovation und hängt eng mit der Einzigartigkeit einer Leistung zusammen: „The single most important dimension leading to product success is Product Uniqueness...",[398] stellt COOPER in seinen bekannten empirischen Untersuchungen zu den Determinanten des Innovationserfolges fest. Der Nutzen leitet sich daraus ab, ob es sich um eine objektive oder (aus Sicht des Innovators) subjektive Neuheit handelt. Er ist immer eine Funktion des Differenzierungsbeitrages, den eine Innovation leistet. Der technische Nutzen besteht in Effektivitäts- und Effizienzmerkmalen, vor allem die technische Produkt- oder Verfahrensqualität aus Sicht der Anwender.[399] Der ökonomische Nutzen wird im Sinne des „SCHUMPETERschen Unternehmers" durch den Grad und die Dauer der Differenzierung von den Wettbewerbern determiniert, also dadurch, „...etwas zu schaffen, was in der ganzen Branche als einzigartig angesehen wird".[400] Darüber hinaus können durch Innovationen Markteintrittsbarrieren geschaffen werden und die Verhandlungsmacht wird gegenüber den Lieferanten und Abnehmern gestärkt.[401]

---

397) Vgl. Sommerlatte, T.: Innovationsfähigkeit und betriebswirtschaftliche Steuerung, a.a.O., S. 162 und Westermeier, K.: Forschungskrise - Teure Flaschen im Labor, in: TopBusiness, Nr. 4, o.Jg., 1994, S. 106ff.

398) Cooper, R.G.: The Dimensions of Industrial New Products Success and Failure, in: Journal of Marketing, Summer, Vol. 43, 1979, S. 100.

399) Eine Ausdifferenzierung von technischem und ökonomischem Nutzen findet sich bei Hauschild, J.: Zur Messung des Innovationserfolgs, in: Zeitschrift für Betriebswirtschaft (ZfB), Heft 4, 61. Jg., 1991, S. 467.

400) Porter, M.: Wettbewerbsstrategie, 7. Aufl., Frankfurt 1992, S. 65.

401) Vgl. Schewe, G.: Die Innovation im Wettbewerb, in: Zeitschrift für Betriebswirtschaft (ZfB), Heft 9, 62. Jg., 1992, S. 982f.

Dies ist vor allem der Fall, wenn die Kompatibilität zu anderen Problemlösungen gering ist und der Innovator ein <u>Dominantes Design</u> durchsetzen kann. Er kann die Renten seiner Innovation dann eigentümerspezifisch vereinnahmen. Derartige <u>generische Innovationen</u> werfen daher eine hohe Rentabilität ab.[402] Die Neuheit einer Innovation begründet aber auch ihre negativen Wirkungen. Zum einen wird das <u>Risiko</u>, daß die versunkenen Kosten der Innovation möglicherweise nicht amortisiert werden können, eminent: Während sich beispielsweise die Nettogewinne der 30 großen US-amerikanischen Elektrokonzerne in den vergangenen Jahren seit 1978 gut verdoppelt haben, sind die Aufwendungen für Forschung und Entwicklung fast um das Fünffache gestiegen.[403] Zum anderen ist die <u>Komplexität</u> bestimmend für das Konfliktpotential einer Innovation. Dieses <u>Konfliktpotential</u> manifestiert sich vor allem in der Beziehung gegenüber Wettbewerbern, aber auch bei Abnehmern und Lieferanten, hohe Bedeutung erlangt es auch intern: „Innovationen lassen sich als „Störungen" des bewährten, laufenden Produktions- und Absatzprogramms oder der Administration interpretieren."[404] Der Werdegang einer Innovation ist von Konflikten geprägt, die den evolutorischen Auswahlprozeß in Gang setzen. Die Wirkungen sind in der folgenden Abbildung zusammengestellt:

---

402) Vgl. Williamson, O.: Die ökonomischen Institutionen des Kapitalismus: Unternehmen, Märkte, Kooperationen, Tübingen 1990, S. 163.

403) Vgl. Braun, Ch.-F., von, a.a.O., S. 96.

404) Hauschild, J.: Innovationsstrategien und ihre organisatorischen Konsequenzen, in: Rieckhoff, H.-C.: Strategieentwicklung: Konzepte und Erfahrungen, Stuttgart 1989, S. 258.

Abbildung 8:

Merkmale und Wirkungen von Innovationen

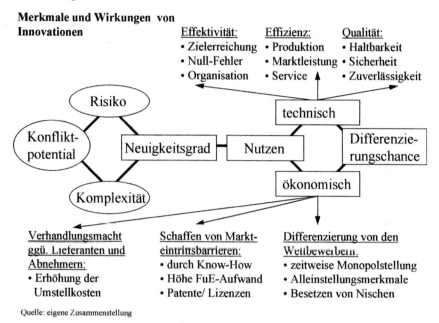

Quelle: eigene Zusammenstellung

Innovationen können am besten in einem <u>Umfeld</u> entstehen, in dem die bisher
aufgeführten Wirkungen berücksichtigt werden und das aktiv den daraus resultierenden Erfordernissen Rechnung trägt. Zum einen sind der technischen und die
ökonomischen Nutzenkomponente Rechnung zu tragen. Ein Unternehmen erreicht also nur dann eine hohe Innovationsleistung, wenn es die Innovationschan-
cen in allen Phasen der Innovation verwirklichen kann.[405] In der Entstehungspe-
riode müssen Informationen gesteuert werden, damit schwache Signale vom
Markt und aus der Technologiebeobachtung erkannt werden. Promotoren müssen

---

405) Vgl. Cooper, R.G.: Project NewProd: Factors in New Product Success, in: European
Journal of Marketing, Nr. 5/6, Vol. 14, 1980, S. 288.

in ihren Aufgaben unterstützt[406] und die verschiedenen am Innovationsprozeß beteiligten Personengruppen müssen zu einem konstruktiven Wissensaustausch gebracht werden. Darüber hinaus ist in der Marktphase das Marketingmix so zu gestalten, daß die Kundennähe laufend vertieft wird. Das alles geschieht unter der Prämisse einer möglichst hohen Reduzierung der internen und der Marktkonflikte, die aus dem Risiko und der Komplexität der Situationen erwachsen, die durch die Innovation verursacht werden.

Da eine derartig komplexe Aufgabenstellung nicht mehr durch Planung allein zu bewältigen ist, kommt es auf die Gestaltung der Bedingungen an, die als Erfolgsfaktoren der Innovationstätigkeit wirken. Diese werden vor allem durch die Unternehmenskultur festgelegt, die als „…Werte- und Normengefüge der Zweckgemeinschaft Unternehmen ... das Verhalten der Führungskräfte und Mitarbeiter sowie die formalen Regelungen..."[407] prägt; „…language, symbols, images, rituals, and anecdotes become the data used in uncovering the underlying shared beliefs and assumptions that guide behavior."[408] Der Rahmen, in den die Kultur eingebettet ist, ist eine innovationsfähige Organisation, also „eine Struktur, die auf Innovationen geschmeidig reagiert".[409] Dabei ist auch hier ein Mittelweg zwischen Flexibilität und Standardisierung - in diesem Fall durch Strukturvorgaben - zu finden. Denn es ist davon auszugehen, daß mit zunehmendem Maße der Strukturiertheit die Innovationsfähigkeit abnimmt. Die Struktur selber bringt also keine Innovationen hervor.[410] Vielmehr sind es kreative Persönlichkeiten, für die

---

406) Vgl. das folgende Kapitel 3.3.2: Kreativität als Schöpfungskraft von Menschen und Organisationen.

407) Trommsdorff, V., Schneider, P, a.a.O., S. 16.

408) Brannen, Y.M.: Culture as the Critical Factor in Implementing Innovation, in: Business Horizons, Nr. 6, Vol. 34, 1991, S. 61.

409) Leder, M, a.a.O., S. 21.

410) Vgl. ebenda.

Bedingungen geschaffen werden müssen, die kreative Leistungen ermöglichen. Durch ihre Kontakte zueinander und zu den Kunden ermöglichen die Mitarbeiter das Ausschöpfen vorhandener Kreativität. Deshalb soll im folgenden die Kreativität als Größe im Innovationsprozeß genauer untersucht werden. Neben der Schaffung exzellenter Rahmenbedingungen zur passiven Unterstützung kann Kreativität auch - vor allem in den wichtigen Initialphasen - aktiv gefördert werden. Dies ist nicht nur Aufgabe personalwirtschaflicher Instrumente.[411]

3.3.2 Kreativität als Schöpfungskraft von Menschen und Organisationen

Ein zentrales Merkmal von Innovationen ist in ihrer eingeschränkten Planbarkeit zu sehen.[412] Innovationen, vor allem technologische Innovationen, sind generell bezüglich des Zeitpunktes und des Aufwandes für die Invention nur sehr schlecht abzuschätzen, dies ist eine direkte Folge der Neuigkeit. Risiko spielt dabei eine ambivalente Rolle. Es besteht sowohl für den Innovator als auch für den Erstanwender und darüber hinaus für alle, die am Innovationsentstehungs- und Verwendungsprozeß beteiligt sind. Nach einem Schätzwert aus der Psychologie gehört nur etwa ein Sechstel aller Menschen zu den Risikofreudigen.[413] Diese können mit „Hochkreativen" gleichgesetzt werden. Denn Risikobereitschaft ist eine wesentliche Voraussetzung für Inventionsleistungen, da diese eine Folgenabschätzung weitgehend ausschließen.

---

411) Vgl. Nier, D.: Innovationsfördernde Faktoren - Ergebnisse einer explorativen Studie, in: Zeitschrift Führung-Organisation (ZFO), Heft 4, 59. Jg., 1990, S. 274.
412) Vgl. Staudt, E, a.a.O., S. 342 f. sowie das Kapitel 2.2.4: Innovationsmanagement: Zur Forcierung von Innovationen.
413) Vgl. Berth, R.: Rezepte für müde Innovatoren, in: Gablers Magazin, Nr. 11, 7. Jg., 1993, S. 11 und o.V.: Die meisten Unternehmen kranken an akutem Ideenmangel, in: Frankfurter Allgemeine Zeitung (FAZ), 14.9.93, S. 19.

Vor allem die eigentliche Invention als spontane Leistung entzieht sich der Planung weitgehend, die „zündende Idee" selber kann nicht erzwungen werden. Hier liegt auch der Schlüssel für die Einzigartigkeit und damit die Differenzierungschance durch Innovationen, die Spontaneität einer Invention bildet einen Gegensatz zu ihrer Planung. Eine Invention wird nie zu 100% spontan erfolgen, sondern braucht immer eine gewisse Vorbereitung, zumindest einen Wissenspool, aus dem sie entstehen kann. Dieser bildet eine Wissensbasis. Über eine Regelung des Wissenzugriffs und eine Bereitstellung von Wissensweiterverarbeitungskapazität kann Wissen „gemanaged" werden.[414] Daher ist es möglich, durch die Gestaltung von Rahmenbedingungen und den Einsatz adäquater Methoden die Wahrscheinlichkeit für Inventionen zu erhöhen. BERTH kommt auf Grund einer Befragung von 437 Managern zu dem Schluß: „Das eigentliche „Geheimnis" kreativer Höchstleistung - das auch wir selber völlig unterschätzt hatten - besteht darin, daß sich sehr unterschiedliche Menschen ergänzen, daß sie sich bewußt sind, wo es bei ihnen harpert, und den anderen dazu nutzen, die eigenen Schwächen zu kompensieren."[415]

„Als kreativen Prozeß wollen wir den intra- und interpersonalen kognitiven Prozeß bezeichnen, in dem diese Fähigkeit auf die Erfassung und Lösung schlechtstrukturierter Probleme angewandt wird."[416] Kreativität, aus dem lateinischen „creare", schaffen, ist die Basis, ohne die Innovationen nicht zustandekommen

---

414) Vgl. Albach, H.: Das Management der Differenzierung, in: Zeitschrift für Betriebswirtschaft (ZfB), Heft 8, 60. Jg., 1990, S. 777.

415) Berth, R., a.a.O., S. 11.

416) Ulrich, W.: Systematische Kreativitätsförderung in der Unternehmung, in: Zeitschrift für Organisation, Nr. 7, 1974, S. 391, zitiert nach Meßner, G.: Kreativitätsförderung im Rahmen betrieblicher Innovation, Frankfurt a. M./ Bern/ New York 1987, S. 18.

können. Diese Schöpfungskraft befähigt Menschen zu originellen Leistungen, indem sie hilft, Informationen neu zu kombinieren.[417] Kreativität ist die Befähigung, „...etwas zu erschaffen oder zu schöpfen."[418] Sie bezeichnet das Vermögen zur Ideengewinnung und -äußerung als Ergebnis der Sensibilität gegenüber Problemen.[419] Notwendig ist dazu eine Fähigkeit der Erfassung und Lösung schlecht strukturierter Probleme.[420] Kreativität ist also eine Komponente des Denkens. Denken ist kognitives Verhalten. Es bezeichnet die Fähigkeit des Menschen, sich seine Umwelt zu vergegenwärtigen. Da diese Fähigkeit beim Menschen ausgeprägt ist, haben sich für die Bewältigung der Umweltanforderungen instinktive und erlernte Verhaltensweisen zurückgebildet. Um auf neue Umweltbedinungen reagieren zu können, müssen neue Lösungen gefunden werden. Hier kommt die Kreativität des Menschen zum Tragen, die neue Lösungen hervorbringt. Diese werden dann kognitiv getestet: „Denken ist verinnerlichtes bewußtes oder unbewußtes Probehandeln, das Vorstellungen und Folgerungen für Vergangenes und Zukünftige umfaßt."[421] Demnach gehört die Kreativität zum Wesen des Menschen. Diese Erkenntnis ist grundlegend, wenn man das kreative Potential eines Unternehmens einschätzen will. Denn aus ihr läßt sich die Schlußfolgerung ableiten, daß man Kreativität nicht wie ein anderes ökonomisches Gut in ein Unternehmen hineinbringen kann, sondern daß man die Kreativität eines Unternehmens vielmehr „wecken" muß.

---

417) Vgl. Bleicher, F.: Effiziente Forschung und Entwicklung, Personelle, organisatorische und führungstechnische Instrumente, Wiesbaden 1990, S. 15ff.

418) Schlicksupp, H.: Anreize zur Entfaltung von Kreativität, in: Schanz, G. (Hrsg.): Handbuch Anreizsysteme in Wirtschaft und Verwaltung, Stuttgart 1991, S. 527.

419) Vgl. Albach, H.: Das Management der Differenzierung, a.a.O., S. 777.

420) Vgl. Ulrich, W., a.a.O., S. 18.

421) Linneweh, K.: Kreatives Denken. Techniken und Organisation innovativer Prozesse, Karlsruhe 1973, S. 13, zitiert nach Meßner, G., a.a.O., S. 29.

Kreative Leistungen erscheinen typischerweise als das Ergebnis einer momentanen Intuition, des „Gedankenblitzes", haben ihre Ursache jedoch in der längerfristigen bewußten oder unbewußten geistigen Beschäftigung des Erfinders mit dem jeweiligen Erkenntnisgegenstand. Diese Beschäftigung erfolgt nur dann, wenn eine Motivation dazu gegeben ist. Die Motivation zu kreativen Leistungen ist nicht bei allen Menschen gleichermaßen ausgeprägt. Woher eine derartige Motivation stammt, ist bisher noch nicht einhellig geklärt. MASLOW hat den Begriff der Selbstaktualisierung geprägt, der den Drang des Menschen, sich kreativ zu betätigen, bezeichnet.[422] Es gibt verschiedene Faktoren, die diese Motivation entscheidend beeinflussen.

Neben der Motivation ist auch das vorhandene Wissen dafür entscheidend, ob Kreativität verwirklicht wird und welche Richtung sie einschlägt. Der Kern des Kreativitätsprozesses besteht nicht darin, neue Informationen zu erlangen (also zu lernen), sondern vorhandenes Wissen anzuwenden. Dabei wird das Ganze, also das Neue, zu mehr als der Summe seiner Teile. „Das Wesen der Kreativität zeigt sich in der Fähigkeit, bereits vorhandene Informationen und Erfahrungen zu neuen sinnvollen Mustern zu assoziieren."[423] Es kommt darauf an, welchen Umfang das vorhandene Wissen hat, d.h. welche Datenmengen gespeichert wurden, wie vielfältig das Wissen ist, d.h. wie unterschiedlich die Daten sind, und wie relevant das Wissen ist, d.h. in wieweit es sich bezüglich eines Problemfeldes zu Neuem verknüpfen läßt.[424] Um zu hochgradig kreativen Leistungen zu kommen, ist es oft notwendig, sehr unterschiedliche Wissensbereiche miteinander zu kombinieren. Das leuchtet sofort ein, wenn man sich überlegt, daß die Beschäftigung mit

422) Vgl. Schlicksupp, H., a.a.O., S. 530ff.
423) Bleicher, F.: Effiziente Forschung und Entwicklung, a.a.O., S. 15.
424) Vgl. Schlicksupp, H., a.a.O., S. 534.

einem Wissensbereich tagtäglich und durch viele Personen erfolgt. Auf einem derartigen Gebiet sind also viele Lösungen schon gefunden worden. Mit der Verknüpfung von zwei unterschiedlichen Gebieten beschäftigt man sich jedoch ungleich seltener, neue Lösungen und Kombinationen sind deswegen noch nicht in entsprechend hoher Zahl gefunden worden, sie sind aber naturgemäß auch schwerer zu entdecken.

Innovationen beinhalten eine kreative Leistung und gehen weiter, indem sie deren Umsetzung realisieren. Auch subjektive Innovationen erfordern Kreativität, nämlich die Übertragung von Lösungen, die in einem anderen Zusammenhang bestehen, auf den eigenen Bereich. Die geforderte Art der Kreativität ist dabei anders als bei objektiven Neuerungen. Kreativität kommt also in verschiedenen Ausprägungen vor. Unterscheidungsmerkmal ist zum einen die Spontaneität, mit der die kreativen Einfälle auftreten. So kann lange an ihnen „gearbeitet" worden sein, oder sie treten plötzlich in einer bestimmten Situation auf. Im letzteren Fall ist möglicherweise ein langer, aber unbewußter kognitiver Suchprozeß vorausgegangen. Auch die Neuigkeit und Komplexität von Gedanken und die Art der verarbeiteten Information bestimmen verschiedene Arten von Kreativität. Im Rahmen der Innovationsforschung ist vor allem die Tragweite einer Erfindung wichtig. Sie hängt nicht direkt mit der kreativen Leistung zusammen, wird aber durch deren Neuigkeit und die verarbeiteten Informationen entscheidend mitbestimmt. Wie bereits dargestellt, kann auch nach der Motivation, die das Zustandekommen einer kreativen Leistung auslöst, unterschieden werden.

Die expressive Kreativität ist eine spontane Produktion von Einfällen, sie ist weitgehend situationsbedingt und wenig zielgerichtet. Sie erfordert weniger ein Nachdenken als ein „die Gedanken schweifen lassen", denn sie hat eine ausgeprägte intuitive Komponente. Ihr entspringt die typische „Schnapsidee", ein Einfall, bei dem man noch nicht abschätzen kann, ob er zu etwas taugt oder nicht. Produktive Kreativität ist das Hervorbringen neuer Dinge auf der Basis von schon Vorhandenem. Die tägliche Erfahrung mit Materialien und Prozessen eröffnet den Einblick auf eine neue Kombination oder Lösung. Sie bezieht sich im Unternehmen häufig auf den eigenen Arbeitsplatz. Diese Art der Kreativität ist deshalb in der Regel von jedem Mitarbeiter zu erbringen, weil er seinen eigenen Arbeitsplatz gut kennt. Deshalb ist die Kreativität jedes einzelnen Mitarbeiters wertvoll. Dabei hängen Tragweite und Nutzen derartiger Ideen mit der Neuigkeit der Ideen zusammen. Ist diese sehr groß, dann ist die nächste Stufe der Kreativität erreicht: Auf der erfinderischen Ebene findet ein Umfunktionalisieren, ein Verfremden statt. Neue Funktionen werden ersonnen, vertraute Verfahren, Materialien und Prozesse bekommen eine neue, grundverschiedene Bedeutung. Auf dieser Ebene ist eine Person wirklich schöpferisch tätig. Dazu ist vielseitiges Wissen, ist Begeisterungsfähigkeit, sind breitgestreute Interessen und eine erhöhte Sensibilität für neuartige Probleme notwendig.[425] Nur wenige Menschen, die „Hochkreativen“, haben die Begabung, häufig in diesem Sinne erfinderisch tätig zu sein. Dennoch gehen 80% aller Patentanmeldungen auf „Arbeitnehmererfinder“ zurück, den Mitarbeitern in Unternehmen kommt daher die Schlüsselrolle im betrieblichen Innovationsprozeß zu.[426] Notwendig ist dazu eine hohe Bereitschaft, Neues zu denken. Sie resultiert aus einem inneren Antrieb.[427] Seine starke kreative „Innenlenkung“[428] macht den Erfinder relativ unabhängig von den Urteilen der Außenwelt und damit risikoavers. Die innovative Kreativität betrifft Neuleistungen, Erfindungen. Bestehendes wird in seiner elementaren Form ver-

425) Vgl. Kupsch, P.U., Marr, R., Picot, A., a.a.O., S. 1148.
426) Vgl. Staudt, E., Bock, J., Mühlemeyer, P., Kriegesmann, B.: Der Arbeitnehmererfinder im betrieblichen Innovationsprozeß, in: Zeitschrift für betriebswirtschaftliche Forschung (ZfbF), Nr. 2, 44. Jg., 1994, S. 111ff.
427) Vgl. Schlicksupp, H., a.a.O., S. 530ff.

ändert.[429] Dazu ist es notwendig, komplexe Zusammenhänge völlig neu zu kombinieren. Um das zu leisten, muß man sich über einen langen Zeitraum mit einem Problem oder zumindest einem Problemfeld beschäftigen. Innovative Kreativität geht zumindest teilweise zielgerichtet vor. Im Gegensatz zur erfinderischen Ebene reicht es nicht mehr aus, nur etwas Neues zu erdenken, der Wunsch besteht in dessen Umsetzung. Dazu ist eine Anpassung an die Realität erforderlich. Erst eine Summe von neuen Lösungen kommt dann zu befriedigenden Lösungen. Deshalb ist innovative Kreativität besonders gut in Gruppen zu verwirklichen. „Die fünfte und höchste Stufe der Kreativität bringt das Neue als revolutionären Anstoß hervor und beeinflußt ganze Epochen und Gesellschaften...."[430] Sie tritt selten auf und hat eine hohe Zufallskomponente. Ihre Tragweite ist häufig noch nicht abzusehen, wenn eine derartige Idee geboren wird.[431] Um bis dahin zu kommen, ist eine meist jahrelange, intensive Beschäftigung mit einem Interessengebiet notwendig.

Damit Kreativität nicht nur als Schöpfungskraft von einzelnen Menschen, sondern von Organisationen wirksam werden kann, müssen verschiedene Personen im Unternehmen Rollen ausfüllen. Diese Rollen können sich überschneiden oder mehrfach belegt sein, sie sind nicht in jedem Fall deutlich ausgeprägt: „Innovationsmanager treten unter einer kaum noch überschaubaren Fülle von Bezeichnungen auf."[432] Ihre formelle und informelle Ausgestaltung hängt von den

---

428) Ebenda, S. 531.
429) Vgl. Meßner, G., a.a.O., S. 18.
430) Linneweh, K., a.a.O., S. 15.
431) Vgl. das Interview mit Konrad Zuse: o.V.: Ich hatte IBM auf meiner Seite gehabt, in:
     Frankfurter Allgemeine Zeitung (FAZ), Verlagsbeilage Deutsche Wirtschaft, Nr. 135,
     14.06.1994, S. B3.
432) Hauschild, J.: Managementrolle: Innovator, in: Staehle (Hrsg.): Handbuch Management,
     Wiesbaden, 1991, S. 234.

Strukturen der Organisation und dem Konfliktpotential und der Komplexität der Innovation ab. Die eigentliche kreative Leistung der Invention wird von einem „Ideengenerator" erbracht.[433]

Danach wird die Idee von einem Entscheider akzeptiert, der die Innovation auch in ihren Entstehungsphasen gegen Konflikte und Hemmnisse schützt.[434] Als Machtpromotor hat er die notwendige hierarchische Position im Unternehmen, um diesen Schutz durchzusetzen. Für eine signifikante Innovation, die die Wettbewerbsfähigkeit des Unternehmens wahrnehmbar beeinflußt, muß der Machtpromotor Mitglied der Geschäftsführung sein, damit das Projekt nicht gestoppt wird, sobald es anfängt, Auswirkungen auf die Unternehmensstrategie zu zeigen.[435] Einer erfolgreichen Innovation stehen Fachpromotoren zur Seite, die die Innovation mit ihrem Know-how und ihrer Arbeitszeit anreichern, damit sie „reifen" kann. Sponsoren, häufig mit den Machtpromotoren in enger Zusammenarbeit oder sogar Personalunion, stellen die zeitlichen, personellen und materiellen Ressourcen bereit.[436] Die bewußte oder unbewußte Zusammenarbeit zwischen diesen Promotoren und Generatoren ist erfolgsentscheidend für die Verwirklichung einer Innovation. Typischerweise vereint ein derartiges „virtuelles Innovationszentrum" Unternehmensangehörige der verschiedensten Abteilungen und Hierarchieebenen.[437] Das Zustandekommen von Innovationen wird nur in

---

433) Vgl. Reber, G., Strehl, F.: Zur organisatorischen Gestaltung von Produktinnovationen, in: Zeitschrift Führung-Organisation (ZFO), Heft 5-6, 52. Jg., 1983, S. 263.

434) Vgl. dazu die Abbildung 6: Lineares Phasenmodell von Innovationen.

435) Vgl. Gobeli, D., Rudelius, W.: Managing Innovation: Lessons from the Cardiac Pacing Industry, in: Sloan Management Review, Nr. 2, Vol. 26, 1985, S. 36.

436) Vgl. Wicher, H.: Das Promotorenkonzept - Eine Problemanalyse, in: Das Wirtschaftsstudium (WISU), Nr. 10, 24. Jg., 1995, S. 820ff.

437) Vgl. den Begriff des „Organisational Buying Center" bei Turnbull, P.: Organizational buying behaviour, in: Baker, M. (Hrsg.): The Marketing Book, 2. Aufl., Oxford 1991

seltenen Fällen gezielt durch eine aktive Gestaltung aller Rollen forciert. „Mit organisatorischen Regelungen können zwar Inkompetente nicht zu Genies transformiert werden..."[438], aber dennoch kann die Rolle eines wie immer berufenen „Organisators" Abhilfe schaffen und die Zusammenarbeit anregen und verbessern. Diese Rolle füllt er am besten als Beziehungspromotor aus. Er hat die Aufgabe, Innovationshemmnisse zu beseitigen, die im interpersonalen und kommunikativen Bereich liegen.[439] Dazu bedarf es einer starken, charismatischen Persönlichkeit, die Risikofreude und Leistungswillen mit Beharrlichkeit verbindet.[440] Um die Aufgaben dieser Schlüsselrolle besser zu verstehen, ist es hilfreich, Innovationshemmnisse genauer zu identifizieren.

3.3.3 Auftreten und Konsequenzen von Innovationshemmnissen

Menschen und über die Mitarbeiter auch Organisationen besitzen kreatives Potential. Wenn diese potentielle Kreativität nicht wirksam wird, kann es verschiedene Gründe dafür geben: Kreativitätshemmnisse, Diffusionshemmnisse oder Markthemmnisse.[441] Denn Innovationshemmnisse sind phasenspezifisch und

---

und Wind, Y., Thomas, R.: Conceptual and Methodological Issues in Organisational Buying Behaviour, in: European Journal of Marketing, Nr. 5/6, Vol. 14, 1980, S. 242.

438) Thom, N.: Der Organisator als Innovator, in: Die Unternehmung, Nr. 4, 46. Jg., 1992, S. 265.

439) Vgl. Gemünden, H.G., Walter, A.: Der Beziehungspromotor - Schlüsselperson für interorganisationale Innovationsprozesse, in: Zeitschrift für Betriebswirtschaft (ZfB), Heft 9, 65. Jg., 1995, S. 973f.

440) Vgl. Howell, J., Higgins, C.: Champions of Technological Innovation, in: ASQ, Nr. 6, o. Jg. 1990, S.324.

441) Bitzer unterscheidet personale, organisatorische, technische und finanzielle Innovationshemmnisse. Da diese Einteilung die technologischen Hemmnisse m.E. überbewertet, die aus betriebswirtschaflicher Sicht entweder nicht zu beheben sind oder sich auf andere Hemmnisse aus dem personalen oder Ressourcenbereich zurückführen lassen, wurde die

treten auf allen Innovationsstufen auf. Die ursprünglichste Innovationsquelle besteht daher in dem Abbau von Innovationshemmnissen. Kreativitätshemmnisse liegen vor, wenn die geistige Beschäftigung des potentiellen Erfinders mit dem Erkenntnisgegenstand behindert oder verhindert wird oder wenn die Äußerung der Ergebnisse kreativer Prozesse unterdrückt wird. Dabei kann es sich schon kreativitätshemmend auswirken, daß das Interesse potentieller Erfinder an einem Erkenntnisgegenstand eingeschränkt wird.

Es gibt Hemmnisse, die im Innovierenden selbst begründet liegen. Im folgenden sollen sie als „intrapersonale Innovationshemmnisse" bezeichnet werden. Zum einen ist die „Trägheit" zu nennen, also eine mangelnde Bereitschaft zur Kreativität. Denn Kreativität verlangt einen Input, der als Anstrengung oder zumindest als zeit- und damit ressourcenintensiv empfunden wird. Deshalb ist ein externer Anreiz oder zumindest ein „Eigenantrieb" notwendig, damit sich Kreativität überhaupt entwickelt.[442] Zum anderen ist das „subjektiv empfundene Risiko" zu nennen. Dieses Konstrukt ist ein wertneutraler Ausdruck für Angst, also eine Funktion eines objektiven Risikos, das durch Wahrnehmungsfilter aufgrund von Erfahrungen, sozialen Bezügen und begrenzter Information subjektiv empfunden wird.[443] Objektives Risiko kann bei dem Innovator selber, dem Adaptor oder dem Anwender liegen. Wirksam wird dieses Risiko in dem Maße, in dem es von einer Person empfunden wird. Seine Amplitudenhöhe wird durch die Prädisposition zum Risiko, also Risikoaversion oder -bereitschaft, determiniert. Die Angst vor den Konsequenzen der eigenen Kreativität oder auch den Folgen von Verän-

---

hier beschriebene Einteilung erarbeitet. Ziel dieser Vorgehensweise ist es, stärker auf die Ursachen der Hemmnisse als auf deren Phänotypus einzugehen. Vgl. Bitzer, B., Poppe, P., a.a.O., S. 318.

442) Vgl. den Begriff des „Eigenantriebes zur Qualität", der in Kapitel 3.2.1: Dimensionen und Merkmale von Qualität geprägt wurde.

443) Vgl. Bitzer, B.: Innovationshemmnisse im Unternehmen, Wiesbaden 1990.

derungen allgemein lähmt die Innovationsbereitschaft bzw. führt zu Innovations-
verweigerung.[444] Subjektiv empfundenes Risiko in der Inventionsphase ist verantwortlich dafür, daß viele Ideen schon in ihrer frühen Entstehungsphase vom
Erfinder verworfen werden. „Trägheit" und „subjektiv empfundenes Risiko"
können durch geeignete Maßnahmen abgebaut oder verstärkt werden.

Wesentliche Kreativitätshemmnisse der Mitarbeiter liegen auch in der
„...Überschätzung der Überzeugungskraft technischer Neuerungen...".[445] Diese
„Technikverliebtheit" beraubt den Innovator der Möglichkeit, geeignete Maßnahmen zur Durchsetzung und Einführung seiner Innovation zu ergreifen. Das gilt
auch dann, wenn sich „der Innovator" aus einer Gruppe von Personen, also z.B.
der Forschungs- und Entwicklungsabteilung, zusammensetzt, die es nicht vermag,
ihre Neuerungen den internen Kunden zu „verkaufen", weil sie die Bedeutung ihres Projektes überschätzt. Dieser Konflikt besteht zumeist mit der Unternehmensleitung. Häufig manifestiert sich eine derartige Überbetonung der technologischen
Komponente einer Innovation auch in Produkten, die am Markt und an den Kunden vorbei konstruiert wurden. Zum anderen entfaltet eine „...Unterschätzung der
durch technische Neuerungen hervorgerufenen Widerstände..."[446] Innovationshemmnisse und kann bestehende Hemmnisse sogar noch verstärken. Fehlein-
schätzungen können also generell den Erfolg einer Innovation in Frage stellen,
zumal sich ihre hemmenden Folgen über die Phasen einer Innovation akkumulie-
ren.

---

444) Vgl. Kühlmann, T.. Psychologische Aspekte des Widerstands gegen Innovationen, in:
   Franke, J. (Hrsg.): Betriebliche Innovation als interdisziplinäres Problem, Stuttgart 1989,
   S. 96.
445) Staudt, E., a.a.O., S. 344.
446) Ebenda.

Sie führen zu interpersonalen Hemmnissen, also unzulänglicher Kooperation oder Kommunikation zwischen Abteilungen und Hierarchieebenen. Hier wirken sich schon Störungen des vertikalen oder horizontalen Informationsflusses hemmend aus. Denn nur wenn alle Subjekte eines virtuellen Innovationszentrums rechtzeitig und umfassend informiert sind, können sie auch die Weiterverfolgung einer Innovation entscheiden, sie weiterentwickeln, Ressourcen bereitstellen und alle Beteiligten auf das Innovationsziel einschwören. Ein Grund für Störungen im Informationsfluß sind unklare Zuständigkeiten zwischen verschiedenen Entwicklungsabteilungen oder Vorstandsbereichen, zwischen Entwicklung und Produktion oder Entwicklung und Absatz/ Marketing.[447] Offensichtliches Zeichen ist der sprunghafte Anstieg der Entwicklungszeiten, denn Entscheidungen bleiben häufiger liegen oder werden zwischen den Abteilungen hin- und hergeschoben, bis geklärt ist, wer zuständig ist. Auch die Kosten für Innovationstätigkeiten steigen bei einer derartigen Struktur natürlich an. Dies wird weniger augenscheinlich als der Zeitfaktor, da es sich zumeist um unzurechnenbare Gemeinkosten handelt.[448]

Neben mangelnder Kreativität existieren also Diffusionshemmnisse, die die Verbreitung von Innovationen aufhalten oder sogar verhindern. Eines besteht in dem „Beharrungsvermögen" einer Organisation, also in Strukturen, welche die Diffusion von Ideen und Inventionen behindern. Neben den Informations-, Entscheidungs-, und Ausführungsstrukturen können formelle und informelle Strukturen unterschieden werden. Informelle Strukturen, die die Adaption und damit die Weiterentwicklung von Innovationen behindern, werden durch das „Not-Invented-Here"-Syndrom charakterisiert.[449] Es bezeichnet die Einstellung, alle

447) Vgl. Benkenstein, M.: F&E und Marketing, a.a.O.
448) Vgl. Albach, H.: Innovationsstrategien zur Verbesserung der Wettbewerbsfähigkeit, a.a.O., S. 1344.
449) Vgl. ders., Das Management der Differenzierung, a.a.O., 777f.

Ideen, die extern entstanden sind - also in einer anderen Abteilung oder Unternehmung - innerlich abzulehnen. Diese häufig unbewußt vorhandene, fehlende innere Offenheit entfaltet insbesondere innovationshemmende Wirkungen, da sie schon in sehr frühen Phasen wirksam wird. Ein Beispiel für die Ausführungsstruktur ist der Grad an automatisierter Leistungserstellung. Routinemäßiges Verhalten erfordert prinzipiell weniger Energie als innovatives Verhalten.[450] Daher wird innovatives Verhalten durch Routinetätigkeiten unterdrückt, wenn nicht entweder Anreize und Freiräume dafür geschaffen werden und/ oder Mitarbeiter im Unternehmen beschäftigt sind, die von sich aus über ein hohes kreatives Aktivitätsniveau verfügen.

Ein wesentliches Diffusionshemmnis kann auch darin bestehen, daß viele hierarchische Strukturen ein „Überspringen" des Vorgesetzten nicht zulassen oder negativ sanktionieren bzw. der negativen Sanktionierung durch den Vorgesetzten selbst Vorschub leisten. Dadurch gelangen Innovation zu langsam oder nur unvollständig zu der Stelle, die unvoreingenommen und sachkompetent entscheiden kann, ob die Innovation sinnvoll die Unternehmensziele unterstützt. Starre Strukturen wirken sich also über die Angst der Mitarbeiter vor negativen Konsequenzen hemmend auf die Kreativität aus. Das Ringi-System japanischer Unternehmen greift diese Erkenntnis auf: Dort werden Entscheidungen zwar nach einem komplizierten System durch eine Vielzahl von Stellen und Vorgesetzten geschleust, es kommt aber dennoch zur Umsetzung einer Vielzahl von Verbesserungsvorschlägen, da alle Beteiligten ein Interesse an der Verwirklichung der Ideen haben. Zentraler Erfolgsfaktor des japanischen Verbesserungssystemes ist,

---

450) Vgl. Kieser, A., Kubicek, H.: Organisation, Berlin/ New York 1983, S. 123.

151

daß das Gruppeninteresse dem Einzelinteresse übergeordnet wird.[451] Bürokratie ist demnach nicht per se innovationsfeindlich. In den meisten Fällen wirkt sie aber so, weil sie auf Grund starrer Vorgaben subjektiv empfundenes Risiko schafft und gleichzeitig Hierarchie überbetont: Ein „... hervorstechendes Merkmal innovationsfeindlicher Kulturen ist die Dominanz der Hierarchie."[452] Jede Formalisierung von Abläufen und Prozessen mittels Regelwerken ist zunächst selber ein kreativer Schritt, mit ihr ist aber auch eine Erstarrung verbunden. „Diese Prozesse laufen dann zukünftig entsprechend der definierten Regelwerke, verlieren damit aber an Spontaneität und Anpassungsfähigkeit..."[453]

Bürokratie wirkt also sowohl als Diffusions- als auch als Kreativitätshindernis und ist damit tendenziell innovationsfeindlich: „... the true enemy of quality, innovation ... which is namely bureaucracy." [454] Das gilt insbesondere für Qualitätssicherungsinstrumente und -systeme. Auch sie müssen als tendenziell innovationsfeindlich oder zumindest innovationsneutral eingestuft werden: Sie bauen auf bestehenden Regeln auf, und die Einhaltung dieser Regeln dient der Erhaltung der Produkt- oder Prozeßqualität im Sinne des Vermeidens von Fehlern. In einer dynamischen Umwelt reicht das nicht aus, um Qualität sicherzustellen, statt dessen wird der trügerische Eindruck der Sicherheit vermittelt. Ideen für neue Verfahren, Prozesse und Leistungen werden in diesem System nicht berücksichtigt. Qualitätssicherung ist daher latent innovationshemmend. Akut wird diese Tendenz, wenn Widerstände gegen die Durchsetzung einer Innovation auftreten, weil diese

451) Vgl. Schneidewind, D.: Das japanische Unternehmen - Ushi no Kaisha, Heidelberg et al. 1991.
452) Kieser, A.: Unternehmenskultur und Innovation, in: Staudt, E. (Hrsg.): Das Management von Innovationen, Frankfurt, 1986, S. 45.
453) Radermacher, J.: Kreativität - das immer neue Wunder, in: Forschung & Lehre, Nr. 10, o.Jg., 1995, S. 550.
454) Ripley, R. E., Ripley, M. J., a.a.O., S. 28.

Innovation nicht in das System der Qualitätssicherung paßt. Im Gegenteil fordert KIESER sogar Toleranz von Fehlern und Fehlschlägen und nennt sie „...unabdingbarer Bestandteil innovationsförderlicher Kulturen."[455]

Neben den formellen Strukturen können im Umkehrschluß auch die informellen innovationförderlich gestaltet werden. Diese werden durch die Unternehmenskultur geprägt. Eine gezielte Beeinflussung verlangt nach der Anpassung der gemeinsamen Werte mit dem Ziel einer nachhaltigen Verhaltensbeeinflussung. Innovationsbereitschaft wird zum Bestandteil der Unternehmenskultur. GAGLIARDI berichtet: „The enterprise of our example continues to innovate even under adverse circumstances."[456] Eine dergestaltige Innovationskultur steht in ausgleichender Ergänzung oder sogar im ablösenden Widerspruch zur Qualität- oder (Null-) Fehlerkultur eines Unternehmens. In der Literatur wird die „duale Organisation" als Lösung des partiellen Widerspruchs von Struktur und Innovation angeboten. „Die Strategie der dualen Organisation geht davon aus, daß innovative Aufgaben von dauerhaft eingerichteten Organisationseinheiten wahrgenommen werden sollen."[457] Eine vollständige Trennung von innovativen und nicht-innovativen, leistungserstellenden Unternehmensteilbereichen erscheint jedoch auf keinen Fall sinnvoll. Bestimmte Arten von Innovationen - namentlich Prozeß- und teilweise auch Strukturinnovationen - sind nicht von der eigentlichen Leistungserstellung zu trennen, da sie die Verbesserung dieser zum Inhalt haben. Außerdem bedeutete

---

455) Kieser, A.: Die innovative Unternehmung als Voraussetzung der internationalen Wettbewerbsfähigkeit, in: Wirtschaftswissenschaftliches Studium (WiSt), Heft 7, 14. Jg., 1985, S. 357.

456) Vgl. Gagliardi, P.: The Creation and Change of Organizational Cultures: A Conceptual Framework, in: Organizational Studies, Nr. 7, o.Jg., 1986, S. 122.

457) In einem etwas anderen Bezug: Gaitanides, M., Wicher, H.: Strategien und Strukturen innovationsfähiger Organisationen, in: Zeitschrift für Betriebswirtschaft (ZfB), Heft 4/5, 56 Jg., 1986, S. 392.

diese künstliche Trennung eine unnötige Beschränkung des innovativen Potentials und damit auch der strategischen Flexibilität eines Unternehmens.

Innovationshemmnisse sind neben Kreativitäts- und Diffusionshemmnissen auch Verwirklichungshemmnisse: Wenn Innovationen von der zuständigen Person oder Stelle beschlossen worden sind, gibt es weitere Hemmnisse, die ihrer Umsetzung im Wege stehen. Verwirklichungshemmnisse werden durch das Marktgeschehen offensichtlich, sie sind deshalb gleichzeitig Markthemmnisse.[458] Immer kürzere Amortisationszeiten am Markt zwingen zu möglichst kurzen Forschungs- und Entwicklungs-Zyklen und wirken somit innovationsblockierend für Unternehmen, die Produkte nicht schnell genug zur Markreife bringen können. Darüber hinaus ist Ressourcenknappheit, vor allem bei der Finanzierung aber auch im Humanbereich,[459] ein Hemmnis, das häufig lange unerkannt existiert und aus Sicht der Beteiligten plötzlich an die Oberfläche dringt.

Technologische Hemmnisse bestehen, wenn der Zugang zu Verfahrens- oder Markt-Know-how z.B. durch Patente in diesen Bereichen verwehrt ist oder wenn sich bei Machbarkeitsstudien herausstellt, daß die Anwendung der Invention an technologische Grenzen stößt, die ihrerseits wiederum einen ökonomisch sinnvollen Einsatz verbieten. Dies scheint derzeit z.B. bei der Photovoltaik der Fall zu sein. Auch ein unzureichendes Marketing kann das entscheidende Hemmnis für eine Innovation darstellen, wie sich am Beispiel nicht durchgesetzten Dominanten

---

458) Vgl. Piatier, A.: The Innovation Process: Analysis, driving forces, obstacles, assessment, in: Henry, B. (Hrsg.): Forecasting Technological Innovation, Brüssel/ Luxemburg, 1991, S. 8.

459) So war der Bankrott von Rolls-Royce Engines zu einem großen Teil darauf zurückzuführen, daß der Technische Direktor 1967 unerwartet verstarb, als sich die Firma von dem Erfolg des RB211-Entwicklungsprojektes völlig abhängig gemacht hatte. Vgl. Betts, P.: Laying the ghost of engines past, in: Financial Times, 5.11.1993, S. 17.

Designs trotz überlegener Technik gezeigt hat. Schließlich lassen sich nicht alle Widerstände voraussehen, denen Innovationen - z.B. im Fall der Gentechnik - von öffentlicher, politischer oder staatlicher und supranationaler Seite gegenüberstehen. Im Fall des „MEDERER-Motors" sind die technischen, politischen oder gesellschaftlichen Gründe nur mit Mühe zu erkennen, die verhindern, daß die Invention von der Industrie nicht angenommen wird. Das neuartige Motorenkonzept sorgt über ein Gelenk im Pleuel für ein Verharren der Kolben am oberen Totpunkt des Verbrennungszyklus und damit für eine wesentlich bessere Energieausbeute von Verbrennungsmotoren.[460] Trotz eines seit Jahren funktionierenden Prototypen für das patentierte System zeigen die großen Automobilkonzerne kein Interesse an dem mehrfach ausgezeichneten Konzept. Auch für andere neuartige Verbrennungsmotorenkonzepte gilt: „Die alten Spieler widersetzen sich der neuartigen Technologie, das war schon so beim Aufkommen des Personalcomputers."[461]

Die Markhemmnisse treten in einer späteren Phase des Innovationsprozesses auf, als Kreativitäts- und Diffusionshemmnisse. Vor allem subjektiv empfundene Risiken bezüglich Reaktionen oder Konsequenzen aus der Unternehmensumwelt, der Wettbewerber oder der Öffentlichkeit wirken sich als hemmende Rahmenbedingungen für die Umsetzung von Innovationen aus. Auch unternehmensstrategische Überlegungen können es angeraten erscheinen lassen, eine Innovation nicht umzusetzen. Die Stärke der Verwirklichungshemmnisse entspricht der Höhe der erwarteten Umsetzungskosten im Verhältnis zum Umsetzungsnutzen der Innova-

---

460) Vgl. Lewe, T.: Ein Mann kämpft für den Knick im Pleuel, in: Frankfurter Allgemeine Zeitung (FAZ), Nr. 271, 22.11.1994, S. T4.
461) Baumann, M.: Druck von außen, in: WirtschaftsWoche, Nr. 19, 51. Jg., 1.2.1997, S. 73, mit Bezug auf den „Rosen-Motor".

tion. Der <u>Zusammenhang der Innovationshemmnisse</u> ist in der folgenden Abbildung dargestellt:

Abbildung 9:

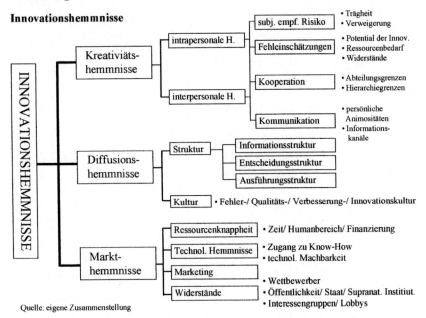

Quelle: eigene Zusammenstellung

Die Vielzahl der Innovationshemmnisse in allen Phasen und für alle Arten von Innovationen zu überwinden stellt eine gewaltige Herausforderung für Unternehmen dar. Bei der Suche nach Lösungsmöglichkeiten für diese Situation erscheint es ratsam, die ausgetretenen Pfade der westlichen und ostasiatischen <u>Zweckrationalität</u> einmal für kurze Zeit zu verlassen, da sie nur singuläre Erklärungsmuster anbietet. BÜSCHER weist aus einer ganz anderen Perspektive darauf hin, daß die Kernbestandteile unserer Wirtschafts- und Unternehmensstrukturen nur scheinbar unveränderlich seien. Er charakterisiert sie als zweckrationales, lineares, abstraktes Denken in engen Zeitbezügen. „Die Bereitschaft und ein Impuls zur Anwendung neuer Techniken und Produktionsverfahren, vor allem unter Risikobedingungen, wird in dem oben beschriebenen Rahmen nicht gefördert. Der Schlüssel zu alternativen Entwicklungsprozessen mit Erfindungen und Innovationen ist jedoch nicht durch ein einzelnes Ereignis gekennzeichnet, sondern ist ein langwieriger Prozeß, der von vielen unterschiedlichen, sich aber ergänzenden Personengruppen getragen wird..."[462] Innovationsfähigkeit erfordert daher zumindest teilweise eine Abkehr von klassischen Managementmethoden, die einzig auf Effizienzsteigerung durch lineare Problemlösungsalgorithmen aufbauen.

Deutlich wird das an der Zeitfallenproblematik. Das Innovationstempo nimmt in vielen Technologiebranchen zu. Dadurch zwingt es die Marktteilnehmer zu immer schneller aufeinander folgenden Innovationen. Während sich die Marktphase verkürzt, steigen die Aufwendungen für Forschung und Entwicklung. Die Frage nach den wichtigsten Innovationshemmnissen beantwortet daher die Mehrzahl von mehreren Tausend befragten Unternehmen mit der Antwort „zu geringe Rendite".[463] Immer mehr Stimmen werden laut, daß der Wettlauf mit der Zeit auf Dauer in eine Beschleunigungsfalle führt.[464] Denn der Entwicklungszeitbedarf läßt sich nicht beliebig verkürzen. Auch der Ansatz des Time Based Management muß, selbst wenn er in den ersten Jahren nach einer Einführung in einem Unternehmen bedeutende Effizienzvorteile erwirtschaftet, irgendwann an seine natürli-

462) Büscher, M.: Afrikanische Weltanschauung und ökonomische Rationalität, Freiburg i.Brg. 1988, S. 43.

463) Vgl. o.V.: Geringe Rendite behindert Innovationsvorhaben, in: Handelsblatt, 18.12.1995, S. 4.

464) Vgl. o.V.: Das Timing der Marketing-Prozesse - Zeitwettbewerb, Zeitstrategie, Zeitfalle in: Absatzwirtschaft, Teil 1: Nr. 3, 32. Jg., 1989, S. 32ff., Teil 2: Nr. 4, 32. Jg., 1989, S. 52ff.; Braun, Ch.-F., von, a.a.O. sowie o.V.: Geringe Rendite behindert Innovationsvorhaben, a.a.O., S. 4; Deysson, C.: Mut zur Langsamkeit, in: WirtschaftsWoche, Nr. 17, 51. Jg., 17.4.1997, S. 108ff. sowie Backhaus, K., Bonus, H. (Hrsg.), a.a.O.

chen Grenzen stoßen.[465] Wenn ein Automobilbauer für eine völlige Neuentwicklung statt viereinhalb Jahre nur noch drei braucht und ein Zulieferer seine Entwicklungszeiten halbiert, ist dieser Punkt vielleicht noch nicht erreicht,[466] aber wenn ein Elektronikunternehmen seine Produktentwicklung von zwei Jahren auf zwei Monate herunterschraubt,[467] dann kann der Grenznutzen weiterer Zeitersparnisse nicht bedeutungsvoll sein. Den Kunden entsteht dadurch kein Zusatznutzen mehr. Wenn sich die von ihnen zuvor gekaufte Marktleistung noch nicht amortisiert hat, sind sie nicht bereit, schon wieder auf eine neue umzusteigen. Es kommt zum sogenannten Leapfrogging-Verhalten, bei dem der potentielle Kunde lieber eine Technologieentwicklung überspringt, als permanent die neuesten Marktleistungsinnovationen zu beziehen.[468] Anders ausgedrückt: Forschungs- und Entwicklungszyklen lassen sich nicht infinitissimal verkürzen. Noch bevor das Ende der Möglichkeiten im technisch-/ organisatorischen Bereich erreicht ist, ist häufig die Aufnahmekapazität auf den Märkten erschöpft,[469] die Vermarktungsphase wird so kurz, daß sich die Entwicklungskosten nicht mehr amortisieren. Deshalb besinnt man sich wieder auf die Basiserkenntnis der strategischen Planung, daß es nicht unbedingt auf eine Zeitverkürzung, sondern vor allem auf

---

465) Vgl. Stalk, G., Hout, T.: Zeitwettbewerb - Schnelligkeit entscheidet auf den Märkten der Zukunft, Frankfurt/ New York, 1990; Stalk, G., Hout, T.: Redesign your Organisation for Time-Based Management, in: Planning Review, Nr. 1, Vol. 18, 1990, S. 4ff. sowie Stalk, G.: Zeit - die entscheidende Waffe im Wettbewerb, in: Harvard Manager, Nr. 1, Vol. 11, 1989, S. 37ff.

466) Vgl. Seifert, H., Steiner, M.: F+E: Schneller, schneller, schneller, in: Harvard Business Review, Nr. 2, Vol. 73, 1995, S. 20.

467) Vgl. Peters, T.: Time-obsessed competition, in: Management Review, Nr. 9, Vol. 79, 1990, S. 16.

468) Vgl. Weiber, R., a.a.O., S. 333f.

469) Vgl. Deutsch, Ch.: Innovation: In der Falle, in: WirtschaftsWoche, Nr. 23, 49. Jg., 1.6.1995, S. 83ff.

die Wahl des richtigen Zeitpunktes ankommt.[470] Die Forderung nach „Entschleunigung" bezieht sich mittlerweile nicht mehr allein auf Forschungs- und Entwicklungsprozesse, sondern auf alle Bereiche des Unternehmens.[471]

Statt kurzfristig effizienzorientierter, singulärer Innovationserfolge sind Ansätze notwendig, die nachhaltig erhöhte Flexibilität schaffen, indem sie Freiräume für kreative Leistungen bieten. Vor allem die produktive Kreativität verlangt nach Spielräumen für jeden Mitarbeiter an seinem Arbeitsplatz. Diese Erkenntnis stimmt mit der Forderung nach kontinuierlichen Verbesserungen überein. Aber auch die erfinderische und die innovative Kreativität brauchen Lebensraum, damit sie sich entwickeln können. „Kreativität kann sich nicht in einem Klima enger Kontrolle von Verhalten und Ergebnissen entfalten."[472] Es ist daher notwendig, bewußt Freiräume für Kreativität zu schaffen, damit Innovationen entstehen können. Einen unkonventionellen, aber seit Jahrzehnten erprobten Weg dazu weist beispielsweise die Minisota Mining Company, besser als 3M bekannt. „Damit Ideen notfalls auch gegen den Willen der Chefetage am Leben bleiben, muß jeder Forscher 15 Prozent seiner Zeit mit eigenen, nicht offiziell abgesegneten Projekten verbringen."[473] So erreicht das Unternehmen das Ziel, 30% des Umsatzes aus Produkten zu schöpfen, die höchstens vier Jahre alt sind.

Die Beseitigung von Innovationshemmnissen kann durch Maßnahmen zur Förderung der Innovationsbereitschaft sinnvoll ergänzt werden. Über Anreize für ein-

---

470) Vgl. Simon, H.: Die Zeit als strategischer Erfolgsfaktor, in: Zeitschrift für Betriebswirt-schaft (ZfB), Heft 1, 59. Jg., 1989, S. 72.

471) Vgl. Geißler, K.: Zeit, Weinheim 1996 sowie Reheis, F.: Die Kreativität der Langsamkeit - Neuer Wohlstand durch Entschleunigung, Darmstadt 1996.

472) Vgl. Albach, H.: Das Management der Differenzierung, a.a.O., S. 777.

473) Stein, I.: Lizenz zum Tüfteln, in: WirtschaftsWoche, Nr. 40, 50. Jg., 26.09.1996, S. 138.

zelne Mitarbeiter oder Teams, innovativ tätig zu sein, wird weiter unten berichtet.[474] Aber auch ganze Unternehmensteilbereiche oder Unternehmen lassen sich zu mehr Innovationskraft führen. Statt einer einseitigen Konzentration des Innovationsmanagements können Prozeß-, Struktur- und soziale Innovationen nachhaltig gefördert werden. Der größte Innovationsdruck kommt dabei vom Markt. PETERS empfiehlt daher, veraltete Produkte, selbst wenn sie noch als Cash-Cow funktionieren, bewußt gegen innovative im Produktportfolio auszutauschen, sowie rein „interne Lieferanten" einen Teil ihrer Leistung auf dem firmenexternen Markt anbieten zu lassen „...-to keep them honest, to inject innovation, and to demonstrate their readiness to compete in a global marketplace".[475]

Neben dem Wecken von Kreativität ist ihre Steuerung auf die Unternehmensziele hin notwendig. Vieldiskutierte Mittel dazu sind die Kreativitätstechniken, die als intuitiv-kreative Methoden zur Überwindung gewohnter Denkmuster führen und als analytisch-systematische Methoden durch ein Wechselspiel von Loslösung vom Problemgegenstand und Rückbindung daran zu neuen Lösungen führen sollen.[476] Derartige Methoden können aber nur innerhalb einer innovativen Unternehmenskultur wirksam werden, da sie aus sich heraus nicht in der Lage sind, die Vielzahl der Innovationshemmnisse nachhaltig zu entkräften. Die Innovationskraft eines Unternehmens auszuschöpfen bleibt daher Aufgabe der Unternehmensleitung und letztlich jedes einzelnen Mitarbeiters.

---

474) Vgl. Peters, T.: Get innovative or get dead - Part 2, in: California Management Review, Issue 2, Vol. 33, 1991, S. 23ff.

475) Peters, T.: Get innovative or get dead - Part 1, in: California Management Review, Issue 3, Vol. 32, 1990, S. 12.

476) Vgl. stellvertretend für viele: Meyer, J.-A.: Kreativitätstechniken - Grundlagen, Formen und Computerunterstützung, in: Wirtschaftswissenschaftliches Studium (WiSt), Heft 9, 22. Jg., 1993, S. 448.

Zunehmend gerät auch der Ansatz der Vernetzung als Gegenpol zu linearen Lösungsalgorithmen in die Diskussion. Die Parallelisierung von Wertschöpfungsaktivitäten und die multifunktionale Besetzung von Leistungserstellungsprozessen kennzeichnen dieses Umdenken. In der Unternehmenspraxis wird gerade für den Forschungs- und Entwicklungsbereich diese Forderung immer lauter.[477] Wie die Diskussion des evolutorischen Innovationsbegriffs gezeigt hat, folgen diese Ansätze den realen Strukturen der Innovationsentstehung. Die Planung und Organisation der Innovationsaktivitäten und die Aufstellung des strategischen Unternehmenskonzeptes als prozeß- und strukturorientierte Erfolgsparameter sind selbst kommunikative und kreative Leistungen.[478] Die Aufgaben dieser Leistung bestehen darin, Kreativität zu fördern, Angst vor den möglichen negativen Konsequenzen von innovativen Tätigkeiten zu nehmen, kreative Mitarbeiter einzustellen, die Diffusion von Innovationen aktiv zu erleichtern, eine innovationsfreundliche Organisationsstruktur zu schaffen und dabei die Innovationsoffenheit der Unternehmensleitung zu erhöhen.

3.4 Lernfähigkeit als Grundlage von Qualität und Innovation

Die beiden Leitbilder Qualität und Innovation, die in Kapitel 1 identifiziert und im zweiten Kapitel in bezug zu bestehenden Konzepten des Veränderungsmanagements gesetzt wurden, können nun auf der Basis der in diesem Kapitel durchge-

---

477) Vgl. z.B. Schröder, H.-H.: Die Parallelisierung von Forschungs- und Entwicklungs (F&E)-Aktivitäten als Instrument zur Verkürzung der Projektdauer im Lichte des "Magischen Dreiecks" aus Projektdauer, Projektkosten und Projektergebnissen, in: Zahn, R. (Hrsg.): Technologiemanagement und Technologien für das Management, Stuttgart 1994, S. 289ff.

478) Vgl. Specht, G.: Grundprobleme eines strategischen markt- und technologieorientierten Innovationsmanagements, a.a.O., S. 610.

führten Analysen miteinander verglichen werden. Die theoretische Betrachtung der beiden Zielgrößen hat die Beantwortung der Forschungsfrage zum Hintergrund, die am Anfang von Kapitel 3 gestellt wurde: Sind Qualität und Innovation miteinander vereinbar? Die Antwort muß differenziert erfolgen, da es eine Reihe von Faktoren gibt, bei dem eine Vereinbarkeit besteht, und andere, auf die diese Leitgrößen in entgegengesetzter oder zumindest unterschiedlicher Weise wirken. Im Kapitel 4 werden aufbauend auf diesem Kapitel Ansätze für die Integration beider Leitsätze in ein Veränderungsmanagement entwickelt. Dabei wird insbesondere der Begriff des Lernens im Mittelpunkt der Integrationsüberlegungen stehen. In Kapitel 5 erfolgt dann eine Deduktion der bis dahin gewonnenen Erkenntnisse auf eine Auswahl praxisrelevanter Gestaltungsempfehlungen.[479]

Qualität und Innovation wirken in unterschiedlicher Weise. Phänomene, bei denen sie bezüglich eines Vergleichskriteriums gleichgerichtet wirken, werden im folgenden mit „Konvergenz" bezeichnet, bei entgegengesetzten Zusammenhängen wird der Ausdruck „Divergenz" gebraucht. Dabei wird von einem anwenderbezogenen Qualitätsbegriff ausgegangen, Innovation wird im umfassenden Sinn als neue Lösung von Problemen aufgefaßt.

Die grundlegenden Konvergenzen beruhen auf dem subjektiven und dem objektiven Begriff von Qualität respektive Innovation. Über beide Größen existiert ein individuelles Vorverständnis, das ihre situative Interpretation in jedem Unternehmen, auf jeder Hierarchieebene und sogar für jede Arbeitsgruppe notwendig macht. Ihr Kernverständnis schließt eine marktliche und eine technologische Komponente ein, beide Vorstellungen haben also einen Entstehungs- und einen

---

479) Vgl. Lingnau, V.: Kritischer Rationalismus und Betriebswirtschaftslehre, in: Wirtschaftswissenschaftliches Studium (WiSt), Nr. 3, 24. Jg., 1995, S. 124ff.

Verwendungszusammenhang. Das evolutorische Verständnis der Innovation läßt sich also auch auf Qualität übertragen: Statt eines konstruktivistischen Verständnisses wird dadurch der Anpassungsnotwendigkeit der beiden Zielgrößen Rechnung getragen. Sie besitzen also durchaus vergleichbare Definitionskomponenten, und somit sind sie als Leitbilder auf einem sehr hohen abstrakten Niveau kompatibel.

Dies setzt sich auch bei den Gestaltungsmöglichkeiten förderlicher Rahmenbedingungen fort. Verschiedene virtuelle Innovationszentren durchziehen alle Hierarchien und Unternehmensteilbereiche, genauso wie die Forderung „Qualität geht jeden etwas an" niemanden im Unternehmen ausschließt. Entgegen häufig anzutreffender unnötiger Einschränkungen der Tragweite der Leitbilder ist Innovation nicht nur Sache der Forschungs- und Entwicklungsabteilung und auch Qualität nicht ausschließlich Aufgabe der Qualitätssicherungsabteilung. Sehr wichtig für die Gewährleistung beider Zielgrößen ist auch der Einsatz von Fach- und Machtpromotoren. Ebenso sind soziale und organisatorische Strukturen, Prozesse und Marktleistungen sowohl Gegenstand von Qualitätsbemühungen als auch Ziele von Innovationsanstrengungen. Eine weitere Konvergenz besteht in der Berücksichtigung von Fehlerfolgekosten. Durch sie kann transparent werden, wo Qualität langfristig entsteht, in der direkten Folge werden Innovationen angeregt. Während stabile Prozesse Voraussetzung für Qualität sind, dienen sie auch Innovationen als Nährboden. Denn nur wenn die Bedingungen der Leistungserstellung beherrscht werden, können sinnvolle Neuerungen bis zur Funktionsreife gebracht werden.

Das Ganze ist mehr als die Summe seiner Teile: Diese Erkenntnis ist Voraussetzung von Innovation und Qualität. Für beide gilt, daß sie optimal durch eine Vernetzung aller relevanten Ressourcen im Unternehmen entstehen. Den Mitarbeitern kommt dazu eine besondere Stellung zu. Sie sind zum einen Träger einer jeden Leistungserstellung oder zumindest daran beteiligt. Zum anderen sind sie die Quelle von produktiver und erfinderischer Kreativität. Ihre Motivation beziehen sie zu einem erheblichen Teil aus einem „Eigenantrieb zur Qualität" und aus ihrer Kreativität und Veränderungsfreude. Diese Gemeinsamkeit kann als die wichtigste Konvergenz im Sinne der Suche nach Gestaltungsparametern angesehen werden. Denn sie schafft eine gemeinsame Grundlage, wie Qualität und Innovation in einem Unternehmen verwirklicht werden können. Möglicherweise die wichtigste Basis für das Erreichen der Leitmotive ist das Vorhandensein von Wissen. Knowhow kann nur dann dauerhaft eine überlegene Qualität sicherstellen und als Wissenspool für Innovationen bereitstehen, wenn es konsequent durch Lernen auf den neuesten Stand gebracht wird.

Gemeinsam sind den beiden Leitbildern auch viele Hemmnisse, die sie in ihrer Entfaltung behindern. So teilen sie die Probleme, die daraus entstehen, daß die Denkmodelle von Fachkräften mit einem ökonomischen und einen ingenieurwissenschaftlichen Hintergrund häufig unvereinbar erscheinen. Qualität und Innovation erleiden daher im betrieblichen Alltag immer wieder das gleiche Schicksal: Eine einseitige Überbetonung des Entstehungszusammenhanges führt im Innovationsbereich als „Technologieverliebtheit" zu Entwicklungen, die an der Lösung der eigentlichen Probleme vorbeigehen und auf der Qualitätsseite zu „Überqualität". Die Anforderungen des Marktes, der Kunden oder interner Abnehmer werden dabei übersehen. Gleichzeitig wird paradoxerweise die weitreichende Bedeutung von Qualität und Innovation häufig unterschätzt, was sich in einer Beschränkung auf Produktqualität und Produktinnovationen äußert. Vor allem die sozialen Belange, aber auch die Optimierungspotentiale von Prozessen und Strukturen, geraten aus dem Blick für Verbesserungsnotwendigkeiten. Aufgrund der Unterschätzung der Leitbilder werden Innovations- oder Qualitätstätigkeiten delegiert, anstatt als strategische Aufgaben auf den obersten Hierarchieebenen verankert zu sein. Die Verwirklichung beider Leitbilder sieht sich auch gravierenden personellen Hemmnissen gegenüber: Hemmnisse im In-System der Mitarbeiter wurden als emotionale und geistige Hemmnisse der Qualität und als intrapersonelle Hemmnisse der Innovation gekennzeichnet. Dazu kommen Hemmnisse in der Zusammenarbeit, diese wurden mit soziokulturellen Hemmnissen der Qualität bzw. intrapersonale Innovationshemmnisse bezeichnet. Wieder ist es also die Ebene der Mitarbeiter, auf der die Konvergenzen von Qualität und Innovation liegen.

Darüber hinaus ist ein gleichgerichteter strategischer Differenzierungsbeitrag zu vermerken. Neben der Preis-/Kostenführerschaft ist die Qualitätsführerschaft die klassische strategische Positionierungsalternative, mit der Unternehmen sich vom Wettbewerb unterscheiden. Differenzierung wird durch Qualität möglich, während Innovation sogar der Ursprung der Differenzierung ist. Erfolgreiche Innovationsstrategien sind - wie die Diskussion um die zeitweilige Monopolstellung gezeigt hat - ebenso wie Qualitätsführerschaften nur schwer zu imitieren. Innovationen führen auch zu erhöhter Produktivität. Sie ist eine Funktion von Qualität in Verbindung mit Zeit, Kosten und Quantität.[480] „Productivity goes up as quality goes up. This fact is well known, but only to a select few."[481] Produktivitätsgewinne können zur Erhöhung der Kundenzufriedenheit neu investiert werden. Dabei bieten sich die unterschiedlichsten Formen der Reinvestion an, von dem Gewinnen von zusätzlicher Zeit für den Kunden reichen sie bis zu preiswerteren Marktleistungen. Differenzierung wird also immer aus den Augen der Kunden

---

480) Vgl. Sonnenberg, H.: Balancing speed and quality in product innovation, in: The Canadian Business Review, Vol. 20, 1993, S. 19ff.

481) Deming, E., zitiert in: Kondo, Y.: Quality and Human Motivation, in: European Quality, Nr. 6, Vol. 1, 1993, S. 47.

beurteilt, selbst wenn der Wettbewerb den relativen Maßstab setzt. Dabei sind die Kundenanforderungen das Definiens von Qualität, gleichzeitig wirken die Kunden als Evolutionsfaktor für Innovationen. Auch hier ist also Konvergenz festzustellen.

Es gibt weniger Divergenzen von Qualität und Innovation als Konvergenzen. Diskontinuitäten sind innovationsfördernd: Entweder sind sie selbst durch Innovation entstanden, oder sie erfordern Innovationen zur Anpassung an die sprunghafte Veränderung. Qualität zu schaffen wird hingegen durch Diskontinuitäten in den Rahmenbedingungen oder der Zielgröße Kundenanforderungen erschwert. Veränderungsfähigkeit wird nur unzureichend im Qualitätskonzept berücksichtigt, ist aber die zentrale Zielsetzung von Innovation.

Qualität hat einen statischen Gegenwartsbezug, Innovation im Gegenteil einen ausgeprägten dynamischen Zukunftsbezug. Unterschiede ergeben sich auch bei der Betrachtung des Verhältnisses zur Flexibilität. Qualität fordert in vergleichsweise geringem Maße Sortimentsflexibilität, während Innovation aktiv dispositive Flexibilität schafft. Auch Struktur ist tendenziell qualitätsförderlich, jedoch in ihrer Extremform innovationsavers. Dennoch: Struktur ist notwendig, um Komplexität zu reduzieren. Sonst sind keine beherrschten Bedingungen möglich. Daher ist Struktur gleichzeitig ein Nährboden für Innovationen. Qualität setzt Standardisierung als Grundlage beherrschter Prozesse voraus. Innovationen erschweren die Einhaltung von Standards. Qualität kann auch in erhöhter Komplexität bestehen, Innovationen können Komplexität schaffen oder reduzieren. Das Verhältnis von Innovationen zur Standardisierung und Komplexität ist also als ambivalent zu bezeichnen.

166

Offensichtliche Divergenzen bestehen bei der Bewertung von Mängeln, Normabweichungen und Störungen. Qualität verlangt Stabilität, während Innovation Stabilität kurz- oder mittelfristig zerstört oder zumindest gefährdet. Perfektion ist im Entstehungszusammenhang ein Erfolgsfaktor für Qualität und schließt - zumindest wieder kurzfristig - Innovationen aus. Fehlertoleranz ist für Innovationen förderlich, für Qualität jedoch hinderlich.

Ein anderes Unterscheidungsmerkmal ist darin zu sehen, daß ein hoher Neuigkeitsgrad für Innovationen konstituierend ist, bei Qualität jedoch geringe Auswirkungen hat. Entsprechendes gilt für Risiko. Konflikte, die durch Qualität oder Innovation im Unternehmen hervorgerufen werden, heben sich nicht gegenseitig auf. Sie entstehen häufig durch die Differenz zwischen geleisteter vs. empfangener Qualität bzw. durch veränderte Macht- und Ausführungsstrukturen bei Innovationen.

In der Summe überwiegen die konvergenten Faktoren, die dafür sorgen, daß sich Qualität und Innovation miteinander vereinbaren lassen. Die divergenten Faktoren betreffen vorwiegend die Auswirkungen auf untergeordnete Leitbilder (so kann die Ablehnung von Fehlertoleranz unter Qualität oder ein hoher Neuigkeitsgrad unter Innovation subsumiert werden), während die konvergenten Faktoren in den Rahmenbedingungen und den Potentialen zur Abschaffung von Qualitäts- und Innovationshemmnissen zu sehen sind. Die konvergenten Faktoren zeichnen sich daher durch ein größere Beeinflußbarkeit aus.

In der folgenden Abbildung werden einige mehr oder weniger gegenläufige Tendenzen in Auswahl gegenübergestellt. Die Zahlenwerte repräsentieren dabei keine numerische Genauigkeit, es handelt sich lediglich um ordinalskalierte Schätzwerte auf Basis der vorhergehenden verbalanalytischen Untersuchung. Geringe

Abstände zwischen den Ausprägungen, vor allem wenn sie das gleiche Vorzeichen haben, können als Konvergenzen interpretiert werden. Diese Übersichtsdarstellung ersetzt natürlich nicht die vorstehende, differenzierte Analyse. Wie die Beispiele „Flexibilität" und „Komplexität" zeigen, umfassen derartige abstrakte Begriffe so viele verschiedene Bedeutungsinhalte, daß eine eindeutige Zuordnung der Wirkung der Leitbilder auf die Vergleichskriterien hohe Unschärfenbereiche mit sich bringt. Diese Gefahr wurde bewußt in Kauf genommen, um eine möglichst konkrete Bewertung der häufig überaus abstrakten Vergleichskriterien zu ermöglichen.

Lesebeispiel: Innovation hat eine stark positiv ausgeprägte Beziehung zum Vergleichskriterium „realistischer Zeitbezug", da ihr ein dynamischer Zukunftsbezug innewohnt. Der statische Gegenwartsbezug der Qualität hingegen steht in einer negativen Beziehung zum realen Zeitbegriff.

Abbildung 10:

Konvergenz und Divergenz von Qualität und Innovation

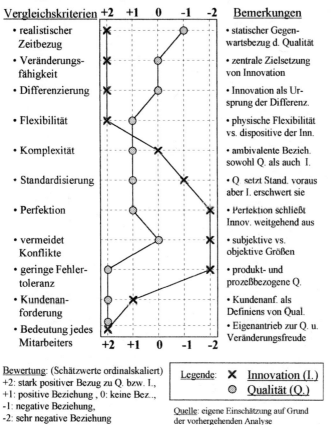

Vergleichskriterien	+2	+1	0	-1	-2	Bemerkungen
• realistischer Zeitbezug						• statischer Gegenwartsbezug d. Qualität
• Veränderungsfähigkeit						• zentrale Zielsetzung von Innovation
• Differenzierung						• Innovation als Ursprung der Differenz.
• Flexibilität						• physische Flexibilität vs. dispositive der Inn.
• Komplexität						• ambivalente Bezieh. sowohl Q. als auch I.
• Standardisierung						• Q. setzt Stand. voraus aber I. erschwert sie
• Perfektion						• Perfektion schließt Innov. weitgehend aus
• vermeidet Konflikte						• subjektive vs. objektive Größen
• geringe Fehlertoleranz						• produkt- und prozeßbezogene Q.
• Kundenanforderung						• Kundenanf. als Definiens von Qual.
• Bedeutung jedes Mitarbeiters	+2	+1	0	-1	-2	• Eigenantrieb zur Q. u. Veränderungsfreude

Bewertung: (Schätzwerte ordinalskaliert)
+2: stark positiver Bezug zu Q. bzw. I.,
+1: positive Beziehung , 0: keine Bez..,
-1: negative Beziehung,
-2: sehr negative Beziehung

Legende: ✗ Innovation (I.)
⊙ Qualität (Q.)

Quelle: eigene Einschätzung auf Grund der vorhergehenden Analyse

„Did Michelangelo need ISO-9000 certification?"[482] Schließen sich kreative Freiräume und beherrschte Bedingungen aus? Muß man sich für eine der beiden Seiten entscheiden? Die bisherige Analyse hat gezeigt, daß Qualität und Innovati-

---

482) Gallon, R.: Did Michelangelo need ISO-9000 certification?, in: TQM & Innovation, Renault Tagungszeitung, The 1996 Learning Edge Conference, Paris, 25.04.1996, S. 5.

on sich durchaus miteinander vereinbaren lassen. Das verlangt jedoch eine Gratwanderung zwischen Standardisierung und Flexibilität.[483] „A delicate balance between the freedom to create and the stability of defined standards and procedures is the best method for creating new, innovative products and services that delight the market."[484] Eine zu weitgehende Standardisierung von Arbeitsinhalten z.B. hat den Nachteil, demotivierend zu wirken: Die Arbeit wird eintönig und langweilig. Das bremst vor allem Kreativität. Um Kreativität ausleben zu können, benötigen Mitarbeiter Freiräume, in denen sie bekannte Mittel und Methoden anwenden können. In einem standardisierten Arbeitsprozeß sind aber gerade diese Freiräume eingeschränkt. Üblicherweise wird nur eine begrenzte Anzahl von Mitteln und Methoden eingesetzt, um Qualität zu erzeugen. Um die positiven Effekte der Standardisierung und der Kreativität miteinander zu verbinden, ist es daher sinnvoll, Mittel und Methoden bereitzustellen, jedoch nicht vorzuschreiben. Der Arbeitnehmer oder sein Team kann selbst entscheiden, auf welche Weise das vorgegebene Ziel erreicht wird. KONDO zeichnet das Bild vom Sport, bei dem feste Regeln herrschen, aber innerhalb dieser gibt es Freiräume für eigene Spielzüge und eigene Methoden. So wird Kreativität unterstützt und der Tatsache Rechnung getragen, daß jeder Mitarbeiter andere, spezifische Begabungen und Fähigkeiten hat. Wie im Sport ist es ein Wechselspiel aus Training und neuen Methoden, das das bestmögliche Ergebnis garantiert. „Creativity and standardisation are not mutually exclusive, but, on the contrary, mutually complementary."[485]

Daß diese Anforderung auch in der Praxis erfüllbar ist, zeigt das bekannte Nummi-Projekt (New United Motor Manufacturing), ein Joint Venture zwischen Ge-

---

483) Vgl. Kapitel 3.1 Problematik der Kombination von Standardisierung und Flexibilität.
484) Gallon, R., a.a.O., S. 5.
485) Vgl. Kondo, Y., a.a.O., S. 50.

neral Motors und Toyota. In der 1984 nach dem Toyota-Produktionsprinzip gestalteten Fabrik hat man alle Prozesse in einem hohen Maße standardisiert und damit beherrschbar gemacht. Das Projekt wird als „...obsessive about standardized work procedures" [486] beschrieben. Die Prozesse werden bis ins kleinste Detail immer wieder überprüft und laufen streng nach den gleichen Schemata ab. Die gleichen Handgriffe wiederholen sich jedesmal, ganz im Sinne des Taylorismus, auf die gleiche Art und Weise. Dies gilt vor allem für den Bereich der Endmontage, d.h. den Zusammenbau der Karosserien, das Einsetzen von Glasscheiben, Armaturen, Motor, Getriebe und Antriebswellen. Über 90 Prozent dieser Arbeiten, die auf Grund ihrer hohen Komplexität nicht wirtschaftlich vollautomatisch ausgeführt werden können, werden von angelernten Arbeitern in Gruppenarbeit ausgeführt. Jedes Gruppenmitglied erledigt genau definierte Tätigkeiten, deren Dauer festgelegt ist und im Zeitverlauf auch noch weiter verkürzt werden soll.[487]

Gleichzeitig wird Flexibilität in sehr hohem Maße ermöglicht: Die Arbeitsgruppen bestimmen, auf welche Weise sie die Aufgaben lösen wollen. Sie selber sind nicht nur für die Ergebnisse ihrer Arbeit, sondern auch für die Gestaltung des Prozesses verantwortlich. Dazu ist es notwendig, die Arbeiter in den entsprechenden inhaltlichen Werkzeugen und Arbeitstechniken zu schulen. Dadurch kann auf veränderte Anforderungen direkt reagiert werden. Das Ergebnis ist eine hohe Anpassungsfähigkeit: „Flexibility improves because all workers are now industrial engineers and can work in parallel to respond rapidly to changing de-

---

486) Adler, P.: Time-and-Motion Regained, in: Harvard Business Review, Nr. 1, Vol. 71, 1993, S. 103.
487) Vgl. Stegers, W.: Ihr neues Auto? Vom tollen Team!, in: Peter Moosleitners interessantes Magazin (PM), Heft 2, o.Jg., 1994, S. 14.

mands."[488] Das Nummi-Projekt läßt sich bezüglich aller wirksamen Erfolgsfaktoren natürlich nicht ceteris paribus auf Flexibilität und Standardisierung reduzieren, aber es macht deutlich, daß sich dieser scheinbare Gegensatz aufheben läßt. Das Beispiel des Opelwerkes in Eisenach zeigt, daß eine derartige Lösung des Gegensatzes von Standardisierung und Flexibilität über eine weitgehende Autonomie von Arbeitsgruppen bei der Gestaltung ihrer Wertschöpfungsaktivitäten auch an Grenzen stößt und nicht per se erfolgreich ist.[489] Derartige Maßnahmen funktionieren offensichtlich nur in einem Umfeld weiter, tiefgreifender Veränderungen. Hier sind vor allem die Unternehmenskultur, das Prinzip der kontinuierlichen Verbesserung und das Empowerment der Mitarbeiter zu nennen, die an späterer Stelle eingehend diskutiert werden. Wenn Flexibilität und Standardisierung sinnvoll miteinander kombiniert werden, dann ist Wandel nicht Sonderfall, sondern wird zum Normalfall,[490] trotzdem wird Stabilität ermöglicht.

Zur Bewältigung von Wandel gibt es prinzipiell verschiedene Möglichkeiten: Wandel kann angeregt werden; das kann intern, durch Mitarbeiter oder die Unternehmensführung geschehen, oder extern, durch Kunden, Markterfordernisse oder die weitere Unternehmensumwelt. Eine Anregung zum Wandel beläßt im Gegensatz zu verordneter Veränderung den größten Spielraum, ob, wann und auf welche Art verändert wird. Wandel kann auch gelenkt werden, indem Vorgesetzte Ziele vorgeben, einen inhaltlichen und zeitlichen Rahmen festlegen und die Einhaltung auch überprüfen. In abgeschwächter Form wird Wandel nur begleitet, indem Ansprechpartner oder Unterstützung bereitgestellt werden. Die autoritärste Form, Wandel in Unternehmen zu bewerkstelligen, ist, Veränderungen zu planen,

---

488) Adler, P., a.a.O., S. 103.
489) Vgl. Gottschall, P., a.a.O., S. 239ff.
490) Vgl. Schreyögg, G., Noss, C.: Organisatorischer Wandel, a.a.O., S. 179.

anzuordnen und die Umsetzung zu überprüfen. Auf welche Art Wandel im Regelfall erreicht wird, ist ein Faktor, der nicht nur die Veränderungsfähigkeit, sondern auch die Leistungsbereitschaft der Organisation entscheidend beeinflußt. In Anlehnung an den Evolutionsgedanken ergibt sich die Forderung nach einem konstruktiven Leistungsdruck. Dieser Leistungsdruck ist für ein Unternehmen prinzipiell schon gegeben, wenn es marktwirtschaftlich ausgerichtet ist, Wettbewerber hat und die Kunden in ihrer Kaufentscheidung frei sind. Die Frage ist, auf welche Weise der Leistungsdruck an die einzelnen Mitarbeiter und Gruppen weitergegeben wird. Dabei ist „Druck" nicht zwangsläufig, ja wahrscheinlich nur in seltenen Fällen, der effektivste Weg, die Leistungspotentiale von Mitarbeitern auszuschöpfen. Die Herausforderung besteht darin, Unternehmensmitglieder optimal zur Leistung anzuhalten. Leistung schließt dabei sowohl den kreativen Bereich, also Veränderungsfähigkeit und -bereitschaft, als auch den produktiven Bereich ein, also das Erstellen von gleichbleibend hoher Qualität. Die verschiedenen Bereiche erfordern unterschiedliche Leistungen. Der kreative Bereich erfordert in der Phase der Ideenfindung hochgradig kreative und unstrukturierte Tätigkeiten, in der Phase der Ideenrealisation eher geplante, langfristige und gut strukturierte Aktivitäten, die weniger kreativ sind. Der produktive Bereich erfordert das Ausführen von Routinehandlungen auf einem gleichbleibend hohen Qualitätsniveau. Daher werden auch unterschiedliche Mittel zum Einsatz kommen, mit denen zur Leistung angehalten wird. Nur wenn diese Mittel aufeinander abgestimmt sind, kann gewährleistet werden, daß das Leistungspotential der Mitarbeiter in allen seinen Facetten weitgehend ausgeschöpft wird.

Die Analyse der vorangegangenen Kapitel hat auch gezeigt, daß Qualität und Innovation nicht nur ein Gegensatzpaar sind, sondern auch wesentliche gemeinsame Elemente besitzen. Da sich Kundenbedürfnisse laufend verändern und Wettbewerber neue Lösungspakete für Kundenprobleme auf den Markt bringen, ist

Qualität im Sinne einer Befriedigung der Kundenbedürfnisse mehr als nur das Bewahren des Bestehenden. Qualität hat eine innovative Komponente. Qualität ist auch nicht identisch mit Perfektion. Wenn Qualität das Streben nach bestmöglichen Resultaten im Sinne der Kundenanforderungen ist, dann kann eine nichtperfekte, also mit Fehlern behaftete Lösung durchaus höhere Qualität bieten als eine, die zwar Abweichungen von Normen ausschließt, aber die Kundenanforderungen nur unvollständig erfüllt. Perfektion kann innovationshemmend wirken. Das Streben nach Perfektion erlaubt keine Fehler und erzeugt damit Angst vor Fehlern. So wird das Denken, Durchsetzen und Ausprobieren von Neuerungen erschwert. Null-Fehler-Ansätze sind deshalb um eine regelmäßige und situationsgebundene Überprüfung des Erfolgsbeitrages der Standards zu ergänzen. Wenn Qualität nicht gleich Perfektion ist, dann ist es effizienter, Möglichkeiten zu Fehlern einzuräumen, als Ressourcen durch eine übersteigerte Konzentration auf Fehlervermeidung zu verschwenden.

Auch der Gegensatz zwischen einer Qualitätskultur und einer Fehlerkultur kann also aufgehoben werden. Das ist notwendig, um Innovationen zu ermöglichen, denn über „...die Innovationsfähigkeit entscheiden Merkmale wie "Toleranz gegenüber Fehlern"...",[491] Innovationen setzen einen fehlertoleranten Lernprozeß voraus. Aus Fehlern wird man klug, sagt der Volksmund. Lernen wird durch das Erkennen von Fehlern möglich und deshalb durch Strukturen behindert, in denen Fehler grundsätzlich negativ sanktioniert werden. Im Umkehrschluß: Lernen und damit auch die erfolgreiche Einführung von Neuerungen wird gefördert durch eine Unternehmenskultur, die das Lernen aus Fehlern positiv sanktioniert. In einer Organisationskultur, die fehleravers ist, hört man dagegen beispielsweise den

---

491) Sommerlatte, T., Tiby, C.: Innovationsstrategien (I): Klimatische Prozesse, in: WirtschaftsWoche, Nr. 36, 40. Jg., 29.08.1986, S. 50.

Satz: „Sie können jeden Fehler bei uns machen, allerdings nur ein einziges Mal." Differenzierter ist das Vorgehen, sich die vier Arten von Fehlern[492] zu vergegenwärtigen: A-Fehler sind solche, aus denen man etwas lernen kann, also wiederholte und beeinflußbare Fehler, bei denen etwas in der falschen Art und Weise gemacht wurde. Bei dieser Fehlerart kann auch ein schrittweises Lernen aus den Fehlern belohnt werden, anstatt die Fehler pauschal abzustrafen. Für B-Fehler „kann man nichts". Es liegen singuläre, externe Gründe vor, z.b. das Verschulden anderer oder eine externe Katastrophe. Wesentlich ist, wirklich unbeeinflußbare „Fehler" von solchen zu unterscheiden, bei denen die Verantwortung auf andere Faktoren oder Elemente abgeschoben wurde. Bei echten B-Fehlern vertiefen negative Sanktionen die Fehlerwirkung weiter, ohne Lernchancen zu generieren. Aus C-Fehlern kann der Verursacher nichts mehr lernen. Es handelt sich um Kapitalfehler. Es ist unabdingbar, Fehler dieser Art ex-ante so weit wie möglich erkennen zu können. Eine gute Fehlerkultur zeigt diese Fallgruben frühzeitig und offen. D-Fehler treten in ihrer negativen Konsequenz nicht zutage. Es sind versteckte Fehler, die aufgrund von untypischen Randbedingungen auftreten. Bei einer anderen Konstellation können sie aber mitunter katastrophale Auswirkungen haben. Es kommt darauf an, diese Fehler zu erkennen, auch wenn sich die Symptome noch nicht zeigen. Eine Fehlerkultur, die dergestalt Fehlerarten differenziert, steht nicht im Gegensatz zur Qualitätskultur. Ihr Ziel ist es nicht, die Normen und Standards der Qualitätskultur außer Kraft zu setzen, sondern sie vielmehr durch neue Werte zu ergänzen. Eine Verletzung von Normen und Standards wird in diesem Sinne immer darauf geprüft, welcher Fehlertypus vorliegt. Bei dieser obligatorischen Suche nach den Ursachen von Fehlern werden Verbesserungspotentiale erkannt, und dadurch wird ein permanenter Lernprozeß initiiert. „Wie innovativ ein Unternehmen ist, hängt entscheidend vom Betriebsklima so-

---

492) Eigene Typologisierung.

wie von den Fähigkeiten des Managements ab, Kreativität und Dynamik zu fördern, ohne daß in komplexen Organisationen das Chaos ausbricht."[493]

Um das Beherrschen von Diskontinuitäten zu ermöglichen, ist eine anpassungsfähige Struktur notwendig. Der Weg zum notwendigen Maß an Flexibilität führt über einen Abbau erstarrter Strukturen. Statt Struktur vorzugeben, heißt das Ziel, Stabilität von innen heraus zu erzeugen. Es wird nicht nur die Möglichkeit geschaffen, auf stetige Veränderungen einzugehen, sondern auch besser mit Diskontinuitäten fertigzuwerden. Vollständige Steuerbarkeit im Detail ist dabei nicht mehr möglich, an ihre Stelle tritt Wandel als Chance zum „Besserwerden". Das kann nur funktionieren, wenn Wandel in alle Stellen des Systems integriert wird und in den Teilbereichen des Systems selbst gesteuert wird. Dadurch kann es zu einer Evolution der Organisation kommen. Veränderungen in der Organisation unterliegen dabei einem Ausleseprozeß. Sie werden von den Beteiligten beobachtet, beurteilt und gegebenenfalls modifiziert oder wieder rückgängig gemacht. Eigendynamische Evolutionsprozesse funktionieren jedoch nur auf Grund des Wettbewerbs der Beteiligten. Dieser Wettbewerb und die damit verbundenen Leistungsanreize für Individuen, Gruppen oder die gesamte Organisation halten den Evolutionsprozeß in Gang und geben ihm die Energie, immer wieder ein höheres Entwicklungsniveau anzustreben. Der Weg zur notwendigen Standardisierung führt also über eine kontinuierliche, indirekte Prozeßsteuerung. Auf diese Weise werden selbstorganisierende Problemlösungen erreicht.[494] Je weiter ein derartiger Bottom-Up-Ansatz umgesetzt wird, desto wichtiger wird eine klare Gesamtsteuerung des Systems, damit es nicht zu Chaos kommt. Denn im Gegensatz zum evolutorischen Vorbild in der Biologie haben Unternehmen bekannte

---

493) Sommerlatte, T., Tiby, C., a.a.O., S. 50.
494) Vgl. Schreyögg, G., Noss, C.: Organisatorischer Wandel, a.a.O., S. 175.

Ziele zu erfüllen, auf die hin jeder Wandel ausgerichtet sein muß, um nicht dem Gesamtsystem zu schaden.

Das hier gezeichnete Bild entspricht dem einer sogenannten Lernenden Organisation. Damit ist kein weiteres Veränderungsmanagementkonzept gemeint, sondern vielmehr ein Leitbild, das sich auf einer Ordnungsebene mit Qualität und Innovation befindet. Die Lernende Organisation zeichnet sich dadurch aus, daß Wissen abrufbereit akkumuliert wird und damit als Grundlage weiteren Lernens dient. Die Organisation insgesamt ist in der Lage, Neuem durch die Anpassung bereits gelernter Erwartungs- und Erkenntnismuster zu begegnen.[495] In einem derartigen lernorientierten[496] System sind Strukturen möglichst leicht zu modifizieren oder auf- und wieder abzubauen, im Sinne der Maxime „schafft Zelte und keine Paläste".[497] Subsysteme werden so gestaltet, daß sie möglichst „hellhörig" sind, also gute Kommunikation mit anderen Teilbereichen ermöglichen.

Lernen bedeutet, Wandel in der Disposition oder der Fähigkeit von Menschen oder Organisationen. Lernen ist ein Prozeß aus Verhaltensannahmen und Einsicht über die Verhaltenskonsequenzen. Deshalb ist Lernen mehr als das Anhäufen von Wissen. Das Resultat können bessere Fähigkeiten, andere Einstellungen, Interessen, Werte oder gesteigerte Leistung sein. In einer Organisation ist die Lernleistung der Organisation das Resultat der Lernfähigkeit und -bereitschaft der Mitarbeiter. Lernfähigkeit ist also die Grundlage für die Kombination von Qualität und Innovation. Lernen setzt an den wesentlichen Konvergenzen der beiden Leitbilder an: Auf der Ebene der Mitarbeiter. Lernen ist sowohl das Instrument,

---

495) Vgl. ebenda, S. 178f.

496) Vgl. zum Begriff der Lernorientierung Scholz, C., a.a.O., S. 181.

497) Schreyögg, G.: Unternehmenskultur und Innovation: Eine schwierige Beziehung auf dem Prüfstand, in: PERSONAL - Mensch und Arbeit, Heft 9, 41. Jg, 1989, S. 370.

um immer besser zu werden, als auch die Basis für Innovationen. Denn nur wenn neues Wissen aufgenommen und verarbeitet wird, können auch neue Kombinationen zustandekommen. Sowohl das Lernen der Person als auch das Lernen von und in Organisationen haben die gleichen Grundlagen wie Innovation: Die Offenheit Neuem gegenüber, die Beharrlichkeit, mit der das Ziel verfolgt wird, und die Bereitschaft und Fähigkeit der Kommunikation verschiedener Abteilungen, Hierarchieebenen und Charaktere.

Im folgenden sollen Wege aufgezeigt werden, wie Lernen als Basis für Qualität und Innovation in Organisationen ermöglicht und gefördert werden kann und wie es dazu beiträgt, den scheinbaren Gegensatz von Qualität und Innovation zu überwinden. Dazu kann auf die Instrumente, Methoden und Ansätze zurückgegriffen werden, die aus den unterschiedlichen Konzepten des Veränderungsmanagements bekannt sind. Auf Grund der besonderen Bedeutung der „weichen Faktoren" für das Gelingen eines solchen Vorgehens wird diesen besondere Aufmerksamkeit geschenkt.

4 Ansatzpunkte für ein qualitäts- und innovations- orientiertes Veränderungsmanagement

Die bisherige Analyse hat gezeigt, daß es möglich ist, die Leitbilder Qualität und Innovation miteinander zu verbinden, selbst wenn sich dabei einige Antagonismen ergeben. Bei der Suche nach Ansatzpunkten für die Gestaltung eines qualitäts- und innovationsorientierten Veränderungsmanagements dienen die im letzten Abschnitt festgestellten Konvergenzen als Orientierungspunkte. Vor allem die richtungsweisende Bedeutung der Mitarbeiter stellt den Ausgangspunkt bei den folgenden Überlegungen dar. Dabei kann auf die Erkenntnisse zurückgegriffen werden, die sich mit der Regulierung der Austauschbeziehungen zwischen Unternehmen und Mitarbeitern beziehen. Die Neue Institutionenökonomik soll daher insoweit als Erklärungsansatz herangezogen werden, wie ihre Aussagen Relevanz für die Kernproblematik der Integration von Qualität und Innovation besitzen. Darüber hinaus wird argumentiert, daß „Vertrauen" Voraussetzung für die Selbststeuerung von Organisationen ist und dadurch eine Kombination der beiden Leitbilder erst ermöglicht wird. Als dritte Komponente der Identifikation von Ansatzpunkten wird das Verständnis des „organisationalen Lernens" als bereits identifizierte Grundlage für die Integration der beiden Leitbilder Qualität und Innovation vertieft.

4.1 Unternehmen als Institutionen zur Bewältigung lang- fristiger, komplexer und unsicherer Aufgaben

Unternehmen können als Institutionen zur Bewältigung langfristiger, komplexer und unsicherer Aufgaben aufgefaßt werden. Mit dieser Klassifizierung ist eine

Kernproblematik wirtschaftlichen Handelns umschrieben: Wie können vielseitige und umfangreiche Aufgaben, die in einer nicht genau bestimmbaren Zukunft liegen, am besten erfüllt werden?

Die Komplexität und Unsicherheit des wirtschaftlichen Handelns wurden weiter oben bereits ausführlich diskutiert.[498] Sie manifestieren sich sowohl im Zukunftsbezug von Innovationen als auch in allen Qualitätsbemühungen, die auf Grund der Vielzahl der beteiligten Mitarbeiter, Lieferanten und Kunden hochgradig komplex und damit in ihrem Ergebnis unsicher sind. Die wesentliche Funktion der Leitbilder Qualität und Innovation besteht darin, sicherzustellen, daß die verschiedenen und unsicheren Handlungsträger koordiniert werden.

Die Langfristigkeit ist vor diesem Hintergrund das konstituierende Merkmal von Unternehmen als Institutionen, also festen Einrichtungen mit dem Ziel der Aufgabenerfüllung. Die Aufgaben bestehen in der Produktion von Sach- oder immateriellen Leistungen. Man kann dabei drei grundsätzlich unterschiedliche Grundfunktionen unterscheiden:[499] Die „Arbitragetätigkeit" bezieht sich auf die Suche und Entdeckung von Gewinnquellen auf Grund von Preisdifferenzen, die „Innovationsfunktion" meint die Aufdeckung einer Gewinnquelle durch die Entdeckung neuen Wissens, und die „Koordinationsfunktion" ist das effiziente Ausnützen einer bekannten Gewinnquelle.[500]

---

498) Siehe Kapitel 3.1: Problematik der Kombination von Standardisierung und Flexibilität.
499) Vgl. auch Picot, A., Laub, U.D., Schneider, D.: Innovative Unternehmensgründungen: eine ökonomische und empirische Untersuchung, Berlin/ Heidelberg 1989, S. 29.
500 Vgl. Windsperger, J.: Der Unternehmer als Koordinator, in: Zeitschrift für Betriebswirtschaft (ZfB), Heft 12, 61. Jg., 1991, S. 1414f.

Diese Funktionen können durch zwei prinzipiell unterschiedliche Alternativen erfüllt werden: über einen Markt oder eine Hierarchie.[501] Diese Ausdrücke bezeichnen zwei Extrempunkte auf einem Kontinuum der theoretisch möglichen Organisationsformen. Sie unterscheiden sich im Grad der Institutionalisierung, also in der Langfristigkeit und der Starrheit der Austauschbeziehungen (Transaktionen).

Aus diesen Prämissen leiten sich die für den in dieser Analyse gewählten Erkenntnisgegenstand relevanten Aussagen ab. Dabei kann man sich den Vorteil der Hauptdisziplin der Neuen Institutionenökonomik, der Transaktionskostentheorie, zunutze machen und zumindest die relative Position verschiedener Betrachtungselemente anhand einiger Überlegungen über die Kosten, die sie verursachen, bewerten.[502] Transaktionskosten sind die „Kosten der Koordination divergierender Austauschziele".[503] Sie stellen die analytische Grundeinheit zur Untersuchung optimaler Austauschbeziehungen dar. Eine Ermittlung der Transaktionskosten in absoluter Höhe ist mit einem Anspruch auf Allgemeingültigkeit bisher kaum möglich, allerdings lassen sich relative Kostenpositionen bestimmen.

Interessant für die Fragestellung der Wahl der optimalen Koordinationsform sind die Fälle divergierender Austauschziele, gleichgerichtete Austauschziele von Wirtschaftspartnern sind theoretisch betrachtet vergleichsweise trivial. Auch bei der Wahl der Koordinationsform bezüglich von Qualitäts- und Innovationszielen

---

501) Vgl. Picot, A., Dietl, H.: Transaktionskostentheorie, in: Wirtschaftswissenschaftliches Studium (WiSt), Heft 4, 19. Jg., 1990, S. 178f.

502) Vgl. Kaas, K. P., Fischer, M.: Der Transaktionskostenansatz, in: Das Wirtschaftsstudium (WiSu), Nr. 8/9, 22. Jg., 1993, S. 686ff.

503) Dorow, W., Weiermair, K.: Markt versus Unternehmung: Anmerkungen zu methodischen und inhaltlichen Problemen des Transaktionskostenansatzes, in: Schanz, G. (Hrsg.): Betriebswirtschaftslehre und Nationalökonomie, Wiesbaden 1984, S. 192.

ist zu überlegen, wie ein Unternehmen seine Mitarbeiter trotz der individuell unterschiedlichen Interessenlagen zur Erreichung seiner Ziele bewegen kann.

Ihren Anfang nehmen diese Überlegungen klassischerweise bei der Frage, warum es überhaupt in der Marktwirtschaft zwei Koordinationsalternativen gibt, nämlich Märkte und Preise einerseits und Unternehmungen und Anweisungen andererseits.[504] COASE war der erste, der bemerkt hat, „... that the distinguishing mark of the firm is the supersession of the price mechanism".[505] Märkte besitzen, zumindest in der mikroökonomischen Theorie, über die Steuerung durch Preise einen optimalen Mechanismus der Faktorallokation. Faktisch ist dieser Mechanismus jedoch nicht ressourcenoptimal, da auch der Einsatz von Preisen mit Transaktionskosten verbunden ist.[506]

Unter den unterschiedlichen Ansätzen zur Beantwortung der Frage nach Markt und Hierarchie geht WILLIAMSON einen für uns besonders interessanten Weg, weil er von der gleichen Grundproblematik ausgeht wie diese Analyse. Er sieht die gemeinsame Hauptaufgabe von Markt und Hierarchie in der Anpassung an veränderte Bedingungen. „Wenn das „Wunder Markt" (VON HAYEK) dem „Wunder interne Organisation" (BARNARD) gleichkommt, worin ist dann das eine dem anderen überlegen?"[507] Die Art der Anpassungsnotwendigkeiten ist unterschiedlich. Der Markt erfordert eine autonome Anpassung (A-Typ) selbständig handelnder Wirtschaftssubjekte. Die Abstimmung erfolgt, wie erwähnt, über den

---

504) Vgl. Bössmann, E.: Unternehmungen, Märkte, Transaktionskosten, in: Wirtschaftswissenschaftliches Studium (WiSt), Heft 3, 12. Jg., 1983, S. 106.

505) Coase, R.M.: The Nature of the Firm, in: Economica, Vol. 4, 1937, S. 389.

506) Vgl. Bössmann, E., a.a.O., S. 106f.

507) Hervorhebungen durch den Verfasser. Das Zitat stammt von Williamson, O.: Vergleichende ökonomische Organisationstheorie, a.a.O., S. 19.

Preis. Koordinierte Reaktionen mit einer gemeinsamen Zielrichtung sind beiderseitige Anpassungen (B-Typ). Sie verlaufen bewußt, planvoll und zweckgerichtet und sind daher am besten von einem Unternehmen zu erbringen. Die veränderlichen Preise beim A-Typ stellen einen hohen Anreiz für den einzelnen Teilnehmer dar, Kosten so weit wie möglich zu senken und sich möglichst schnell an die häufigen Veränderungen am Markt anzupassen. Beim B-Typ lassen sich diese Anpassungen koordiniert mit Hilfe formaler Organisation durchführen, sie können daher dem nicht zielgerichteten Marktgeschehen überlegen sein, indem sie in eine gemeinsame Richtung wirken.

Aber die interne Organisation verwässert gleichzeitig Anreizwirkungen, da sie die Gewinne, die aus einzelnen Transaktionen folgen, nicht jedem einzelnen in voller Höhe anrechnen kann. Ein Mensch kann auf Grund seiner eingeschränkten Informationen nicht alle Bereiche eines Unternehmens gleichzeitig gleich gut führen. Neben einem eingeschränkten Zugang zu Informationen bestehen die Belange eines Unternehmens aus derartig komplexen Informationen, daß niemand diese Komplexität vollständig über einen Zeitraum bewältigen kann.[508] Je größer ein Unternehmen ist, desto höher ist also der Kontrollverlust. Dieser wird durch Informationsverluste unter den Mitarbeitern und Hierarchieebenen noch vergrößert.[509] Um diese Verluste wieder auffangen zu können, entstehen Koordinationskosten, die in der Übermittlung von Informationen oder im Verlust von Zeit gesehen werden können, und Motivationskosten, um den Kontrollverlust durch Anreize zu ersetzen.[510]

---

508) Vgl. Milgrom, P., Roberts, J., a.a.O., S. 29ff.
509) Vgl. Williamson, O.: Die ökonomischen Institutionen des Kapitalismus, a.a.O., S. 151ff.
510) Vgl. Milgrom, P., Roberts, J., a.a.O., S. 29ff.

Deutlich werden die Unterschiede von Markt und Hierarchie, wenn man nach verschiedenen Typen von Transaktionen differenziert. Das Erscheinungsbild einer Transaktion bezüglich dieser Charakterisierungen bestimmt die Höhe der Transaktionskosten. Grundsätzlich unterscheiden sich Transaktionen nach der Häufigkeit ihres Auftretens, nach der Unsicherheit der Zukunftszustände und nach der Spezifität, also dem Ausmaß, in dem Investitionen transaktionskostenspezifisch getätigt werden.[511] Je größer die Spezifität einer Transaktion ist, desto enger müssen Transaktionsgeber und -nehmer miteinander zusammenarbeiten und desto mehr müssen sie investieren, bevor die Leistung erbracht werden kann, z.B. bei einer Zulieferung hochspezialisierter Systembauteile. Je spezifischer eine Transaktion ist, desto höher ist also der Aufwand einer neuerlichen Anpassung.

Auf einem Markt erfolgen immer neue autonome Anpassungen an spezifische Leistungen, da die Marktteilnehmer wechseln. In einer Hierarchie, also einer Organisation, gewährleistet die zielgerichtete Zusammensetzung und Zusammenarbeit der Mitglieder die konsequente Ausnutzung von einmal getroffenen beiderseitigen Anpassungen. Bei steigender Faktorspezifität übersteigen also ab einem gewissen Punkt die Marktkosten die Hierarchiekosten.[512]

Realistischer als die Extrempunkte sind Mischformen von Markt- und Hierarchiestrukturen, in denen nicht alle, aber einige Leistungen durch Preise bzw. Anweisung geregelt werden. Eine derartige Hybridform ist dann effizienter als die

---

511) Vgl. Williamson, O.: The Modern Corporation: Origins, Evolution, Attributes, in: Journal of Economic Literature, Nr. 12, Vol. 19, 1981, S. 1546f. und Dorow, W., Weiermair, K., a.a.O., S. 193 sowie Bössmann, E., a.a.O., S. 109.
512) Vgl. Williamson, O.: Vergleichende ökonomische Organisationstheorie, a.a.O., S. 22.

Extremformen, wenn eine mittlere[513] Faktorspezifität vorliegt. Dann können nämlich die Bereiche kontrolliert werden, in denen das noch ohne exorbitante Kontrollkosten möglich ist, der nicht mehr kontrollierbare Teil läßt sich über Anreize steuern. Die Hybridform besitzt also eine höhere Anreizstärke als die Hierarchie und bessere administrative Kontrollmöglichkeiten als der Markt. Es ergibt sich folgender Zusammenhang:

Tabelle 10:
Anpassungseigenschaften von Markt vs. Hierarchie

	Markt	Hybridform	Hierarchie
Instrument			
Anreizstärke	++	+	0
administrative Kontrollmöglichkeit	0	+	++
Wirkungsdimensionen			
Anpassungsfähigkeit vom Typ A	++	+	0
Anpassungsfähigkeit vom Typ B	0	+	++

Quelle: Williamson, O.: Vergleichende ökonomische Organisationstheorie: Die Analyse diskreter Strukturalternativen, in: Ordelheide, D., Rudolph, B., Büsselmann, E.: Betriebswirtschaftslehre und ökonomische Theorie, Stuttgart 1991, S. 22.

In der Praxis ist die gleichzeitige Steuerung über Anreize und Kontrolle wesentlich häufiger anzutreffen, als die polarisierende Darstellung der Neuen Institutionenlehre erwarten läßt. So ergänzen variable, leistungsabhängige Zahlungsbestandteile wie Leistungszulagen und Provisionen Löhne und Gehälter; Boni,

---

513) Wie bereits angedeutet, bleibt die Transaktionskostentheorie eine genaue Quantifizierung an dieser Stelle schuldig.

Skonti und andere Vereinbarungen geben Anreize zur Erfüllung zusätzlicher Qualitätsmerkmale bei Kunden-Lieferantenbeziehungen.[514]

Eine Innovationsleistung zeichnet sich durch eine extrem hohe Unsicherheit aus, die bereits weiter oben als konstituierendes Merkmal von Innovationen identifiziert wurde.[515] Da eine Vielzahl von Personen zum virtuellen Innovationszentrum gehört, die über einen langen Zeitraum zielgerichtet zusammenarbeiten muß und da der Innovationsprozeß dadurch extrem komplex wird, ist ein Mindestmaß an koordinierender Anweisung unabdingbar: „...a simple price system relying only on the responses of individuals using their local knowledge cannot reliably achieve an optimal plan in these circumstances."[516] Wesentlich ist jedoch die Frage, wie hoch der Autonomiegrad innerhalb einer Organisation sein muß, damit Anreizstrukturen für die Entstehung von Innovationen wirksam werden können. Die Innovationsleistungen in einem Unternehmen sind häufig nicht eindeutig einer Person zurechenbar. Deswegen können bürokratische Strukturen Innovationsanstrengungen bündeln und hervorbringen, die für den Einzelnen nicht zu bewältigen wären. In der betrieblichen Praxis wurde das einmal so formuliert: „Wir stellen Leute zu dem Zweck an, als Gruppe neugierig zu sein."[517] Andererseits macht die hohe Unsicherheit der Innovationsbemühungen eine ex-ante Anweisung des Innovationserfolges nur zu einem gewissen Grad sinnvoll. Darüber hinaus ist kreatives Verhalten extrem schwierig zu kontrollieren und damit „teuer". Der Erfolg bleibt ungewiß, es kommt darauf an, Ideen zu haben und zu äußern. Kreative Ergebnisse sind, wie mehrfach erwähnt, nur zu einem gewissen Grade planbar. Nach WILLIAMSON bewirkt der Einsatz stark ausgeprägter Anreize daher

---

514) Milgrom, P., Roberts, J., a.a.O., S. 214ff.
515) Vgl. Kapitel 3.3.1: Arten und Wirkungen von Innovationen.
516) Milgrom, P., Roberts, J., a.a.O., S. 93f.
517) Williamson, O.: Die ökonomischen Institutionen des Kapitalismus, a.a.O., S. 160ff.

tendenziell bessere Forschungsergebnisse als ein System, bei dem die Kontroll-mechanismen überwiegen.[518]

Qualität zu erzeugen setzt, wie weiter oben argumentiert wurde, beherrschte Prozesse voraus.[519] Ein Verbesserungsprozeß fordert ein gewisses Grundmaß an Standardisierung und damit Wiederholungen. Dazu kommt, daß die Reputation eines Lieferanten in hohem Maße bezugsentscheidend für den Kunden ist, da dieser Informationen darüber benötigt, wie hoch die Qualität des bezogenen Produktes ist.[520] Diesbezüglich lassen sich verschiedene Eigenschaften von Gütern unterscheiden: Sucheigenschaften sind vor dem Kauf vollständig beurteilbar, sie determinieren die Auswahl, Erfahrungseigenschaften werden erst nach dem Kauf transparent, und Vertrauenseigenschaften sind weder vor noch nach dem Kauf in ausreichendem Maße zu beurteilen.[521] Die Diskussion um die DIN EN ISO-Normenreihe hat gezeigt, daß selbst aufwendige Qualitätssicherungsmaßnahmen nicht ausreichen, um alle Leistungseigenschaften zu Sucheigenschaften zu machen.[522] Das gilt auch für unternehmensinterne Qualitätsunsicherheiten. Hingegen können wiederholte Berichte über die Anbieterqualität oder Erfahrungen mit erbrachter Qualität bezüglich einer Leistungsart Reputation erzeugen und somit die Summe der positiven Erfahrungseigenschaften erhöhen. Die Häufigkeit des Auftretens gleicher Leistungen ist also eines der bestimmenden Kriterien der Qualität. Sie bestimmt auch das Potential, mit dem Kontrollmechanismen zur Auswahl von Leistungen herangezogen werden können. Da aber immer ein Rest

518) Vgl. Williamson, O.: Vergleichende ökonomische Organisationstheorie, a.a.O., S. 161.
519) Siehe Kapitel 3.2.1: Dimensionen und Merkmale von Qualität.
520) Vgl. Spremann, K.: Reputation, Garantie, Information, In: Zeitschrift für Betriebswirt-schaft (ZfB), Heft 5/6, 58. Jg., 1988, S. 613.
521) Vgl. Weiber, R.: Was ist Marketing? Ein informationsökonomischer Erklärungsansatz, Arbeitspapier zur Marketingtheorie, Nr. 1, Trier 1993, S. 58ff.
522) Vgl. Kapitel 2.1: Managementkonzepte mit dem Leitbild Qualität.

an Vertrauenseigenschaften verbleiben wird, ist auch bei der Qualitätsfrage letztlich eine Hybridform von Markt- und Hierarchiemechanismen allokationsoptimal.

Was für die Reputation bei der Qualität von Gütern und bei Innovationen von Lieferanten gilt, läßt sich auf die (Qualitäts- und Innovations-) Leistung von Mitarbeitern übertragen. In der Neuen Institutionenökonomik wird dieser Tatsache durch die Berücksichtigung des Unterschiedes von impliziten und expliziten Verträgen Rechnung getragen.[523] Unternehmen schließen untereinander genauso Verträge ab wie mit ihren Mitarbeitern. Häufig sind es gerade die Vereinbarungen „zwischen den Zeilen", die impliziten Verträge, die für die Zusammenarbeit entscheidend sind, da sich nicht alle Eventualitäten ex-ante antizipieren lassen. Die Leistungen der Mitarbeiter lassen sich als „interne Güter" auffassen, die im Sinne interner Kunden-Lieferantenbeziehungen zumindest in gewissem Grad Markbeziehungen unterliegen. Dies gilt insbesondere, wenn man den Gedanken von ALCHIAN und DEMSETZ folgt, weil der Unterschied zwischen organisationsinternen Mitarbeitern und externen, am Markt auftretenden Lieferanten nicht in der Machtbeziehung zur Unternehmung liegt. Dies verdeutlichen sie an folgendem Beispiel: „What than is the content of the presumed power to manage and assign workers to various tasks? Exactly the same as one litte consumer`s power to manage and assign his grocer to various tasks. The single consumer can assign his grocer to the task of obtaining whatever the customer can induce the grocer to provide at a price acceptable to both parties. That is exactly all that an employer

---

523) Vgl. Hax, H.: Theorie der Unternehmung - Information, Anreize und Vertragsgestaltung, in: Ordelheide D., Rudolph, B., Büsselmann, E.: BWL und ökonomische Theorie, Stuttgart 1991, S. 51ff.

can do to an employee."[524] Dem Mitarbeiter bleiben, wenn er mit seiner Aufgabe nicht einverstanden ist, die Alternativen „exit" oder „voice".[525]

Wenn es also eine Hybridform ist, welche die Frage beantwortet, ob ein optimaler Mitarbeitereinsatz durch marktähnliche oder hierarchische Strukturen erreicht wird, dann schließt sich dies an die Diskussion um die Problematik der Kombination von Standardisierung und Flexibilität an.[526] Nach RÖßL ist eine innovations- und qualitätsoptimale Struktur somit eine Gratwanderung zwischen den beiden oben genannten Extrempunkten: „Sowohl stark integrierte, stabile (bürokratische) Systeme als auch stark differenzierte, variable (adhokratische) Systeme unterliegen einem diese Attribute selbst verstärkenden Prozeß, der schließlich in pathologischen Verhaltensweisen (absolute Rigidität oder vollkommene Anarchie) mündet. Gestalten ist somit ein Balanceakt zwischen zuviel Rigidität und zuviel Freiheit, damit Konstanz und Flexibilität, Stabilität und Veränderung gleichzeitig gesichert sind."[527]

Um mehr Erkenntnisse über das optimale Kontroll-/ Anreizmix zu erhalten, ist es sinnvoll, sich die Gründe für das Versagen von Organisationen einmal näher anzuschauen.[528] Dieses „organizational failures framework" läßt sich auf zwei Kernbereiche von Ineffizienzen zurückführen: Humanfaktoren und Umweltfakto-

---

524) Alchian, A., Demsetz, H., a.a.O., S. 777.
525) Vgl. Dorow, W., Weiermair, K., a.a.O., S. 209.
526) Siehe das gleichnamige Kapitel, Nr. 3.1.
527) Rößl, D., a.a.O., S. 312.
528) Vgl. Schumann, J.: Die Unternehmung als ökonomische Institution, in: Das Wirtschaftsstudium (WiSu), Nr. 4, 16. Jg., 1987, S. 213.

ren.[529] Wenn Faktoren aus beiden Bereichen zusammenkommen, kommt es zu ineffizienten Allokationen.[530]

Die Umweltfaktoren werden einerseits durch Unsicherheit und Komplexität[531] charakterisiert, wie am Beispiel der Innovationsleistung von Mitarbeitern weiter oben ausgeführt wurde. Zum Markt- (bzw. Organisations-) Versagen aufgrund von Umweltfaktoren kann es andererseits kommen, weil es nur eine geringe Anzahl von Marktteilnehmern gibt („small number problem"). Dies hängt sehr eng mit der Spezifität einer Leistung zusammen. Im Extremfall des bilateralen Monopols kann sich einer der Teilnehmer durch opportunistisches Verhalten einen Vorteil verschaffen, weil sein Marktpartner aufgrund der Leistungsspezifität an ihn gebunden ist.[532] In Unternehmen spricht man dabei von „human asset specifity". Sie kommt zustande, weil Arbeitnehmer spezifische Erfahrungen mit Produktionsmitteln haben, die informalen Regeln ihrer Arbeitsumgebung kennen, spezifische Anpassungsprozesse miteinander durchgemacht und spezifische Kommunikationsstrukturen aufgebaut haben.[533] Der spezifische Lernprozeß, den ein Arbeitnehmer durchlebt, erhöht auch umgekehrt die Spezifität eines Unter-

---

529) Vgl. Ochsenbauer, C.: Organisatorische Überlegungen zur Hierarchie: Überlegungen zur Überwindung der Hierarchie in Theorie und Praxis der betriebswirtschaftlichen Organisation, München 1989, S. 197.

530) Vgl. Ouchi, W.: Markets, Bureaucracies and Clans, in: Administrative Science Quarterly, Nr. 3, Vol. 25, 1980, S. 133.

531) Vgl. zur Komplexität das Schach-Beispiel bei Williamson, O.: Markets and Hierarchies, New York/ London 1975, S. 23f.

532) Vgl. Ouchi, W.: Markets, Bureaucracies and Clans, a.a.O., S. 133 und Williamson, O.: Markets and Hierarchies, a.a.O., S. 26ff.

533) Vgl. Ochsenbauer, C., a.a.O., S. 207f.

nehmens für den Mitarbeiter. Das Ausmaß der Spezifität in beide Richtungen bezeichnet man als „Idiosynkrasiegrad".[534]

Eine Störung der Allokationsmechanismen, die häufig auch in der Arbeitsbeziehung zwischen Mitarbeitern und Unternehmen auftritt, ist die asymmetrische Information.[535] Sie ist dadurch gekennzeichnet, daß von zwei kooperierenden Partnern der eine vergleichsweise besser informiert ist als der andere.[536] Eine derartige ungleiche Informationsverteilung oder „Informationsverkeilung" kann technisch bedingt sein, weil eine zunehmende Komplexität einer Organisation mehr Störungsmöglichkeiten im Informationsfluß durch Schnittstellen und Liegezeiten mit sich bringt. Sie kann auch bewußt zur Abschirmung vorgetäuscht oder manipulativ eingesetzt werden, um opportunistische Ziele zu verfolgen. Mit zunehmender Unternehmensgröße wird die Informationsverkeilung und damit Verhaltensunsicherheit zunehmen, da Steuerungs- und Kontrollverluste auftreten.[537]

Es lassen sich vier verschiedene Arten von Verhaltensunsicherheiten identifizieren, die ihren Ursprung in asymmetrischer Informationsverteilung haben und die Ineffizienzen in der Zusammenarbeit von Auftraggeber und -nehmer bedingen. Obwohl derartige Principal-Agent-Probleme in der Literatur vorwiegend abstrakt

---

534) Vgl. Bonus, H.: The Cooperative Association as a Business Enterprise: A Study of the Economics of Transactions, in: Journal of Institutional and Theoretical Economics, Vol. 142, 1986, S. 328.

535) Vgl. Henkens, U.: Marketing für Dienstleistungen - Ein ökonomischer Ansatz, Frankfurt 1992, S. 50ff.

536) Vgl. Spremann, K.: Asymmetrische Information, in: Zeitschrift für Betriebswirtschaft (ZfB), Heft 5/6, 60. Jg., 1990, S. 562.

537) Vgl. Dorow, W., Weiermair, K., a.a.O., S. 192.

abgehandelt werden,[538] sollen sie hier speziell auf das Mitarbeiter-/ Führungsverhältnis hin untersucht werden.[539] „Mit dieser Frage ist ein Basisproblem der betriebswirtschaftlichen Führungsforschung angesprochen: wie kann das Verhalten von Untergebenen gesteuert und kontrolliert werden?"[540] Dabei wird von „Verträgen" und „Entscheidungen" die Rede sein. Dies bezieht sich als plastisches Beispiel auf die Einstellung von Mitarbeitern und deren Aufgabenerfüllung. Weitreichender ist allerdings die Interpretation, daß es sich hierbei um implizite Kontrakte handelt, also z.B. um Anweisungen durch Vorgesetzte, Projektleiter oder Teamaufgaben, die alltäglich abgearbeitet werden müssen. Deren Anweisung („Vertragsabschluß") erfolgt nicht immer verbal, ergibt sich häufig aus der Arbeitssituation, die Erfüllung (genauer: die „Entscheidung", wie sie erfüllt werden) erfolgt meistens parallel zu einer Vielzahl anderer Tätigkeiten. Ein derartiger Kontrakt kann sogar emphatischer Natur sein. Entscheidend für die Existenz eines Kontraktes ist das Vorliegen einer Austauschbeziehung.[541] Die Principal-Agent-Modellwelt leistet sich eine erheblich vereinfachte Sichtweise der Realität. Sowohl Unternehmen als auch Mitarbeiter können wechselseitig in der Rolle des Principals sein, obwohl im klassischen Verständnis das Unternehmen der Principal ist. In der folgenden Tabelle sind die wichtigsten Fälle mit erläuternden Beispielen aufgeführt:

---

538) Siehe beispielsweise die Aufstellung weiterer Bezugspunkte dieses Ansatzes, unterschieden nach Transaktionskosten des Absatzes und der Beschaffung bei Albach, H.: Kosten, Transaktionen und externe Effekte im betrieblichen Rechnungswesen, in: Zeitschrift für Betriebswirtschaft (ZfB), Heft 11, 58. Jg., 1988, S. 1160.

539) Vgl. einen anderen Anwendungsfall bei Kaas, K. P.: Marketing und Neue Institutionenlehre, Arbeitspapier Nr. 1 aus dem Forschungsprojekt Marketing und ökonomische Theorie, Frankfurt a.M. 1992, S. 24ff.

540) Ochsenbauer, C., a.a.O., S. 209.

541) Vgl. Spremann, K.: Reputation, Garantie, Information, a.a.O., S. 615.

Tabelle 11:

Typen asymmetrischer Information

Vertragsabschluß   Entscheidung

⇩   ⇩

Zeitpunkt

	Hidden Characteristics	Hidden Intention	Hidden Information	Hidden Action
Problem	ex-ante verborgene Eigenschaften des Agenten	ex-ante verborgene Absichten des Agenten	nicht beobachtbarer Informationsstand des Agenten	nicht beobachtbare Aktivitäten des Agenten
Resultierende Gefahr	Qualitätsunsicherheit	Hold-up	Moral Hazard	Shirking („Drückeberger")
Beispiel I: Innovationspotential des Agenten	Ist der Mitarbeiter kreativ, flexibel und innovativ?	Will der Mitarbeiter überhaupt kreativ für das Untern. arbeiten?	Wird der Mitarbeiter Ideen zurückhalten?	Strengt der Mitarbeiter sich an, neue Ideen zu äußern?
Beispiel II: Qualitätspotential des Agenten	Ist der Mitarbeiter fachlich qualifiziert?	Wird der Mitarbeiter Nachforderungen stellen?	Ist der Mitarbeiter fleißig und sorgfältig?	Sucht der Mitarbeiter nach Verbesserungsmöglichkeiten?
Beispiel III: Der Principal durch Informationsvorsprung in der Rolle des Agenten	Werden Bemühungen um Neuerungen und Qualität durch das Unternehmen belohnt?	Wird das Unternehmen seine Machtposition gegenüber dem Mitarbeiter unfair ausnutzen?	Enthält das Unternehmen dem Mitarbeiter weitreichende Veränderungsabsichten vor?	Wird das Unternehmen dén Mitarbeiter wie zugesagt fördern?

Quelle: In Erweiterung des Überblicks bei Breid, V.: Aussagefähigkeit agencytheoretischer Ansätze im Hinblick auf die Verhaltenssteuerung von Entscheidungsträgern, in: Zeitschrift für betriebswirtschaftliche Forschung (ZfbF), Nr. 9, 47. Jg., 1995, S. 824 und bei Spremann, K.: Asymmetrische Information, in: Zeitschrift für Betriebswirtschaft (ZfB), Heft 5/6, 60. Jg., 1990, S. 573.

Der erste Grundtypus wurde bereits angesprochen: die Qualitätsunsicherheit, also eine eingeschränkte Bewertbarkeit der Leistung vor ihrer Erbringung. Hold-up bedeutet, daß der eine Vertragsnehmer nach dcm Vertragsschluß dem anderen Vertragspartner Schaden zufügen kann, weil die beiden eben diese Vertragsbeziehung eingegangen sind. Dabei wird der Freiraum, den die Vertragsgestaltung läßt, gegen den Vertragsgeber ausgenutzt. Auch dieser zweite Typus ungleicher Informationslage ist also schon im Vorfeld der Leistungserstellung relevant.[542] Wenn z.b. der Principal aus seiner Sicht ein hohes Risiko bei der Beschäftigung des Agenten eingehen muß, wirkt sich das entgegen dem Interesse beider negativ auf das Zustandekommen einer Austauschbeziehung aus. Die Informationsverkeilung kann zumindest ansatzweise durch „signaling" durchbrochen werden, also durch ein einseitiges Zeichen, daß z.b. der Agent wirklich in vollem Umfang leisten möchte und das auch kann.[543] In der Unternehmenspraxis wird das etwa durch eine Probezeit bei Arbeitsverträgen oder durch andere freiwillige Vorleistungen geregelt.

Im Fall der „Hidden Information" kann der Principal die Leistung des Agenten noch nicht einmal nach Vertragsabschluß bewerten. Der Begriff „Moral Hazard", der das resultierende Verhalten benennt, kommt ursprünglich aus der Versicherungsindustrie und beschreibt die Tendenz von Versicherungsnehmern, nach Vertragsabschluß ihr Verhalten zu ändern, weil sie „ja jetzt versichert sind".[544] So können auch Mitarbeiter nach Vertragsabschluß ihre Einstellung zu ihren Aufgaben teilweise unbemerkt verändern. Machen externe Faktoren (Risiken) die Beurteilung der Leistung eines Agenten anhand seines Leistungsergebnisses unsinnig, obwohl ein konkretes Leistungsergebnis verabredet wurde, spricht man von „Hidden Action": „Durch Glück bei Faulheit kann aber dieselbe Gegenleistung zustande kommen wie durch Pech und Fleiß."[545] Bei Hidden Information liegt schon vor der Leistung eine Verhaltensänderung vor, im Gegensatz dazu

---

542) Vgl. ders., Asymmetrische Information, a.a.O., S. 567ff.
543) Vgl. Kaas, K. P.: Marktinformationen: Screening and Signaling unter Partnern und Rivalen, in: Zeitschrift für Betriebswirtschaft (ZfB), Heft 3, 61. Jg., 1991, S. 363f.
544) Vgl. Milgrom, P., Roberts, J., a.a.O., S. 167.
545) Spremann, K.: Asymmetrische Information, a.a.O., S. 571ff.

sind bei Hidden Action die Aktivitäten des Agenten nicht beobachtbar, und es kommt nach dem Treffen der Entscheidung zu einer den Eigennutzen maximierenden Verhaltensänderung.[546] Dieser Fall kommt der Realität in einer Unternehmens-Mitarbeiterbeziehung häufig nahe, da eine Vielzahl von sich überschneidenden und teilweise sogar widersprüchlichen qualitäts- und innovationsrelevanten Aufgaben zu erfüllen sind. Deren Gesamtergebnis wird von anderen Mitarbeitern und technischen Gegebenheiten und Marktbedingungen so stark beeinflußt, daß die Mitarbeiterbeurteilung nur sehr ungenau ausfallen kann („nonseparability-Problem"[547]). Der Agent kann diesen unkontrollierten Freiraum für seine Zwecke ausnutzen, also ein Mitarbeiter z.b. für den Einsatz von zeitlichen, personellen, finanziellen, weiteren materiellen Ressourcen oder einfach für Müßiggang (Shirking). Dieses opportunistische Verhalten ist schwerlich von „kreativem Müßiggang" zu unterscheiden, den innovative Aufgaben erfordern, und unterliegt damit nur noch in geringstem Maße Kontrollmöglichkeiten.

Den verschiedenen Typen der Informationsasymmetrie ist gemeinsam, daß eine Erhöhung der Information auf der informationsknappen Transaktionsseite mittel- bis langfristig eine höhere Effektivität der Austauschbeziehung schafft. Dies ist insbesondere bei dem Verhältnis von Mitarbeitern zum Unternehmen der Fall, da die Zahl der Austauschbeziehungen sehr hoch ist und opportunistisches Ausnützen von Informationsasymmetrien zukünftige Transaktionen oder Transaktionen mit anderen Mitarbeitern belastet. Transaktionskosten werden durch das Ausschöpfen von Informationsverteilungen nur scheinbar gesenkt, in Wirklichkeit werden sie verlagert und dabei unter Umständen erhöht. Deutliches Beispiel ist

---

546) Vgl. Breid, V.: Aussagefähigkeit agencytheoretischer Ansätze im Hinblick auf die Verhaltenssteuerung von Entscheidungsträgern, in: Zeitschrift für betriebswirtschaftliche Forschung (ZfbF), Nr. 9, 47. Jg., 1995, S. 824.

547) Vgl. Rößl, D., a.a.O., S. 319.

eine hohe Fluktuationsrate, die auf Grund von Fehlinformationen bei der Einstellung und Einarbeitung von Mitarbeitern auftritt. Sie beinhaltet nicht nur die Kosten der Einarbeitung der Mitarbeiter, sondern auch eine ganze Kette von Fehlerfolgekosten,[548] wie die Konsequenzen der Unzufriedenheit der Kollegen, die mögliche Stärkung von Wettbewerbern durch Know-how-Abfluß, die Kosten der Neu-Einstellung sowie Imageschäden bei potentiellen Mitarbeitern und bei Kunden sowie einen sich kumulierenden Zeitverlust.

Versuche, die ungleiche Informationsverteilung zu reduzieren, um die Austauschbeziehung weitestgehend vorhersehbar und damit im Ergebnis kontrollierbar zu machen, sind jedoch nur bis zu einem gewissen Grad sinnvoll, denn Transaktionsgüter wie die Leistung eines Mitarbeiters sind nicht bis in jeden Aspekt definierbar und darüber hinaus situationsspezifisch.[549] Der registrierbare Output ist daher nicht immer ein objektiver Maßstab für die Qualität der Leistung. Ab einem zu hohen Konkretisierungs- und Realisierungsgrad erfordern Transaktionsgüter daher prohibitive Kontrollmechanismen, die zudem Kreativität im Keim ersticken. Derartige Kontrollmechanismen wären nichts anderes als ein zu weit getriebenes Qualitätsmanagementsystem. Auch „Anreize", die sehr eng an die genau spezifizierte Erfüllung einer Leistung gebunden sind, hätten den gleichen Effekt. Ihre Gewährung würde eine Kontrollierbarkeit des Leistungsergebnisses ex-ante oder ex-post erfordern und damit das Problem der Informationsasymmetrie nicht beheben. Daher muß ein anderer Weg gefunden werden, um trotz ungleicher Informationen Principal und Agenten, Unternehmen und Mitarbeiter in ihren Leistungen und ihren Anforderungen in Einklang zu bringen.

---

548) Siehe Kapitel 3.2.2: Qualitätshemmnisse und der Zusammenhang von Qualität und Kosten.
549) Vgl. Rößl, D., a.a.O., S. 319f.

196

Sehr eng verbunden mit dem Umweltfaktor Unsicherheit und Komplexität ist der bereits mehrfach angesprochene Humanfaktor Opportunismus.[550] Dieses eigennützige Verhalten wird erst, wie dargestellt, durch Informationsasymmetrien ermöglicht.[551] Er bezeichnet Versprechungen, die von vornherein nicht in der Absicht gegeben werden, daß sie gehalten werden, selektiv oder bewußt falsch wiedergegebene Sachverhalte oder andere arglistige Täuschungsmanöver.[552] Diese Verhaltensannahme ist WILLIAMSONs zentrales Argument zu Erklärung von Markt- und Hierarchieversagen.[553] Die Grenzen der Einflußnahme auf opportunistisches Verhalten verlaufen gleichauf mit denen, die durch Informationsasymmetrien gesetzt werden. Anreize und Kontrolle können nur insoweit wirksam werden, wie Fehlverhalten aufgedeckt werden kann. Dabei ist es tendenziell schwieriger, unterdrückte Kreativität zu entdecken, als Qualitätsmängel aufzudecken, die sich in Form von nachweisbaren Normabweichungen ausdrücken. Innovationsbezogener Opportunismus ist daher eher mit Anreizen als mit Kontrollen beizukommen, da Anreize ein ganzes Leistungsbündel, also z.B. eine Innovation, prämieren können. Sie zielen nicht nur auf die Einzelleistungen einer Person, sondern auch auf die Teamergebnisse in ihrer Gesamtheit.

Der zweite Humanfaktor, der erklärt, warum weder Markt noch Hierarchie die einzige Antwort auf das Faktorallokationsproblem sind, ist die begrenzte Rationalität.[554] „Man kann sich die begrenzte Rationalität als ein allgemeines Maß für

---

550) Vgl. Williamson, O.. Vergleichende ökonomische Organisationstheorie, a.a.O., S. 34.

551) Vgl. ders., Markets and Hierarchies, a.a.O., S. 26ff.

552) Vgl. Ochsenbauer, C., a.a.O., S. 200.

553) Vgl. Dorow, W., Weiermair, K., a.a.O., S. 198.

554) Vgl. Williamson, O.: The Economic Institutions of Capitalism, New York 1985, S. 45ff.

die Kompetenz im Umgang mit Komplexität denken."[555] Die begrenzte Fähigkeit zur Informationsverarbeitung,[556] die mit steigender Komplexität von Transaktionsbeziehungen und deren Umfeldbedingungen zunimmt, schränkt die Effizienz von Transaktionen weiter ein. „This implies incomplete information about market opportunities, limited ability to predict the future and derive implications from predictions, and limited ability to prespecify responses to future events. People don't know everything and so they make mistakes; moreover each person may know different things."[557] Opportunismus ist die Konsequenz aus dieser menschlichen Begrenztheit.

4.2 Mitarbeiter als Träger von Leistungs- und Veränderungsprozessen: Die Effizienz von Anreiz- versus Anweisungssystemen

Die Humanfaktoren „begrenzte Rationalität" und „Opportunismus" und die Umweltfaktoren „Unsicherheit/Komplexität" und „small numbers/Spezifität" verursachen durch asymmetrische Informationen Ineffizienzen auf Märkten und in Hierarchien. „According to the paradigm, no one of the four conditions can produce market failure, but almost any pairing of them will do so."[558] Daher ist eine Hybridform von markt- und hierarchieähnlichen Systemen sinnvoll, um die Vorteile beider miteinander zu verbinden. Kontrolle engt Informationslücken ein und

---

555) Ders., Vergleichende ökonomische Organisationstheorie, a.a.O., S. 33.
556) Hax, H., a.a.O., S. 56.
557) Alchian, A., Woodward, S.: The Firm is Dead; Long Live the Firm. A Review of Oliver E. Williamson`s "The Economic Institutions of Capitalism", in: Journal of Economic Literature, Vol. 26, 1988, S. 66.
558) Ouchi, W.: Markets, Bureaucracies and Clans, a.a.O., S. 133.

Anreize wirken dort, wo keine Informationen möglich sind. Anreize haben dabei nur insoweit eine zusätzliche Hebelwirkung, wie sie nicht selber auf rigide Überprüfungsmethoden zurückgreifen müssen, um gewährt werden zu können. Je mehr eine Organisation auf Anreizen aufbaut, desto schwieriger wird ihre Steuerung durch Kontrollmechanismen. „This trade-off between incentives and control lies at the heart of the decision that managers must make about how to organize for innovation."[559] Um die Zusammenarbeit von Unternehmen und Mitarbeitern auf die Ziele Qualität und Innovation auszurichten, führt eine Ergänzung des Anreiz-Anweisungs-Schemas weiter.

4.2.1 Voraussetzung eigenständigen Handelns: Vertrauen

„Anreizsysteme erfordern allerdings die dissensfreie Feststellbarkeit des Verhaltensergebnisses."[560] Im Gegensatz zu dieser weitverbreiteten Lehrmeinung wirken Leistungsanreize nicht nur, wenn sie durch den Principal explizit aufgrund einer überprüften Leistung vergeben werden. Das non-separability-Problem bei Teamleistungen[561] kann beispielsweise im Gegensatz zur Sichtweise von ALCHIAN und DEMSETZ überwunden werden, indem die Wirkung des Teamanreizes mittels wechselseitiger Kontrolle oder eines gegenseitigen Ansporns auf die Einzelmitglieder übertragen wird. Es gibt also Anreize, die nicht aufgrund einer konkret zurechenbaren Leistung zugeteilt werden. Diese „impliziten Anreize" werden in der klassischen Institutionenökonomik vernachlässigt. Erst diese Erkenntnis versetzt in die Lage, das undifferenzierte Preis/Kontrolle-Schema zu

---

559) Chesbrough, H., Teece, D., a.a.O. , S. 66.
560) Rößl, D., a.a.O., S. 319.
561) Vgl. das Lasten-Beispiel bei Alchian, A., Demsetz, H., a.a.O., S. 779.

überwinden. Einen ersten Hinweis hat die Konstatierung eines „Eigenantriebes zur Qualität", der aus dem transzendenten Qualitätsbegriff abgeleitet wurde, gegeben.[562] Als weitere intrinsische Motivationsart wurde bereits ein „Eigenantrieb zur Kreativität" festgestellt.[563] Darüber hinaus ist die Zusammenarbeit in Unternehmen langfristig angelegt. Die Austauschbeziehungen zwischen Unternehmen und Mitarbeitern stellen häufig „wiederholte Spiele" dar.[564] Es werden komplexe Bündel von Leistungen und Gegenleistungen ausgetauscht. Deren Bewertung findet implizit laufend und explizit nur selten, also z.B. jährlich, statt. Die intrinsische Motivation vermischt sich untrennbar mit den expliziten Leistungsanreizen, die durch das Unternehmen ausgesendet werden. Es gibt also einen Mechanismus, der nicht oder nur sehr indirekt auf nachträglichen positiven oder negativen Sanktionen aufbaut.

„Diese hier als Selbstverpflichtung bezeichnete Koordinationsform charakterisiert somit eine stabile Selbstfestlegung auf die Nichtausnutzung unbegrenzter kurzfristiger Opportunismusmöglichkeiten (langfristige Orientierung) und bezeichnet damit die vorauslaufende (riskante) - vorerst einseitige - Festlegung auf kooperatives Verhalten."[565] Selbstverpflichtung baut nicht, zumindest nicht primär, auf altruistischen Motiven auf, sondern funktioniert unter der Prämisse der Nutzenmaximierung durch die Abwägung langfristig vorteilhafter Beziehungen gegenüber kurzfristigen Gewinnmitnahmen aus opportunistischem Verhalten. „Selbst-

---

562) Vgl. Kapitel 3.2.1: Dimensionen und Merkmale von Qualität.
563) Vgl. Kapitel 3.3.3: Auftreten und Konsequenzen von Innovationshemmnissen.
564) Vgl. Rau-Bredow, H.: Reputation und wiederholte Spiele, in: Wirtschaftswissenschaftliches Studium, (WiSt), Heft 4, 25. Jg., 1996, S. 215ff.
565) Rößl, D., a.a.O., S. 322. und vgl. auch Schelling, T.C.: The Strategy of Conflict, 5. Aufl., Cambridge Massachusetts 1976, S. 43.

verpflichtung" ist kein neuer Ansatz,[566] sondern die Beobachtung eines Verhaltens, das gerade in der Unternehmens-Mitarbeiterbeziehung immer schon existiert hat. Neu ist an Rößls Feststellung jedoch die Integration in das Markt-Hierarchie-Wirkungsschema. Während der Markt anreiz- und die Hierarchie kontrollbasierte Systeme darstellen, ergänzt die Selbstverpflichtung diese Systeme oder eine Hybridform daraus durch ein vertrauensbasiertes System. Das janusköpfige Wirkungspaar Selbstverpflichtung und <u>Vertrauen</u> überwindet die Problematik der asymmetrischen Information und damit die Unzulänglichkeit des Transaktionskostenansatzes. Denn „...zu der wichtigen Frage, wie unternehmerische Ideen entstehen können (Kreativitätsproblem), sagt er wenig."[567] Während Selbstverpflichtung die vorauseilende Ablehnung opportunistischen Verhaltens ist, ist Vertrauen die Annahme, daß kein opportunistisches Verhalten vorliegt. Eine dissensfreie Überprüfung des Verhaltensergebnisses ist daher nicht mehr im Detail, sondern nur stichpunktartig oder für große, komplexe Leistungsbündel notwendig. Dadurch spart Vertrauen Koordinationskosten: „Transaction costs arise principally when it is difficult to determine the value of goods and services. Such difficulties can arise from ... the lack of trust between the parties."[568]

---

566) Das Gegenstück zur Selbstverpflichtung in Hierarchien ist die „Selbstbindung" auf Märkten. Vgl. Schade, C., Schott, E.: Instrumente des Kontraktgütermarketing, in: Die Betriebswirtschaft (DBW), Nr. 4, 53. Jg., 1993, S. 500.

567) Picot, A.: Transaktionskostenansatz in der Organisationstheorie: Stand der Diskussion und Aussagewert, in: Die Betriebswirtschaft (DBW), Nr. 2, 42. Jg., 1982, S. 281. Vgl. auch ders., Ökonomische Theorien der Organisation: Ein Überblick über neuere Ansätze und deren betriebswirtschaftliches Anwendungspotential, in: Ordelheide, D., Rudolph, B., Büsselmann, E.: Betriebswirtschaftslehre und ökonomische Theorie, Stuttgart 1991, S. 146.

568) Ouchi, W.: Markets, Bureaucracies and Clans, a.a.O., S. 130.

Beobachtung ist nicht kostenlos. „LENINs Satz "Vertrauen ist gut, Kontrolle ist besser" muß auf dieser Basis in die Formulierung "Kontrolle ist teuer, Vertrauen daher meistens besser" umgewandelt werden."[569] Vertrauen setzt Gegenseitigkeit und Gleichheit (reciprocity and equity) bei den Austauschpartnern voraus.[570] Auf diesem Zusammenhang fußten die Geschäftsbeziehungen hanseatischer Kaufleute ebenso wie die japanischer, koreanischer oder chinesischer Handelsnetzwerke.[571] Das Vertrauen auf Normen und Regeln gehört zu den soziologischen Prädispositionen des Menschen, seine Abwesenheit führt im Extremfall zu Anomie, die soziale Beziehungen von Grund auf zerstört. Im Umkehrschluß determiniert die Soziabilität, die Fähigkeit einer Gruppe oder einer Gesellschaft, dauerhafte soziale Bindungen einzugehen, ihr langfristiges Leistungspotential.[572] Denn wenn freiwillige Kontrakte nur singulär getroffen werden und nicht durch Vertrauen abgesichert sind, können Transaktionskosten nur suboptimal reduziert werden: „Würde Opportunismus ... durch Vertrauen ersetzt, ... könnte ein großer Teil der Transaktionskosten entfallen."[573]

Die oben angesprochene Problematik divergierender Austauschziele, die in Bürokratien im Sinne Max WEBERs zwangsläufig auftreten, wird durch Vertrauen aufgehoben. Die Mitglieder der Hierarchie leisten ihren Beitrag zu der zentralen Organisation und erwarten dafür eine Entlohnung. Vertrauen ist dabei ein immanentes Konstrukt, da die Mitglieder schon bei ihrem Eintritt eine hohe Summe gemeinsamer Ziele haben und da ihre Erwartungshaltung, daß langfristig Leistungen

---

569) Schade, C., Schott, E., a.a.O., S. 494.

570) Vgl. Ouchi, W.: Markets, Bureaucracies and Clans, a.a.O., S. 131.

571) Vgl. Schneidewind, D.: Jishu Kanri, a.a.O., S. 298ff.

572) Vgl. Fukuyama, F.: Konfuzius und Marktwirtschaft, München 1995 und ders., Enorme Konsequenzen, in: WirtschaftsWoche, Teil 1, Nr. 38, 14.9.1995, S. 52-60, Teil 2, Nr. 39, 21.9.1995, S. 49-56, Teil 3, Nr. 40, 28.9.1995, S. 56-64.

573) Dorow, W., Weiermair, K., a.a.O., S. 201.

im Sinne der Organisationsziele belohnt werden aber das Gegenteil bestraft wird, sich fortlaufend bestätigt. Aufstiegsmöglichkeiten innerhalb der Hierarchie binden zusätzlich an die Organisation und bauen so wenig vereinbare Zielsetzungen weiter ab.[574] „Die Kosten der Bürokratie"[575] werden dadurch erheblich relativiert. Anders ausgedrückt: Ein großer Teil der Transaktionskosten, der in hierarchischen Organisationsstrukturen anfällt, ist auf mangelndes Vertrauen zurückzuführen und nicht, wie z.B. bei WILLIAMSON, auf die Bürokratie selber.

Vertrauen stellt neben Furcht eine der beiden Basisalternativen dar, soziale Gemeinschaften zusammenzuhalten. Es ist eine Erwartungshaltung, die durch Bestätigung verfestigt wird. Der Begriff bezeichnet die Entwicklung von Zuversicht in ein Ereignis bzw. ein Sich-Verlassen auf Personen. In Erwartung eines Nutzens wird das Risiko der Enttäuschung eingegangen. Nach LUHMANN wird das „Problem der riskanten Vorleistung"[576] bewußt in Kauf genommen. Dabei wird dem Eintreten der negativen Alternative eine bedingte Wahrscheinlichkeit zugemessen, da Vorerfahrungen mit dem Vertrauenspartner vorliegen.[577] Neben eigenen Erfahrungen können auch die Erfahrungen anderer als entscheidungsrelevant angesehen werden. Da die Enttäuschung von Erwartungen auch auf die aktuellen und potentiellen Partner anderer Transaktionen überstrahlt, hat sie ein stärkeres Gewicht als nur das der Belastung einer direkt betroffenen Austauschbeziehung. Ein Transaktionspartner baut durch die Vermeidung der Enttäuschung seiner Partner im Zeitverlauf Reputation auf. „Dieses Reputationskapital wirkt wie eine

---

574) Ouchi, W.: Markets, Bureaucracies and Clans, a.a.O., S. 134.

575) Williamson, O.: Die ökonomischen Institutionen des Kapitalismus, a.a.O., S. 169.

576) Luhmann, N.: Vertrauen. Ein Mechanismus der Reduktion sozialer Komplexität, Frankfurt a.M. 1993, S. 23.

577) Vgl. Bleicher, K., Vertrauen als kritischer Faktor einer Bewältigung des Wandels, in: Zeitschrift Führung-Organisation (ZFO), Nr. 6, 43. Jg., 1995, S. 393.

"Geisel" in der Hand der potentiellen Transaktionspartner, weil der Unternehmer bei opportunistischem Verhalten in der gegenwärtigen Transaktionsbeziehung nicht nur die transaktionsspezifische Quasirente, sondern auch das Reputationskapital verliert. Damit verringert sich die Opportunismusneigung der Akteure."[578] Dies gilt insbesondere bei wiederholten Spielen. Vertrauen bzw. Reputation sind somit in der Lage, den in der Literatur als Gefangenendilemma bezeichneten Problemfall zu lösen: Zwei Subjekte haben die Möglichkeit, bei übereinstimmendem Verhalten ein in der Summe optimales Ergebnis zu erziehlen, derjenige, der als erster eine Art „Kronzeugenregelung" für sich in Anspruch nimmt, übervorteilt den anderen mit schwerwiegenden Konsequenzen für diesen, er selbst stellt sich dadurch aber optimal. Das Gefangenendilemma führt, wenn kein Vertrauen vorliegt, durch nichtkooperatives Verhalten zu suboptimaler Faktorallokation.[579]

Um Vertrauen zu akzeptieren, dürfen beide Partner nicht extrem risikoavers sein, denn es gehören immer zwei Seiten dazu, der vertrauensgebende und der -nehmende Teil. Das Vertrauenskonzept schließt sich auch an die Diskussion um die begrenzte Rationalität an. Denn Vertrauen selber ist nur begrenzt rational begründbar, seine Wirkungsweise ist zu einem großen Anteil intuitiv. Daher ist Intuition eine notwendige Realität in Austauschbeziehungen, zumal komplexe und unsichere Entscheidungen nur unzureichend rational erklärt werden können. „Das herrschende Managementdenken, das als Ausfluß der okzidentalen Rationalität (MAX WEBER) von der Grundauffassung geprägt ist, alle Probleme seien durch Berechnung beherrschbar, scheitert an seiner hohen Problemkomplexität, läßt sie

---

578) Vgl. Windsperger, J.: Transaktionskostenspezifität, Reputationskapital und Koordinationsform, in: Zeitschrift für Betriebswirtschaft (ZfB), Heft 8, 66. Jg., 1996, S. 970.
579) Vgl. Rau-Bredow, H., a.a.O., S. 215 und vgl. Milgrom, P., Roberts, J., a.a.O., S. 137ff.

gar nicht zu."[580] Intuition ist notwendig und wertvoll als Mittel zur Komplexitätsreduktion und kann durch wissenschaftlich-analystisches Denken ergänzt werden.
Das realitätsferne Konzept eines reinen Nutzenkalküls und die „...Einseitigkeit
des rein zweckrationalen Handelns..."[581] werden somit durch die Erkenntnis ergänzt, daß die Zusammenarbeit zwischen Mitarbeitern und Unternehmen am besten durch intuitionsgesteuerte, informelle Strukturen funktioniert.

Im Umkehrschluß kann Mißtrauen, das seinerseits intuitiv geprägt ist, eine Vielzahl von kontraproduktiven Konsequenzen haben. Es löst Argwohn und subjektiv
empfundene Unsicherheit[582] aus, führt damit zu Verschlossenheit und Trotzreak-
tionen, bremst Qualitätsstreben, erstickt Kreativität und erhöht somit die Opportunismusneigung.[583] Die vorherrschenden kontrollbasierten Systeme in Unternehmen sind eher durch Mißtrauen als durch Vertrauen gekennzeichnet.[584] „Eine
derartige "Mißtrauensorganisation" trägt zu den aktuellen Krisenerscheinungen
mangelnder Innovationskraft, unzureichender Flexibilität und verminderter Wettbewerbsfähigkeit bei, weil versäumt wurde, die in der Mitarbeiterschaft vorhandenen schöpferischen Potentiale für die Bewältigung des Wandels einzusetzen."[585]

---

580) Kieser, A.: Fremdorganisation, Selbstorganisation und evolutionäres Management, a.a.O.,
    S. 203, vgl. auch Büscher, M., a.a.O., S. 43.
581) Kieser, A. : Fremdorganisation, Selbstorganisation und evolutionäres Management,
    a.a.O., S. 205.
582) Vgl. Kapitel 3.3.3: Auftreten und Konsequenzen von Innovationshemmnissen sowie zum
    Konzept des wahrgenommenen Risikos Henkens, U., a.a.O., S. 60f.
583) Vgl. Bleicher, K.: Vertrauen als kritischer Faktor einer Bewältigung des Wandels, a.a.O.,
    S. 392ff.
584) Vgl. Eckel, G.: Lernen - ein wichtiges Element im Veränderungsprozeß, in: Zeitschrift für
    Betriebswirtschaft (ZfB) - Ergänzungsheft, Nr. 3, 65. Jg., 1995, S. 32.
585) Ebenda, S. 391.

4.2.2 Selbstverpflichtung als zentrales Prinzip zur Steuerung von Unternehmensprozessen

OUCHI löst die Suche nach einer Ergänzung des Anreiz-Anweisungs-Schemas durch einen etwas anderen, in der Konsequenz aber sehr ähnlichen Ansatz.[586] Auch er erkennt die Problematik, daß die Ziele der Organisationsmitglieder und der Organisation nur teilweise übereinstimmen. Seine Schlußfolgerungen spiegeln ein positives Menschenbild wieder. Durch den freiwilligen Eintritt in ein Unternehmen wird sichergestellt, daß ein großer Teil der Zielvorstellungen im Normalfall schon von Anfang an kompatibel ist. Kongruente Zielvorstellungen lassen sich im Zeitverlauf weiterhin durch einen Prozeß der Sozialisation erreichen, wie OUCHI am Beispiel (idealisierter) japanischer Unternehmen darstellt, die überwiegend ungelernte Arbeiter einstellen und viel Zeit auf deren Ausbildung verwenden. Die Sozialisation im Unternehmen wird als ebenso wichtige Aufgabe erkannt wie die Ausbildung. In der Konsequenz wird die Dauer der Betriebszugehörigkeit - vor allem im Vergleich zu Fähigkeiten und Fertigkeiten oder Erfolgen der Vergangenheit - wesentlich höher bewertet, als das in westlichen Unternehmen der Fall ist. Durch den auf lange Zeit angelegten Verbleib eines Mitarbeiters im Unternehmen gleichen sich die persönlichen Ziele an die Unternehmensziele an. Die problematische Kontrolle von Leistungsergebnissen oder die Überprüfung der Zuteilungsberechtigung von Anreizen aufgrund von rigide formulierten Kriterien verlieren in einem derartigen System weitgehend ihre Grundlage: „It is not necessary for the organizations to measure performance to control or direct their

---

586) Vgl. Ouchi, W.: Markets, Bureaucracies and Clans, a.a.O., S. 129ff.

employees, since the employees' natural (socialized) inclination is to do what is best for the firm."[587]

Ein derartiges System wird als „Clan" bezeichnet. Dieser aus der Soziologie entlehnte Begriff einer „...organic association which resembles a kin network but may not include blood relations..."[588] beschreibt eine soziale Gruppe[589], in der sich für eine Vielzahl von häufig auftretenden Situationen übereinstimmende Lösungen ergeben, ohne daß erneuter Abstimmungsbedarf besteht. Die verbleibende Abstimmung erfolgt durch stille Signale von Menschen, die „sich gut verstehen", weil sie in stabilen Verhältnissen mit den gleichen impliziten Zielsetzungen zusammenarbeiten. „Riten, Stories und Legenden", und „Traditionen" werden Vehikel für gemeinsame Werte und Einstellungen, diese ersetzen explizite Zielvorgaben.[590] „Where individual and organizational interests overlap to this extent, opportunism is unlikely and equity in rewards can be achieved at relatively low transaction costs."[591] Eine derartige informelle Organisation kann sogar „zwingender" wirken als Bürokratie, da ihre Koordinationsmechanismen auf den archaischen Formen des Zusammenlebens von Menschen aufbauen. Clans können, wenn eine hohe Komplexität der Aufgabenstellung und damit ein hoher Informationsbedarf vorliegt, transaktionskostenminimal sein, da Informationen in informeller Kodifizierung schneller weitergegeben werden können als auf

---

587) Ebenda, S. 132.

588) Durkheim, E.: The Division of Labor in Society, New York 1933, S. 175, zitiert nach Ouchi, W.: Markets, Bureaucracies and Clans, a.a.O., S. 132.

589) Zum Begriff der Gruppe vgl. bspw. Oberschulte, H.: Organisatorische Intelligenz - Ein integrativer Ansatz des organisatorischen Lernens, München, 1994, S. 95.

590) Vgl. Ouchi, W.: A Conceptual Framework for the Design of Organizational Control Mechanisms, in: Management Science, Nr. 9, Vol. 25, 1979, S. 838ff., Kieser, A.: Unternehmenskultur und Innovation, a.a.O., S. 44 und Brannen, Y.M., a.a.O., S. 61.

591) Ders., Markets, Bureaucracies and Clans, a.a.O., S. 136.

„offiziellem" Wege. Voraussetzung ist, daß die verwendeten Symbole von allen Clanmitgliedern auf die gleiche Weise interpretiert werden.[592] Auch dafür ist eine langfristige Zusammenarbeit der Mitglieder und damit einhergehend ein hoher Idiosynkrasigrad notwendig.[593]

OUCHI ergänzt also das Markt-Hierarchie-Schema durch den Clan-Begriff.[594] Die Begriffe Bürokratie und Clan sind jedoch nicht völlig trennscharf, die beiden Organisationsformen können sich zeitlich überlagern. Informelle und formelle Organisationen liegen auf zwei verschiedenen Betrachtungsebenen von Institutionen und ergänzen sich als organisatorische Phänomene. Die Einführung des Clan-Begriffes macht daher deutlich, daß es verschiedene „Härtegrade" von Kontrahierungsformen gibt, also verschiedene Abstufungen von expliziter, nach außen dokumentierter und damit einklagbarer Bindung der Transaktionspartner aneinander.[595] „Ist eine Aufgabe so beschaffen, daß sie weder standardisiert, [sic] noch hinreichend beschreibbar, sondern mehrdeutig, schlecht strukturiert, stark veränderlich und kundenspezifisch ist (z.B. Forschungs- und Entwicklungs-, Führungs-, Beratungsleistungen), so ist eine transaktionskostengünstige Lösung nur auf der Basis eines noch unvollständigeren "weicheren" Vertrages möglich."[596] Der Clan

---

592) Vgl. ders., A Conceptual Framework for the Design of Organizational Control Mechanisms, a.a.O., S. 839f.

593) Vgl. die etwas anders verlaufende Argumentation bei Ochsenbauer, C., a.a.O., S. 214ff. Williamson spricht statt von Clans von „relational-teams", z.B. in Williamson, O.: The Economics of Organizations: The Transaction Cost Approach, in: American Journal of Sociology, Nr. 3, Vol. 87, 1981, S. 565.

594) Vgl. Ouchi, W., A Conceptual Framework for the Design of Organizational Control Mechanisms, a.a.O., S. 833.

595) Vgl. Ochsenbauer, C., a.a.O., S. 215.

596) Picot, A.: Zur Bedeutung allgemeiner Theorieansätze für die betriebswirtschaftliche Information und Kommunikation: Der Beitrag der Transaktionskosten- und Prinzipal-

zeichnet sich durch ein Vorherrschen der „weichen" Kontrahierungsformen aus, welche die „harten", also die expliziten Regelungen zu einem Großteil ersetzen. Dadurch bildet sich zwischen den Clanmitgliedern im Zeitverlauf Vertrauen heraus. Letztlich ist auch in dieser wissenschaftlichen Schule der Neuen Institutionenökonomik Vertrauen der ergänzende Faktor zwischen bürokratischen und adhokratischen Systemen.

Problematisch ist vor allem das Erreichen eines derartigen vertrauensbasierten Systemzustandes.[597] Ein Agent muß in einem derartigen System zur individuellen Entscheidung und Ausführung im Sinne des Principals befähigt werden. Dies geschieht durch Selbstverpflichtung des Agenten, die nur dann sinnvoll ist, wenn ihm Vertrauen entgegengebracht wird. Ein Mitarbeiter bindet sich in ein langfristiges Arbeitsverhältnis, weil er dem Unternehmen vertraut, dafür auch seine Belohnung zu erhalten. Die besteht nicht nur in der vertraglich fixierten Entlohnung, sondern auch in Form von Anerkennung, von Unterstützung bei seiner Arbeit, durch ein angenehmes Arbeitsklima und durch andere weiche Kontraktierungsinhalte. Das Unternehmen belohnt ihn, weil es ihm vertraut, nicht unbemerkt zum Nachteil des Unternehmens gearbeitet zu haben, sei es durch eine geringere als die ausgemachte Leistung, Vergeuden von Ressourcen oder bezogen auf das Ausschöpfen seines kreativen Potentials.[598] Dieses gegenseitige Bedingen von Selbstverpflichtung und Vertrauen, das weiter oben bereits angesprochen wurde, findet seine Bestätigung in der Clan-Idee.

Agent-Theorie, in: Kirsch, W., Picot, A. (Hrsg.): Die Betriebswirtschaftslehre im Spannungsfeld zwischen Generalisierung und Spezialisierung, Wiesbaden 1989, S. 367.

597) Vgl. hierzu das Problem der doppelten Kontingenz bei Luhmann, N.: Soziale Systeme, Frankfurt a.M. 1984, S. 179.

598) Vgl. Rößl, D., a.a.O., S. 330f.

Selbstverpflichtung ist keine Seltenheit, vielmehr sind Austauschbeziehungen in aller Regel durch Selbstverpflichtung geprägt, sie ist ein „ubiquitäres Instrument"[599] zur Initiierung wechselseitigen Vertrauens. (Arbeits-)Verträge decken zumeist nur zu einem relativ geringen Teil die Sonderfälle einer Transaktionsbeziehung ab, die Einsatzintensität einer Kontrakterfüllung ist im Regelfall wesentlich höher als das schriftlich fixierte Leistungsminimum, und viele Aktivitäten werden in einer Transaktionsbeziehung „stillschweigend" ausgeführt.[600] Dabei übernimmt der Agent zu einem Teil die Kontrollfunktion des Principals mit, der eben darauf vertraut. „Unsere Ergebnisse lenken somit die Betrachtung von der Frage nach Steuerungsinstrumenten zur Reduktion von Opportunismusspielräumen zur stark vernachlässigten Frage nach Ansatzpunkten zur Reduktion von Opportunismusneigungen."[601]

4.2.3 Kultur als Träger der Selbstorganisation

Die Folge der Akzeptanz von Selbstverpflichtung ist die Ermächtigung der Mitarbeiter zu eigenständigem Handeln, also Empowerment. Wenn Mitarbeiter in ihrer Rolle als Agenten die Kontrollfunktion für ihre eigene Arbeit im Auftrag des Unternehmens übernehmen,[602] dann wird die Verantwortung für Qualität an die Stelle „zurückdeligiert", an der Qualität produziert wird, an den Ort der Leistungserstellung. Solange sich dieses Vertrauen als gerechtfertigt erweist, fallen

---

599) Ebenda, S. 327.
600) Vgl. ebenda, S. 327f.
601) Ebenda, S. 331.
602) Die Übernahme der Kontrollfunktion ist nur die Minimalkonfiguration selbstverpflichteten Handelns, wie eine Seite weiter unten gezeigt wird, siehe dort den Begriff der „Werkerselbstprüfung".

wesentlich geringere Transaktionskosten an, als bei einer Fremdkontrolle durch das Unternehmen. Darüber hinaus hat Selbstkontrolle eine motivierende Wirkung.[603] Zudem kommt keine oder weniger Angst vor den Folgen von Fremdkontrolle auf, was zu freierem Agieren führt.[604] Dieses Vorgehen des „...pushing decision making down to the lowest possible level...“[605] ist also auch im Sinne eines Innovationsmanagements, denn es schafft Freiräume, die innovativ genutzt werden können. Qualität und Innovation werden somit durch Selbstverpflichtung gleichzeitig und parallel ermöglicht.

Wenn dieser Gedanke konsequent weiterentwickelt wird, entsteht das Bild einer Organisation, die von Selbstkontrolle geprägt ist. Ein System, in dem externe Kontrolle zur Ausnahme wird, ist weit weniger abwegig, als es auf den ersten Blick erscheinen mag. Fast alle biologischen und auch die meisten sozialen Systeme sind komplexe Netzwerke, die autonom funktionieren: Entscheidungen werden in ihnen getroffen, die sich auf das gesamte System selbst oder zumindest auf seine Teilbereiche beziehen. Derartige selbstorganisierende Systeme[606] werden als „selbstreferentiell“ bezeichnet, sie beziehen sich in erster Linie auf sich selber. Um die Komplexität für das gesamte System zu reduzieren, wird Einzelteilen Problemlösungskapazität zugesprochen. Die äußere Form des Gesamtsystems und mit ihr eine Reihe von Grundfunktionen sind festgelegt, wenn auch innerhalb von Grenzen und im Zeitablauf veränderlich. Soziale Systeme erscheinen wie

603) Vgl. Sprenger, R.: Das Prinzip Selbstverantwortung, Frankfurt/ New York 1995, S. 37f. sowie S. 74ff.

604) Vgl. Schuster, R.: Motivation, in: Masing, W. (Hrsg.): Handbuch Qualitätsmanagement, 3. Aufl., München/ Wien 1994, S. 793f.

605) Osborne, R.: Building an Innovative Organization, in: Long Range Planning, Nr. 6, Vol. 25, 1992, S. 56.

606) Vgl. das Buch zu diesem Thema: Schneidewind, D., Jishu Kanri, a.a.O.

biologische Systeme abgegrenzt und geschlossen.[607] Um dies zu erreichen, nutzen sie Formalisierungen,[608] also Standardisierungen, die nach außen als Kodierungen und Abgrenzungsmechanismen wirken.[609] Nach innen entwickeln sie, gestützt auf die Abgrenzung nach außen, Kohäsionskräfte, die ihrerseits eine innere Offenheit und Flexibilität ermöglichen. Systeme, die auf dem Prinzip der Selbstorganisation der Teilbereiche funktionieren, verbinden also Elemente der Standardisierung und der Flexibilität miteinander.

Sie entwickeln eine Eigendynamik, da die Prozesse der Veränderung, der gezielten Anpassung und der Auswahl der besten Alternativen nach den gleichen Regeln wie in der Natur funktionieren. Derartige „autopoietische" Systeme sind (quasi) lebensfähig, d.h., sie sind in der Lage, sich zu reproduzieren und in Grenzen selbst umzustrukturieren. Bei der mathematisch-geometrischen Beschreibung selbstorganisierender Systeme findet auch der Begriff „fraktal" Verwendung. Er bedeutet, daß ein Teil im wesentlichen alle Elemente enthält, die auch das Ganze ausmachen.[610] Übertragen auf die Betriebswirtschaft ist damit eine selbständige Transaktions- und damit Entscheidungsfähigkeit gemeint. Auf einer höheren Aggregationsebene sind Profit Center mit eigenständigem Bereichscontrolling Kenn-

---

607) Vgl. Steinle, C., Bruch, H., Müller, P., a.a.O., S. 648ff.

608) Vgl. zum Begriff der Formalisierung Breilmann, U., a.a.O., S. 161.

609) Vgl. zur Wirkung von Formalisierung Luhmann, N.: Funktionen und Folgen formaler Organisation, 4. Aufl., Berlin 1994, S. 108ff. und zur Funktion von Systemkodierungen Lutz, C.: Kommunikation - Kern der Selbstorganisation: Unternehmensführung im Informationszeitalter, in: Sattelberger, T. (Hrsg.): Die lernende Organisation: Konzepte für eine neue Qualität der Unternehmensentwicklung, Wiesbaden 1994, S. 104.

610) Vgl. Wittlage, H.: Fraktale Organisation - Ein neues Organisationskonzept, in: Das Wirtschaftsstudium (WISU), Nr. 3, 25. Jg., 1996, S. 223.

zeichen von selbstorganisierenden Subsystemen in Unternehmen.[611] Eine feinere Aggregation bezieht sich auf Arbeitsgruppen oder einzelne Mitarbeiter mit Entscheidungs- oder sogar Budgetverantwortung. Die simple Form der Selbstorganisation ist die „Werkerselbstprüfung", die nicht in der Tradition der Qualitätssicherung auf eine Stufe mit selbstverantwortlichem Handeln gestellt werden kann.[612] Dennoch kann die Idee des Fraktals auch in der Qualitätssicherung erfolgreich und konsequent angewendet werden. Dazu wird ein Qualitätsmanagementsystem aus immer gleichen Bausteinen aufgebaut, die einfach und verständlich sind und somit sowohl die Befolgung als auch die inhaltliche Vermittlung des Systems erleichtern. Das gewährleistet „...für alle Mitarbeiter einen Anreiz zur verstärkten Selbstkontrolle und damit erhöhten Eigenverantwortung..."[613]

Selbstorganisation sozialer System entsteht durch die Tätigkeit von Individuen, ohne daß eine planvolle Absicht des Einzelnen vorliegen muß.[614] Diese Erkenntnis VON HAYEKs erlaubt die Nutzung der Eigensteuerungskraft von Systemen, sie läßt aber nicht den Umkehrschluß zu, daß Selbstorganisation (Fremd-) Organisation ersetzen kann. Zwar können Störungen und Konflikte durch das flexible System abgefangen werden, jedoch führen Krisen und Katastrophen zu

---

611) Vgl. den Begriff der Selbstabstimmung sowie das „Modell 3" bei Klinkenberg, U.: Organisatorische Implikationen des Total Quality Management, in: Die Betriebswirtschaft (DBW), Nr. 5, 55. Jg., 1995, S. 609ff.

612) Vgl. Burghardt, J., Fleissner, F., Spath, D., Uhlig, A.: Verrichtungsorientierte Prüfplanung: Ein neuer Ansatz für eine wirtschaftliche Werkerselbstprüfung, in: Qualität und Zuverlässigkeit (QZ), Nr. 1, 41. Jg., 1996, S. 60ff.

613) Bleuler, U., Brunner, P.: Die Dinge einfach machen. Fraktales-Einfaches-Effizientes Konzept zum Aufbau und Unterhalt eines Qualitätsmanagementsystems, in: Qualität und Zuverlässigkeit (QZ), Nr. 6, 40. Jg., 1995, S. 698.

614) Vgl. das Zitat von Hayeks bei Bleicher, K.: Möglichkeiten und Grenzen der Selbstorganisation: Organisation als Erfolgsfaktor, in: Gablers Magazin, Nr. 9, 9. Jg., 1995, S. 13.

Pathologien, gefährden das System in seinem Bestand.[615] Steuerungsmechanismen müssen daher das Gesamtsystem schützen, damit möglichst noch vor der Überschreitung von Grenzwerten alle Subsysteme in die gleiche, erwünschte Richtung wirken.[616] Die Bewältigung von Diskontinuitäten erfordert eine Ergänzung der Selbstorganisation durch Organisation oder, in der Sprache der Transaktionskostentheorie, durch Hierarchie. Diese Fremdsteuerung ist vor allem notwendig, weil eine Anpassung des gesamten Systems durch „spontane Ordnung", also eine „Selbststrukturierung", wie sie von den Vertretern des „St. Galler Ansatzes" propagiert wird, nicht evolutionären Prozessen überlassen werden kann, da diese ohne Notwendigkeit den Bestand des Systemes gefährden würden. „Der St. Galler Ansatz ersetzt klassische Organisationsmuster nicht, sondern bettet sie lediglich in ein neues Sprachspiel ein."[617] Eine vollständige Selbstorganisation hätte die Auflösung von Strukturen zur Konsequenz, damit würden auch die definierten Außengrenzen wegfallen und somit die Institution ihrer konstituierenden Grundlage entzogen. Das wäre schon aus rechtlichen Gründen nicht möglich.[618] Statt dessen verhalten sich Fremdorganisation und Selbstorganisation komplementär zueinander.[619] Fremdorganisation nutzt die Vorteile der selbstverantwortlichen Tätigkeit dann effizient, wenn sie den notwendigen Rahmen vorgibt,

615) Vgl. Krystek, U.: Unternehmenskrisen - Beschreibung, Vermeidung und Bewältigung überlebenskritischer Prozesse im Unternehmen, 2. Aufl., Wiesbaden 1981, S. 9.

616) Vgl. Pinkwart, A.: Katastrophentheorie und Unternehmenskrise, in: Zeitschrift für Betriebswirtschaft (ZfB), Heft 9, 63. Jg., 1993, S. 875.

617) Kieser, A.: Fremdorganisation, Selbstorganisation und evolutionäres Management, a.a.O., S. 210.

618) Vgl. Oelsnitz, D. v.: Individuelle Selbststeuerung - der Königsweg "moderner" Unternehmensführung?, in: Die Betriebswirtschaft (DBW), 55. Jg., 1995, S. 711.

619) Vgl. Kieser, A.: Fremdorganisation, Selbstorganisation und evolutionäres Management, a.a.O., S. 220.

innerhalb dessen Mitarbeiter, Gruppen und Unternehmensteilbereiche sich selber steuern können.

Selbstorganisation ist kein neuer Managementansatz, sondern ein Prinzip des Wünschenswerten. Als solche kann sie nicht verordnet, sondern nur ermöglicht und angeregt werden. Statt eines Entwurfes oder einer Konstruktion der Selbstorganisation, wie sie aus einer regulären Managementtätigkeit entspringen könnte, ist sie nur durch Gestaltung der Voraussetzungen vorzubereiten. Ihre Anordnung und Delegation ist ebensowenig möglich wie eine einseitige Erwartung oder Strukturvorgabe. Statt dessen wird sie dort, wo sie auftritt, gefördert und unterstützt. Kontinuierliche Verbesserungsteams in der Produktion und Montage- oder Serviceteams „vor Ort" bei den Kunden sowie Entwicklungsprojektgruppen und Verkaufsteams sind plastische Beispiele für die Gestaltung solcher Rahmenbedingungen, innerhalb derer sich anpassungs- und leistungsfähige „clanartige" Einheiten entwickeln.[620] „Eine Erhöhung der Autonomie organisatorischer Einheiten durch die Schaffung ganzheitlicher Stellen- und Gruppenaufgaben, eine weitgehende Delegation von Entscheidungen und ein Verzicht auf detaillierte Steuerungsaufgaben zugunsten der Selbstkoordination stellen durchaus eine vielversprechende Organisationsstrategie zur Erhöhung der Anpassungs- und Innovationsfähigkeit von Unternehmungen dar."[621]

Externe Kontrolle wird in einem derartigen System zur Ausnahme. Die Häufigkeit und das Volumen von Kontrolle einfach einzuschränken erfüllt Qualitätsanforde-

---

620) Vgl. zu einer Beurteilung der Kontrolle von Verkaufteams als einem „clanlike system": Anderson, E., Oliver, R.: Perspecitves on Behavior-Based Versus Outcome-Based Salesforce Control Systems, in: Journal of Marketing, Nr. 10, Vol. 51, 1987, S. 87.

621) Kieser, A.: Fremdorganisation, Selbstorganisation und evolutionäres Management, a.a.O., S. 225.

rungen nur unzureichend. Der Schlüssel dazu ist vielmehr die weiter oben geforderte Reduktion der Opportunismusneigung.[622] SIMONS nennt vier Instrumente, die den Begriff „Kontrolle" differenziert umsetzen.[623] Bekenntnissysteme sind prägnante Deklarationen der Prinzipien der Geschäftstätigkeit. Wenn sie glaubhaft vermittelt werden, geben sie Leitlinien für die einheitliche Selbstkontrolle ab. Deren Akzeptanz zu erreichen ist zugegebenermaßen schwierig, es setzt Aufrichtigkeit und Integrität der Geschäftsleitung voraus. Abgrenzungssysteme sind klare Aussagen dazu, was in einem Unternehmen gegen die guten Sitten verstößt, was unterbleiben muß. Sie wirken wie Warninstrumente, damit Krisen vermieden werden, lassen aber gleichzeitig Freiräume. „Schreibt man Menschen durch feste Regeln und Maßgaben präzise vor, was sie zu tun haben, schreckt das von Eigeninitiative und Kreativität ab, die von eigenständig agierenden, unternehmungsfreudigen Mitarbeitern doch erhofft werden. Ihnen gegenüber aber klarzustellen, was nicht passieren darf, läßt ihnen Raum für Innovationen innerhalb klar definierter Grenzen."[624] Interaktive Kontrollsysteme ergänzen die ineinandergreifenden Bekenntnis- und Abgrenzungssysteme. Sie bilden ein dynamisches Informationsnetzwerk aus den unterschiedlichsten Hierarchieebenen, Teilbereichen und Feed-Back-Beziehungen innerhalb und außerhalb des Unternehmens. Ihr Hauptcharakteristikum ist das persönliche Gespräch oder die Besprechung, indem ein zeitgleicher Informations- und Bewertungsaustausch auf Gegenseitigkeit erfolgt. Das interaktive Kontrollsystem soll als solches wahrnehmbar sein, damit der Nutzen des Informationsaustausches ersichtlich wird. Schwierig ist dabei, zu einer sachgemäßen Situationseinschätzung zu gelangen, ohne die Anzahl von Sitzungen und Telefonaten ausufern zu lassen. Nur vor dem Hintergrund dieser drei

---

622) Vgl. Rößl, D., a.a.O., S. 331 bzw. Fußnote 718.

623) Vgl. Simons, R.: Kontrolle bei selbständig handelnden Mitarbeitern, in: Harvard Business Manager, Nr. 3, 17. Jg., 1995, S. 98ff.

624) Ebenda, S. 101.

216

Kontrollsysteme machen die klassischen diagnostischen Kontrollsysteme mit regelmäßig erhobenen, quantifizierten Rahmendaten Sinn. Ein einseitiges Festhalten an der klassischen Kontrolle lädt dagegen, vor allem bei komplexen und unsicheren Situationen, geradezu zum Ausnützen von Opportunismusspielräumen ein. Ein derartiges Kontrollnetzwerk läßt sich durch die informationstechnologischen Möglichkeiten noch ausweiten. Dadurch wird eine Beschränkung der Kontrollinstrumente auf das notwendige Mindestmaß unabdingbar.

Die Frage muß gestellt werden, „...wo im Einzelfall die kritische Grenze der strukturellen "Übersteuerung" liegt, ja ob es überhaupt so etwas wie einen optimalen Strukturiertheitsgrad gibt und wie dieser ggf. zu bestimmen wäre. Wo läge bspw. die Grenze personaler Selbstgestaltung?"[625] Diese Grenze ist unternehmens-, situations- und personenabhängig. Sie richtet sich nach den Leitbildern, die den Unternehmensteilbereichen Gemeinsamkeit verleihen, also nach den Leitbildern Qualität und Innovation, soweit diese aufgrund der Umweltgegebenheiten, denen sich ein Unternehmen gegenüber sieht, maßgeblich sind. Sie so zu transportieren, daß sie auch ein flexibles, weitgehend selbstorganisiertes System durchdringen, erfordert einen angemessenen Mechanismus.

Weiter oben wurde gesagt, daß in Clan-Organisationen „Riten, Stories und Legenden", also Artefakte und „Traditionen", zum Vehikel für gemeinsame Werte und Einstellungen werden.[626] Die Ausnutzung dieser informellen Informations- und Abstimmungskanäle senkt Transaktionskosten. Mit ihnen werden treffend die

---

625) Oelsnitz, D. v., a.a.O., S. 715.

626) Siehe Kapitel 4.2.2: Selbstverpflichtung als zentrales Prinzip zur Steuerung von Unternehmensprozessen.

Komponenten einer Unternehmenskultur umschrieben.[627] Kultur ist die kollektive Programmierung der Denk-, Fühl- und Handlungsmuster der Mitglieder einer Gruppe, also ein System von anerkannten Normen und Werten. Sie zeigt sich auf drei Ebenen: Bei den Einstellungen und Werten der einzelnen Mitarbeiter (sozialkonstruktivistisches Unternehmenskulturkonzept), als normatives Unternehmenskonzept und in der konkreten Gestaltung der Arbeits- und Führungssituation (instrumentalistisches Konzept).[628] Kultur wird entscheidend durch die Unternehmensleitlinien und -ziele mitbestimmt, ist aber nicht mit diesen zu verwechseln, sondern deren Ergebnis.[629] Externe Einflüsse wie die Prädispositionen der Mitarbeiter und Umwelteinflüsse gestalten Kultur darüber hinaus. Traditionen, als wichtige Träger von Kultur, sind gewachsene Regeln, die Verhalten steuern. Derartige überkommene, selten ausgesprochene Verhaltenssteuerungen sind schwer zu verändern, können aber in schriftliche Leitbilder einfließen. Dadurch wird ihre vereinheitlichte Verbreitung im Unternehmen unterstützt. Traditionen sind nur schwer zu schaffen oder „durchzusetzten". Im Gegensatz zu Normen und Gesetzen haben sie aber die Vorteile der breiten Anwendung, einer breiten Akzeptanzbasis und der evolutorischen Anpassung an Veränderungen.[630] Gemeinsame Werte sind die Grundlage der Unternehmenskultur, sie werden im Zeitverlauf im Unternehmen vermittelt und gebildet. „Common values and beliefs

---

627) Vgl. Dannenberg, M., Mütterthies, N.: Führungskräfte im Spannungsfeld wechselnder Managementphilosophien, in: Sparkasse, Nr. 10, 113. Jg., 1996, S. 452. Die Autoren weisen dem Konzept der Unternehmenskultur einen sehr ähnlichen Stellenwert zu wie die vorliegende Analyse. Ihre auf den Bankensektor bezogene argumentative Kette weist viele weitere Parallelen zu dieser Arbeit auf.

628) Vgl. Beyer, H., Fehr, U., Nutzinger, H.: Vorteil Unternehmenskultur - partnerschaftlich handeln - den Erfolg mitbestimmen, Gütersloh 1994, S. 16 sowie Wicher, H.: Unternehmenskultur, in: Das Wirtschaftsstudium (WISU), Nr. 4, 23. Jg., 1994, S. 329.

629) Braun, K., Lawrence, C.: TQM I: Ohne gemeinsame Werte geht es nicht, in: Harvard Business Manager, Nr. 2, 15. Jg., 1993, S. 79f.

630) Vgl. Ouchi, W.: Markets, Bureaucracies and Clans, a.a.O., S. 139.

provide the harmony of interets that erase the possibility of opportunistic behaviour."[631] Werte und Traditionen zu beeinflussen ist nur in geringem Maße konkret möglich, direkt realisierbare Unternehmenskultur beschränkt sich zu einem großen Teil auf die Gestaltung der Kommunikationskanäle und -botschaften in einem Unternehmen.[632]

Erscheinungsformen der Unternehmenskultur sind so unterschiedlich wie Personen.[633] Sie können danach unterschieden werden, wie stark die Unternehmung über Orientierungen ausgerichtet ist[634] oder wie hoch der Autonomiegrad der Subsysteme ist.[635] Nach der Einordnung in das Markt-Hierarchie-Schema lassen sich „market based", internalized" und „collaborative cultures" klassifizieren.[636] WOMACK und JONES differenzieren Unternehmenskulturen, die in verschiedenen Triaderegionen vorherrschen, aber als Modelle überall auf der Welt Anwendung finden können.[637] Sie stellen keine Beschreibung realer Unternehmen dar, sondern eher tendenziell erkennbare Grundtypen. Eine Kultur in der „deutschen Tradition" mit einem ausgeprägten „Technikkult" zeichnet sich durch eine intensive Ausrichtung auf die Ausschöpfung von gründlichem technischen Wissen aus,

631) Ebenda, S. 138.
632) Vgl. Baecker, D.: Vor einer Renaissance?, in: Blick durch die Wirtschaft, 40. Jg., 14.4.1997, S. 11.
633) Vgl. auch die Kulturallegorien bei Oefner-Py, S., Fritschle, B., Böning, U.: Der Erfolg, der von innen kommt, in: Gablers Magazin, Nr. 9, 10. Jg., 1996, S. 14f.
634) Siehe Tabelle 6: Charakterisierung verschiedener Konzepte des Veränderungsmanagements und vgl. eine andere Einteilung bei Windau, P. von, Pfleger, M.: Unternehmenskultur - die zentrale Aufgabe, in: Absatzwirtschaft, Sondernummer Oktober 1990, 33. Jg., 1990, S. 83.
635) Vgl. das IBM-Beispiel bei Stauss, B., Friege, C., a.a.O., S. 30.
636) Vgl. Latniak, E., a.a.O., S. 16f.
637) Vgl. Womack, J., Jones, D.: Das schlanke Unternehmen, a.a.O., S. 84ff. sowie die detailliertere Unterteilung nach den Dimensionen zeit-, extern- und internorientiert, Wertorientierung und Pathologieorientierung bei Oberschulte, H., a.a.O., S. 175.

bei gleichzeitigem Vorherrschen von Besitzständen der Fachabteilungen, was die bereichsübergreifende Zusammenarbeit behindert. Der Entwicklungsprozeß ist beispielsweise durch zu viele arbeitsintensive Schleifen gekennzeichnet, die Qualität des Leistungsergebnisses ist sehr hoch. Eine Kultur in der „japanischen Tradition" folgt einem „Firmenkult", bei dem die Ansprüche des Unternehmens Vorrang vor persönlichen Wünschen haben, im Gegenzug vertraut man auf die schützende und gesicherte Unterstützung durch das Unternehmen.[638] Es liegt zwar kein egoistisches Ressortdenken vor, jedoch bestehen Probleme in der Innovationskraft bei gänzlich neuen Produkten. Unternehmenskulturen der „amerikanischen Tradition" pflegen einen „Individualkult"[639] in dem Sinne, daß die Belange des Individuums ausschlaggebend für die Gestaltung des gesamten Unternehmens sind. Der Zusammenhalt innerhalb des Unternehmens und zwischen Unternehmen wird kurzfristigen strategischen Überlegungen untergeordnet. Derartige Kulturen sind offen für die neuesten Entwicklungen, haben aber in der Vergangenheit zu einem Führungsverlust auf dem Gebiet hochqualitativer und effizienter Produktion geführt.

Ein undifferenzierter Übernahmeversuch einer dieser Kulturarten aus einem fremden nationalen oder strukturellen Kulturraum ist zum Scheitern verurteilt, da er der Situationsspezifik von Unternehmenskulturen nicht Rechnung trägt. „Die Bevorzugung und Empfehlung einer bestimmten, allein als erfolgreich erachteten Ausprägung der Unternehmenskultur werden der unternehmerischen Vielfalt und Realität nicht gerecht."[640] Vielmehr machen diese Extremcharakteristika deutlich, daß sowohl Qualität als auch Innovation in den unterschiedlichsten Kultur-

---

638) Vgl. auch Brannen, Y.M., a.a.O., S. 64.
639) Womack und Jones sprechen von Personenkult.
640) Wicher, H., Unternehmenskultur, a.a.O., S. 330.
220

ausprägungen vorkommen können, wenn auch in unterschiedlichen Ausprägungen.

Unternehmenskultur ist Ausdruck der informellen Strukturen im Unternehmen und gestaltet diese entscheidend mit. Dabei kann die Unternehmenskultur eine „eigensinnige Dynamik"[641] entwickeln und damit auch konträr zu Unternehmenszielen wirken. Dies ist dann der Fall, wenn sie den formellen Strukturen widerspricht. Damit besteht eine wesentliche Anforderung darin, Struktur und Kultur gezielt aufeinander abzustimmen. Unternehmenskulturen können unterschiedliche Charaktere annehmen und auch innerhalb von Teilbereichen eines Unternehmens divergieren. Sind Werte und Erwartungshaltungen stark ausgeprägt, dann liegt ein bestimmter Grad der Prägnanz der Kultur vor.[642] Aus dieser Prägnanz folgt die Durchschlagskraft der Kultur auf Leistungsfähigkeit und -ergebnisse des Unternehmens. Die Durchschlagskraft wirkt auch durch die Richtung der Orientierungsmuster, welche die Kultur ausmachen. Sind diese Muster gleichgerichtet, ergibt sich eine einheitliche und somit verstärkte Wirkungsrichtung. Aus Wirkungsrichtung und Prägnanz resultiert die Gesamtstärke der Wirkungen der Kultur. Stimmen die Wirkungen mit den Unternehmenszielen überein, ergibt sich eine einheitliche Zielrichtung, die Kultur unterstützt das Unternehmen in seiner Leistungsfähigkeit. Dabei sind jedoch nicht alle Unternehmensziele zwangsläufig gleichgerichtet. Der Verbreitungsgrad gibt an, wie viele Mitarbeiter die Unternehmenskultur mittragen bzw. wie viele nach anderslautenden Orientierungsmustern handeln. Unternehmenskulturen werden von Mitarbeitern mit unterschiedlicher Ernsthaftigkeit und Überzeugung übernommen. Diese

---

641) Schreyögg, G.: Unternehmenskultur und Innovation: Eine schwierige Beziehung auf dem Prüfstand, in: PERSONAL - Mensch und Arbeit, Heft 9, 41. Jg., 1989, S. 370.
642) Vgl. Schreyögg, G., Unternehmenskultur und Innovation, a.a.O., S. 370f.

<u>Verankerungstiefe</u> bestimmt, wie stark die Unternehmenskultur als Filter für Entscheidungen und Handlungen wirkt. Aus Verbreitungsgrad und Verankerungstiefe resultiert der <u>Umfang</u> der Wirkungen einer Unternehmenskultur. Die informellen Strukturen der Unternehmenskultur und die Offenheit und Bereitschaft für Wandel sind entscheidend dafür, in welchem Maße Veränderungsfähigkeit durch die Kultur begünstigt wird, Unternehmenskultur ist darüber hinaus Träger des Qualitätsverständnisses eines Unternehmens.

Menschengruppen, die in vielerlei Wechselbeziehungen untereinander stehen, entwickeln eine Art „kollektives Gehirn". Unternehmen werden durch die Inhalte, mit denen sie sich beschäftigen, wie neuronale Netze ausgerichtet. Ergebnis dieser <u>Synchronizität</u>[643] ist, daß die Mitglieder von Organisationen eine Summe von Erfahrungen und Kenntnissen besitzen, ähnlich wie dies bei einem Gehirn der Fall ist. SCHNEIDEWIND spricht in diesem Zusammenhang von „<u>corporate memory</u>".[644] Die Summe der gemeinsamen Erfahrungen ist in einer Organisation wesentlich größer als in einer gleichgearteten Gruppe von Menschen, die willkürlich zusammengesetzt ist. Die Vernetzung einer Organisation „... bewirkt in ihren kollektiven Ordnungsmustern Kreativität..."[645], die der Kreativität des Einzelnen überlegen sein kann oder sie zumindest erweitert.[646]

Notwendig ist dazu die <u>Herstellung von Bindung,</u> also einem vertrauensbasierten aufeinander Bezogensein der Organisationsmitglieder. Die gemeinsame Arbeit in kleinen Gruppen, in denen die Einzelpersonen noch deutlich wahrgenommen

---

643) Vgl. Peat, D.: Synchronizität - die verborgene Ordnung, München 1992, S. 130.
644) Vgl. Schneidewind, D.: Jishu Kanri, a.a.O., S. 178.
645) Peat, D., a.a.O., zitiert nach Schneidewind, D.: Jishu Kanri, a.a.O., S. 178.
646) Siehe auch Kapitel 3.3.2: Kreativität als Schöpfungskraft von Menschen und Organisationen.

werden können, ist Grundlage für diese Form der Sozialisation, „...dies ist zwar seit langem bekannt, erfährt aber durch die Verhaltensbiologie eine "natürliche" Begründung".[647] Denn in Kleingruppen kann sich der einzelne noch mit der „Sozietät" identifizieren und Wettbewerb entfaltet dennoch seine anspornenden Wirkungen. Zuverlässigkeit wird als „überlebens-" notwendig erfahren, das Erbringen von Qualität und das Einbringen der Kreativität jedes Mitgliedes ist notwendig, um den Anreiz des „Mitsiegens" zu aktivieren. Gruppen werden zu unternehmenskulturellen Subsytemen und bilden damit die Keimzellen für die gemeinsamen Werte der Gesamtkultur. Nichterfüllen dieser Werte wird direkt, ohne informatorische Filter und tagtäglich wahrgenommen. Selbstverpflichtung funktioniert auf dieser Ebene auf Gegenseitigkeit. Was in der Kleingruppe gelingt, kann in die Gesamtkultur weitergetragen werden. Die weiter oben gesuchten Ansatzpunkte zur Reduktion von Opportunismusneigungen[648] finden sich also in einer entsprechenden Unternehmenskultur wieder.

Kultur kann als bindende Kraft im Unternehmen aufgefaßt werden, die die Selbstverpflichtung des einzelnen aufgreift und Vertrauen zwischen Mitarbeitern und Organisation stiftet und festigt. Mangelndes Vertrauen kann jedoch nicht durch die Stärkung einer Kultur geschaffen werden, vielmehr funktioniert Vertrauen nur, wenn Struktur und Kultur zusammenpassen. Prägnanz, Tiefe, Breite und Stärke einer Unternehmenskultur ersetzen keine fehlende Bindung, sondern gehen aus der konstruktiven Zusammenarbeit hervor. WICHER warnt daher vor

---

647) Cube, F.v.: Lust an Leistung - Mitarbeiterführung nach Erkenntnissen der Verhaltensbiologie, in: Fortschrittliche Betriebsführung und Industrial Engineering (FB/IE), Nr. 3, 44. Jg., 1995, S. 130, der in Anlehnung an Konrad Lorenz von der Idealgröße der „Elfmannsozietät" der „Urhorde" spricht.
648) Siehe das Ende des Kapitels 4.2.2: Selbstverpflichtung als zentrales Prinzip zur Steuerung von Unternehmensprozessen.

einer Managementlastigkeit der Unternehmenskultur: „Eine kleine Gruppe besitzt die Definitionskompetenz und das Gestaltungsrecht, wer die Norm setzt und darüber verfügt, welche Werte zu gelten haben. Die Mitarbeiter werden nicht als Kulturmitglieder betrachtet; die Kooperation und Partizipation der Mitarbeiter bei der Bestimmung der Grundwerte und zentralen Normen sowie am Gestaltungsprozeß sind nicht vorgesehen."[649] Kultur kann also nicht als Lösung für Schwächen einer Unternehmenskonzeption oder für Führungsprobleme angesehen werden, sondern nur als unterstützendes Element von Stärken in der Binnenstruktur. Als solche kann sie eine schwer oder gar nicht imitierbare Wettbewerbsstärke eines Unternehmens werden.[650]

Insofern ist WICHER nicht zuzustimmen, wenn er konstatiert: „Eine starke (homogene, kohärente, stabile, durchdringende) Unternehmenskultur ist innovationsfeindlich und führt zu Inflexibilität."[651] Ein kulturstarkes Unternehmen leidet nur dann unter einer eingeschränkten Innovationskraft, wenn die Kultur keine ausgeprägte Innovationskomponente besitzt. „Es ist festzustellen, daß es zweifellos Unternehmen mit fest verankerten Werten und einem speziellen Milieu gibt, die einer Innovation sehr förderlich sind."[652] Strukturelle Maßnahmen reichen nicht aus, um Innovationsfähigkeit und -bereitschaft miteinander zu verbinden. Innovationsförderliche Unternehmenskulturen lassen „...keinen Zweifel darüber aufkommen, daß Kreativität und Innovation erstrebenswerte Ziele sind, für die Unternehmung und für jeden einzelnen Mitarbeiter".[653] Innovationspromotoren

---

649) Wicher, H., Unternehmenskultur, a.a.O., S. 333.
650) Vgl. Barney, J.B.: Organizational Culture: Can It Be a Source of Sustained Competitive Advantage?, in: Academy of Management Review, Nr. 11, Vol. 11, 1986, S. 658.
651) Ebenda, S. 334.
652) Schreyögg, G., Unternehmenskultur und Innovation, a.a.O., S. 372.
653) Kieser, A.: Unternehmenskultur und Innovation, a.a.O., S. 47.

werden in einer solchen Innovationskultur gefördert,[654] Innovationshemmnisse werden bewußt ausgeräumt und Freiräume für kreative Leistungen werden geschaffen.[655] Qualitätsmanagement konzentriert sich auf die Unterstützung bei der Prävention von Fehlern, und nicht auf das Suchen von Opfern zur Bestrafung bei Normabweichungen. Innovative, qualitätsorientierte Verbesserungsansätze haben sogar die Chance, in Forschungs- und Entwicklungsabteilungen eine besonders hohe Akzeptanz zu finden, da sie auf ein sehr gut ausgebildetes, vorwiegend technisches Personal zurückgreifen können.[656]

Kultur kann also dazu beitragen, daß die Zusammenarbeit in Unternehmen auf der Basis der Selbstverpflichtung und -organisation der Mitarbeiter und auf der Grundlage gegenseitigen Vertrauens ein clanartiges System darstellt, in dem Qualitätsstreben und Innovationskraft gleichermaßen gefördert werden. Notwendige Bedingungen für die Weiterentwicklung eines Clan-Systems sind Lernfähigkeit und Lernbereitschaft. Denn ein derartiges System setzt die Weitergabe und -entwicklung der Bindungsgrundlagen voraus. Erst auf dieser Grundlage können Qualitäts- und Innovationsziele dauerhaft verwirklicht werden. Daher soll im folgenden Abschnitt der Beitrag des Lernens in und für Organisationen eingehender untersucht werden.

---

654) Siehe Kapitel 3.3.2: Kreativität als Schöpfungskraft von Menschen und Organisationen.
655) Siehe Kapitel 3.3.3: Auftreten und Konsequenzen von Innovationshemmnissen.
656) Vgl. May, C., Pearson, A. W.: Total Quality in R & D, in: Journal of General Management, Nr. 3, Vol. 18, 1993, S. 20f.

4.3 Organisationales Lernen zur Bewältigung von Leistungs- und Veränderungsprozessen

Wie bereits weiter oben erläutert wurde, ist es möglich, den Gegensatz zwischen einer Qualitäts- und einer Fehlerkultur aufzuheben.[657] Dazu wird das „Lernen aus Fehlern" zum angestrebten Ziel, wobei Fehler nach ihren Auswirkungen unterschieden und damit differenziert betrachtet werden. Um Qualität zu erhöhen und Innovationen zu forcieren, muß Wissen im offenen Zugriff bereitgestellt werden. Dieses Wissen ist zusätzlich Grundlage für weiteres Lernen. Das wiederum setzt das im vorangegangenen Abschnitt geforderte wechselseitige Vertrauen voraus, damit die Beteiligten vor dem Hintergrund einer gemeinsamen Situationsdefinition[658] Wissen austauschen, Fehler eingestehen und Neues wagen. BLEICHER konstatiert: „Eine lernende Organisation ist dabei nur denkbar auf der Grundlage einer zwischenmenschlich entwickelten Vertrauensbasis."[659]

4.3.1 Lernende Organisation und organisationales Lernen

Es ist fraglich, ob Organisationen lernen können oder ob nur die Individuen in Organisationen lernen.[660] Die Begriffe der lernenden Organisation und des organisationalen Lernens reflektieren gegensätzliche Bedeutungsinhalte. Die Vertreter

---

657) Kapitel 3.4: Lernfähigkeit als Grundlage von Qualität und Innovation.

658) Vgl. Kieser, A., Fremdorganisation, Selbstorganisation und evolutionäres Management, a.a.O., S. 203f.

659) Bleicher, K., Vertrauen als kritischer Faktor einer Bewältigung des Wandels, a.a.O., S. 392.

660) Vgl. Hellstern, G.-M.: Können Institutionen lernen? Wissensstrukturen, Informationsprozesse und Transfermechanismen in der Kommunalverwaltung, Frankfurt a.M. 1988, S. 40f.

der lernenden Organisation verwenden das Wort „Lernen" adverbial, um auszu-
drücken, daß Organisationen im Sinne der Synchronizität kollektive Handlungsmuster entwickeln, die denen von Einzelpersonen überlegen sein können. Vertreter des organisationalen Lernens gebrauchen das Wort „Lernen" substantivisch,
in der Erkenntnis, „...daß Organisationen nicht denken, nur Individuen handeln
und..."[661] treffen Entscheidungen. Demnach gäbe es also kein Lernen von Organisationen, sondern nur das Lernen in Organisationen.

„Kreativ sind wir nicht im stillen Kämmerlein, sondern im Gespräch...",[662] und
Lernen braucht Kreativität.[663] Zufälliges Lernen entsteht durch die kreative Nutzung von Erfahrungswissen, das für neue Situationen bereitgestellt wird. Anpas-
sungslernen setzt Informationen über den Kontext kreativ zusammen. Analyti-
sches Lernen hat eine weitreichende kreative Komponente, denn Erfahrungswissen wird bewußt auf der Suche nach optimalen Lösungen zu einem neuen Ansatz
kombiniert.[664] Wissen ist das Produkt des Lernens, Wissen entwickelt sich evo-
lutionär und braucht deshalb eine Vielzahl von Gedanken. Diese entsteht durch
das Wechselspiel aus Reden und Zuhören ungleich schneller als bei Einsatz eines
jeden anderen Mediums. Lernen geschieht deshalb häufig im Gespräch, durch den
Austausch von Gedanken.[665] Es ist daher unbestritten, daß Lernen durch Organi-

---

661) Ebenda, S. 41.
662) Siefkes, D.: Über die fruchtbare Vervielfältigung der Gedanken beim Reden, in: Forschung & Lehre, Nr. 10, o.Jg., 1995, S. 551.
663) Vgl. Reheis, F., a.a.O., S. 52ff.
664) Vgl. zu den drei Lernarten Hellstern, G.-M., a.a.O., S. 47.
665) Vgl. Siefkes, D., a.a.O., S. 552f.

sationen, die Orte institutionalisierten Gespräches sind, angeregt und gefördert wird.[666]

Die Frage, ob Organisationen selbst lernen können, ist eng mit der Frage verwandt, ob Organisationen intelligent sein können, denn Lernen kann als Intelligenzleistung aufgefaßt werden, die mehr ist als das bloße Anhäufen von Wissen.[667] Wenn Intelligenz ein empirisches Begriffsverständnis zugrunde liegt, dann kann eine „intelligente Leistung" bei Organisationen festgestellt werden.[668] Ein verbales Begriffsverständnis von Intelligenz stößt jedoch, bezogen auf Organisationen, an Grenzen, wenn einzelne Strukturmerkmale und Grundfähigkeiten in der Definition enthalten sind, die sich an der Beschreibung des Insystems von Individuen anlehnen.[669] In Analogie ist auch die Frage nach der Lernfähigkeit von Organisationen abhängig von der Definition des Begriffs Lernen. Wird es auf reines Wissensmanagement beschränkt oder auf die Perspektive der Personalentwicklung eingeengt, kann strenggenommen nur vom Lernen in Organisationen/ organisationalem Lernen gesprochen werden.[670] „Das Konzept des organisationalen Lernens will das individuelle Lernen der Organisationsmitglieder durch offene Kommunikation koordinieren und das so entstehende kollektive Wissen für den stetigen organisatorischen Wandel abrufbar halten."[671] Nach dieser

---

666) Geißler, H.: Vom Lernen in der Organisation zum Lernen der Organisation, in: Sattelberger, T. (Hrsg.): Die lernende Organisation: Konzepte für eine neue Qualität der Unternehmensentwicklung, Wiesbaden 1994, S. 79ff.

667) Diese bisher ungeklärte Frage spiegelt sich beispielsweise in der Diskussion um die Bewertung der „Leistung" von Hochleistungscomputern im Schachspiel wider.

668) Vgl. Oberschulte, H., a.a.O., S. 13.

669) Vgl. ebenda, S. 16.

670) Delfmann, W.: Logistik als strategische Ressource, in: Zeitschrift für Betriebswirtschaft (ZfB) - Ergänzungsheft, Nr. 3, 65. Jg., 1995, S. 147f.

671) Chrobok, R.: Organisationales Lernen, in: Zeitschrift Führung-Organisation (ZFO), Heft 1, 65. Jg., 1996, S. 52.

Sprachregelung ist das Lernen der Organisation/ die lernende Organisation nicht mit der Summe individueller Lernprozesse gleichzusetzen, sondern bezeichnet eine autonome Lernleistung, wie sie auch eine Person erbringen könnte.[672] Dieser differenzierenden Sprachregelung soll im weiteren gefolgt werden, wobei zu beachten ist, daß sie in der Literatur nicht einheitliche Verwendung findet. Vielmehr werden die Begriffe häufig unreflektiert als Synonyme verwendet.[673]

Bei Individuen lassen sich folgende Lernformen unterscheiden, wobei auch hier die unterschiedlichsten Einteilungen vorgeschlagen werden: Einübung von Fertigkeiten durch Wiederholung (a), Aneignung von Denkweisen durch Sozialisationsprozesse (b), Erweiterung des Wissens durch Informationsaufnahme, Informationsspeicherung und Unterhalt eines Zugriffssystems (c), Imitation und Test von Verhaltensweisen (d) und Reflexion und Modifikation von Erlerntem (e).[674] Eigenständigkeit, Kreativität und „Intelligenz" der Lernleistung nehmen im Verlauf dieser Aufzählung zu.

Diese Lernstufen lassen sich nur teilweise auf Organisationen übertragen. Ein Einüben von Fertigkeiten (a) ist z.B. festzustellen, wenn gleichlautende Aufträge

---

672) Vgl. Felsch, A.: Personalentwicklung und Organisationales Lernen: Mikropolitische Perspektiven zur theoretischen Grundlegung, Hamburg 1996, S. 88f. und des weiteren zum Begriff Organisationales Lernen/ Lernen in Organisationen bspw. Delfmann, W., a.a.O., S. 147f. und mehrere Beispiele für die gegenteilige Auffassung zum Begriff Lernende Organisation bei Garvin, D. A.: Das lernende Unternehmen I: Nicht schöne Worte - Taten zählen, in: Harvard Business Manager, Nr. 1, 16. Jg., 1994, S. 75.

673) Vgl. z.B. Pedler, M., Boydell, T., Burgoyne, J.: Auf dem Weg zum "Lernenden Unternehmen", in: Sattelberger, T. (Hrsg.): Die lernende Organisation: Konzepte für eine neue Qualität der Unternehmensentwicklung, Wiesbaden 1994, S. 59.

674) Vgl. teilweise gleichlautend bei Bea, F.: Prozeßorientierte Produktionstheorie und Lernen, in: Zeitschrift für Betriebswirtschaft (ZfB) - Ergänzungsheft, Nr. 3, 65. Jg., 1995, S. 42.

immer schneller abgearbeitet werden können. Der Begriff der Sozialisation läßt sich, wenn auch nur ungenau, auf die Anpassungsprozesse der Gesamtorganisation durch Marktgeschehen übertragen (b). Informationsaufnahme, -speicherung und -weitergabe (c) sind Tätigkeiten, die auch Organisationen leisten können. Bei Organisationen läßt sich nicht ohne weiteres von einer „Aneignung von Denkweisen" sprechen. Dort bedeutet dies, daß nicht nur die Individuen neue Denkmuster übernehmen, sondern daß diese Denkmuster immer häufiger anzutreffen sind und damit typisch für die Organisation werden. Sie werden zum Bestandteil der Unternehmenskultur. Kulturveränderung ist also eine Lernleistung von Organisationen. Sie äußert sich in einer weiteren Stufe, nämlich in der Veränderung von Verhalten (d). Auch dabei gibt es in Analogie zum Lernen von Individuen Formen der Imitation. Diese können durch die bloße Kenntnis der Verhaltensweisen von anderen Unternehmen oder Abteilungen angeregt werden oder aus einem komplizierten Benchmarkingverfahren entstehen: „In seinem Verlauf wird das Unternehmen dann nicht nur Denk- und Vorgehensweisen anderer Firmen nachahmen, sondern eigenständige Lösungen entwickeln und über ihrer erfolgreichen Umsetzung selbst zu einem Vorreiter der Innovation werden."[675] Die höchste Stufe ist auch bei Unternehmen erreicht, wenn sie Erlerntes eigenständig reflektieren und modifizieren (e). „Organisatorisches Lernen der ... [höchsten] Entwicklungsstufe thematisiert das Spannungsfeld zwischen Stabilität und Veränderung."[676]

An dieser Stelle ist wieder fraglich, ob Organisationen „eigenständig reflexieren" können, also über einen Sachverhalt nachdenken. Wenn es die Organisation nicht

---

675) Braun, K., Lawrence, C.: Den Vergleich mit Vorbildern wagen - Benchmarking - der Weg an die Spitze, in: Harvard Business Manager, Nr. 3, 17. Jg., 1995, S. 125.

676) Wildemann, H.: Ein Ansatz zur Steigerung der Reorganisationsgeschwindigkeit von Unternehmen: Die Lernende Organisation, a.a.O., S. 2, siehe auch Kapitel 3.1: Problematik der Kombination von Standardisierung und Flexibilität.

könnte, so kann es zumindest die einzelne Person innerhalb der Organisation. Im Ergebnis handelt es sich dabei um eine quasi-intelligente Handlung.[677] Im weiteren sollen Organisationen bezüglich ihrer Lernfähigkeit und -leistung daher wie eigenständig handelnde Individuen betrachtet werden.[678] Dabei kann in Rechnung gestellt werden, daß die Lernleistungen von Organisationen spezifisch sind, da das Gedächtnis einer Organisation im Zeitverlauf unabhängig von den einzelnen Organisationsmitgliedern wird und sich zudem organisationsspezifische Normen, Werte und Traditionen, also eine Kultur, herausbilden.[679] Organisatorisches Lernen auf das Lernen in Organisationen zu reduzieren käme daher einer verkürzten Nachbildung der Realität gleich. „Unter organisationalem Lernen ist der Prozeß der Erhöhung und Veränderung der organisatorischen Wert- und Wissensbasis, die Verbesserung der Problemlösungs- und Handlungskompetenz sowie die Veränderung des gemeinsamen Bezugsrahmens von und für Mitglieder innerhalb der Organisation zu verstehen."[680]

4.3.2 Träger und Bedingungen der Lernleistung

CASTIGLIONI unterscheidet nicht nach der Eigenständigkeit der Lernleistung oder der Kreativität, sondern nach dem Nutzen für die Organisation: Reaktives Lernen einzelner Organisationsmitglieder (1), gezieltes Lernen vieler Mitglieder (2), reaktives, spontanes Lernen der gesamten Organisation (3) und proaktives Lernen

---

677) I.e. einem empirischen Intelligenzkonstrukt zufolge.

678) Vgl. die abweichende Abgrenzung von Castiglioni, E.: Organisatorisches Lernen in Produktinnovationsprozessen: eine empirische Untersuchung, Wiesbaden 1994, S. 38.

679) Vgl. Delfmann, W., a.a.O., S. 150f.

680) Probst, G., Büchel, B.: Organisationales Lernen - Wettbewerbsvorteil der Zukunft, Wiesbaden 1994, S. 17.

der Organisation durch gezielte Nutzung der organisatorischen Wissensbasis (4).[681] Die letztgenannte, höchste Ausformung des Lernens ist potentiell besonders wertvoll, weil eine Organisation im Regelfall über mehr Wissen als eine Einzelperson verfügt, da sie die Kenntnisse verschiedener Menschen über einen langen Zeitraum zusammenführen kann, aber tatsächlich „...weiß sie oft erheblich weniger,"[682] da sie das vorhandene Wissen nicht optimal verwendet.

Die Steuerung des <u>Zugriffs auf Wissen</u> bestimmt die Qualität der Lernleistung, da die Komplexität des Wissens exponentiell mit der Wissensmenge steigt. Die Vielzahl an Vernetzungsmöglichkeiten macht die Auswahl und Kombination des Wissens zum erfolgskritischen Lernfaktor.[683] Diese erfolgt über Handlungstheorien, also einen Problemlösungs- und Verknüpfungsalgorithmus auf Basis vorwiegend impliziter Regeln und Techniken, expliziter kognitiver Vorgänge und Erfahrungen und intuitivem, nicht artikulierbarem Wissen.[684] Nicht nur ein zielgerichtetes, ressourcenbewußtes Lernen, sondern auch gezieltes Verlernen[685] ist dabei Voraussetzung für einen hohen Lernerfolg.[686] Hierbei überlagern neue Verknüpfungen die vorhandenen Informationen so lange, bis nur noch die häufiger gebrauchten und damit relevanten Informationen leicht zugänglich sind.[687]

---

681) Vgl. Castiglioni, E., a.a.O., S. 31ff.

682) Göbel, E., a.a.O., S. 556.

683) Vgl. ebenda, S. 557.

684) Vgl. Delfmann, W., a.a.O., S. 148.

685) Castiglioni, E., a.a.O., S. 33.

686) Vgl. Fischer, H.: Von der Herausforderung, das Verlernen und Umlernen zu organisieren, in: Sattelberger, T. (Hrsg.): Die lernende Organisation: Konzepte für eine neue Qualität der Unternehmensentwicklung, Wiesbaden 1994, S. 238.

687) Vgl. die Theorie der Inerferenz bei Voigt, K.-I.: Werbeerfolg durch Lernen und Vergessen, in: Das Wirtschaftsstudium (WISU), Nr. 11, 25. Jg., 1996, S. 1001.

Zwei unterschiedliche Schulen von Lerntheorien versuchen zu erhellen, wie Lernen funktioniert. Ähnlich der Diskussion um Intelligenz streiten Empirismus und Rationalismus darum, ob Reiz-Reaktions-Theorien das Phänomen besser erklären können als kognitive Lerntheorien. Die behavioristisch geprägten Reiz-Reaktions-Theorien[688] fassen das Lernobjekt als im wesentlichen passive Black-Box auf, die hauptsächlich durch äußere Reize funktioniert.[689] Sozial-kognitive Lerntheorien erkennen die aktive Rolle des Lernenden an, der von Persönlichkeits- und (vor allem sozialen) Umweltfaktoren geprägt wird. Sie sind eher an der Realität orientiert und erweitern den Erkenntnisgewinn der Black-Box-Modelle. Somit „...spielen die Selbststeuerung, Selbstkontrolle und Selbstbekräftigung der Individuen eine große Rolle beim Lernen, besonders wenn mit Lernen gemeint ist, in schöpferisch-innovativer Weise das bisher gültige Wissen zu überschreiten."[690] Diese Art entspricht der höchsten Entwicklungsstufe des Lernens (e) bzw. (4) und setzt innovative Kreativität voraus.[691] Integrierte Lernmodelle berücksichtigen, daß Organisationen anders lernen als Personen, da die unterschiedlichen kognitiven Schleifen („Double-Loop-Learning" bzw. „Lernen zweiter Stufe")[692] an entfernten Lernorten stattfinden und erst nachträglich zusammengeführt werden.[693] Simple kognitive Schleifen erzielen Verbesserungen durch einfache Reiz-Reaktionsmuster, weitere Schleifen kommen durch Veränderung von Einstellungen, Werten und damit der Handlungstheorien, die wiederum das Lernen bestim-

---

688) Zur Kritik der behavioristischen Lerntheorien vgl. die Zusammenstellung bei Oberschulte, H., a.a.O., S. 94.

689) Vgl. Göbel, E.: Bedeutung des Prozeßmanagement für das organisationale Lernen, in: Wirtschaftswissenschaftliches Studium (WiSt), Heft 11, 25. Jg., 1996, S. 554.

690) Ebenda, S. 555.

691) Siehe Kapitel 3.3.2: Kreativität als Schöpfungskraft von Menschen und Organisationen.

692) Lernformen werden in Singel- und Double-Loop-Learning, adaptives und generierendes Lernen, Proto- und Deutero-Lernprozesse, Lernen als Anpassung und Proaktives Lernen sowie niedrigere und höhere Lernformen unterteilt.

men, zustande.[694] Die sozio-kulturelle Komponente des Lernens von Organisationen trägt der Tatsache Rechnung, daß die Verhaltensdimension an die Struktur von vorhandenen Austauschbeziehungen angepaßt werden muß. Die sachlich-methodische Komponente des Lernens betrachtet den Prozeß von Steuerungsvorgängen. Bei Organisationen sind das Planung, Steuerung und Realisierung. Nach dieser sehr weit gefaßten Auffassung ist sogar Reorganisation oder das Management von Veränderung ein wichtiger Lerninhalt von Organisationen.[695]

Die Übertragung der Lernleistung von Individuen auf die Organisation geschieht durch eine Übernahme des organisationsspezifischen Lernkontextes durch die Organisationsmitglieder.[696] Dadurch werden Verhaltensweisen, Einstellungen und Fähigkeiten der einzelnen vereinheitlicht, es kommt zu einem gemeinsamen Verhaltensmuster und zur Schaffung von Identität. Identität macht die Mitglieder einer Organisation zu einer sozialen Gruppe, also zu einem Clan mit der „...Fähigkeit, Aufgaben möglichst effizient zu erledigen bzw. Ziele zu verfolgen".[697] Die Zusammenhänge zwischen dem Lernen von Individuen und dem Lernen von Organisationen sind in der folgenden Abbildung dargestellt.

---

693) Vgl. Delfmann, W., a.a.O., S. 147ff.
694) Hedberg, B.: How organizations learn and unlearn, in: Nystrom, P., Starbuck, W.
    (Hrsg.): Handbook of organizational design, New York 1981, S. 10.
695) Vgl. Hadamitzky, M., a.a.O., S. 175.
696) Vgl. Felsch, A., a.a.O., S. 109f.
697) Ebenda, S. 114f.

Abbildung 11:

Integriertes Lernmodell

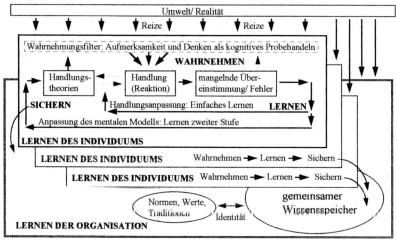

Quellen: Delfmann, W.: Logistik als strategische Ressource, in: Zeitschrift für Betriebswirtschaft (ZfB) - Ergänzungsheft, Nr. 3, 65. Jg., 1995, S. 149; Milling, P.: Organisationales Lernen und seine Unterstützung durch Managementsimulatoren, in: Zeitschrift für Betriebswirtschaft (ZfB) - Ergänzungsheft, Nr. 3, 65. Jg., 1995, S. 98; Eckel, G.: Lernen - ein wichtiges Element im Veränderungsprozeß, in: Zeitschrift für Betriebswirtschaft (ZfB) - Ergänzungsheft, Nr. 3, 65. Jg., 1995, S. 27 und Oberschulte, H.: Organisatorische Intelligenz, München 1994, S. 84.

Organisatorisches Lernen findet nicht nur auf unterschiedlichen inhaltlichen Ebenen, sondern auch auf anderen Niveaus statt, die sich gezielt als Lernorte beeinflussen lassen. <u>Träger der Lernleistung</u> können hierarchisch homogene Gruppen sein, also z.B. die Unternehmensführung oder Bereiche des mittleren Managements, Gruppierungen, die gemeinsam an einem Projekt arbeiten, alle Organisationsmitglieder gleichzeitig[698] oder die Organisation insgesamt, deren Lernen über externe Speicher zumindest unterstützt werden kann und deren Verhaltensweisen sich in Kulturveränderungen niederschlagen. Lernen kann dabei „off-line", also simulativ und damit risikoarm, oder „on-line", also praktisch und damit unter ei-

---

698) Vgl. Castiglioni, E., a.a.O., S. 39f.

nem höheren Leidensdruck, geschehen.[699] Interne und externe Rahmenbedingungen und Prädispositionen prägen die Lernfähigkeit einer Organisation als Lernhemmnisse, -filter oder -unterstützung.[700] Die personellen Bedingungen des Lernens sind durch Risikobereitschaft, Offenheit, Engagement, Kreativität und die Lernbereitschaft von Mitarbeitern und Führungspersonen gekennzeichnet. Eckwerte struktureller Bedingungen sind materielle Freiräume, Hierarchien, Teamstrukturen, Projektorganisation, Kooperation unter Fachabteilungen, Anreizsysteme, Zugang zu Informationen, Einsatz von Informationstechnologien, Hilfestellung durch externe Fachabteilungen und Berater. Kulturbedingungen ergeben sich aus der Behandlung der Konsequenzen von Fehlern und aus der Unterstützung von Innovatorrollen,[701] also durch die Ausgestaltung der Kultur der Veränderung.[702]

Notwendig für eine effiziente, zielgerichtete und konstante Lernleistung ist die Steuerung des Lernens. Dafür muß die organisatorische Wissensbasis fortlaufend aktualisiert werden.[703] Dies kann nur durch permanente Energiezufuhr funktionieren, die in letzter Instanz durch die Unternehmensführung geleitet werden

---

699) Vgl. Schneeweiß, C.: Lernaspekte eines Decision Support Systems zur Arbeitszeitgestaltung, in: Zeitschrift für Betriebswirtschaft (ZfB) - Ergänzungsheft, Nr. 3, 65. Jg., 1995, S. 90.

700) Vgl. dazu auch die internen und externen Lernfaktoren bei Pedrazza, A.: Innovation und organisationales Lernen in High-Tech-Unternehmungen der Mikroelektronik, Bamberg 1992, S. 133.

701) Vgl. Riekhof, H.-C.: Strategien des Innovationsmanagements - Rollenverteilung und Motivationssysteme im Innovationsprozeß, in: Zeitschrift Führung-Organisation (ZFO), Nr. 1, 56. Jg., 1983, S. 14 und Thom, N., Der Organisator als Innovator, a.a.O., S. 257 sowie Sattelberger, T.: Die lernende Organisation im Spannungsfeld von Strategie, Struktur und Kultur, in: ders. (Hrsg.), Die lernende Organisation: Konzepte für eine neue Qualität der Unternehmensentwicklung, Wiesbaden 1994, S. 40.

702) Vgl. Sattelberger, T., a.a.O., S. 35f. und S. 40f.

703) Vgl. Castiglioni, E., a.a.O., S. 36f.

muß. Eine einfache Delegation des Lernens in Organisationen an die Persona-lentwicklung ist nicht ausreichend, um eine Anpassungsfähigkeit zu erreichen, die die Veränderungsfähigkeit der gesamten Organisation maßgeblich beeinflußt.[704] Dies ist vor allem deshalb gültig, weil Lernen an den offiziellen Lernorten wie Aus- und Weiterbildung durch Schulungen, Seminare, Trainings- und On-the-job-Programme nur einen Bruchteil der Lernfähigkeit[705] von Organisationen aus-macht. Lernfaktoren sind alle Determinanten des Lernens.[706] Dazu gehören In-struktionen durch Vorgesetzte oder Teammitglieder, institutionalisiertes oder frei-es Feedback durch Führungskräfte, Ausgestaltung und Beeinflussung kognitiver und kultureller Lernmodelle, die Bereitstellung von Lerntechniken und -medien sowie die Zusammenarbeit mit Kunden, Wettbewerbern und Beratern.[707]

In Analogie zu den Innovations- und Qualitätshemmnissen[708] lassen sich auch Lernhemmnisse identifizieren, deren bewußte Vermeidung oder Beseitigung eine größere Wirkung entfaltet als die Gestaltung der positiven Faktoren.[709] Denn aufgrund biologischer Notwendigkeiten kann von einem latenten Bedürfnis zu lernen bei den Mitarbeiter eines Unternehmens ausgegangen werden. Da das

---

704) Vgl. die gegensätzliche Darstellung bei Novello- v. Bescherer, W., Zaremba, H.: Betrieb-liche Schwachstellenanalyse und qualitätsorientierte Personalpolitik: das Unternehmen der Zukunft - als "lernende Organisation" auf Erfolgskurs, Bielefeld 1996, S. 16ff.

705) Zum Begriff der Lernfähigkeit vgl. Oberschulte, a.a.O., S. 81f.

706) Vgl. die Praxisberichte von Burgheim, W.: Acht Lernpfade für das lernende Unterneh-men, in: Harvard Business Manager, Nr. 3, 18. Jg., 1996, S. 53ff. und Leonard-Barton, D.: Das lernende Unternehmen II: Die Fabrik als Ort der Forschung, in: Harvard Busi-ness Manager, Nr. 1, 16. Jg., 1994, S. 98.

707) Vgl. Oberschulte, H., a.a.O., S. 90, S. 107ff., S. 116ff. und S. 130ff.

708) Siehe Kapitel 3.3.3: Auftreten und Konsequenzen von Innovationshemmnissen und 3.2.2: Qualitätshemmnisse und der Zusammenhang von Qualität und Kosten.

709) Vgl. die empirischen Ergebnisse zu den Grundlagen lernender Unternehmen bei Littig, P.: Die Klugen fressen die Dummen: das "lernende Unternehmen", Bielefeld 1996, S. 65ff.

Nichtlernen aus Gründen der Komplexitätsreduktion der Außenumwelt ebenso notwendig für das Individuum ist, ist es sinnvoll, Lernhindernisse nicht generell abzubauen, sondern vielmehr im Sinne der Unternehmensziele zu beeinflussen. Dann kann durch das zur Verfügungstellen von positiven Lernfaktoren und Lernmitteln, das Unterstützen von positiven Lernanreizen[710] und durch die Beeinflussung von Lernhemmnissen im Zusammenwirken das Lernen der Organisation ermöglicht werden. Strukturell-organisatorische Lernhemmnisse wie rigide Hierarchiegrenzen, übertriebene Qualitätsnormen, Kapazitätshindernisse für Lern-, Speicher- und Kommunikationsmedien sowie zeitliche Ressourcen und Zugriffsbeschränkungen aus Macht- und übertriebenen Sicherheitserwägungen lösen Lernbarrieren in der Unternehmenskultur aus. Sozio-kulturelle Lernhemmnisse werden durch Fehlfunktionen von Gruppen- und Organisationsstrukturen und durch kulturelle Faktoren aufgebaut. Statusdenken, übermäßiger Gruppendruck, rigide Abteilungs- und Hierarchieabgrenzungen und generelle Kurzzeitorientierung des Handelns sind Beispiele für Lernhindernisse, die sich im Vertuschen von Fehlern, im Zurückhalten von Informationen sowie im Verkümmern von neuen Ideen auswirken.[711] Die Verfestigung derartiger Strukturen führt zu individuell-emotionalen Lernhemmnissen, die sich in defensiven Abwehrmechanismen niederschlagen. Neues Wissen wird nicht mehr aufgenommen, weil es sich bisher nicht ausgezahlt hat, oder sogar, weil der Verbleib des Mitarbeiters im Unternehmen ungewiß ist; vorhandene Kenntnisse werden aus Konkurrenzdenken nicht weitergegeben oder weil „Besserwisserei" durch Kollegen und Führungskräfte sozial negativ sanktioniert wird. Der Wahrnehmungsfilter „Aufmerksamkeit für neues Wissen" und der Wahrnehmungsfilter „Denken" werden un-

---

710) Vgl. Kakabadse, A., Fricker, J.: Anreize und Pfade zur lernenden Organisation, in: Sattelberger, T. (Hrsg.): Die lernende Organisation: Konzepte für eine neue Qualität der Unternehmensentwicklung, Wiesbaden 1994, S. 69ff.
711) Vgl. Göbel, E., a.a.O., S. 556.

durchlässig für Reize aus der Außenwelt. Diese Kaskadenwirkung struktureller, kultureller und individueller Hindernisse kann nur sehr schwer durchbrochen werden. Notwendig sind dazu langfristige Bemühungen auf allen Wirkungsebenen, die in ihrer Gesamtheit vor allem die Motivation zum Lernen des Individuums unterstützen müssen, damit es durch eine Selbstverpflichtung zur Kumulation von Wissen im Sinne der Organisationsbelange kommen kann.[712]

Motivation und Wissen sind also die gemeinsamen Grundpfeiler von Lernen und Innovation.[713] Die Bereitschaft zum Wissenstransfer schafft die Voraussetzung für beide Unternehmensziele, da die Spezifität des Wissens mit zunehmender Aufgabenkomplexität überproportional ansteigt. Wissen bildet individuell, projektspezifisch, projektübergreifend, bereichsübergreifend und kulturspezifisch einen Kenntnispool, aus dem struktur-, prozeß-, soziale und schließlich Marktleistungsinnovationen entstehen können.[714] Einen hohen zeitlichen Aufwand erfordert dazu das Lernen aus der Vergangenheit. Den empirischen Untersuchungen CASTIGLIONIs zufolge dauert es in Abhängigkeit vom betrieblichen Funktionsbereich ca. ein Vierteljahr, bis ein Mitarbeiter sich in ein neues Aufgabengebiet soweit eingearbeitet hat, daß die Transaktionskosten der Informationssuche auf das Niveau gesunken sind, welches seine Kollegen bereits erreicht haben. Sie stellt fest: „Im Durchschnitt wurde angegeben, daß durch die Nutzung vorhandenen Wissens 19,7% der Arbeitszeit gespart werden könnte."[715] In diesem auf Produktinnovationen beschränkten Befragungsergebnis sind negative Multiplikatoreffekte noch nicht einmal enthalten. Der gleichen Studie zufolge lassen sich ca. 20 Prozent der täglichen Arbeitszeit auf die Suche von Informationen, die im laufen-

---

712) Vgl. Littig, P., a.a.O., S. 41, 43 und 50.
713) Siehe Kapitel 3.3.2: Kreativität als Schöpfungskraft von Menschen und Organisationen.
714) Vgl. Castiglioni, E., a.a.O., S. 70.
715) Ebenda, S. 99.

den Prozeß anfallen, anrechnen.[716] Hier schafft die Qualität der Arbeitsunterlagen, also Vollständigkeit, Aufbereitung und Aktualität von Pflichtenheften, Systembeschreibungen und Testberichten als operativ beeinflußbares Mittel Abhilfe. Effektives Projektmanagement lebt aber nicht nur von der Struktur, sondern vor allem von den weichen Faktoren, die die Zusammenarbeit bestimmen. Insbesondere eine unerwünscht „...hohe Fluktuationsrate erschwert die Nutzung vorhandener Erfahrungen..."[717] und bremst den vertrauensvollen Informationsaustausch der Organisationsmitglieder. Auch eine gewünschte Job Rotation muß sich daran messen lassen, wie gut dadurch eine Verbreiterung der Wissensbasis gelingt.

Lernen und Qualität hängen also ebenfalls eng miteinander zusammen. Diese Erkenntnis wird in der Produktionstheorie schon seit langem in Form der Erfahrungs- oder Lernkurve ausgedrückt. Sie beschreibt den empirischen Zusammenhang, daß die Produktionskosten im Verhältnis zur kumulierten Ausbringungsmenge überproportional sinken.[718] Diese „Erfahrung" kommt durch Beherrschung von Prozessen, steigende Arbeitsproduktivität und Fertigkeiten, Materialsubstitution, Produktstandardisierung, Ausschußvermeidung, Automatisierung und Diffusion des produktionspezifischen Wissens zustande. Andere Anwendungsgebiete des Konzeptes sind Marktpreise, die im Zeitverlauf durch den Wettbewerbsdruck verfallen, Kundensegmente und Diffusionskanäle, die erschlossen werden, Forschungs- und Entwicklungssynergien oder die Wirkung personalpolitischer Maßnahmen. Nicht immer verläuft die Erfahrungskurve als klassische logarithmische Funktion, Produktredesigns oder externe Einflüsse

---

716) Vgl. Ebenda, S. 102.

717) Ebenda S. 106, vgl. auch die empirischen Ergebnisse auf den folgenden Seiten zum Thema Verweildauer.

718) Vgl. Ihde, G.: Lernprozesse in der betriebswirtschaftlichen Produktionstheorie, in: Zeitschrift für Betriebswirtschaft (ZfB), 40. Jg., 1970, S. 451ff.

können dafür sorgen, daß die Effizienzvorteile kurzfristig abflachen, um danach mit einem noch stärkeren Gefälle wirksam zu werden.[719] Das kumulierte Ergebnis kann jedoch in jedem Fall als Maßstab für die Summe der spezifischen Erfahrungen oder für die aufgelaufene Lernleistung interpretiert werden. Aus dem Lernkurveneffekt ist zu folgern, daß durch Lernen „...das aktuell vorhandene Fehlerniveau eines betrieblichen Prozesses innerhalb einer bestimmten Zeitspanne ... mit einer gleichbleibenden Rate verringert werden kann".[720] Qualitätsverbesserungen von Prozessen im Sinne der kontinuierlichen Verbesserung sind also nichts anderes als ein Zeichen für das Lernen der Organisation. Daher lassen sich auch die Prinzipien des Total Quality Management mit den Modell-Elementen aus organisationalen Lerntheorien vereinbaren, wie HODEL detailliert nachweist.[721]

4.3.3 Ansätze zur Umsetzung des organisationalen Lernens

Die Instrumente und Methoden, die unter dem Stichwort der „lernenden Organisation" subsumiert werden, sind als ressourcenentwicklende Elemente der vorgestellten Konzepte des Veränderungsmanagements bekannt. Sie werden nicht in einen gänzlich neuen Zusammenhang gestellt:[722] Benchmarking, Kundenorientie-

---

719) Vgl. Koulamas, C.: Quality Improvement Through Product Redesign and the Learning Curve, in: Omega: International Journal of Management Science, Nr. 3, Vol. 20, 1992, S. 161ff.

720) Fischer, T., Schmitz, J.: Ansätze zur Messung von kontinuierlichen Prozeßverbesserungen - Aufbau und Anwendung des Half-Life Konzeptes im Unternehmen, in: Controlling, Heft 4, 6. Jg., 1994, S. 197.

721) Vgl. Hodel, M., a.a.O., S. 124.

722) Vgl. die Fallbeispiele Thyssen, Goodyear und Plambeck bei Krogh, H.: Lernende Organisation, in: Manager Magazin, Nr. 2, 26. Jg., 1996, S. 141ff.

rung, flachere Hierarchien, kontinuierliche Verbesserung, Durchlaufzeitenredu-
zierung, Just-in-Time, flexible Organisation sind Begriffe, die in der Literatur
häufig in „Beratermanier" unstrukturiert aneinandergereiht für das neue Schlag-
wort Verwendung finden.[723] Die lernenden Organisation wird dadurch, ebenso
wie die Selbstorganisation, kein eigenständiger Managementansatz. Aber sie ist
mehr als nur ein „Prinzip des Wünschenswerten", da sie durch den Versuch einer
Kulturveränderung und begleitende Maßnahmen gezielt forciert werden kann.[724]
Auch wenn fraglich ist, ob das Ziel eines eigenständigen Lernvorgangs einer Organisation überhaupt erreichbar ist, ist die Zielvorstellung lernende Organisation
in der Lage, die parallel zueinander wirkenden Leitbilder Qualität und Innovation
zu ergänzen, und sie erfüllt dabei die drei Funktionen von Unternehmensleitbil-
dern.[725] Als Leitbild besitzt sie eine Legitimationsfunktion, indem sie gegenüber
verschiedenen Anspruchsgruppen der Organisation Veränderungen und Wissensmanagement rechtfertigt. Sie erfüllt die Orientierungsfunktion, indem sie hilft,
daß Wesentliche vom Unwesentlichen zu trennen. Vor allem aber unterstützt sie
die Motivationsfunktion der Leitbilder Qualität und Innovation, indem sie an der
Fähigkeit ansetzt, die dem Menschen in besonderem Maße zu eigen ist, dem sy-
stematischen und bewußten Lernen. Darüber hinaus kann sie Bestandteil eines
Ansatzes des Veränderungsmanagements werden.[726] Dabei wirkt sie dauerhafter
als die mittel- bis kurzfristige Orientierung von Ansätzen aus den Bereichen Lean

---

723) Vgl. auch Wildemann, H.: Ein Ansatz zur Steigerung der Reorganisationsgeschwindigkeit
    von Unternehmen: Die Lernende Organisation, a.a.O., S. 11. -
724) Zur Posititonierung der lernenden Organisation als Methode der Managemententwicklung
    vgl. Pedler, M., Boydell, T., Burgoyne, J., a.a.O., S. 60f.
725) Vgl. Hodel, M., a.a.O., S. 131.
726) Siehe Tabelle 7: Wirkungen verschiedener Konzepte des Veränderungsmanagements.
242

Management[727] oder Reengineering. Die Idee des ständigen Lernens ist inhaltlich kaum von der kontinuierlichen Verbesserung zu trennen und daher impliziter Bestandteil des Kaizen. Eine Lernkomponente verhilft auch Total Quality Management zum Erreichen von erfolgskritischen Verhaltensveränderungen. Das Risiko des Scheiterns von Projekten des Innovationsmanagements erfährt ebenfalls eine neue Dimension, wenn Mißerfolge als Lernchancen erfahren werden können. Das Prinzip Lernen greift dort, wo die Schwachpunkte der aktuellen Konzepte des Veränderungsmanagements liegen: an den schwer zu imitierenden humanorientierten Faktoren.[728] Es setzt die für diese Konzepte notwendige Vertrauensstruktur voraus und entwickelt diese weiter. Vor allem wirkt es gegen das „rezeptbuchhafte" Übernehmen von Managementkonzepten. Denn organisationales Lernen ist ein (unternehmens-) individueller Vorgang, dessen konkrete Ergebnisse sich nicht im einzelnen voraussehen lassen.

---

727) Vgl. zur Verbindung von Lernender Organisation und Lean Production Reese, J., Werner, C.: Lernprozesse bei Lean Production, in: Das Wirtschaftsstudium (WISU), Nr. 11, 25. Jg., 1996, S. 1004ff.
728) Siehe Kapitel 2.3.3: Beurteilung der Veränderungsmanagementkonzepte.

5 Gestaltungsfelder zur Integration von Qualitäts- und Innovationserfordernissen

Lernen findet auf den zuvor identifizierten Gestaltungsfeldern statt. Ein einseitiges Primat der Kundenorientierung, wie es die Qualitätsdiskussion fordert, gefährdet die Ausgewogenheit eines Managementansatzes, denn die Umsetzung der Kundenorientierung kann nur gelingen, wenn sie durch die Mitarbeiter eines Unternehmens getragen wird. Deshalb erfordert die Implementierung kundenorientierten Handelns zunächst eine konsequente Mitarbeiterorientierung. Diese erhält ihren Rahmen durch die Orientierung der Prozesse im Sinne eines Business Process Redesign. Die Wirkungs- und Analyserichtung der „Orientierungen" unterscheidet sich demnach von der Implementierungsreihenfolge.[729] Ausgehend von den Belangen und Fähigkeiten der Mitarbeiter können die Prozesse mit dem Ziel der permanenten Erhöhung der Kundenzufriedenheit gestaltet werden. Abbildung 12 verdeutlicht diese Zusammenhänge und gibt den Inhalt der folgenden Kapitel wieder:

---

729) Siehe auch Kapitel 2.3.1: Gestaltungsfelder der Managementkonzepte.

Abbildung 12:

Gestaltungsfelder zur Integration von Qualität und Innovation

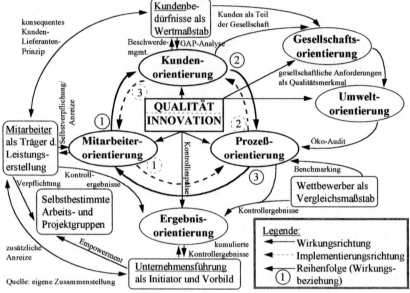

Quelle: eigene Zusammenstellung

5.1 Mitarbeiterorientierung als zentraler „Befähiger" eines integrativen Veränderungsmanagements

Mitarbeiterorientierung, also die Art, wie eine „... Organisation das gesamte Potential ihrer Mitarbeiter freisetzt, um ihre Geschäftstätigkeit ständig zu verbessern",[730] ist in der Sprachgebung des European Quality Award einer der zentralen „Driver" oder „Befähiger" einer Organisation auf dem Weg zu Spitzenleistungen. Die Preisgeber fordern, daß die Mitarbeiterressourcen durch Personal-

---

730) European Foundation for Quality Management: Der European Quality Award - Bewerbungsbroschüre, a.a.O., S. 14.

planung, -auswahl und -entwicklung laufend verbessert werden, Ziele zu vereinbaren und zu überprüfen sind, daß die Mitarbeiter an der kontinuierlichen Verbesserung beteiligt und zum eigenständigen Handeln ermächtigt werden sollen
und daß eine „...wirksame Kommunikation von oben nach unten sowie umgekehrt
und horizontal erzielt wird".[731] Daraus ergibt sich die „Beurteilung der Organisation durch die Mitarbeiter",[732] die im weitesten Sinn mit Mitarbeiterzufriedenheit gleichgesetzt werden kann. Diese Anforderungen des EQA stellen ein proba-
tes Modell der Gestaltung der Unternehmens-Mitarbeiter-Beziehung dar, in das
sich die weiter oben aufgestellten Forderungen[733] nahtlos einfügen. Die Frage,
wie eine Konstellation, in der Mitarbeiter motiviert, kompetent, konstruktiv und
vertrauensvoll für ein Unternehmen arbeiten, erreicht werden kann, wird von den
Qualitätspreisen nicht gelöst. Sie soll im weiteren aufgegriffen werden.

5.1.1 Mitarbeiter als Grundbausteine des Veränderungsmanagements

COOPER und MARKUS[734] berichten über ein reales Fallbeispiel, das an dieser
Stelle ausführlich vorgestellt und in seinen Bezügen zu Qualität und Innovation
neu ausgewertet werden soll. Es verdeutlicht, wie Veränderungsmanagement mit
einfachen, aber effektiven Mitteln bei den Mitarbeitern ansetzen kann. Toshio

---

731) Ebenda.

732) Ebenda, S. 15.

733) Siehe Kapitel 4.2.1: Voraussetzung eigenständigen Handelns: Vertrauen; sowie Kapitel
4.2.2: Selbstverpflichtung als zentrales Prinzip zur Steuerung von Unternehmensprozessen.

734) Vgl. (auch zu allen weiteren Bezügen auf das Okuno-Fallbeispiel) Cooper, R., Markus,
L.: Den Menschen reengineeren - geht das denn?, in: Harvard Business Manager, Nr. 1,
18. Jg., 1996, S. 77ff. Der Begriff „Reenigeering" und der journalistische Titel sollten
nicht über den Inhalt des Artikels täuschen.

Okuno, der Produktionsleiter des japanischen Soyasoßenherstellers Higashimaru Shoyu, identifiziert bei seinem Management hinter höflicher Ablehnung grundlegende Veränderungswiderstände, als er auf Grund der Branchen- und Unternehmenssituation drastische Umgestaltungen ankündigt und Schulungen zur Vorbereitung darauf vorschlägt. Er erkennt, daß der wichtigste Schritt beim Veränderungsmanagement eine Verhaltensänderung ist. Denn wenn sich das Verhalten der Mitarbeiter nicht ändert, dann bleiben Umstrukturierungen oder Prozeßneugestaltungen inhaltsleer, da sie auf die Mechanismen der Selbststeuerung verzichten. Die Verhaltensänderung muß mit einer Einstellungsänderung einhergehen, wenn aus einer einmaligen Verhaltensänderung ein Prozeß der Selbsterneuerung werden soll.

Diese hohe Stufe des betrieblichen Lernens kann aber nur erreicht werden, wenn alle Mitarbeiter den Prozeß des Verstehens aktiv miterleben. An die Stelle eines reaktiven Lernprozesses einzelner Mitarbeiter, wie er in Schulungen vermittelt werden kann, muß ein proaktives Lernen der ganzen Organisation treten.[735] Die üblichen Methoden der Personalentwicklung haben vor diesem Hintergrund lediglich den Stellenwert unterstützender Maßnahmen. Darüber hinausgehend müssen Formen des Lernens gefunden werden, die es den Mitarbeitern ermöglichen, neue Verhaltensweisen kreativ selbst zu erkennen, auszuprobieren, dabei durch Reflexion über Fehler und Erfolge zu neuen, innovativen Lösungen zu kommen und diese in der Kommunikation miteinander weiterzuentwickeln. Erst dieses Verhalten trägt und multipliziert sich im Zeitverlauf selbst, ohne daß das Lernsystem einer ständigen und erneuten Energiezufuhr von außen bedarf. Okuno entwickelt einen fünfteiligen Maßnahmenkatalog, im folgenden mit „Okuno-Modell" bezeichnet.

---

735) Siehe Kapitel 4.3.2: Träger und Bedingungen der Lernleistung.

- Im ersten Schritt führt er monatliche <u>Gruppenleitertreffen</u> ein, die sich äußerlich nicht von vielen anderen Maßnahmen des Veränderungsmanagements unterscheiden. Im Wesen sind sie aber anders beschaffen, denn der Produktionsleiter Okuno nutzt die Treffen, um den Widerstand der Gruppenleiter gegen Veränderungen allmählich abzubauen. Immer wieder hält der Produktionsleiter nicht nur zur offenen Diskussion von Problemen in ihrer Gruppe, sondern auch zum eigenständigen Erfinden von Lösungsmöglichkeiten an. Mit der Zeit beginnen die Gruppenleiter von sich aus, neue Lösungsmöglichkeiten zu entdecken bzw. eine veränderte Problemsicht zu entwickeln, die eine Voraussetzung für Innovationen ist.

Das Okuno-Modell <u>baut</u> das subjektiv empfundene <u>Risiko</u> von Innovationen <u>ab,</u> indem es alle Beteiligten langsam und mit Hilfe praktischer Erfahrungen an die neue Funktion heranführt, die jeder Gruppenleiter und später jeder Mitarbeiter übernehmen soll: die Innovatorrolle. Mit der Zeit wächst das Vertrauen, daß neue Ideen und Veränderung honoriert werden. Darüber hinaus regt Okuno den Austausch der Gruppen untereinander an, indem er darum bittet, man solle aktiv das Fachgespräch mit den Leitern anderer Gruppen suchen. Unter anderem fragt er immer wieder nach neuen Erkenntnissen dieser internen-Kunden-Lieferanten-Gespräche. So leitet er nicht nur dazu an, sich als Innovationspromotor zu bewähren, sondern erhöht den Grad der Vernetztheit und damit die zugängliche Wissensbasis, eine Grundvoraussetzung für eine hohe Lern- und Innovationsfähigkeit.

- Das zweite „Spiel" ist das <u>System der Preissteuerung (SPS)</u>. Ähnlich wie beim Profit-Center-Ansatz werden die Gruppen wie einzelne, selbständige Einheiten geführt. Anders als bei echten Profit-Centern kommt es hier nicht auf das

Erwirtschaften möglichst hoher Gewinne an, viel wichtiger ist der Lernerfolg, wenn eine Gruppe den erwirtschafteten Gewinn steigert und die daraus resultierende Motivation zu weiteren Verbesserungen. Das drückt sich darin aus, daß die Transferpreise durch den „Spielleiter" festgelegt werden, eine fiktive Bank verleiht „Gelder", von denen jeder Ressourceneinsatz gezahlt wird. Nicht die realitätsgetreue Abbildung der Wertschöpfung sondern die Übertragung der Wirkungsmechanismen der Preissetzung schafft die erwünschte Wirkung auf die Produktivität und damit die Qualität der Leistungserstellung. Schulungen über die Grundlagen der Kostenrechnung sind nicht nur eine Voraussetzung für das erfolgreiche „Mitspielen" der Gruppenleiter und im weiteren Verlauf auch der Mitarbeiter, sondern verankern ein neues Kostenbewußtsein bei allen Betroffenen.

Dieses Spiel funktioniert deshalb, weil es die Prinzipien gegensätzlicher Transaktionsformen miteinander vereint. Die <u>Vorteile des Marktes</u> (i.e. hohe Transparenz des Aufwandes der Erstellung einer Leistung und Flexibilität des Angebotes) werden mit denen der <u>Organisation</u> (i.e. sichere Rahmenbedingungen und dadurch hohes Vertrauenspotential der Akteure) <u>verbunden</u>. Das Neue an diesem System ist wiederum nicht die äußere Form, sondern die inhaltliche Ausgestaltung.[736] Wichtig ist der Spielcharakter, der es erlaubt, daß Lernen und Besser-Werden Spaß macht, ohne seine Ernsthaftigkeit zu verlieren. Diese Ernsthaftigkeit kann vermittelt werden, indem besonders hohe „Gewinne" mit Anerkennungspreisen und verbesserten Beförderungsmöglichkeiten ausgezeichnet werden.

---

736) Eine andere und ähnlich wirksame Form der Abstimmung der Transaktionsergebnisse auf Basis interner Kunden-Lieferantenbeziehungen beschreibt Hart, C.: Vom Nutzen interner Qualitätsgarantien, in: Havard Business Manager, Nr. 3, Vol. 17, 1995, S. 78ff.

- Die dritte Methode schafft Verständnis für Veränderungen, indem es diese realitätsgetreu unerwartet, einschneidend und riskant einführt. Beim Okuno-Modell werden die Gruppenleiter unvorbereitet von ihrer Arbeit und dem Informationsaustausch mit den Gruppenmitgliedern abgehalten. Morgens werden sie ohne Vorankündigung vor dem Betreten des Werksgeländes vom Produktionsleiter persönlich „abgefangen" und beschäftigen sich drei Tage lang zunehmend selbständig mit einem einfachen Benchmarking in ähnlichen Produktionsbetrieben oder bei völlig anders gelagerten Wertschöpfungsaufgaben, also z.B. dem Verkauf in einem Supermarkt oder den logistischen Problemen eines Fuhrunternehmens. Dieses „Tornado-Programm" schafft eine Situation des Lernens zweiter Stufe, in der probate Lösungen aus völlig ungewohnten Bereichen auf den eigenen übertragen werden. Die Radikalität dieses „Spieles" bricht bis dahin noch bestehende Veränderungswiderstände und Beharrungsmechnismen weiter auf.

Während COOPER und MARKUS nur auf den Effekt auf die Gruppenleiter selber eingehen, kann eine mindestens ebenso große Wirkung auf die Gruppenmitglieder vermutet werden. Sie lernen ebenfalls in einer radikal veränderten Umwelt, in der sie plötzlich selbstverantwortlich handeln können und müssen. Die Motivation, diese Verantwortung zu übernehmen, speist sich aus dem Vertrauen, das durch das riskante Manöver dokumentiert wird. Dennoch werden die Gruppen nicht überfordert, denn sie führen „nur" das Tagesgeschäft aus, das sie sonst auch zu bewältigen haben. Die Gruppenleiter sind, wenn sie wieder in ihre Gruppe zurückkehren, offensichtlich nicht mehr so „unersetzlich" wie vorher, statt dessen können sie sich vermehrt auf ihre beratende Rolle als Innovations- und Qualitätspromotoren konzentrieren und die neu gewonnene Kreativität umsetzen.

- Das Okuno-Modell setzt dort an, wo viele Konzepte der Unternehmensgestaltung versagen, weil sie nach den Buchstaben und nicht nach ihrem Sinn befolgt werden. Job Rotation ist prinzipiell sehr hilfreich, um die Wissensbasis des einzelnen und auch der Organisation zu erweitern und durch vermehrte Vernetzungen den Wissenszugriff zu erleichtern. Darüber hinaus motiviert der Wechsel des Aufgabenbereiches zum Lernen und zum Übertragen von Problemlösungen auf untypische Aufgabenbereiche. Aber für die einzelnen Gruppen bedeutet Job Rotation zumindest kurzfristig einen „Aderlaß" erfahrener Mitarbeiter. Deshalb verkommt das System häufig zu einem Anlaß zum „Wegloben" der schlechten Gruppenmitglieder, die neue Aufgabe wird dann von diesen nicht als Chance, sondern als Strafe empfunden. Beim vierten Programmpunkt des Okuno-Modells hingegen wird Job Rotation mit einem Auswahlsystem verbunden. Nach einem festen System wird das Mitglied zur Job Rotation ausgewählt, das mindestens fünf Jahre bei einer Gruppe ist und dort, der regelmäßigen Gruppenbewertung zufolge, zu den drei besten gehört. Nach einem weiteren System wetteifern die Gruppen um die Neubesetzung der vakanten Stellen mit guten Mitarbeitern aus dem Rotationspool, die mögliche Angebote frei wählen können.

Je nach den Gegebenheiten eines anwendenden Unternehmens sind der Phantasie natürlich auch bei der Ausgestaltung dieses Spieles keine Grenzen gesetzt, z.B. in bezug darauf, wie die Verweildauer in einer Gruppe geregelt wird, wie die Leistungsbewertung der Innovativität und Qualitätsfähigkeit festgelegt wird und ob das Bewerbungssystem um ein neues Gruppenmitglied z.B. Börsen-, Punktbewertungs- oder kommunikativen Charakter haben soll. Wichtig ist nur, daß die Gruppe nicht mehr bestimmt, wer gehen muß, sondern wer als besonders gut eingeschätzt wird. Job Rotation wird so zum Anreizin-

252

strument, gleichzeitig wird ein Auswahlsystem geschaffen, das auf der Gruppenbewertung aufbaut. Dieses wird nicht nur von den Mitarbeitern als zutreffender empfunden, es ist es wohl möglich auch, da die Mitarbeiter die Leistungsfähigkeit der Kollegen, auch in bezug auf Faktoren wie die soziale Kompetenz, selbst besser beurteilen können als Vorgesetzte entfernter Hierarchiestufen.

- Auch die fünfte Methode ist im Prinzip einfach und baut auf den Zielgrößen Veränderungsfähigkeit und Leistungssteigerung auf. Bei dem <u>Halbierungs-Spiel</u> werden Gruppen in zwei Hälften geteilt, die eine, welche die bisherigen Aufgaben erledigen soll, und die andere, die zuschaut. Es ist nicht das Ziel, jede dieser Aufgaben mit möglichst wenig Mitarbeitern erfolgreich zu lösen, sondern Mut zu machen, das scheinbar „Unmögliche" zu versuchen. Der Ausfall von ein oder zwei Kollegen könnte unter Umständen für eine gewisse Zeit durch schnelleres Arbeiten kompensiert werde, die Halbierung der Gruppe zwingt hingegen zum Suchen nach völlig neuen Lösungskonzepten.

In diesem Okuno-Spiel ergeben sich Fälle, daß Arbeitsgruppen mit halbierter Mannschaft die geforderte Leistung zustande bringen. Fügt man jetzt wieder einen oder mehrere Mitarbeiter hinzu, die bei Ausfällen, Notfällen oder Stauungen des Prozeßablaufes einspringen, können die restlichen Mitarbeiter eingespart werden. Auch dieses Spiel baut auf bekannten Prinzipien auf, es kopiert den revolutionierenden Ansatz des Reengineering. Im Gegensatz zu dem umstrittenen Managementkonzept zerschlägt es aber keine bewährten Strukturen, um unerprobte Alternativen, die von Prozeßfremden konzipiert wurden, per Anordnung durchzusetzen, sondern es nutzt die spezifischen Kenntnisse der Mitarbeiter und setzt ihre Kreativität frei, um häufig für diese selbst <u>erstaunliche, aber unmittelbar einsichtige Ergebnisse</u> hervorzubringen. Dieses

Vorgehen erkennt über die Notwendigkeit zur Einbindung und Motivation der Mitarbeiter zu Veränderungen auch noch die flexibilitätssteigernde Kraft von Slack[737] an.

Kann dieses Maßnahmenpaket unter anderen Rahmenbedingungen ebensogut funktionieren wie in Japan? Diese Frage geht an der eigentlichen Problematik vorbei. Denn das Besondere an einem Vorgehen nach dem Okuno-Modell liegt nicht in den fünf Methoden. Diese müssen in jedem Fall an die spezifische Unternehmenssituation und damit auch an die nationalen Besonderheiten angepaßt werden. So ist es denkbar, daß die Gruppenleiter selbst gewählt werden und häufig wechseln, daß jeder Mitarbeiter an einer Job Rotation teilnehmen darf, daß die Gruppen nicht alle zum gleichen Zeitpunkt dem heilsamen Schock eines Halbierungs-Spiels unterzogen werden. Auch weitere Elemente von Rollenspielen, des Vorschlagswesens, des Entfremdens bzw. zeitweisen Erschwerens der Arbeitssituation oder der geleiteten Prozeßanalyse lassen sich miteinander kombinieren, die Benchmarking-Erfahrungen können auf alle Mitarbeiter übertragen werden. Eine Reihe von mitarbeiterbezogenen Maßnahmen kann nicht in „Spielform" eingeübt werden, sondern muß die Veränderungsbemühungen zusätzlich begleiten. Dazu gehören Formen der Flexibilisierung der Arbeitszeit[738] und die aufgaben- und leistungsbezogene Gestaltung der Entgeltsysteme.[739] Vielmehr als die vorgestellten Beispiel-Methoden zeigt die Case Study, daß eine Reihe von inhaltlichen Voraussetzungen erfüllt sein müssen, damit Veränderungsmanagement

---

737) Siehe Kapitel 3.1: Problematik der Kombination von Standardisierung und Flexibilität.

738) Vgl. Albach, H.: Urlaub vom Konto, in: WirtschaftsWoche, Nr. 45, 49. Jg., 1995, S. 53 und Hildebrandt-Woeckel, S.: Arbeitszeit - Wie ein Traum, in: WirtschaftsWoche, Nr. 11, 50. Jg., 7.3.1996, S. 184f. sowie Glöckner, T.: Automobilindustrie - Heiße Monate, in: WirtschaftsWoche, Nr. 28, 49. Jg., 6.7.1995, S. 44ff.

739) Vgl. Deutsch, Ch.: Entgeltsysteme - Heißes Eisen, in: WirtschaftsWoche, Nr. 6, 49. Jg., 2.2.1995, S. 94ff.

funktioniert. Es sind gerade nicht die Methoden selbst, sondern deren Auswahl, deren inhaltliche Ausgestaltung und ihr Einsatz, die zum Erfolg führen. Es lassen sich vierzehn Kernanforderungen an Veränderungsmanagement aus dem Okuno-Modell ableiten:

Bereits zu Beginn dieses Kapitels wurde festgestellt, daß sich das Modell durch den Ansatz bei den Mitarbeitern[740] und durch das Erzielen einer Verhaltensveränderung[741] von anderen Managementansätzen unterscheidet. Die wichtigste Voraussetzung zeigt sich besonders deutlich beim „Halbierungs-Spiel". Nur wenn Mitarbeiter, anders als bei einem Reengineering,[742] nicht fürchten müssen, ihren eigenen Arbeitsplatz ohne Aussicht auf eine interessante Alternative zu gefährden, werden sie bei dieser Methode mitmachen. Zunächst muß die Unternehmensleitung also das Vertrauen der Mitarbeiter aufbauen.[743] Dazu ist notwendig, daß die „Spiele" Ernsthaftigkeit vermitteln und nicht losgelöst von der Arbeitssituation theoretisieren, sondern durch praktische Ergebnisse überzeugen. Der Einfachheit der Methoden ist eine besondere Überzeugungskraft zuzusprechen, da dadurch Ergebnisse nicht uminterpretiert werden können und die Komplexität der Problemlagen reduziert wird.[744] Eine große Nachhaltigkeit[745] wird durch die schrittweise und langsame Einführung erreicht, viele der Spiele werden wie das Tornado-Programm wiederholt oder wie das SPS im Zeitablauf modifiziert. Oku-

---

740) Siehe Kapitel 2.3.3: Beurteilung der Veränderungsmanagementkonzepte.
741) Siehe Kapitel 4.3: Organisationales Lernen zur Bewältigung von Leistungs- und Veränderungsprozessen.
742) Siehe Kapitel 2.2.3: Reengineering: Zur Durchsetzung umfassender Veränderungen.
743) Siehe Kapitel 4.2.1: Voraussetzung eigenständigen Handelns: Vertrauen und vgl. auch Böhmer, R.: Automatisierung - Viel menscheln, in: WirtschaftsWoche, Nr. 17, 50. Jg., 18.4.1996, S. 123ff.
744) Siehe Kapitel 3.1: Problematik der Kombination von Standardisierung und Flexibilität.
745) Siehe Kapitel 2.3.2: Wirksamkeit der Konzepte des Veränderungsmanagements.

no setzte Mitte der 70er Jahre mit seinem Vorgehen an, bis in die 90er Jahre hatte er den Erfolg seiner Methoden immer mehr unter Beweis gestellt.[746] Die Methoden wirken nicht für sich allein, sondern in ihrer Vernetzung. Die Job Rotation und das Tornado-Programm bspw. legen gemeinsam eine breite Wissensbasis, das Zusammenspiel von den Gruppenleitertreffen mit dem Tornado-Schock und dem Halbierungs-Spiel induzieren zusammen ein neues Rollenverständnis der Gruppenleiter. Genauso wichtig ist die Anregung von Kreativität[747] durch diese Programmelemente. Das System der Preissteuerung wiederum schafft einen Rahmen dafür und ein einfaches, aber allgemein anerkanntes Überprüfungssystem für alle Lernanstrengungen. Es ist ein Beispiel dafür, wie zum Lernen der Organisation angehalten werden kann.[748] Alle Maßnahmen bewirken, daß die Mitarbeiter lernen, Verantwortung zu übernehmen, eigene Ideen zu haben und im Interesse der Gesamtunternehmensleistung umzusetzen. Das Okuno-Modell trägt somit dazu bei, Selbstorganisation zu verwirklichen.[749]

Bei der notwendigen Anpassung des Programms an die Unternehmensbesonderheiten ist genau das von der Unternehmensleitung gefordert, was sie auch von ihren selbstorganisierten Mitarbeitern im Veränderungsmanagement wünscht: Kreativität, Risikobereitschaft und Begeisterungsfähigkeit. Ernsthaftigkeit, Langfristigkeit und der Wille zur Selbstorganisation können nur durch eine gewisses Mindestmaß an Charisma[750] der Führungspersönlichkeiten glaubhaft vermittelt werden. Mitarbeiter müssen letztendlich zum eigenverantwortlichen Handeln An-

---

746) Vgl. zum Erfolg der Methoden Cooper, R., Markus, L., a.a.O., S. 80.
747) Siehe Kapitel 3.3.2: Kreativität als Schöpfungskraft von Menschen und Organisationen.
748) Siehe Kapitel 4.3: Organisationales Lernen zur Bewältigung von Leistungs- und Veränderungsprozessen.
749) Siehe Kapitel 4.2.3: Kultur als Träger der Selbstorganisation.
750) Vgl. Schwertfeger, B.: Management by Pharao?, in: Handelsblatt, 8./9.12.1995, S. K1f.
256

reize[751] finden, also motiviert werden.[752] Die Grundlagen dafür werden Thema

des folgenden Kapitels „5.1.2 Zielgerichtete Mitarbeitermotivation" sein. Danach

wird im Kapitel „5.1.3 Der Stellenwert von "Selbstbestimmten Arbeits- und Pro-

jektgruppen"" die letzte Ableitung aus dem Okuno-Modell eingehender unter-

sucht werden: Alle Programmpunkte haben gemeinsam, daß sie die Organisati-

onsform der Gruppe[753] voraussetzen.

5.1.2 Zielgerichtete Mitarbeitermotivation

Der Stellenwert der Motivation wurde bereits mehrfach als bedeutendes Charak-

teristikum der Ansätze des Veränderungsmanagements identifiziert. Bei der DIN-

9000er-Normenreihe kann ein Motivationsdefizit festgestellt werden, Lean-

Ansätze blockieren Motivation durch die Gefahr reduzierter Karrierechancen,

Reengineering fordert zwar explizit Motivation, setzt diese Forderung aber nicht

um, und für die Qualität von Leistungsergebnissen und für Innovationen durch die

Mitarbeiter sind ein „Eigenantrieb zur Qualität" und „Veränderungsfreude" un-

abdingbare Voraussetzung. Auch in der Diskussion um die Effizienz von Anreiz-

versus Anweisungssystemen wurde bereits festgestellt, daß eine entsprechende

Motivation ein effizienter Weg ist, um Informationsasymmetrien auszugleichen,

indem das Ausnutzen von Opportunismusspielräumen unwahrscheinlicher ge-

macht wird.[754] Aber nicht nur die Neue Institutionenökonomik versucht das Phä-

---

751) Siehe Kapitel 4.2.1: Voraussetzung eigenständigen Handelns: Vertrauen.

752) Vgl. Wolf, G.: Qualitätsmanagement: Motivation nicht zum Nulltarif, in: Blick durch die
Wirtschaft, Nr. 104, 39. Jg., 31.5.1996, S. 11.

753) Siehe Kapitel 4.2.2: Selbstverpflichtung als zentrales Prinzip zur Steuerung von Unternehmensprozessen.

754) Vgl. bspw. Hax, H., a.a.O., S. 56.

nomen Motivation zu erfassen, auch die Soziologie, die sie als spezifisches Rollenverhalten definiert, und die Psychologie, die darunter eine Emotion versteht, beschäftigen sich eingehend und teilweise widersprüchlich mit dem Thema.[755] Eine Motiv ist ein Beweggrund für ein bestimmtes Verhalten und Motivation das Zusammenspiel aller Motive in einer konkreten Situation.[756]

Die betriebswirtschaftlich bedeutsamen Motivationstheorien haben sich in einer gut nachvollziehbaren historischen Abfolge entwickelt.[757] Heute besteht Konsens darüber, daß Motivatoren sowohl Reize sind, die äußerlich (extrinsisch, z.B. Lohn, Sozialleistungen) wirken, als auch solche, die intrinsisch wirksam werden, also in der Arbeit selbst liegen: „So stecken zum Beispiel im sozialen Status, in den emotional-geselligen Aspekten des Zusammenlebens, im Prestige des Systems in der Umwelt, im Ausmaß an Selbstkontrolle, die das System den Mitgliedern konzedieren kann, starke Motivkräfte."[758] Der „Eigenantrieb zur Qualität"[759] und die „Innovationsfreude" sind also intrinsische Motivationsarten. Es läßt sich nachweisen, daß eine Motivation zu mehr Leistung - besserer Qualität oder mehr Kreativität - von der Bedürfnisebene abhängt, auf der die Motivation wirksam wirkt.[760] Leistung ist also eine Funktion der Motivation.[761] Die „Lust

---

755) Vgl. die klassischen Werke von Gellermann, S.: Motivation und Leistung, Düsseldorf/Wien 1972, McClelland, D.: Die Leistungsgesellschaft, Stuttgart 1966 und Rosenstiel, L. von: Motivation im Betrieb, München 1976.

756) Vgl. Schuster, R.: Motivation, in: Masing, W. (Hrsg.): Handbuch Qualitätsmanagement, 3. Aufl., München/ Wien, 1994, S. 783ff.

757) Vgl. zur Entwicklung der Motivationstheorien Murphy, J.: Quality in Practice, 2. Aufl., Dublin 1988, S. 95ff.

758) Luhmann, N.: Funktionen und Folgen formaler Organisationen, a.a.O., S. 89.

759) Siehe die Ableitung aus dem Begriff der subjektiv geleisteten Qualität in Kapitel 3.2.1: Dimensionen und Merkmale von Qualität.

760) Vgl. Kondo, Y., a.a.O., S. 48.

an Leistung"[762] ist eine verhaltensbiologische Prädisposition des Menschen, die durch den wechselseitigen Zusammenhang von Leistung und Zufriedenheit abgesichert wird.[763] Auch die Neugier, also die „Motivation zur Innovationen", läßt sich als menschliches Bedürfnis nachweisen. Neugier hat den verhaltensbiologischen „Sinn" eines Schutzmechanismus vor Diskontinuitäten.[764] Verschiedene Arten der Zufriedenheit, von progressiver oder stabilisierender Zufriedenheit bis zu konstruktiver Unzufriedenheit oder Pseudo-Zufriedenheit,[765] machen die Kontrolle der Mitarbeiterzufriedenheit nur in Ansätzen möglich. Es ist daher wichtig, die entsprechenden Voraussetzungen zu schaffen, damit aus Arbeitszufriedenheit qualitativ hochwertige Leistungen und eine Vielzahl von Innovationen entstehen.[766]

Beim Management by Objectives (MbO) bspw. bekommen Mitarbeiter für einen bestimmten Zeitraum sinnvolle Ziele gesteckt, die sie in Zielsetzungsgesprächen miterarbeiten und mitbestimmen können. Zu bestimmen, wie diese Ziele erreicht werden, liegt nicht mehr primär im Aufgabengebiet des Vorgesetzten. Statt dessen hat er die Möglichkeit, mit Rat zur Seite zu stehen, und bekommt die Aufgabe, die Zielerreichung zu überprüfen und dem Mitarbeiter darüber in Beurteilungsgesprächen Feedback zu geben. Damit wird dem Mitarbeiter ein großer Entscheidungs- und Gestaltungsspielraum gegeben. MbO kann somit als geeignetes

---

761) Leistungsverhalten = Motivation x (Fähigkeiten + Fertigkeiten), Schuster, R., a.a.O., S. 785.

762) Cube, F.v.: Lust an Leistung, a.a.O.

763) Vgl. Rosenstiel, L. von, a.a.O., S. 56.

764) Vgl. Cube, F.v., a.a.O., S. 126.

765) Vgl. Troxler, P., Ulich, E.: Conceptual and Methodological Contributions of Work Psychology to Total Quality Management, in: European Organization for Quality (Hrsg.): 40th Annual EOQ-Congress, Proceedings, Vol. 1, Berlin 1996, 105ff.

766) Vgl. Brunner, F.: Erfolgsfaktor motivierte Mitarbeiter, in: Qualität und Zuverlässigkeit (QZ), Nr. 9, 40. Jg., 1995, S. 1044ff.

Instrument zur Unterstützung von Selbstorganisation angesehen werden. Wesentlich aus motivationaler Sicht ist dabei jedoch nicht der gestalterische Rahmen eines MbO-Programmes, dessen Zielvorgaben für den einzelnen z.B. auch innerhalb einer Arbeitsgruppe erarbeitet werden können, sondern die Forderung nach einer transparenten und möglichst mitgestalteten Zielsetzung.

Die Erkenntnisse der Motivationstheorie begründen noch einmal die herausragende Bedeutung einer innovations- und qualitätsförderlichen Unternehmenskultur.[767] Deren Hauptcharakteristikum ist, daß die Kreativität jedes einzelnen Mitarbeiters ernst genommen und gefördert wird[768] und daß Qualität nicht in erster Linie erprüft oder durch starre Rahmenvorgaben gesteuert, sondern ebenfalls gefördert wird.[769] „The necessity and importance of standardising work are often emphasised from the standpoint of improving work efficiency and guaranteeing quality. However, one of the possible problems of work standardisation is that it is inconsistent with motivation, since it restricts the scope for creativity and ingenuity on the part of the people engaged in the work."[770] Daher ergänzen sich die Forderungen nach mehr Qualität und mehr Innovation zu der Forderung, Anreize dafür zu schaffen, anstatt zu versuchen, sie durch die Gestaltung der Rahmenbedingungen und durch feste Regeln zu erzwingen.

Der Grundanreiz der Teilnahmeentscheidung an einer formalen Organisation besteht in dem Vertrauen auf den Beitrag, den ein Unternehmen durch Lohn- und

---

767) Siehe Kapitel 4.2.3: Kultur als Träger der Selbstorganisation.

768) Vgl. Humble, J., Jones, G., a.a.O., S. 47.

769) Vgl. den „Promoting Style" bei Ebrahimpour, M., Cullen, J.: Quality Management in Japanese and American Firms Operating in the United States: A Comparative Study of Styles and Motivational Beliefs, in: Management International Review (MIR), Special Issue, Heft 1, Vol. 33, 1993, S. 29f.

770) Kondo, Y., a.a.O., S. 50.

Gehaltszahlungen leistet. Anreiz und Beitrag[771] müssen die Erwartungshaltung der Organisationsmitglieder und -vertreter immer wieder erfüllen, damit diese Motivation langfristig bestehen bleibt. Mit Lohn und Gehalt werden die Ebenen der physiologischen- und Sicherheitsbedürfnisse angesprochen. In der Gestaltung dieses Bereiches kommen Unternehmen jedoch schnell an finanzielle Kapazitätsgrenzen, da diese beiden Stufen der Bedürfnispyramide in den modernen Industrieländern weitgehend befriedigt und die Flexibilisierungsmöglichkeiten durch Bonus- und Cafeteria-Systeme[772] ausgeschöpft sind. Den sozialen Bedürfnissen und erst recht dem Bedürfnis nach Selbstverwirklichung und deren Befriedigung kommt daher ein zentraler Stellenwert zu, wenn es darum geht, weitere Leistungssteigerungspotentiale zu aktivieren. Dies gilt vor allem, wenn Mitarbeiter fremdbestimmt repetitive Tätigkeiten ausführen müssen, die schon von der Aufgabenstellung her kein hohes Sozialprestige mit sich bringen. Wenn es hier möglich ist, einen höheren Grad an positiv aufgenommener sozialer Interaktion zu schaffen und Aufgaben stärker selbstbestimmt ausführen zu lassen - vorausgesetzt das führt auch zu einem wahrgenommenen höheren Grad an Selbstverwirklichung - und wenn die Aufgaben flexibler und damit abwechslungsreicher gestaltet werden, dann werden zusätzliche Leistungsanreize freigesetzt. Derartige Anreize sind gleichzeitig integrale Bestandteile einer lernenden Organisation, in der notwendiger Wandel möglich ist, unterstützt wird und in der die Leistungsfähigkeit der Mitarbeiter ausgeschöpft wird.

Anreize haben unterschiedliche, sich gegenseitig verstärkende oder auch behindernde Wirkungen. Sie können eine Initiativfunktion bei der Ideengenerierung

---

771) Vgl. z.B. Dorow, W., Weiermair, K., a.a.O., S. 200.
772) Vgl. Kupsch, P.U., Marr, R.: Personalwirtschaft, in: Heinen, E. (Hrsg.): Industriebetriebslehre: Entscheidungen im Industriebetrieb, 5. Aufl., Wiesbaden 1991, S. 836f.

entfalten oder eine Unterstützungsfunktion bei der Ideenrealisierung und - akzeptanz entwickeln.[773] Sie können sich auf den kreativen oder den produktiven Bereich oder auch auf beide zusammen beziehen. Es wird ein Anreizsystem benötigt, das alle verschiedenen Anreizfaktoren in Einklang miteinander bringt, um gezielt Ergebnisse zu erreichen. Dabei gehen von allen Komponenten eines Führungssystemes „...potentielle Anreizwirkungen sowie Verhaltenssteuerungsimpulse auf die Mitarbeiter aus."[774]

Alle Bereiche in einem Unternehmen, die durch das Führungssystem direkt beeinflußt werden können, sind Teil eines Anreizsystemes i.w.S.[775] Das heißt, daß man bei der Gestaltung aller Unternehmensbereiche und bei jedem Einfluß, den die Unternehmensleitung auf das Unternehmen nimmt, die Anreizwirkung dieser Maßnahmen mit berücksichtigen kann. An dieser Stelle wird deutlich, welchen großen Einfluß die Unternehmensführung auf die Leistung ihrer Mitarbeiter ausübt.[776] Insbesondere sind die Elemente Unternehmenskultur, Kommunikation, Prozeßstruktur und -gestaltung als bestimmend für das Profil eines Anreizsystem i.w.S. hervorzuheben. Anreize wirken auch auf unterschiedlichen Ebenen: Sie beeinflussen das Management von Unternehmen, sie können auf der Ebene von Gruppen oder auf der Ebene der einzelnen Mitarbeiter wirksam werden.[777]

Ein Anreizsystem i.e.S. besteht aus den Komponenten des Führungssystemes, die primär den Zweck der Verhaltensbeeinflussung und Verhaltenssteuerung der Mit-

---

773) Vgl. Becker, F.: Innovationsfördernde Anreizsysteme, in: Schanz, G. (Hrsg.): Handbuch Anreizsysteme in Wirtschaft und Verwaltung, Stuttgart 1991, S. 569.
774) Ebenda.
775) Vgl. ebenda.
776) Siehe Kapitel 5.4: Die Aufgaben der Unternehmensleitung.
777) Vgl. Riekhof, H.-C.: Anreize im Innovationsprozeß, in: Schanz, G. (Hrsg.): Handbuch Anreizsysteme in Wirtschaft und Verwaltung, Stuttgart 1991, S. 697ff.

arbeiter haben,[778] also z.B. lern-, innovations- und qualitätsbezogene Erfolgs- und Leistungskriterien, Durchführung und Verantwortlichkeit der Leistungsbe- wertung und Höhe und Gestaltung der materiellen Anreize.[779] Das System kann daran gemessen werden, wieweit es im Einklang mit den Anforderungen steht, die durch die Umweltbedingungen an ein Unternehmen gestellt werden. Dabei wird es nur dann effektiv wirksam sein können, wenn es sich in das Anreizsystem i.w.S. einfügt, da sich sonst motivationale Wirkungen gegenseitig behindern oder aufheben. Dies gilt vor allem für das Spannungsfeld von Qualitäts- und Kreativi- tätsansprüchen, also z.b. für die Forderung, bestehende Routineprozesse mög- lichst präzise auszuführen und dennoch den Blick für Verbesserungen und neue Ideen zu bewahren. Ebenso ergeben sich Rationalisierungen, wenn die Rahmen- bedingungen so gestaltet werden, daß viele Anreize gegeben sind, ohne dafür ei- gens aufwendige Mechanismen schaffen zu müssen. Die besondere Herausforde- rung besteht darin, nicht nur ein innovationsförderliches Anreizsystem (IFAS)[780] zu schaffen, wie es in der Literatur ausgiebig erörtert wird, sondern dieses Kon- zept mit der Qualitätsforderung zu verbinden. Als Ansatzpunkte zur Festlegung der Anreizhöhe bietet sich eine Vielzahl von langfristigen und kurzfristigen Be- zugsgrößen des Gruppen- bzw. Mitarbeiterverhaltens und -erfolges sowie der Aufgabe, Position und Qualifikation des Mitarbeiters an.[781]

---

778) Vgl. Schlicksupp, H., a.a.O., S. 540.

779) Vgl. Kruse, K.-O.: Zur Flexibilisierung von strategischen Anreizsystemen, in: Zeitschrift Führung-Organisation (ZFO), Heft 2, 65. Jg., 1996, S. 86ff.

780) Vgl. Becker, F.: Innovationsfördernde Anreizsysteme, a.a.O. und Riekhof, H.-C.: Anreize im Innovationsprozeß, a.a.O. sowie Schlicksupp, H., Anreize zur Entfaltung von Krea- tivität, a.a.O.

781) Vgl. Welge, M., Hüttemann, H., Al-Laham, A.: Strategieimplementierung, Anreizgestal- tung und Erfolg, in: Zeitschrift Führung-Organisation (ZFO), Heft 2, 65. Jg., 1996, S. 82.

Ein isoliertes Anreizsystem i.e.S., das vorwiegend mit materiellen Anreizen arbeitet, reicht also nicht aus, um zu Qualität und Innovation zu motivieren.[782] Zunächst einmal ist es notwendig, die Rahmenbedingungen, unter denen Mitarbeiter arbeiten, so zu gestalten, daß weitere Anreizmechnismen wirksam werden können. Daß ein derartiger integrierter Führungsansatz möglich ist, macht eine weitere Analyse des Nummi-Projektes deutlich.[783] Wie weiter oben schon angedeutet, ist der Fokus auf Standardisierung nur ein Erfolgsfaktor bei der Gestaltung des Automobilwerkes nach dem Toyota-Produktionssystem gewesen. Ein weiterer Faktor kann mit „a commitment to the social context of work...“[784] beschrieben werden. Bei dem Projekt wurde darauf geachtet, eine Atmosphäre des gegenseitigen Vertrauens und der Gemeinsamkeiten aufzubauen. Entscheidungen werden möglichst im Konsens aller Beteiligten getroffen, und alle auf operativer Ebene betroffenen Mitarbeiter werden an den relevanten Entscheidungen beteiligt. Für das Management von Nummi ist die Beschäftigungsgarantie ein wesentliches Element, das Vertrauen der Mitarbeiter auch in das Gesamtunternehmen zu stärken. Unterschiedliche Stundenlöhne werden fast ganz abgeschafft,[785] damit Spannungen und Egoismen unter den Mitarbeitern abgebaut werden. Offensichtlich erkennt auch das Nummi-System an, daß die Motivation der Mitarbeiter zu Kreativität und Qualität nur bedingt von der Lohnhöhe abhängt, und fördert statt dessen intrinsische Motivatoren. Das Nummi-Projekt zeigt, wie radikal die Rahmenbedingungen in einem umfassenden Anreizsystem von herkömmlichen Führungssystemen abweichen können. Es ist damit nicht gesagt, daß ein derartiges System auf alle Fälle Erfolg haben muß, jedoch ist das Beispielprojekt durchaus

---

782) Dies hat sich bereits aus der Diskussion um die Effizienz von Anreiz- versus Anweisungssystemen ergeben, siehe das gleichnamige Kapitel 4.2.

783) Siehe Kapitel 3.4: Lernfähigkeit als Grundlage von Qualität und Innovation.

784) Adler, P., a.a.O., S. 102.

785) Vgl. Deutsch, Ch.: Entgeltsysteme, a.a.O., S. 94.

264

<u>erfolgreich.</u> Die Rate der Abwesenheit vom Arbeitsplatz fiel im Vergleichszeit-
raum 1986 und 1991 von 20 bis 25 % auf 3 bis 4 %, die Beteiligungsquote beim
Vorschlagswesen stieg von 26% auf 92%, und die Zahl der Mitarbeiter, die bei
einer Mitarbeiterbefragung mit „zufrieden" oder „sehr zufrieden" antworteten,
stieg auf 90%. In der Folge wurde aus dem General Motors Werk mit der vormals
geringsten Produktivität dasjenige, das mit fast verdoppelter Produktivität die GM
Werke anführte.[786] Zwar wird der Erfolg in der Literatur zu einem Teil auf die
Wirkungen der Neugestaltung des Werkes zurückgeführt, jedoch ist die generelle
Wirkung der Maßnahmen unbestritten. Ein Kernelement der Maßnahmen war die
Organisation in <u>Arbeitsgruppen,</u> die Thema des folgenden Kapitels sein wird.

5.1.3 Der Stellenwert von „Selbstbestimmten Arbeits- und Projektgruppen"

Eine zentrale Maßnahme, um die Rahmenbedingungen für ein Anreizsystem zu
gestalten, ist die <u>Bildung</u> von <u>Gruppen.</u> Dabei kann es sich sowohl um Produktionsteams als auch um Teams mit Sonderaufgaben handeln.[787] Gruppen können
kurzfristig oder über einen langen Zeitraum gebildet werden, selten oder häufig
zusammenkommen. Sie lassen sich mit sehr unterschiedlichen Persönlichkeiten
und Fachvertretern besetzen, was den Wissensaustausch fördert, oder sie lassen
sich homogen zusammensetzen, was tendenziell die reibungslose Zusammenarbeit unterstützt. <u>Projektteams</u> mit einer Nebenstruktur zur eigentlichen Organisation eignen sich eher für die Bewältigung von Aufgaben, die radikalen Wandel
erfordern, einen hohen Aufwand erfordern und ein hohes Risiko bergen, wie

---

786) Vgl. ebenda, S. 99.
787) Vgl. Oliver, N., Davies, A.: Adopting Japanese-style manufacturing methods: a tale of
    two (UK) factories, in: Journal of Management Studies, Nr. 5, Vol. 27, 1990, S. 560.

bspw. Forschungs- und Entwicklungsprojekte.[788] Es ist je nach Aufgabenstellung notwendig, daß die Gruppenmitglieder dem Projekt ihre ungeteilte Aufmerksamkeit und Arbeitskraft widmen[789] oder gezielt an zwei Projekten gleichzeitig arbeiten, wie es bei einigen Unternehmensberatungen üblich ist, um eine gleichmäßig hohe Kapazitätsauslastung des einzelnen bei hoher Lerneffizienz zu erreichen. Auch im Vertriebsbereich werden zunehmend zeitlich befristete „Stoßtrupps" oder sogar festintegrierte Verkaufsteams eingesetzt, um eine engere Kooperation der Verkaufsmannschaft vor allem bei erklärungs- und anpassungsintensiven Industriegütern zu gewährleisten.[790] Projektteams kommt im Rahmen des Veränderungsmanagements eine besonders hohe Bedeutung zu, da sie Veränderungen exemplarisch durchführen können. Vor allem ihre interdisziplinäre Zusammensetzung unterstützt die erfolgreiche Durchführung und Implementierung von Prozeßinnovationen.[791] Produktionsteams wie etwa „Fertigungsinseln" oder „Teilautonome Arbeitsgruppen" stellen eine Primärstruktur im Unternehmen dar und sind eher für die Ausführung von Routinehandlungen oder für die Erarbeitung und Durchführung häufiger, kleinerer Veränderungen geeignet. Sie haben den Vorteil, daß die Mitglieder langfristig aufeinander eingespielt sind, und bilden wohl die häufigste Form von Gruppen in Unternehmen.

---

788) Vgl. bspw. Thamhain, H.J.: Managing Technologically Innovative Team Efforts Toward New Product Success, in: Product Innovation Management, Nr. 1, Vol. 7, 1990, S. 5ff.
789) Vgl. Humble, J., Jones, G., a.a.O., S. 50.
790) Vgl. Groothuis, U.: Verkaufsteams - an einem Strang, in: WirtschaftsWoche, Nr. 45, 50. Jg., 31.10.1996, S. 174ff.
791) Vgl. das Fallbeispiel bei Debrah, Y., Jeng Li, C., Beng Geok, W.: From a Matrix to Autonomous Work Teams: Total Quality Management (TQM) as the Initiator of Organizational Structural Change, in: Entrepreneurship, Innovation, and Change, Nr. 3, Vol. 2, 1993, S. 297ff.

Als <u>Gruppe</u> wird hier eine Anzahl von Mitarbeitern aufgefaßt, die über einen längeren Zeitraum eine Aufgabe gemeinsam erledigt. Typischerweise besteht sie je nach Umfang des zugewiesenen Geschäftsprozesses[792], Prozeßschrittes oder des Projektes aus 5 bis 15 Mitarbeitern und hat eine festgelegte und klare Zielsetzung, die Selbststrukturierung und Selbstkoordination[793] ermöglicht.

Durch die Gruppenarbeit kann <u>Mitverantwortung</u> der Mitglieder erreicht werden, anstatt in einer Hierarchiestruktur einen nächsten Vorgesetzten als „überverantwortlich" einzusetzen. Leistungserwartung wird nicht mehr vom Vorgesetzten, sondern von den Gruppenmitgliedern an die Kollegen gestellt. Ebenso kann ein höherer Grad an <u>Mitbestimmung</u> erreicht werden. Relativ kleine Gruppen, die in hohem Maße autonom entscheiden, fordern von jedem Mitglied eine Entscheidungsbeteiligung. Auch an der Umsetzung von Problemlösungen kann innerhalb der Gruppe, die die Lösung erarbeitet hat, jeder Mitarbeiter mitwirken.[794] <u>Partizipation</u>, also Mitverantwortung und Mitbestimmung, sind wesentliche Motivatoren. Partizipation kann selbstverständlich auch ohne Gruppenkonzepte verwirklicht werden, diese begünstigen jedoch die Teilhabe an Entscheidungen aller durch ihre überschaubare Größe. Durch die Einführung von - in einem gewissen Rahmen - selbstbestimmter Gruppenarbeit wird der Motivator Partizipation also effektiv umgesetzt. Anreize der Arbeit selbst, soziale Anreize und Anreize des organisatorischen Umfeldes sorgen im Idealfall für eine positive Selbstverstärkung der Verhaltensbeeinflussung der Gruppenmitglieder.[795] Für diese motiva-

---

792) Vgl. Hammer, M., Champy, J.: Business Reengineering, a.a.O., S. 72ff.

793) Vgl. Kieser, A.: Fremdorganisation, Selbstorganisation und evolutionäres Management, a.a.O., S. 218.

794) Vgl. Schmidt, J., a.a.O., S. 541.

795) Vgl. Becker, F.: Anreizsysteme bei dezentralen Gruppenstrukturen, in: Corsten, H. (Hrsg.): Handbuch Produktionsmanagement: Strategie -Führung - Technologie - Schnittstellen, Wiesbaden 1994, S. 937ff.

tionalen Wirkungen reicht die Einrichtung von Gruppenarbeit nicht aus, sie muß durch die entsprechenden Rahmenbedingungen begleitet werden. Wichtig ist vor allem ein unterstützendes Entlohnungssystem, das mit den Leistungsanforderungen und -bewertungen der Gruppe im Einklang steht und nicht mehr nur Einzelleistungen belohnt.[796] Ein derartiges System überkommt das „non-separability-problem" der Gesamtleistung und funktioniert nur dann optimal, wenn die Leistungsanreize für den Mitarbeiter durch die Gruppe ausgeschüttet werden.[797] Arbeitsgruppen haben eine Größe, in der die Mitglieder in intensivem Kontakt miteinander stehen können, jeder ist über alle Gruppenmitglieder relativ gut informiert. Daher kann in einer derartigen Gruppe jedes einzelne Mitglied dem Wettbewerb ausgesetzt sein. Denn die intensiven Kommunikationsmöglichkeiten sorgen für Vergleichsmöglichkeiten untereinander.[798] Der Leistungsdruck, der auf einer Gruppe lastet, aber auch die Leistungsanreize, die eine Gruppe erhält, können so an die einzelnen Mitglieder weitergegeben werden. Am wichtigsten sind aber vor allem die immateriellen Anreize. „The reward that seems to work best within the Japanese productivity system is the pat on the back. The success of many Japanese companies in applying positive reinforcement, such as praise and recognition, suggests that rewards do not necessarily have to take the form of a fat check."[799]

---

796) Vgl. Deutsch, C.: Gruppenarbeit - Schnell umsetzen, in: WirtschaftsWoche, Nr. 40, 49. Jg., 28.9.1995, S. 127 und Handy, Ch.: „Arme Würstchen", in: WirtschaftsWoche, Nr. 6, 49. Jg., 2.2.1995, S. 91 sowie o.V.: The trouble with teams, in: The Economist, 14.1.95, S. 69.

797) Vgl. Alchian, A., Demsetz, H., a.a.O., S. 778ff. und Rößl, D., a.a.O., S. 319, sowie die Kapitel 4.1: Unternehmen als Institutionen zur Bewältigung langfristiger, komplexer und unsicherer Aufgaben und 4.2.1: Voraussetzung eigenständigen Handelns: Vertrauen.

798) Vgl. Schneidewind, D.: Jishu Kanri, a.a.O., S. 316f.

799) Takeuchi, H.: Productivity: Learning from the Japanese, in: California Management Review, Issue 2, Vol. 23, 1981, S. 10.

Gruppenarbeit hat Vorteile, die über die motivationalen Wirkungen hinausgehen. Produktionsteams, die einen gewissen Grad an Eigenverantwortlichkeit haben, sind in der Lage, Veränderungen der Anforderungen an die Leistungserstellung eigenständig zu begegnen. Dies fördert die <u>Flexibilität</u> des gesamten Unternehmens. Das Organisationssystem braucht nicht mehr in allen Details von der Leitungsebene her gesteuert zu werden, sondern steuert sich in den Bereichen, in denen das möglich ist, selber. Übertragungsfehler und -zeitverluste bei der Kommunikation von Anweisungen oder dem Weitergeben von Anpassungsnotwendigkeiten fallen weg. Veränderungswiderstände gegen Fremdeinfluß werden abgebaut, indem der Fremdeinfluß reduziert wird. Gruppenarbeit ist damit eine Basis für die weiter oben angesprochenen <u>selbststeuernden Problemlösungen</u>.[800]

Es stellt sich die Frage, warum sich die Organisationsform der Gruppe in Europa nicht auf breiterer Front durchgesetzt hat.[801] Denn Beispiele wie das Okuno-Modell, die Plattform-Teams bei Chrysler[802] oder das Nummi-Projekt, Berichte über das Toyota-Produktionssystem, das Opel-Eisenach-Werk und den „Shiprepco-Fall" in Singapur[803] sowie Erfahrungen bei Motorola, General Electric, Xerox, Monsanto, Hewlett-Packard, Audi und auch vielen mittelständischen Unternehmen belegen die Vorteile der Organisation in Gruppen.[804] Die Antwort ist darin zu sehen, daß der Prozeß der Umgestaltung in eine selbstorganisierende

---

800) Vgl. Kapitel 4.2.3: Kultur als Träger der Selbstorganisation.
801) Vgl. o.V.: The celling out of America, in: The Economist, 17.12.1994, S. 61
802) Vgl. Womack, J., Jones, D.: Das schlanke Unternehmen, a.a.O., S. 88.
803) Vgl. Debrah, Y., Jeng Li, C., Beng Geok, W., a.a.O., S. 279ff.
804) Vgl. o.V.: The trouble with teams, a.a.O., S. 69 und Deutsch, C.: Gruppenarbeit - Schnell umsetzen, a.a.O., S. 127ff.

Gruppenorganisation langwierig und risikoreich ist und herausragende Managementfähigkeiten erfordert.[805]

Von DAVIS stammt ein Bericht über die vielfältigen - positiven wie negativen - Erfahrungen der Firma Nortel mit der Einführung von Gruppenarbeit.[806] Eine selbstbestimmte Arbeits- oder Projektgruppe, verstanden als „...small company at a small company speed within a big company...",[807] entwickelt eine gänzlich andere Dynamik als kurzfristige oder ergänzende Gruppenstrukturen, wie bspw. Qualitätszirkel, Lernstatt[808], Werkstatt-, Sicherheits- oder Gesundheitszirkel,[809] die in der Vergangenheit häufig fehlgeschlagen oder in Bedeutungslosigkeit versunken sind.[810] Gruppen als organisationsumfassendes Arbeitsprinzip, im folgenden mit Teams bezeichnet, stellen nicht den leichten und auf jeden Fall erfolgversprechenden Weg dar. Vor allem die mangelnde Vorbereitung, das Fehlen klarer Zielvorgaben und mangelnde Integration der Teamarbeit in ein Anreizsystem i.w.S. müssen als Hauptgründe für das Scheitern von Gruppenstrukturen angesehen werden, wie z.B. der Fall der Volvo-Werke Kalmar und Uddevalla zeigt.[811] Das Management ist der kritische Faktor bei der Umsetzung von Teamstrukturen.

805) Vgl. Schuldt, R.: Einführung von Gruppenarbeit - Pilotprojekt bei Mercedes-Benz-España, in: Personalführung, Nr. 9, 27. Jg., 1994, S. 830ff.

806) Das Nortel-Fallbeispiel wurde von Les Davies, Director Customer Satisfaction Care Programme, Nortel World Trade, England auf „The 1996 Learning Edge Conference" der European Foundation for Quality Management (EFQM), 24.-26. April 1996 in Paris präsentiert.

807) Jan Sijnave, Mitarbeiter der EFQM, Belgien, auf der „The 1996 Learning Edge Conference" in Anlehung an Tom Peters.

808) Vgl. das grundlegende Werk zu diesem Thema von Deppe, J.: Quality Circle und Lernstatt - Ein integrativer Ansatz, Wiesbaden 1989.

809) Vgl. Kuttkat, B.: Teamwork: Arbeit in Zirkeln - ein Vergleich der organisatorischen Abläufe, in: Industrie-Meister, Nr. 12, 23. Jg., 1993, S. 12.

810) Siehe Kapitel 3.3.3: Auftreten und Konsequenzen von Innovationshemmnissen.

811) Vgl. o.V.: The trouble with teams, a.a.O., S. 69.

Erfolgreiche Gruppenstrukturen erhöhen den Erfahrungen bei Nortel zufolge jedoch die Möglichkeit der Selbststeuerung und auch des Lernens[812] voneinander.

Nortel World Trade ist ein ursprünglich kanadisches, mittlerweile global agierendes Telekommunikationsunternehmen mit einer ausgeprägten Kundenorientierung, die zu vielen Subkulturen der Einzelgesellschaften geführt hat. Dieses heterogene Konzernprofil erlaubt es, einen Ansatz wie die Verwirklichung von Arbeitsteams in einzelnen Unternehmensteilen isoliert einzuführen. Die Realisierung der „Self Directed Work Teams" (SDWT) an verschiedenen Standorten hat eine geringe Vergleichbarkeit der Ausgangsbedingungen zur Folge. Dies führt immer wieder zu Widerständen bei Zielunternehmen, beispielsweise mit der Begründung: „Was im innovativen Kalifornien funktioniert, wird im konservativen Großbritannien nicht erfolgreich umsetzbar sein." Der Erfolg der Teamstrukturen bei Nortel in ganz unterschiedlichen Ländern und Unternehmensteilen verdeutlicht jedoch, daß das Gelingen von Gruppenarbeitsprojekten weder unternehmens- noch nationenspezifisch ist. Dort, wo ein derartiger Managementansatz erfolglos bleibt, werden - zumindest nachträglich - die Fehler in der Einführung offenbar.

Bei dem Fallbeispiel Nortel San Diego, USA, wurde bei den Mitarbeitern 1984 zunächst einmal Veränderungsbereitschaft erzielt, indem nachgewiesen wurde, daß der Standort so ineffizient war, daß er entweder geschlossen oder vollständig umstrukturiert werden mußte. Dazu gehörte auch die Einsetzung eines neuen Managements. 1986 führte man dann, nach einer intensiven Vorbereitung, Self Di-

---

812) Vgl. auch Raffio, T.: TQM II: Wie Delta Dental Plan Service Excellence erreichte, in: Harvard Business Manager, in: Harvard Business Manager, Nr. 2, 15. Jg., 1993, S. 88ff. sowie Wildemann, H.: ein Ansatz zur Steigerung der Reorganisationsgeschwindigkeit von Unternehmen, a.a.O., S. 13.

rected Work Teams ein. Als Ergebnis wurde der Standort San Diego 1987, 1988 und 1989 zum beliebtesten internen Lieferanten gewählt. Über 15 Monate konnte eine hundertprozentige Lieferung innerhalb der Zeitvereinbarungen gewährleistet werden. Gleichzeitig verzeichnete man eine deutliche Kostensenkung und einen sprunghaften Anstieg der Zahl neuer Ideen.

Das Fallbeispiel Nortel Paignton, England, hatte in der Ausgangslage (1991) ebenfalls eine Produktionslinie mit inakzeptabel schlechten Produkten. Dazu kam, daß man schon negative Erfahrungen mit der Einführung von Teamstrukturen gemacht hatte. Dennoch konnte in neun Monaten der Output verdoppelt werden, die Kosten wurden in 18 Monaten um 50 Prozent gesenkt, die Lieferung der Produkte erfolgte in 7 von 8 Monaten hundertprozentig zum vereinbarten Termin. „Erkauft" wurden diese beachtlichen Verbesserungsergebnisse zunächst mit einem kurzzeitigen völligen Rückgang der Produktivität. Bis 1994 hat es gedauert, bis alle Prozesse von SDWT ausgeführt wurden. Mittlerweile gibt es im Werk Paignton nur noch drei Manager für 750 Mitarbeiter. Selbst Teamleader wurden völlig abgeschafft, die Gruppen in einer Stärke von acht bis fünfzehn Mitgliedern entscheiden im Konsens. Dies wird auch durch eine klare Aufgabenverteilung ermöglicht. Erfahrene Teams übernehmen Beratungsfunktionen, die sich auf bestimmte Bereiche beziehen, in denen sie sich Expertenwissen angeeignet haben. Jeweils eine Kernfunktion wird dabei pro Beratungsteam übernommen, also z.B. Management der Humanressourcen, Qualitätssicherung oder technologisches Know-how.

Die Aneignung neuer Fähigkeiten bedeutet für die einzelnen Mitarbeiter die Möglichkeit zu neuen Karriereschritten. So kann sich jeder einzelne Mitarbeiter eine Vielzahl von Spezialkenntnissen über Schulungen beibringen lassen und somit in der Karriereleiter aufsteigen, ohne das Wechsel in der Hierarchieebene

272

erforderlich wären, der einzelne bleibt, unabhängig von seinen ausgewiesenen Fachkompetenzen und seiner Berufserfahrung, gleichwertiges Mitglied seines Teams. Als besonders wichtiger Faktor für die Leistungsfähigkeit der Teams wird der „peer pressure" (Gruppendruck) angesehen, der dafür sorgt, daß alle Teammitglieder ihr Leistungspotential entfalten. „Every team member would prefer a team in which no one, not even himself, shirked. ... If one could enhance a common interest in nonshirking in the guise of a team loyalty or team spirit, the team would be more efficient."[813] Sollte es einmal dazu kommen, daß Gruppenmitglieder nicht leistungsbereit sind, kann die Gruppe ein Tribunal anrufen, das den Fall prüft und einen Arbeitsplatzwechsel oder sogar die Freisetzung des Mitarbeiters verfügen kann.

Self Directed Work Teams zeichnen sich bei Nortel durch die konsequente Reduzierung hierarchischer Strukturen aus, die Organisation ist an den Arbeitsprozessen ausgerichtet. Die Teams besitzen Ergebnis- und damit Erfolgsverantwortung, also führt ein Empowerment[814] der Mitarbeiter zu einer verstärkten Einbindung in den Leistungsprozeß. Diese Art der Organisation bewirkt eine Reduzierung der internen Transaktionskosten, eine direktere Kommunikation führt zu schnelleren Entscheidungen. Über gemeinsame Ziele und Werte der clanartigen Struktur wird ermöglicht, daß Entscheidungen im Vertrauen aufeinander und damit im Konsens getroffen werden können.[815] Das Prinzip der aufgabenbezogenen Planung tritt gegenüber gemeinsamen Werten und abgeleiteten Zielvorgaben zurück. Der Personaleinsatz bspw. wird weniger geplant, als auf diese Zielvorgaben hin ausgerichtet, es tritt der Effekt des „aligning" ein, also eine selbstgesteu-

813) Alchian, A., Demsetz, H., a.a.O., S. 790.
814) Siehe Kapitel 5.1.4: Der Abbau von Qualitäts- und Innovationshemmnissen.
815) Siehe Kapitel 4.2.2: Selbstverpflichtung als zentrales Prinzip zur Steuerung von Unternehmensprozessen.

erte Angleichung der Einzelinteressen und des persönlichen Verhaltens. Kontrolle und nachträgliche Problemkorrekturen treten zugunsten von Motivation und Inspiration zurück.

Ein grundsätzliches Problem besteht darin, den „Schwung der ersten Jahre", der erfahrungsgemäß nach ca. fünf Jahren nach Einführung der SDWT nachläßt, aufrecht zu erhalten. Hier helfen nur ständige kleine Veränderungen des gesamten Managementkonzeptes im Sinne eines Kaizen, um immer wieder neue Leistungsanregungen zu geben.[816]

Es bedeutet einen großen Schritt von einem Unternehmen, das keine Teamstruktur hat, zu einer Organisation zu gelangen, die in einzelnen Arbeits- und Leistungsgruppen strukturiert ist. Besonders in der Übergangsphase treten Probleme auf. Das Management muß lernen zu erkennen, daß es sich als steuernde Größe zurückzuhalten hat. Eine häufig zu beobachtende Schwierigkeit besteht darin, daß zwar die Organisationsstruktur verändert wurde, aber eine notwendige Kulturveränderung nicht Schritt hält. Als hilfreiche Gestaltungsempfehlung für das Management dieses Übergangs hat es sich bei Nortel erwiesen, zuerst „managed teams" einzuführen, die im Laufe der Zeit zu „self managed teams" werden, also die Struktur der Gruppenorganisation erst schrittweise durch den Inhalt der Selbstorganisation zu ergänzen.

Um die Kontrolle in diesem Prozeß zu behalten, ist ein „Überprüfungsteam" hilfreich, das die Arbeitsgruppen kontrolliert und bei Fehlentwicklungen effektiv gegensteuern kann, ohne jedoch Veränderungswiderstände hervorzurufen. Training

---

816) Vgl. Herrmany, J., Schwind, M, a.a.O., S. 644ff.

ist für alle Teams notwendig, damit die Lernaufgabe der Organisation auf die einzelnen Gruppen übertragen und damit besser steuerbar wird.

Eine strittige Frage ist, wie die Teams zusammengesetzt werden sollen. DAVIES rät dazu, vor allem die soziale Komponente als Maßstab für die Teamzusammensetzung zu nehmen.[817] Seiner Meinung nach können mangelnde fachliche Fähigkeiten in einzelnen Teams durch Schulungen relativ einfach vermittelt werden. Wenn jedoch die „soziale Chemie" in einem Team nicht stimmt, kann dieses nicht zu einem leistungsfähigen Clan werden. Es kann dann zu Widerständen gegen Leistungserwartungen kommen, indem sich die Gruppe geschlossen gegen an sie gestellte Erwartungen wendet, weil sie die Leistungsanforderungen als ungerecht oder übertrieben empfindet, oder um ihre Machtposition abzutesten. Dabei nutzt der einzelne aus, daß die Reaktion auf die Leistungsverweigerung nicht ihm alleine, sondern auch anderen mit ihm angelastet wird, die negativen Konsequenzen fallen dadurch für den einzelnen entweder effektiv geringer aus oder werden als leichter tragbar empfunden. Denn jedes Gruppenmitglied beschäftigt sich mit seiner Identität, seiner Macht, dem Erfüllungsgrad seiner eigenen Ziele und seiner Akzeptanz in der Gruppe.[818] Dadurch kann sich das Verhalten in der Gruppe von den Unternehmenszielen loslösen und verselbständigen, wenn es nicht durch eine gezielte Einflußnahme auf die Gruppen-Subkultur - etwa durch die genannten Überprüfungsteams und regelmäßigen Personenaustausch - eine Rückbindung in das Unternehmen erfährt.

---

817) Nach den Ausführungen von Davies, L., a.a.O.

818) Vgl. Lippit, G.: Organizational Renewal - Achieving Viability in a Changing World, New York 1969, S. 115ff.

275

Daher sind Vorgesetzte auch bei Gruppenstrukturen weiterhin notwendig, wenn man auch möglicherweise mit weniger Führungskräften auskommt. Ihre Funktion ändert sich in Richtung der gezielten Verhaltensbeeinflussung bei Fehlfunktionen der Gruppendynamik. Vorgesetzte übernehmen die Rolle von fachlichen und sozialen Beratern.[819] Die immer wieder, häufig allzu lapidar geforderte entsprechende Qualifikation bezüglich der Sozialkompetenz ist allerdings nur sehr schwer und langfristig zu erhöhen. Teamfähigkeit setzt neben der fachlichen Sachkenntnis und Fähigkeiten zur Problemlösung vor allem die Fähigkeit zum Umgang miteinander voraus.[820] Hier liegt die eigentliche Schwierigkeit der Einführung von Gruppenstrukturen.[821] Das Okuno-Modell zeigt Wege auf, die eine derartige Verhaltensbeeinflussung der Vorgesetzten ermöglichen.

Gruppen üben auf das Hervorbringen und die Gestaltung von Wandel unterschiedliche Wirkungen aus. Veränderungen und Neuerungen können in eine Vielzahl von unterschiedlichen Richtungen gehen, die sich möglicherweise gegenseitig neutralisieren. Eine Gruppe ist bei der Entwicklung und Einführung von Neuerungen einer Summe von voneinander unabhängigen Einzelpersonen gegenüber im Vorteil, da sie zielgerichteter vorgehen kann und die Vernetzung des vorhandenen Wissens- und Ideenpools einfacher und damit mit weniger Transaktionsverlusten vor sich geht. In einer Gruppe kann eine einheitliche Stoßrichtung festgelegt werden. Ein anderer Aspekt ist jedoch, daß Gruppen besonders kreative oder leistungsfähige Individuen nicht unbedingt nur unterstützen, sondern auch behindern und bremsen können. Der Hochkreative fühlt sich in einer Gruppe

---

819) Vgl. Adler, P., a.a.O., S. 107.

820) Vgl. Knebel, H.: Zur Beurteilung von Teamfähigkeit und Teamleistung, in: Personal, Heft 11, 47. Jg., 1995, S. 594ff.

821) Vgl. Giles, E., Starkey, K.: The Japanisation of Xerox, in: New Technology, Work and Employment, Nr. 2, Vol. 3, 1988, S. 129.

möglicherweise unwohl, solange er nicht seine Kreativität zurückhält, um mit dem Gruppenverhalten konform zu gehen. So wäre er möglicherweise durchaus bereit, um einer Verbesserung willen, die ihm selber eingefallen ist, anfängliche Startschwierigkeiten in Kauf zu nehmen, seine Gruppenmitglieder jedoch sperren sich gegen Neuerungen, die in der Anlaufphase Mehraufwand bedeuten. Hierbei kommt es darauf an, daß innerhalb einer stark innovationsorientierten Unternehmenskultur jede Gruppe die Aufgabe der Invention verinnerlicht hat und eigenständig fördert. Vorgesetzten kommt die Rolle der Innovationspromotoren und -sponsoren zu, die Widerstände somit gezielt erkennen und abbauen helfen.[822] Weitere Mittel gegen Qualitäts- und Innovationshemmnisse werden im folgenden Kapitel behandelt.

5.1.4 Der Abbau von Qualitäts- und Innovationshemmnissen

Qualitätshemmnisse[823] und Innovationshemmnisse[824] wurden bereits weiter oben systematisch vorgestellt. Die Einführung von Gruppenarbeit und unterstützenden Maßnahmen kann insgesamt als Mittel gegen beide Hemmnisarten gewertet werden, da sie selbstorganisierende Problemlösungen ermöglicht. Dabei ist es nicht sinnvoll, notwendigen Wandel ausschließlich im Top-Down Ansatz zu verordnen. Eine derartige hierarchielastige Lösung erfordert einen viel zu hohen Informations- und Koordinationsaufwand, als daß schnell genug auf Veränderungsnotwendigkeiten reagiert werden könnte. Die Konsequenz aus der Akzeptanz der Organisation in Gruppen ist, wie weiter oben festgestellt wurde, ein weitgehendes

---

822) Siehe Kapitel 3.3.2: Kreativität als Schöpfungskraft von Menschen und Organisationen.
823) Siehe Kapitel 3.2.2: Qualitätshemmnisse und der Zusammenhang von Qualität und Kosten.
824) Siehe Kapitel 3.3.3: Auftreten und Konsequenzen von Innovationshemmnissen.

<u>Empowerment</u> der Mitarbeiter, vor allem mit Bezug auf Neuerungen und Veränderungen ihres Teilbereiches. Generell kann durch eine höhere Eigenverantwortlichkeit die Motivation von Mitarbeitern gesteigert werden,[825] denn Leistung ist die Grundlage für gerechtfertigte Anerkennung. Dies bezieht sich auf den Anspruch an die eigene Leistung, <u>Qualität</u> zu produzieren, Fehler zu reduzieren und Vorgaben zu erfüllen. Und dies wird umso mehr zutreffen, je mehr diese Vorgaben mit dem Mitarbeiter gemeinsam erarbeitet wurden. Empowerment hängt demnach eng mit <u>Partizipation</u> zusammen.[826] Die resultierende Motivation bringt Innovationsbereitschaft hervor. In Verbindung mit weitergehenden Informationen der Mitarbeiter über ihren Arbeitsbereich und angrenzende Tätigkeiten kann auch eine höhere <u>Kreativität</u> der Mitarbeiter erreicht werden. Dies wiederum steigert die Anzahl und Wirkung von Verbesserungsvorschlägen. Empowerment wirkt im Idealfall auch über eine höhere Arbeitszufriedenheit auf die <u>Loyalität</u> der Mitarbeiter und damit auf die Fluktuation.[827] Ebenso kann über eine stärkere Eigenverantwortlichkeit der Mitarbeiter tendenziell eine Entlastung der Vorgesetzten erreicht werden, die weniger Kontroll- und Anweisungsaufwand haben. Empowerment läßt sich, wie gezeigt, nicht nur auf einzelne Mitarbeiter, sondern auch auf Produktionsteams beziehen. Das Fachwissen, das in Produktionsteams vorhanden ist, wird besser genutzt, wenn die Gruppe durch eigene Entscheidungen herausgefordert wird.

ADLER ist sogar der Meinung, daß man jahrzehntelang der Fehleinschätzung aufgesessen sei, daß die Bewältigung standardisierter und repetitiver Tätigkeiten per se Arbeitsunzufriedenheit schaffe. In Wirklichkeit sei es die <u>mangelnde Selbst-</u>

---

825) Vgl. Ripley, R.E., Ripley, M.J., a.a.O., S. 20.
826) Vgl. Domsch, M., a.a.O., S. 91.
827) Siehe weiter unten in diesem Kapitel.

verantwortlichkeit, die hemmend auf Motivation und Kreativität wirkt. „Formal work standards developed by industrial engineers *are* alienating. But procedures that are designed by the workers themselves in a continuous, successful effort to improve productivity, quality, skills, and understanding can humanize even the most disciplined forms of bureaucracy."[828] Er sieht das Nummi-Projekt als Beleg dafür an, daß durch eine höhere Eigenverantwortlichkeit auch bei sich ständig wiederholenden Tätigkeiten zu einer höheren Qualität motiviert werden kann und daß gleichzeitig die Kreativität geweckt wird. Partizipation und Empowerment stellen also Prinzipien dar, die förderlich sowohl auf die Flexibilität und Kreativität als auch auf die Qualität der Leistungserstellung wirken.

Um Empowerment verwirklichen zu können, müssen die Grundlagen von der Unternehmensführung dazu gelegt werden.[829] Sie muß als Vertrauensgeber in Vorleistung treten und hofft dabei auf den Reputationsaufbau des Vertrauensnehmers Team bzw. Mitarbeiter. Denn nur sie ist in der Lage, die Entscheidungsmacht weiterzugeben, und sie ist dafür verantwortlich, trotz weitreichender Delegation und flacherer Hierarchien[830] weiterhin eine einheitliche Stoßrichtung des Unternehmens zu gewährleisten. Sie formuliert die Ziele, die erreicht werden sollen, und legt die Strukturen fest, die das optimal ermöglichen.[831] Ein Prozeß des Lernens, in dem alle Beteiligten ihre neuen Verantwortlichkeiten kennenlernen und eventuelle Wissensdefizite bezüglich ihrer neuen Aufgabenbereiche ausgeglichen werden, kann nur von der Unternehmensleitung in Gang gebracht werden, die ebenfalls die erforderlichen zeitlichen und finanziellen Ressourcen einzuplanen und bereitzustellen hat. Ihre Aufgabe ist weiterhin, die Unternehmens-

---

828) Adler, P., a.a.O., S. 98.
829) Siehe auch Kapitel 5.4: Die Aufgaben der Unternehmensleitung.
830) Vgl. Theuvsen, L., a.a.O., S. 69f.
831) Vgl. Ripley, R.E., Ripley, M.J., a.a.O., S. 25f.

kultur derart zu beeinflussen, daß Widerstände und Ängste, die sich bei eigenverantwortlichen Entscheidungen zu Qualitäts- und Innovationshemmnissen verfesti-
gen können, möglichst abgebaut werden. Zunächst wird bei vielen Mitarbeitern
als Antwort auf ein derartiges Veränderungsmanagement die Befürchtung aufkommen, daß sich die Arbeitsbelastung erhöht. Dann werden Zweifel aufkommen, ob die selbständig getroffenen Entscheidungen wirklich ernst genommen
werden und Bestand haben. Weitere Ängste können in der Furcht vor der Tragweite eigener Entscheidungen liegen.[832] Nicht alle Mitarbeiter werden im gleichen Maße den Wunsch besitzen, Verantwortung zu übernehmen. Auch für den
offenen Umgang mit schlechten Nachrichten muß erst eine Hemmschwelle überwunden werden. Hier kann nur die Unternehmensleitung, und sei es mit externer
Unterstützung, den Impuls geben, daß derartige Ängste und die daraus resultierenden Widerstände abgebaut werden und Vertrauen entsteht.

Die mittleren Führungsebenen sind diejenigen, die auf eine funktionierende Feinsteuerung achten. Sie erarbeiten zusammen mit Gruppen oder einzelnen Mitarbeitern die Zielvorgaben und überwachen deren Einhaltung. Dabei wird die Einbindung dieser Führungsebene in Veränderungsbemühungen häufig als ursächlich für
eine Vielzahl von personalen und organisatorischen Veränderungshemmnissen[833]
gesehen, die besonders gravierend sind. Denn in dieser Schicht muß Macht abge-
geben werden, damit es überhaupt zu einem Empowerment kommen kann. In ihrer neuen Beratungsfunktion haben die Führungskräfte die Möglichkeit, die Entstehung von Wandel zu fördern und immer wieder auf die Suche nach neuen, verbesserten Lösungen zu drängen. In der Konsequenz heißt das, daß sie dafür Sorge
tragen, daß in den Produktionsteams ständig weiter Rationalisierungen umgesetzt

---

832) Vgl. ebenda, S. 30f.
833) Vgl. Bitzer, B., Poppe, P., a.a.O., S. 317.
280

werden. Die notwendigen Veränderungen auf dieser Ebene durchzusetzen kann nicht durch Schulungen allein funktionieren, sondern muß durch verhaltensändernde Maßnahmen, wie sie an Hand des Okuno-Modell exemplarisch dargestellt wurden, initiiert werden.

Die motivationalen Wirkungen, die durch Partizipation und Empowerment hervorgerufen werden, werden durch zwei weitere Prinzipien weiter verstärkt. Job Enlargement bezeichnet die Vergrößerung eines Tätigkeitsbereiches, also eine Arbeitserweiterung, eine horizontale Aufgabenausweitung um gleichartige Inhalte. Dadurch wird die Arbeit abwechslungsreicher, ohne zusätzliche Fähigkeiten oder Fachkenntnisse von den Mitarbeitern zu fordern.

Der gleiche Effekt wird vor allem auch durch einen regelmäßigen Wechsel der Tätigkeitsausführenden an andere Stellen, also durch eine Job Rotation, erreicht, wie im Okuno-Modell bereits angesprochen. „Bei diesem System rotieren die Arbeiter nicht nur zwischen verschiedenen Arbeitsplätzen innerhalb einer Gruppe, sondern ebenso zwischen unterschiedlichen Gruppen auf der gleichen Fertigungsstraße sowie zwischen verschiedenen Fertigungsstraßen...“[834] oder vergleichbaren Teilprozessen. Im Extremfall „...wechseln Vorarbeiter in Ingenieurbüros, Ingenieure arbeiten bei Bedarf am Montageprozeß oder wechseln in andere Ingenieurbüros. Solche egalitären Arbeitsplatzwechsel erfolgen teilweise mehrmals täglich...“[835] berichten STEIH und PFAFFMANN über Job Rotation in japanischen Unternehmen. Eine derartige Maßnahme steigert die Flexibilität des Personaleinsatzes, erhöht den Austausch von Erfahrungs- und Bildungswissen

---

834) Steih, M., Pfaffmann, E.: Der interne Arbeitsmarkt in der japanischen Unternehmung, in: Zeitschrift für Betriebswirtschaft (ZfB), Nr. 1, 66. Jg., 1996, S. 79.
835) Ebenda.

und damit die Lernleistung, reißt Abteilungs- und Gruppenschranken ein und überwindet damit Bereichsegoismen als gravierende Innovationshemmnisse.

Job Enrichment meint eine Arbeitsbereicherung mit anspruchsvolleren Tätigkeiten, also eine dispositive Aufgabenanreicherung. Dabei werden einem Facharbeiter oder einem angelernten Arbeiter Aufgaben übertragen, die über das rein manuelle Ausführen von Tätigkeiten hinausgehen. Das können planerische, kontrollierende oder qualitätssichernde Aufgaben oder die Umsetzung von Neuerungen sein. Diese Tätigkeiten als „multy-skilled worker"[836] zu übernehmen wird im Regelfall nicht in der Fachkompetenz der Mitarbeiter liegen. Hier ist ebenfalls eine entsprechende Schulung erforderlich.[837] Im Zusammenhang mit Gruppenarbeit sieht das so aus, daß die Gruppe selber für die Vermittlung der Grundlagen und für Durchführung der Qualitätssicherung und die Planung ihrer Aufgabenerfüllung zuständig ist. Job Enrichment ist also die konsequente Weiterführung von Empowerment. Es schafft Motivation durch anspruchsvollere Tätigkeiten und vergrößert das Informationspotential des einzelnen Mitarbeiters, dadurch wirkt es innovationsförderlich. Die Aussage „Überqualifizierte Mitarbeiter ... schaffen Unruhe im Unternehmen"[838] erhält vor diesem Hintergrund einen Bedeutungswandel und damit eine positive Konnotation.

---

836) Okubayashi, K.: Japanese Effects of new Technology on Organization and Work, in: Zeitschrift für Betriebswirtschaft (ZfB), Ergänzungsheft 4, 65. Jg., 1995, S. 50. Okubayashi weist empirisch nach, daß in Japan derzeit ein regelrechter Trend zu Job Enrichment besteht. Auf S. 43 werden erforderliche Ausbildungsinhalte genannt.

837) Vgl. z.B. das Trainingsprogramm von Xerox, vorgestellt von Stauss, B., Friege, C., a.a.O., S. 22.

838) Behr, E.: Der richtige Mitarbeiter an der richtigen Stelle, in: Qualität und Zuverlässigkeit (QZ), Nr. 4, 41. Jg., 1996, S. 380.

Job Enrichment und Job Enlargement führen dazu, daß die Mitarbeiter, die sich auf neue Situationen einstellen müssen, ihre Aufgaben geistig aktiver angehen. Auch dadurch wird Kreativität gefördert. Hinzu kommt, daß die größere und erweiterte Fachkompetenz aller Mitarbeiter, die sich aus der Beherrschung verschiedener Jobs und zusätzlich von Planungs- und Qualitätssicherungstechniken ergibt, den Mitarbeitern mehr Informationen zur Verfügung stellt. Diese Informationen sind die Basis für die Lernaktivitäten einer Gruppe. Synergien der Tätigkeiten der einzelnen Mitarbeiter können z.B. viel schneller erkannt und umgesetzt werden, wenn jeder mit der Tätigkeit der anderen vertraut ist.

Job Enrichment, Job Enlargement und das Prinzip der Job Rotation wirken auf der Ebene der Mitarbeiter gegen Qualitäts- und Innovationshemmnisse. Sie sorgen dafür, daß Fehlerkosten und deren Folgekosten sinken, und setzen an der Entstehungsbasis von Kreativitäts- und Diffusionshemmnissen von Innovationen an. Es ist deutlich geworden, daß die Personalentwicklung in einem derartigen System vor einer wichtigen Herausforderung steht. Ihr Anforderungsprofil ändert sich in Richtung einer Instanz, die integrierte Konzepte der Schulung, des Training-on-the-Job und verhaltensbeeinflussender Maßnahmen entwirft und sich dabei vermehrt auf die Selbstorganisation der einzelnen Gruppen als Keimzellen des organisationalen Lernens stützt.

Ein unterstützendes Instrument eines innovationsförderlichen Anreizsystems i.e.S. ist das Betriebliche Vorschlagswesen (BVW). Die deutsche Spielart einer institutionalisierten innerbetrieblichen Verbesserungsorganisation sieht vor, daß Verbesserungsvorschläge von den zuständigen Fachbereichsspezialisten ausgewertet werden. Sie entscheiden nach festen Vorgaben, ob und wie die Vorschläge umgesetzt werden sollen und welche meist materielle Belohnung es für den Vorschlag gibt. Dieses System ist zu bürokratisch und baut damit selber Innovationshemmnisse auf, in der Praxis dauert der Prozeß des BVW viel zu lange. Wertvolle Vorschläge werden mit Zeitverzögerung umgesetzt, und der Innovator erfährt erst, ob der Vorschlag angenommen wurde, wenn sein hohes Involvement möglicherweise längst abgeklungen ist. BVW in dieser Form verliert seine Bedeutung mit der zunehmenden Verwirklichung von Empowerment. Das japanische Ringi-System ist in seinem Ergebnis wesentlich effektiver, obwohl es ebenfalls nach bürokratischen Regeln arbeitet.[839] Der entscheidende Unterschied ist in dem Willen aller Beteiligten zu Verbesserungen zu sehen. Es hat den Vorteil, daß die Beteiligten häufiger in direkten Kontakt geraten und dadurch viele immaterielle Anreize ausgeschüttet werden. Ein Verbesserungssystem muß - egal wie es organisatorisch gestaltet ist - also vor allem durch eine entsprechende innovationsförderliche Unternehmenskultur getragen werden.

Auch die Einrichtung von Innovationszirkeln und Qualitätszirkeln verliert ihre Grundlage mit zunehmender Gruppenorganisation. Teams übernehmen die Aufgaben dieser Zirkel.[840] Ziel zusätzlicher, teamübergreifender Strukturen kann es aber sein, in regelmäßigen, möglichst kurzen, aber effektiven Treffen weitere Ideen zu generieren, Informationen auszutauschen und Fehlerquellen zu entdecken. Durch das Aufdecken von Innovationspotentialen und den begleitenden Abbau von Innovationsbarrieren und Schnittstellenproblemen kann die bereichsübergreifende Zusammenarbeit verstärkt und das Team Know-how weiter angereichert werden. Die Integration direkt Betroffener anderer Bereiche kann zum Abbau von späteren Umsetzungswiderständen beitragen. Daher sind auch verschiedene Hierarchieebenen zu beteiligen. Wenig sinnvoll erscheint in einem derartigen System

---

839) Siehe auch Kapitel 3.3.3: Auftreten und Konsequenzen von Innovationshemmnissen.
840) Vgl. Ruhnau, J., Esser, J.: Vorschlagswesen und Gruppenmodelle, in: Personal, Nr. 8, 45. Jg., 1993, S. 356.

allerdings die klassische Unterscheidung von Qualitäts- und Innovationszirkeln. Der Einbezug von Kunden und Lieferanten kann dem gegenüber zusätzliche Problemlösungspotentiale freisetzen.[841]

Ein aufschlußreicher Maßstab für die Wirksamkeit der kombinierten Maßnahmen zur Reduzierung von Innovations- und Qualitätshemmnissen ist - neben Mitarbeiterbefragungen[842] - die Reduktion der Fluktuationsrate. Darin drückt sich nicht nur die Motivation der Mitarbeiter aus, gemessen an ihrer Zufriedenheit mit dem gesamten Leistungskorb ihres Arbeitgebers im Verhältnis zu Arbeitsplatzalternativen, sondern auch der Faktor, der direkt ursächlich für die Abwanderung von Know-how, für zusätzliche Such-, Anbahnungs- und Einarbeitungskosten und für negatives Image am Markt ist, eben die Fluktuation. Insofern ist das Prinzip der Langzeitbeschäftigung als Zielfunktion[843] in Verbindung mit den oben genannten Prinzipien ein weiteres Mittel gegen Qualitäts- und Innovationshemmnisse durch Verwirklichung des Vertrauensprinzipes.

---

841) Vgl. Bradley, K., Hill, S.: After Japan. The Quality Circle Transplant and Productive Efficiency, in: British Journal of Industrial Relations, Vol. 21, 1983, S. 291ff. und Domsch, M. a.a.O., S. 95f. sowie Hauser, E.: Qualitätszirkel als Innovationsinstrument, in: Zeitschrift Führung-Organisation (ZFO), Heft 1, 60. Jg., 1991, S. 215ff. und Hauschild, J. Innovationsmanagement, München 1994, S. 138ff.

842) Vgl. Bartel-Lingg, G., Geesmann, H., Bögel, R.: Das TQM-Klima, in: Qualität und Zuverlässigkeit (QZ), Nr. 2, 41. Jg., 1996, S. 153ff.

843) Vgl. Steih, M., Pfaffmann, E., a.a.O., S. 82.

5.2 Prozeßorientierung zur Gestaltung und Umsetzung von flexiblen und stabilen Geschäftsprozessen

Das Hauptverdienst der Reengineering-Diskussion ist trotz aller Kritik an dem Konzept[844] darin zu sehen, daß die Bedeutung der Prozesse in den Fokus von Veränderungsbemühungen gerückt wurde. Ein Prozeß ist eine „Qualitätskette",[845] eine logische Abfolge von Aktivitäten zur Erreichung eines Ergebnisses.[846] Für einen Prozeß werden unterschiedliche Inputs benötigt und er soll für den Kunden ein Ergebnis von Wert erzeugen.[847] Die prozeßorientierte Arbeit wird nicht im Sinne einer Verrichtungsorientierung an den Mechanismen der Leistungserstellung ausgerichtet, sondern an den Bedürfnissen der Kunden, an den Erfordernissen der Mitarbeiter[848] und an den knappen finanziellen und zeitlichen Ressourcen.[849] Bei dem „Prinzip der Prozeßgliederung" wird die gesamte Wertschöpfung als fortwährender Prozeß, als eine Leistungskette angesehen. Die Zerlegung und Optimierung dieser Kette bilden den Ausgangspunkt für die Bestimmung einzelner Aufgaben. Workflow-Programme[850] und Prozeßsimulatoren werden inzwischen von vielen kommerziellen Anbietern zur Unterstützung der

---

844) Siehe Kapitel 2.2.3: Reengineering: Zur Durchsetzung umfassender Veränderungen.

845) Vgl. Oakland, J., a.a.O., S. 14.

846) Vgl. Oess, A., a.a.O., S. 114.

847) Vgl. Hammer, M., Champy, J.: Business Reengineering, a.a.O., S. 52 sowie Kapitel 3.2.1: Dimensionen und Merkmale von Qualität.

848) Siehe Abbildung 12: Gestaltungsfelder zur Integration von Qualität und Innovation.

849) Vgl. Hammer, M., Champy, J.: Business Reengineering, a.a.O., S. 78ff. und S. 90ff.

850) Vgl. Otten, K.: Workflow, Imaging, Dokument-Management und Business Reengineering, in: Office Management, Heft 10, 42. Jg., 1994, S. 62 und Dannenberg, M., Mütterthies, N., a.a.O., S. 458.

Prozeßmodellierung per Computer angeboten.[851] Die Zuordnung zu einzelnen Stellen, Personen oder Gruppen identifiziert „Prozeßverantwortliche" mit einer Motivation zur Sicherstellung einer hohen Ergebnisqualität „ihres" Prozesses[852] und ggf. Prozeßsponsoren zur Unterstützung der Prozeßeigner.[853] Die Prozeß-gliederung geht also mit einem weiter oben geforderten Empowerment einher.[854] Der Zusammenhang von mitarbeiterorientierter Kompetenzzuweisung und pro-zeßbezogener Wertschöpfung mit dem Ziel der Kundenzufriedenheit macht Em-powerment im Gegensatz zur Ansicht von GERUM et al. nicht zu „viel Lärm um nichts"[855], sondern zu einem wesentlichen Bestandteil der Unternehmensphilo-sophie[856] und in Verbindung mit einer Organisation in selbstgesteuerten Gruppen zu einem differenzierenden Erfolgsfaktor im Wettbewerb.[857] Gleichzeitig wird die Komplexität der Gesamtorganisation durch die Definition klarer Input- und Zielgrößen reduziert.[858] Meßgrößen der Prozeßqualität beziehen alle Phasen der Leistungserstellung zur Eigen- und Fremdüberprüfung mit ein, in den so „be-herrschten Prozessen" wird Fehlerprävention betrieben.[859] Die Umsetzung der

851) Vgl. bspw. Asbrock, T., Janßen, F.: Prozesse optimieren, in: Qualität und Zuverlässigkeit (QZ), Nr. 4, 46. Jg., 1996, S. 436ff.

852) Vgl. Theuvsen, L., a.a.O., S. 70f.

853) Vgl. Paul Allaire, Chairman und CEO von Xerox und Jan Leschly, Chief Executive von SmithKline Beecham in Garvin, D.A.: Leveraging Processes for Strategic Advantage, a.a.O., S. 85 respektive S. 86.

854) Siehe Kapitel 5.1.4: Der Abbau von Qualitäts- und Innovationshemmnissen.

855) Gerum, E., Schäfer, I., Schober, H.: Empowerment - viel Lärm um nichts?, in: Wirt-schaftswissenschaftliches Studium (WiSt), Heft 10, 25. Jg., 1996, S. 501.

856) Vgl. Casse, P.: Leading by Empowering: Three different models, in: Personalführung, Nr. 11, 28. Jg., 1995, S. 970ff.

857) Vgl. Ripley, R.E., Ripley, M.J., a.a.O., S. 21, S. 33f. und S. 42.

858) Vgl. Reiss, M.: Mit Blut, Schweiß und Tränen zur schlanken Organisation, in: Harvard Manager, Nr. 2, 14. Jg., 1992, S. 57ff.

859) Vgl. Kamphausen, J., Pfeifer, T., Meier-Kortwig, K.: Verbesserung der Prozeßqualität in der Produktentwicklung, in: Qualität und Zuverlässigkeit (QZ), Nr. 8, 40. Jg., 1995, S.

Prozeßorientierung läßt sich sehr gut durch die Organisation in Gruppen verwirklichen, da sich Gruppen in angepaßter Größe und Besetzung den Teilprozessen zuordnen lassen. Der Markt, also Kunden und Wettbewerber, definiert die einzelnen Aufgaben als Ursprungs- und Zielpunkte von Prozessen. Teilaufgaben werden nach unternehmensinternen Parametern, also personalen, temporalen und lokalen Gesichtspunkten festgelegt.[860] Dadurch wird eine höhere Ziel-Mittel-Konformität als bei einem vorwiegend aufbauorientierten Organisationsansatz erreicht. Das Ziel ist, Durchlaufzeiten, Terminüberschreitungen, Personalkosten und Ressourceneinsatz zu minimieren.[861] Trotzdem sind Informations-, Anwendungs-, Ausführungs- und Entscheidungsstrukturen notwendig und sinnvoll. Sie lassen sich nur unter großen Risiken im gesamten Unternehmen gleichzeitig verändern. Business Process Management erkennt dies an und zieht, wie bereits dargestellt, eine „Evolution der Kerngeschäftsprozesse" der „Revolution" des Reengineering vor.[862] Dabei kann den Lern-Erfordernissen einer „prozeßorientierten Unternehmenskultur"[863] Rechnung getragen werden. KERN empfiehlt unterstützend die Installation von „...temporären, selbstorganisierenden Lernteams."[864] Typischerweise existieren 3 bis 10 Kerngeschäftsprozesse in einem Unternehmen, die sich schrittweise durch BPM verändern lassen.[865] Sie beziehen

---

942f. und Kirstein, H.: Denken in Systemen, in: Qualität und Zuverlässigkeit (QZ), Nr. 1, 41. Jg., 1996, S. 40ff.

860) Vgl. in Anlehnung an Kosiol: Gaitanides, M.: Prozeßorganisation: Entwicklung, Ansätze und Programm prozeßorientierter Organisationsgestaltung, München 1983, S. 17.

861) Vgl. ebenda, S. 37.

862) Siehe Kapitel 2.2.3: Reengineering: Zur Durchsetzung umfassender Veränderungen.

863) Bea, F.: Prozeßorientierte Produktionstheorie und Lernen, in: Zeitschrift für Betriebswirtschaft (ZfB) - Ergänzungsheft, Nr. 3, 65. Jg., 1995, S. 43.

864) Kern, D.: Prozeßorientierung - Ein Praxisbeispiel, in: Zeitschrift für Betriebswirtschaft (ZfB), Heft 1, 65. Jg., 1995, S. 5-13.

865) Vgl. Theuvsen, L., a.a.O., S. 66 und auch Kreuz, W.: Wege zur umfassenden Veränderung im Unternehmen, in: Blick durch die Wirtschaft, 2.8.1994, S. 7, der von einer Zahl von 10 bis 15 ausgeht.

sich auf die kritischen Erfolgsfaktoren eines Unternehmens und tragen maßgeblich zur Kundenzufriedenheit bei.[866] Wie dabei die Prozeßqualität sichergestellt werden kann und wie erreicht wird, daß „...die Organisation Innovation und Kreativität bei der Prozeßverbesserung anregt",[867] hängt entscheidend von der Umsetzung des Kunden-Lieferanten-Prinzipes ab.

5.2.1 Kunden-Lieferantenbeziehungen als Gestaltungsprinzip der Prozeßorientierung

Die bildhafte Vorstellung des Kunden-Lieferantenprinzips personifiziert die Input-Output-Beziehung eines Prozesses und macht damit jeden Prozeßeigner[868] verantwortlich für die Erfüllung der Erfordernisse des Ergebnisempfängers auf der nächsten Wertschöpfungsstufe.[869] Folgerichtig überträgt man die Qualitätsanforderung, Kundenwünsche zu erfüllen, auch auf interne Kunden. Diese Sichtweise ist eine konsequente Fortführung der anwenderbezogenen Qualitätsauffassung und trägt gleichzeitig der Subjektivität von Qualität Rechnung.[870] In der TQM-, Lean Management- und Reengineering-Literatur wird die interne Kunden-Lieferantenbeziehung gefordert, offen bleibt hingegen, wie die notwendige Verhaltensänderung erreicht werden kann.

---

866) Vgl. das Fallbeispiel von Brandstätt, T., Zink, K., Olesen, J.-P.: In Schritten zur Prozeßorientierung, in: Qualität und Zuverlässigkeit (QZ), Nr. 5, 41. Jg., 1996, S. 518ff.

867) European Foundation for Quality Management: Der European Quality Award - Bewerbungsbroschüre, a.a.O., S. 14.

868) Vgl. Elff, W. von, a.a.O., S. 366

869) Vgl. Striening, H.-D.: Prozeß-Management - Ein Weg zur Hebung der Produktivitätsreserven im indirekten Bereich, in: Technologie und Management, Nr. 3, o.Jg., 1988, S. 17.

870) Siehe Kapitel 3.2: Qualität als grundlegender Erfolgsfaktor.

HART schlägt interne Qualitätsgarantien vor. Durch diese konzeptionell simple, aber wirksame Methode werden Marktmechanismen auf die Mikroorganisation übertragen. Eine interne Garantie „...ist ein Versprechen oder eine Verpflichtung eines Teils der Organisation gegenüber einem anderen Teil, seine Produkte oder seinen Service auf genau spezifizierte Weise zu liefern, eben zur vollen Zufriedenheit des internen Kunden. Sollte das aber nicht geschehen, hat das eine sinnvolle Strafe zur Konsequenz...".[871] Die Unternehmensführung erläutert das Prinzip und geht mit gutem Beispiel voran. HART berichtet von einem Firmenchef, der sich und seine Führungskräfte verpflichtete, 100 Dollar an jeden Teilnehmer bei einer Verspätung bei Treffen zu zahlen. Ausgerechnet er selber mußte als erster zur Kasse gebeten werden und kam danach nie wieder zu spät. „Dieser Moment war entscheidend. Wir begriffen, daß Garantien Verhaltensweisen wirksam verändern können."[872] Damit interne Garantien ernst genommen werden, ist eine Festlegung auf den Kern der Leistungsanforderungen bzw. der Schnittstellenfriktionen unabdingbar. Die unterschiedlichsten Qualitätsmerkmale wie Termintreue, Fehlerfreiheit, Kostenvorgaben oder Freundlichkeit[873] kommen in Frage und werden zwischen den internen Transaktionspartnern ausgehandelt. Die „Vertragsstrafen" haben in erster Linie symbolischen Wert, müssen aber spürbar sein, um wirksam werden zu können. Geld aus einer gemeinsamen, von der Unternehmensführung gestifteten Kasse - der verbleibende Rest wird dann am Jahresende zu einer Abteilungsfeier verwendet - oder zusätzliche Dienstleistungen für den internen Kunden können derartige „Strafen" sein.[874] Die Verhaltensveränderung

---

871) Hart, C.: Vom Nutzen interner Qualitätsgarantien, in: Havard Business Manager, Nr. 3, Vol. 17, 1995, S. 79.

872) Ebenda.

873) Siehe Kapitel 3.2.1: Dimensionen und Merkmale von Qualität.

874) Vgl. die Beispiele Embassy Suites und GTE bei Hart, C., a.a.O., S. 82.

wird im Vorfeld der eigentlichen Garantieleistung bewirkt, wenn der interne Kunde identifiziert werden soll, man seine Anforderungen mit ihm gemeinsam formuliert und sich ihrer somit häufig zum ersten Mal im Detail bewußt wird. Viele schnittstellenbedingte Mißverständnisse können so ausgeräumt werden, und der Prozeß wird aus dem Blickwinkel vorgelagerter Lieferanten und nachgelagerter Kunden verstanden. Das wechselseitige Aushandeln interner Garantien zwischen Prinzipal und Agenten reduziert die ineffizienten innerbetrieblichen Informationsasymmetrien und damit Opportunismusspielräume. Durch den Informationsaustausch und das wachsende Vertrauen wird die Lernleistung des Unternehmens verstärkt.

Noch transparenter wird die Wirkungsweise des Kunden-Lieferanten-Prinzipes bei externen Austauschbeziehungen. Eine partnerschaftliche Zusammenarbeit zwischen Hersteller und Zulieferer schafft Potentiale für vielfältige zielgerichtete Innovationen, indem Schlüsselkunden z.B. bei der Gestaltung des Fertigungsprozesses, der Auftragsabwicklung, der physischen Distribution und der Produktentwicklung beteiligt werden. Ebenso können Qualitätsaspekte durch eine Beteiligung bei der Qualitätskontrolle im Sinne der DIN 9000er-Normen, bei der Beschaffungs- oder der Auftragsbearbeitung gemeinsam verwirklicht werden. Derartige Wertschöpfungspartnerschaften vermindern das Forschungs- und Entwicklungsrisiko, ermöglichen den Zugang zu Ländermärkten, Know-how, Finanzmitteln, Produktionskapazitäten, schaffen damit Skaleneffekte und reduzieren Schnittstellenverluste. Sie stellen gleichzeitig aber auch Streßfaktoren für die Unternehmenskultur dar, weil sie eine bestehende Kultur für eine oder sogar mehrere neuen Kulturen öffnen. Um die entstehenden Risiken zu vermindern, ist eine schrittweise Einführung derartiger Programme erforderlich, damit sich ein allmählicher Reputationsaufbau der Wertschöpfungspartner und nach Möglichkeit eine begleitende Kulturanpassung vollzieht.

Im Bereich der Beschaffung existieren vielfältige Modelle derartiger Lieferantenpartnerschaften. LEENDERS und BLENKHORN sprechen von „Reverse Marketing", um deutlich zu machen, daß sich der kunden- und damit anforderungsorientierte Ansatz des Marketing Managements auch auf die Beschaffung übertragen läßt.[875] Die Verringerung der Fertigungstiefe ist eine Struktur- und Prozeßinnovation, bei der die Anzahl der selbst erstellten Leistungen reduziert wird, damit man sich so auf die Kernkompetenzen des Unternehmens konzentrieren kann. Damit einher geht häufig ein Single (oder Double) Sourcing, also die Deckung des Gesamtbedarfes einer spezifischen Vorleistung bei nur einem (zwei) Zulieferer(n). Vorteile einer derartigen Bezugsbindung ergeben sich beim Zulieferer in Form von Lernkurveneffekten, denn für den Lieferanten erhöht sich die Absatzmenge gegenüber der Situation, daß sein Kunde noch bei anderen Wettbewerbern bezieht. Wenn die Kosteneinsparungen der Bezugsbindung zwischen Zulieferer und Hersteller aufgeteilt werden, kann der Preis für die fremdbezogene Vorleistung unter die langfristigen Herstellungskosten sinken.[876]

Kostenvorteile des Fremdbezuges können sich im Gegensatz dazu durch Ausnutzung unterschiedlicher Kostenstrukturen ergeben. Bei einer Bezugsbindung kann es durchaus sinnvoll sein, auf die dabei üblichen Wettbewerbsklauseln zu verzichten, die das Tätigwerden des Zulieferers für Konkurrenten des Herstellers einschränken. Denn beim Zulieferer ergeben sich weitere Erfahrungskurveneffek-

---

875) Vgl. Leenders, M., Blenkhorn, D.: Reverse Marketing - Wettbewerbsvorteile durch neue Strategien in der Beschaffung, Frankfurt/ New York 1989.

876) Vgl. Benkenstein, M.: Die Gestaltung der Fertigungstiefe als wettbewerbsstrategisches Entscheidungsproblem - Eine Analyse aus transaktions- und produktionskostentheoretischer Sicht, in: ZfbF, J. 46, Nr. 6, 1994, S. 490.

te, wenn er seine Produktionsmenge durch Zusatzaufträge erhöht.[877] Das führt jedoch möglicherweise dazu, daß sich die Leistungen des Herstellers in den verarbeiteten Vorprodukten nicht mehr in dem Maße wie zuvor von der Konkurrenz abheben. Ein weiterer Nachteil, der durch eine Bezugsbindung entsteht, ist in Flexibilitätsverlusten bei der Beschaffung zu sehen. Auch das Beschaffungsrisiko, das sich in fehlerhafter oder zu spät gelieferter Leistung ausdrückt, ist beim Single Sourcing auf einen einzigen Lieferanten konzentriert. Hier ergeben sich jedoch Möglichkeiten, über eine enge Zusammenarbeit und Kontrolle die Beschaffungsrisiken zu reduzieren.[878] Voraussetzung dafür ist das schrittweise Schaffen von Vertrauen durch offenen Informationsaustausch, persönliche Kontakte, den Austausch von Mitarbeitern, gemeinsam durchgeführte Projekte und nach Möglichkeit auch räumliche Nähe.[879] Darüber hinaus ist natürlich eine vertragliche Absicherung unabdingbar, in der auch die Kostensenkungspotentiale des Zulieferers und deren Aufteilung auf Kunden und Lieferanten antizipiert wird. Als Instrument dazu dienen Preisgleitklauseln. Eine Wertschöpfungspartnerschaft ist eine Voraussetzung für eine Just-in-Time-Zulieferung und -Produktion, wie sie weiter oben bereits angesprochen und auch in ihren negativen Auswirkungen auf die Flexibilität vorgestellt wurde.[880] Der Austausch von Unternehmensanteilen schafft dann eine letzte Stufe der Sicherheit in der vertikalen strategischen Allianz.

---

877) Vgl. ebenda, S. 491f.
878) Vgl. Wildemann, H.: Entwicklungsstrategien von Zulieferunternehmen, in: Zeitschrift für Betriebswirtschaft (ZfB), Heft 4, 62. Jg., 1992, S. 391ff.
879) Vgl. auch das Nissan UK-Fallbeispiel bei Womack, J., Jones, D.: Das schlanke Unternehmen, a.a.O., S. 90ff.
880) Vgl. Kapitel 2.2.2: Lean-Ansätze: Zum Abbau von Blindleistungen.

Tabelle 12:

Chancen und Risiken der Lieferantenpartnerschaft

Vorteile für Hersteller	Vorteile für Zulieferer	Nachteile für Hersteller	Nachteile für Zulieferer
Möglichkeit der Konzentration auf Kernkompetenzen	höheres Umsatzvolumen durch umfassendere Marktleistungen (bei Systemlieferant)	Möglicherweise Verlust von Differenzierungspotential	ggf. Erhöhung der eigenen Fertigungstiefe
Kostenvorteile durch Fremdbezug statt Eigenfertigung	höhere Absatzsicherheit durch vertragliche Bindung	Know-how-Verlust über eigenes Produkt, Service in geringerem Maße In-house	erhöhtes Risiko des Ausfalls großer Absatzposten, u.U. existenzbedrohend
Mitgestaltung der Qualitätssicherung und enge Zusammenarbeit bei FuE-Prozessen	längerfristige Planung des Absatzes, dadurch höhere Absatzmenge im Zeitverlauf: Kostendegression	Flexibilitätsverluste: geringere Auswahlmöglichkeiten	geringere Flexibilität, auf Marktveränderungen einzugehen
Erhöhtes Vertrauen in Zulieferer	Erhöhte Loyalität des Schlüsselkunden	Abhängigkeit vom Zulieferer	Abhängigkeit vom Hersteller

Quelle: eigene Analyse

5.2.2 Ansatzpunkte zur Umgestaltung von Geschäftsprozessen

Weitere Stellhebel der Prozeßorientierung werden durch ein Instrument offenbar, das von seiner Konstruktion her einfach ist: Der systematische Vergleich mit Referenzprozessen. Ein derartiges <u>Benchmarking</u> von beliebigen Geschäftsprozessen, Teilbereichen einer Organisation oder ganzen Unternehmen kann im eigenen Unternehmen oder außerhalb stattfinden.[881] Das interne Benchmarking hat den Vorteil, daß die <u>Motivationswirkung</u> besonders hoch ist: Es weist nach: eine be-

---

881) Vgl. Ester, B., Pfohl, H.-C.: Benchmarking in deutschen Maschinenbauunternehmen, in: Qualität und Zuverlässigkeit (QZ), Nr. 1, 41. Jg., 1996, S. 45.

stimmte Leistung ist machbar. Das externe Benchmarking hat eine größere Inno-vationswirkung. Der Vergleich mit gänzlich anderen Leistungsprozessen kann völlig neue Perspektiven, Einsichten und Ideen bringen und die Kreativität an-spornen, wie beim „Tornado-Programm" des Okuno-Modells deutlich wurde.

Die Spielarten des Benchmarking unterscheiden sich geringfügig in der Stufenfol-ge.[882] Zunächst muß während einer Vorbereitungsphase ein geeigneter Ben-chmarkingpartner gefunden werden, der bezüglich eines angestrebten Verbesse-rungsbedarfes Lehrpotential besitzt.[883] Ggf. können das auch mehrere Partner sein. Die Informationsbeschaffung stellt häufig das größte operative Problem dar,[884] wenn die Benchmarking-"Partner" aus der eigenen Industrie kommen und nicht kooperieren wollen[885] Benchmarking-Zentren vermitteln Partner und anonymisieren bei Bedarf die Kennzahlen, was allerdings das Lernpotential ein-schränkt, da die Analyse des Zielunternehmens nicht in die Tiefe gehen kann. Im Idealfall lernt das „gebenchmarkte" Unternehmen von seinem Benchmarkingpart-

---

882) Vgl. z.B. die detaillierte Aufreihung bei Grayson, J.: Taking on the World, in: Total Quality Management, Nr. 6, o.Jg., 1992, S. 140.

883) Vgl. Braun, K., Lawrence, C: Den Vergleich mit Vorbildern wagen - Benchmarking, a.a.O., S. 119.

884) Vgl. die Informationsquellen für ein technologisches Benchmarking bei Brockhoff, K.: Competitor Technology Intelligence in German Companies, in: Industrial Marketing Ma-nagement, Vol. 20, 1991, S. 96 und die Bewertungskriterien für Informationsquellen bei Pieske, R.: Benchmarking - ausgewählte Projekterfahrungen: Den besten Wettbewerber finden, in: Gablers Magazin, Nr. 2, 9. Jg., 1995, S. 26 sowie den Vergleich der Metho-den zur Informationsgewinnung bei Rau, H.: Das größte Problem im Benchmarking-Prozeß: Das Original überflügeln, in: Gablers Magazin, Nr. 2, 9. Jg., 1995, S. 22.

885) Hierbei sind die Begriffe Wettbewerbsanalyse und Benchmarking deckungsgleich, vgl Kühne, A.: Benchmarking - Ein Mittel zur Leistungssteigerung, in: Zeitschrift für Be-triebswirtschaft (ZfB), Ergänzungsheft Nr. 2, 65. Jg., 1995, S. 41 und Richert, U.: Ben-chmarking - Ein Werkzeug des Total Quality Management, Teil 2, in: Qualität und Zu-verlässigkeit (QZ), Nr. 4, 40. Jg., 1995, S. 414.

ner ebenfalls.[886] Danach werden die Prozesse in der Analysephase an Hand von zuvor festgelegten Vergleichsdimensionen verglichen. Häufig werden diese Referenzdaten fälschlicherweise als eigentliche Ergebnisse präsentiert. Sie stellen aber nur ein Zwischenergebnis dar.[887] Notwendig ist die Herstellung und Begründung einer möglichst hohen Vergleichbarkeit, damit der Prozeßvergleich sein motivationales Potential entfalten kann. Wenn z.B. die Herstellung von Mikrochips mit der von Pralinen in einem generischen Benchmarking verglichen wird, dann sind Reinraumanforderungen und Zerbrechlichkeit bei der maschinellen Verpackung technisch sehr wohl vergleichbar, aber es ist den Mitarbeitern nur schwer zu vermitteln, daß an sie die gleichen Anforderungen gestellt werden wie an die aus einer völlig anderen Industrie, selbst wenn sie diese Anforderungen erfüllen können.[888] In einem Einigungsprozeß werden die Leistungsdifferenzen begründet und Veränderungen in den relevanten Prozessen geplant. Diese subjektiven Innovationen lassen sich in der Umsetzungsphase realisieren. Dabei sind die genannten Innovations- und Qualitätshemmnisse zu überwinden. Das Benchmarkingpotential wird nur dann voll ausgeschöpft, wenn der Phasenverlauf zu einer möglichst widerstandsfreien Implementierung führt.

Besonders ergiebig ist ein derartiger Analyse- und Verbesserungsprozeß, wenn nicht nur, wie häufig üblich,[889] die Lösungen eines besten Referenzpartners

---

886) Vgl. Ohinata, Y.: Benchmarking - The Japanese Experience, in: Long Range Planning, Nr. 8, Vol. 27, 1994, S. 48ff.

887) Vgl. Furey, T.R.: Benchmarking - the Key to Developing Competitive Advantage in Mature Markets, in: Planning Review, Nr. 5, 15. Jg., 1987, S. 30.

888) Vgl. auch das Beispiel „Kekse und Waschmaschinen" bei Strittmacher, F.: Von den besten Unternehmen lernen, in: Impulse, Heft 5, o.Jg., 1996, S. 112ff.

889) Vgl. Herter, R.N.: Benchmarking: Nur die Besten als Maßstab, in: Datenverarbeitung - Steuer, Wirtschaft, Recht, Heft 1, 23. Jg., 1994, S. 10ff. und Horváth, P., Herter, R.: Benchmarking - Vergleich mit den Besten der Besten, in: Controlling, Heft 1, 4. Jg.,

übernommen werden, sondern wenn die jeweils besten Lösungen (best practices) von einer ganzen Reihe von Partnern miteinander verglichen, übernommen und weiterentwickelt werden.[890] Das können interne Abteilungen oder Prozesse sein, die im einzelnen noch nicht einmal sehr gute Gesamt-Ergebnisse vorweisen können. Die Summe der jeweils besten Einzellösungen und der resultierenden Verbesserungen daraus kann noch wesentlich höhere Erfolge bringen, als der insgesamt beste Benchmarkingpartner aufweist.[891] Diese einfache Erkenntnis ist wichtig, da die „Vorzeige-Benchmarkingpartner"[892] auf Grund des Booms dieser Methode vor allem für unbedeutendere Unternehmen kaum noch zugänglich sind. Erfolgsentscheidend für ein derartiges Projekt des Veränderungsmanagements ist nicht in erster Linie, wie vielfach fälschlich dargestellt, eine möglichst präzise Datenbasis, sondern die Analyse der Ursachen von besseren Leistungsergebnissen und deren Übertragung auf den eigenen Bereich. Benchmarking läßt sich hervorragend auf Mikroprozesse und Gruppenarbeit anwenden und hat einen hohen Lerneffekt, falls die Gruppenmitglieder in die Analyse und Implementierung integriert werden.[893]

1992, S. 4ff. sowie Richert, U.: Benchmarking - Ein Werkzeug des Total Quality Management, Teil 1, in: Qualität und Zuverlässigkeit (QZ), Nr. 3, 40. Jg., 1995, S. 283.

890) Vgl. Morwind, K.: Praktische Erfahrungen mit Benchmarking, in: Zeitschrift für Betriebswirtschaft (ZfB), Ergänzungsheft Nr. 2, 65. Jg., 1995, S. 33. Der Begriff „best demonstrated practice" stammt von der Unternehmensberatung Bain & Company.

891) Vgl. die Aufstellung von Partnern des unbestrittenen Benchmarkingpioniers Xerox bei Shetty, Y.: Aiming High - Benchmarking for Superior Performance, in: Long Range Planning, Nr. 1, 26. Jg., 1993, S. 43 und bei Tucker, F., Zivan, S., Camp, R.: Mit Benchmarking zu mehr Effizienz, in: Harvard Manager, Nr. 3, 9. Jg., 1987, S. 17f.

892) Vgl. Whiting, R.: Benchmarking, Lessons from the Best-in-Class, in: Electronic Business, Issue 19, Vol. 17, 1991, S. 130.

893) Vgl. Burckhardt, W.: Benchmarking auf dem Prüfstand: Kunden begeistern, Mitarbeiter motivieren, in: Gablers Magazin, Nr. 2, 9. Jg., 1995, S. 17f.

5.2.3 Ansatz und Instrumente einer innovations- und qualitätsorientierten Produktentwicklung

Die Bewerbungsbroschüre des Malcolm Baldrige National Quality Award fordert explizit: „Describe how new and/or modified products and services are designed and introduced and how key production/delivery processes are designed to meet key product and service quality requirements, company operational performance requirements, and market requirements."[894] Die besondere Bedeutung des Erfolgsfaktors Innovationsfähigkeit wurde bereits mehrfach angesprochen.[895] Schätzungsweise 95% der im gesamten Lebenszyklus eines Produktes anfallenden Kosten und ca. 70% der in einer Betriebsperiode auftretenden Schwachpunkte werden im Forschungs- und Entwicklungsprozeß festgelegt.[896] Die Gestaltung des Kerngeschäftsprozesses „Entwicklung von Marktleistungen" nimmt als Hauptquelle von kundenorientierten Innovationen eine Schlüsselposition in einem qualitäts- und innovationsorientierten Veränderungsmanagement ein. Forschung- und Entwicklung fordern wie keine andere Aktivität Freiräume, sind aber einer zielgerichteten Prozeßorientierung ebenfalls zugänglich. „Each development project involves unique challenges that require unique solutions. But ... many tasks and sequences of tasks are the same across projects. Process management exploits those similarities through standardization and continuous improvement - without destroying creativity."[897] Die Konzentration auf wenige, ergebnisorientierte Entwicklungsprojekte, Investitionen zur Entschärfung von Engpässen, die

---

894) National Institute for Standards and Technology, a.a.O., S. 15.
895) Vgl. u.a. Kapitel 3.3: Innovationsfähigkeit als Basis für Diskontinuitätenmanagement.
896) Vgl. Nakajima, S.: Management der Produktionseinrichtungen: Total Productive Maintainance, Frankfurt/ New York 1995, S. 114.
897) Vgl. Adler, P., Mandelbaum, A., Nguyen, V., Schwerer, E.: Getting the Most out of Your Product Development Process, in: Harvard Business Review, Nr. 2, Vol. 74, 1996, S. 135.

Ausnutzung von Standardisierungspotentialen,[898] die Modifikation/ Reduzierung des Pflichtenheftes auf Kernanforderungen, die Anwendung des Baukastenprinzipes,[899] das Vorgehen nach dem „Rugby-Prinzip"[900], die Kombination von kontinuierlicher Verbesserung und Innovationen, die Bildung multifunktionaler Projektgruppen, das Ausnutzen externer Innovationen, die Zusammenarbeit mit Lieferanten, und vor allem Schlüsselkunden, die Förderung von Innovationspromotoren sowie der gezielte Abbau von Kreativitäts- und Diffusionshemmnissen sind die Prinzipien und Methoden, die Produktinnovationen in ihrem Zusammenwirken und langfristig zum Erfolg verhelfen,[901] denn „...Innovationen erfordern langen Atem".[902] Weitere, bisher noch nicht angesprochene Maßnahmen zur Gestaltung einer innovations- und qualitätsorientierten Produktentwicklung werden im folgenden diskutiert.

Maßnahmen zur Verkürzung der Entwicklungszeit sind trotz aller berechtigten Warnungen vor der Beschleunigungsfalle[903] notwendig, um Unsicherheit von Entwicklungserfolgen zu reduzieren und die Vorteile einer technologischen Führungsposition ausschöpfen zu können.[904] Denn bei steigender Komplexität und Dynamik der Aufgabenumwelt öffnet sich eine „...Zeitschere zwischen benötigter

---

898) Vgl. ebenda.

899) Vgl. Suarez, F., Cusumano, M., Fine, C.: Wie flexibel produziert Ihre Fabrik?, a.a.O., S. 43.

900) Vgl. Albach, H.: Das Management der Differenzierung, a.a.O., S. 777f. und ders., Innovationsstrategien zur Verbesserung der Wettbewerbsfähigkeit, a.a.O., S. 1345.

901) Vgl. die Kapitel 1.2, 2.2.1, 2.2.4, 3.3 (ganz), 5.1.3 und 5.1.4.

902) Albach, H.: Innovationsstrategien zur Verbesserung der Wettbewerbsfähigkeit, a.a.O., S. 1350.

903) Siehe Kapitel 3.3.3: Auftreten und Konsequenzen von Innovationshemmnissen.

904) Vgl. de Pay, D.: Maßnahmen des Schnittstellenmanagements im Innovationsprozeß, in: Zahn, R. (Hrsg.): Technologiemanagement und Technologien für das Management, Stuttgart 1994, S. 59.

und verfügbarer Reaktionszeit."[905] Die Anforderung besteht darin, bei einer Minimierung der Time-to-Market keine Qualitätseinbußen im Innovationsprozeß in Kauf zu nehmen.[906] Diese treten auf, wenn dem Zeitaspekt Kreativität bei der Ideenfindung oder Sorgfalt in den Testphasen geopfert wird. Es ist andererseits möglich, eingesparte Innovationszeit nicht zur Vorverlegung des Markteinführungszeitpunktes, sondern zur Erhöhung der Innovationsqualität zu nutzen, also z.B. zur Durchführung von intensiveren Markt- und Produkttests. Ebenso wie die Timingstrategie kann auch eine Make-or-Buy-Strategie der Software- (bspw. Produktdesign, Werbekonzeption, Marktforschung, Produkttests) und Hardwarekomponenten erfolgsentscheidend sein.

Kundenorientierung[907] in der Produktentwicklung ist aus zwei Gründen unabdingbar. Zum einen sind die Kunden die beste Quelle für neue Ideen, zum anderen verhilft nur eine konsequente Kundenorientierung zu marktfähigen Produkten. Sie kann durch einen Einbezug der Verkaufs- und Serviceorganisation, durch ein effektives und innovationsorientiertes Beschwerdewesen und durch den direkten Kundenkontakt von Forschern und Entwicklern forciert werden. Der Bildung unternehmensübergreifender Forschungsnetzwerke mit Schlüsselkunden, Hochschulen, unabhängigen Instituten und anderen Unternehmen[908] sowie der Forcierung

---

905) Bleicher, K.: Vertrauen als kritischer Faktor zur Bewältigung des Wandels, a.a.O., S. 391.

906) Vgl. Schröder, H.-H.: Die Parallelisierung von Forschungs- und Entwicklungs(F&E)-Aktivitäten als Instrument zur Verkürzung der Projektdauer im Lichte des „Magischen Dreiecks" aus Projektdauer, Projektkosten und Projektergebnissen, in: Zahn, R. (Hrsg.): Technologiemanagement und Technologien für das Management, Stuttgart 1994, S. 291f.

907) Vgl. das folgende Kapitel.

908) Vgl. Albach, H.: Innovationsstrategien zur Verbesserung der Wettbewerbsfähigkeit, a.a.O., S. 1345.

der internen Kommunikation, vor allem zwischen Forschung und Entwicklung, Konstruktionsingenieuren und Marketing/ Marktforschung/ Vertrieb, kommt ebenfalls eine besondere Bedeutung zu, zumal in mangelnder interner Zusammenarbeit besonders gravierende Innovationshemmnisse begründet liegen. In japanischen Unternehmen wird Job Rotation auch unter diesem Gesichtspunkt gefördert.[909] Insgesamt können alle Maßnahmen, die organisationale Lernpotentiale entwickeln, als Wegbereiter von Forschungs- und Entwicklungsaktivitäten angesehen werden,[910] denn die Förderung individueller Lernprozesse durch eine entsprechende Personalplanung, durch den Einsatz von Anreizsystemen i.e.S., durch die Gestaltung des Führungsstils sowie eine „lernorientierte Ressourcenplanung und Organisationsentwicklung" schaffen einen Nährboden für kreative Lösungen, auf den die FuE-Aktivisten im gesamten Unternehmen zurückgreifen können.[911] Bei langfristigen oder wiederholten Innovationsaktivitäten kann sich ein organisatorischer Lerneffekt (Erfahrungskurveneffekt) bezüglich der Innovationseffizienz ergeben, denn auch das Innovieren kann man üben, indem Fehler vermieden, Netzwerke eingespielt und Promotoren gefördert werden.

Ein Instrument, das sowohl die Kommunikation zwischen den relevanten Funktionsbereichen fördert und die Entwicklungszeit verkürzt als auch die Kundenanforderungen und Wettbewerbsbenchmarks in die Marktleistungsentwicklung integriert, ist Quality Function Deployment (QFD).[912] Die Grundlage für die De-

909) Vgl. ebenda, S. 1342.
910) Siehe Kapitel 4.3: Organisationales Lernen zur Bewältigung von Leistungs- und Veränderungsprozessen.
911) Vgl. Schröder, H.-H.: F&E-Aktivitäten als Lernprozesse: Lernorientiertes F&E-Management, in: Zeitschrift für Betriebswirtschaft (ZfB) - Ergänzungsheft, Nr. 3, 65. Jg., 1995, S. 57ff.
912) Vgl. Akao, Y.: QFD: Wie die Japaner Kundenwünsche in Qualitätsprodukte umsetzen, Landsberg 1992.

signentwicklung nach dieser Methode bildet das House of Quality, im wesentlichen eine Merkmalmatrix, in der einzelne Kundenanforderungen in Qualitätsmerkmale „übersetzt" werden.[913] Im ersten Schritt, der sinnvollerweise beim Kunden beginnt, werden dessen Anforderungen erhoben.[914] Diese werden in technische Vorgaben übertragen und mit den Referenzdaten der Wettbewerber verglichen. Am Ende entsteht - verkürzt dargestellt - ein Pflichtenheft der Produktspezifika, die aus Kundensicht dem Wettbewerb überlegen sind.[915] Produktentwickler, Marktforscher, Marketing-Fachleute, Kostenrechner und Kunden werden bei einem derartigen Vorgehen zusammengebracht. Das Ergebnis der Produktplanung läßt sich dann in anderen Houses of Quality der Planung der Einzelteile und des Fertigungsprozesses (unter Beteiligung der Beschaffungs- und Produktionsabteilung und der Qualitätssicherung) weiterentwickeln.[916] Durch das iterative Vorgehen lassen sich die Kundenanforderungen systematisch in Marktleistungsinnovationen übersetzen und somit Qualität und Innovation ideal kombinieren. Allerdings sind auch Grenzen des Einsatzes erkennbar. QFD kann erst greifen, wenn schon eine Produktidee vorliegt, es ist keine Kreativ- sondern eine Umsetzungsmethode,[917] die Kompliziertheit des Vorgehens beschränkt den Ein-

---

913) Oakland, J.: Total Quality Management - The route to improving performance, 2. Aufl., Oxford 1993, S. 45ff.

914) Vgl. den klassischen Artikel von Hauser, J.R., Clausing, D.: The House of Quality, in: Harvard Business Review, Nr. 3, Vol. 66, 1988, S. 67f.

915) Vgl. das einfache Beispiel von Brunner, F.: Produktplanung mit Quality Function Deployment QFD, in: io Management Zeitschrift, Nr. 6, 61. Jg., 1992, S. 45.

916) Vgl. Kamiske, G., Hummel, T., Malorny, C., Zoschke, M.: Quality Funktion Deployment - oder das systematische Überbringen der Kundenwünsche, in: Marketing ZFP, Zeitschrift für Forschung und Praxis, Heft 3, 16. Jg., 1994, S. 188.

917) Vgl. Curtius, B., Ertürk, Ü.: QFD Einsatz in Deutschland, in: Qualität und Zuverlässigkeit (QZ), Nr. 4, 39. Jg., 1994, S. 396.

satz auf komplexe, vorwiegend technische Problemstellungen,[918] empirische Anwendungsbeispiele aus dem Servicebereich fehlen bisher noch. Trotz des hohen und bürokratischen Arbeitsaufwandes lohnt sich QFD, wenn sichergestellt wird, daß man über die vielen Ergebnismatrizen nicht den Überblick verliert und die Lösungen, die in der Diskussion der multifunktionalen Teams entstehen,[919] entsprechend protokolliert und umgesetzt werden.[920]

Simultaneous Engineering ist eine weitere Methode zur Optimierung der Entwicklung von Marktleistungen. Durch eine weitgehende Parallelisierung der Aktivitäten des Entwicklungsprozesses wird eine Beschleunigung des Gesamtablaufes erreicht. Voraussetzung ist, daß der planbare Anteil der Entwicklung erhöht und daß Erkenntnisprozesse vorverlagert werden.[921] Die Planungs- und Vorbereitungsphase der Produktentwicklung wird durch Simultaneous Engineering länger, die Zeitersparnis ergibt sich bei der Durchführung der Entwicklung. Die Umstellung auf Simultaneous Engineering stellt häufig einen deutlichen Kulturbruch in traditionellen Unternehmen dar. Nicht nur wird durch ein derartiges Projekt nachgewiesen, daß eine Zeit- und Kostenersparnis um ca. ein Drittel bis die Hälfte

---

918) Praxisbeispiele der Übertragung von QFD auf andere Bereiche können nicht als eigenständige Anwendungen überzeugen, vgl. Stornebel, K., Tammler, U.: „Quality Function Deployment" als Werkzeug des Umweltmanagements, in: UmweltWirtschaftsForum (UWF), 3. Jg., Heft 4, 1995, S. 4ff. und Herzwurm, G., Mellis, W., Stelzer, D.: QFD unterstützt Software-Design, in: Qualität und Zuverlässigkeit (QZ), Nr. 3, 40. Jg., 1995, S. 304ff.

919) Vgl. Egner, H., Hoffmann, J., Martinez, H.: Methodengestützt planen und entwickeln, in: Qualität und Zuverlässigkeit (QZ), Nr. 11, 40. Jg., 1995, S. 1284.

920) Vgl. Eversheim, W., Wengler, M., Ogrodowski, U.: Qualitätsprobleme wie von selbst gelöst?, in: Qualität und Zuverlässigkeit (QZ), Nr. 9, 40. Jg., 1995, S. 1052.

921) Vgl. Castiglioni, E., a.a.O., S. 15 und Wildemann, H.: Simultaneous Engineering als Baustein für Just-in-time Forschung, Entwicklung und Konstruktion, in: VDI-Zeitschrift, Nr. 12, 134. Jg., 1992, S. 20f.

möglich ist,[922] sondern vor allem werden alle Beteiligten durch die Überlappung der Innovationsphasen[923] gezwungen, in Projektteams bereichsübergreifend zusammenzuarbeiten. Die Fertigungsplanung beginnt bspw., während die Konstruktion noch in vollem Gange ist, und mit der Marktvorbereitung wird noch vor Anlauf der Teilefertigung und der Montage angefangen.[924] Dadurch entfallen zusätzlich viele unnötige Nachbesserungsschleifen, weil Konstruktions- oder Planungsfehler nicht mehr erst in einer nachgelagerten Entwicklungsstufe auffallen. Unternehmen, die Simultaneous Engineering so gut beherrschen, daß Forschung, Entwicklung, Produktion und Marketing optimal ineinander greifen, schaffen sich dauerhafte und nur aufwendig zu imitierende Wettbewerbsvorteile.[925]

Bei der Produktentwicklung erweisen sich Prototypen nicht nur als Testmodelle,[926] sondern auch als wichtige Informationsträger zwischen den einzelnen Teilschritten eines Entwicklungsprozesses und damit als interne Kommunikationsmittel. Schon in frühen Entwicklungsphasen kann man mit anschaulichen Modellen überprüfen, inwieweit die Konstruktion mit den tatsächlichen Kundenwünschen

---

922) Vgl. das Beispiel bei Deutsch, Ch.: Gute Kontakte, in: WirtschaftsWoche, Nr. 6, 50. Jg., 1.2.1996, S. 70 sowie Wildemann, H.: Simultaneous Engineering als Baustein für Just-in-time Forschung, Entwicklung und Konstruktion, a.a.O., S. 22.

923) Siehe Abbildung 6: Lineares Phasenmodell von Innovationen.

924) Vgl. Beitz, W.: Simultaneous Engineering: Eine Antwort auf die Herausforderungen Qualität, Kosten und Zeit, in: Zeitschrift für betriebswirtschaftliche Forschung (ZfbF), Eränzungsheft Nr. 2, 65. Jg., 1995, S. 7 und Schönwald, B.: Von der Idee zum Produkt - Simultaneous Engineering als Bestandteil von Forschung und Entwicklung, in: VDI Berichte, Nr. 758, o.Jg., 1989, S. 38.

925) Vgl. die Fallbeispiele bei Pisano, G., Wheelwright, S.: High-Tech R&D, in: Harvard Business Review, Nr. 5, Vol. 73, 1995, S. 93ff.

926) Vgl. Wheelwright, S., Clark, K.: Revolution in der Produktentwicklung: Spitzenleistungen in Schnelligkeit, Effizienz und Qualität durch dynamische Teams, Frankfurt a.M./ New York, 1994, S. 372f. und Kübler-Tesch, J.: Rapid Prototyping, in: Die Betriebswirtschaft (DBW), Nr. 5, 54. Jg., 1994, S. 686f.

übereinstimmt. Aber herkömmliche Verfahren des Prototypenbaus sind arbeitsintensiv, da Fachkräfte manuell präzise Modelle erstellen müssen. Der Personal-, Zeit- und Kostenaufwand für den Prototypenbau kann bis zur Hälfte der gesamten Entwicklung ausmachen.[927]

Jeder Prototypenbau bedeutet eine Verzögerung des gesamten Entwicklungsprozesses. Rapid Prototyping (oder „Solid Freeform Manufacturing") ist ein Sammelbegriff für Verfahren, die manuelle Arbeit beim Prototypenbau automatisieren. Musterteile werden nicht mehr durch die üblichen Fertigungsverfahren wie Schleifen, Drehen und Fräsen, sondern durch den Aufbau des Werkstückes erstellt.[928] Durch schichtweises Aushärten von Photopolymeren oder das Schneiden von pulverförmigen oder Folien-Werkstoffen werden Funktionsmuster oder erste Prototypen erstellt.[929] Die Zeitersparnis durch den Einsatz von Rapid Prototyping ist abhängig von der jeweiligen Branche. Bei konventioneller Fertigung von Prototypen sind in der Luftfahrtindustrie für komplizierte Teile ca. dreißig Woche anzusetzen, mit Rapid Prototyping nur eine Woche. In der Automobilindustrie verringert sich der Zeitbedarf von ca. sieben Wochen auf eine halbe Woche, bei Computern von zehn Wochen auf eine. Rapid Prototyping kommt in der Medizintechnik ebenso zum Einsatz wie in der Unterhaltungselektronik.[930]

---

927) Vgl. König, W., Eversheim, W., Celi, I., Nöken, S., Ullman, C.: Rapid Prototyping - Bedarf und Potentiale, in: VDI-Zeitung, Heft 8, 135. Jg., 1993, S. 92. Basis ist eine Befragung von 40 Unternehmen.

928) Vgl. Kübler-Tesch, J., a.a.O., S. 685.

929) Vgl. Mühlemann, P.R.: Steht und fällt der Erfolg mit dem Prototyp?, in: Technische Rundschau, Nr. 33, 85. Jg., 1993, S. 30ff.

930) Vgl. Bakerjian, R.: Design for Manufacturability, in: ders. (Hrsg.), Tool and Manufacturing Engineers Handbook, Vol. 6, 4. Aufl., Dearborn, 1992, S. 7ff.

Rapid Prototyping entfaltet sein Zeiteinsparungspotential in Verbindung mit Simultaneous Engineering-Projekten optimal, da es ebenfalls die Parallelisierung von Entwicklungsaktivitäten unterstützt. Prinzipiell gilt, daß durch den Einsatz der verschiedenen Verfahren die weiter oben beschriebenen Effekte des Prototypenbaus positiv verstärkt werden können. Dadurch daß arbeitsintensiver, manueller Prototypenbau entfällt, wirkt Rapid Prototyping auf die wesentlichen Kostentreiber in der Entwicklung. Lernprozesse werden beschleunigt, zumal durch die relativ einfach vorzunehmende Neugestaltung der Modelle Änderungswiderstände reduziert werden. Dies gilt in besonderem Maße, wenn die CAD-Datensätze weiter benutzt werden können und nur Details der Formen geändert werden. [931] So lassen sich die Vorteile der Computersimulation mit den Vorteilen der automatisierten Prototypenherstellung verbinden. Dabei fällt eine Schnittstelle und damit eine Fehlerquelle weg. Durch ein derartiges integriertes RP-CAD-System kann eine höhere Übertragungsqualität und ein geringerer Zeitaufwand gewährleistet werden. Die notwendige Technologie wird von einer Reihe von Dienstleistern angeboten.

Die Integration von Kunden und Absatzmittlern in den Entwicklungsprozeß wird ausschlaggebend durch die Prototypen vereinfacht und damit die Marktnähe der Produkte erhöht. Selbst die Absatzvorbereitung kann eher beginnen. Produktphotos und Präsentationsmuster können an Händler, an die Fachpresse oder an Zulassungsstellen übermittelt werden.[932] Wesentlich ist auch, daß die Qualität der Endprodukte durch die höhere Zahl an Prototypen zunimmt. Zusätzliche Funktionsüberprüfungen lassen Konzeptfehler erkennbar werden. Rapid Prototyping ist

---

931) Vgl. König, W., Eversheim, W., Celi, I., Nöken, S., Ullman, C., a.a.O., S. 94ff.
932) Vgl. Horváth, P., Lamla, J., Höfig, M., .a.a.O., S. 51.

damit auch ein Mittel der Prävention, Folgekosten werden so vermieden.[933] Technologische Grenzen bestehen in der begrenzten Anzahl von Materialien, die für dieses Verfahren geeignet sind.[934] Differenzierungsvorteile durch Rapid Prototyping ergeben sich jedoch nur für einen begrenzten Zeitraum, da die Verfahren mit zunehmender Marktreife auch eine zunehmende Marktverbreitung finden werden.

Die beschriebenen Methoden der Prozeßorientierung können ausnahmslos im Hinblick auf eine gesteigerte Innovationsleistung und eine Forcierung der Qualitätsfähigkeit zum Einsatz kommen: Interne Qualitätsgarantien zur Unterstützung von Verhaltensveränderungen, Wertschöpfungspartnerschaften als extern wirksamer Gegenpol einer Kunden-Lieferantenbeziehung, Benchmarking als Quelle probater subjektiver Prozeßinnovationen, Quality Function Deployment zur Umsetzung der Kundenanforderungen sowie zur Verkürzung des Entwicklungsprozesses und Anregung der Kommunikation aller relevanten Gruppierungen, Simultaneous Engineering, Rapid Prototyping und Methoden der Computersimulation. Um den so beeinflußten Prozessen eine einheitliche Wirkungsrichtung zu geben, sind Maßnahmen der Kundenorientierung notwendig.

---

933) Siehe 3.2.2 Qualitätshemmnisse und der Zusammenhang von Qualität und Kosten.
934) Vgl. Kochan, D., Mettke, H.: Stereolithographie: Einsatz und Anwendung, in: Fabrik, Nr. 43, o.Jg., 1993, S. 24.

5.3 Kundenorientierung: Die maßgebliche Leitidee eines integrativen Veränderungsmanagementansatzes

Kundenorientierung ist die Fokussierung der Kräfte auf den Kunden und seine Anforderungen in allen Prozessen des Unternehmens. Diese Reorganisation „...around your customers and their needs"[935] schließt auch interne Kunden, also Mitarbeiter, mit ein. Kunden-, Mitarbeiter- und Prozeßorientierung[936] ergänzen sich also.[937] Das Prinzip der Kundenorientierung kann das ganze Unternehmen durchdringen und somit zum Leitfaden für alle Abläufe und Aktivitäten werden: „The CEOs and presidents of our best-practice firms were obsessed with customers"[938] und „...the whole company, not just the CEO, embraced the importance of..."[939] customer satisfaction, berichten GRIFFIN et al. An dieser Stelle sollen vor allem Methoden untersucht werden, die Kundenorientierung über die zuvor dargestellten Ansätze der Mitarbeiter- und Prozeßorientierung hinausgehend unterstützen und forcieren.

Die Bedeutung der Kundenorientierung wird in Deutschland aktuell zunehmend als zentraler Wettbewerbsfaktor erkannt.[940] Die konsequente Verfolgung des Zieles einer hohen Kundenzufriedenheit führt, so belegt die Forschung, zu einem

---

935) Bower, J.L., Hout, T.M.: Fast-Cycle Capability for Competitive Power, a.a.O., S. 114.

936) Vgl. zur Kompatibilität von Prozeß- und Kundenorientierung auch das Fallbeispiel „Fit for Customer" bei Dörle, M., Grimmeisen, M., a.a.O., S. 311.

937) Siehe Abbildung 12: Gestaltungsfelder zur Integration von Qualität und Innovation.

938) Griffin, A., Gleason, G., Preiss, R., Shevenaugh, D.: Best Practice for Satisfaction in Manufacturing Firms, in: Sloan Management Review, Nr. 2, Vol. 36, 1995, S. 90.

939) Ebenda, S. 91.

940) Vgl. die Gegenüberstellung der Droege & Company-Befragungsergebnisse 1995 und 1996 bei Sprenger, R.: Bodenloses Gerede, in: Wirtschaftswoche, Nr. 10, 51. Jg., 27.2.1997, S. 134.

vergleichsweise hohen Return on Investment - wenn auch ein Zusammenhang zu einem erhöhten Marktanteil empirisch nicht nachgewiesen werden kann.[941] Prozesse so zu gestalten, daß Kunden bedient werden, ist nur ein erster Schritt. Die Kundenanforderungen müssen erkannt werden, der Grad der Kundenzufriedenheit muß gemessen und kontinuierlich gesteigert werden, damit dauerhafte Kundenbeziehungen entstehen können, die das aufwendige Neugewinnen von Kunden im Verhältnis zur Kundenloyalität reduzieren und damit negatives Image und seine „...far-reaching effects on a widening circle of potential customers..."[942] genauso wie Überqualität vermieden werden.[943]

5.3.1 Instrumente zur Messung und Erhöhung der Kundenzufriedenheit

Um Kunden zufrieden zu stellen, müssen zunächst einmal ihre Anforderungen bekannt sein.[944] Quellen für die Bestimmung der Anforderungen von Kunden an Unternehmensleistungen sind Erfahrungen mit bereits im Markt befindlichen Produkten, Einzelgespräche mit Kunden, Kundenbefragungen, Kunden-Feedback, Erfahrungen auf Messen und Ausstellungen, Marktanalysen, Beobachtung von Produkten der Konkurrenz sowie Auskünfte von Verbänden und Verbraucherschutzorganisationen.[945] Im Unternehmen sind es vor allem der Außendienst, aufgrund seines direkten Kontaktes mit dem Kunden, und die Marktforschungsabteilung, welche die Kundenanforderungen am ehesten abbilden können. Wie auch

---

941) Vgl. Griffin, A., Gleason, G., Preiss, R., Shevenaugh, D., a.a.O., S. 87ff.

942) Bolfing, C.: How Do Customers Express Dissatisfaction And What Can Service Marketers Do About It?, In: The Journal of Services Marketing, Nr. 2, Vol 3, 1989, S. 6.

943) Siehe Kapitel 3.2.2: Qualitätshemmnisse und der Zusammenhang von Qualität und Kosten.

944) Siehe Kapitel 3.2: Qualität als grundlegender Erfolgsfaktor.

945) Vgl. Haist, F., Fromm, H., a.a.O., S. 35ff. und Jones, T., Sasser, E., a.a.O., S. 93.

immer Kundenanforderungen festgestellt werden, es wird immer die Gefahr bestehen, daß sie falsch oder verfälscht abgebildet werden. Ursache dafür ist zum einen die hohe Komplexität und Subjektivität der Kundenanforderungen.[946] Die Anforderungen setzen sich bei jedem einzelnen Kunden unterschiedlich je nach Bedürfnissen, Wünschen und Erwartungen zusammen, sind im Zeitablauf weiteren Veränderungen unterworfen und sind situationsabhängig.[947] Schnell können Veränderungen in der Struktur der Kundenanforderungen auftreten, wenn Konkurrenten neue und bessere oder preiswertere Marktleistungen anbieten. Zum anderen besteht eine Perzeptionsproblematik im Unternehmen. Eine Vielzahl von Informationen muß aufgenommen und weitergegeben werden. Eine unverzerrte Informationsweitergabe an die relevanten Stellen ist auf Grund des Eigeninteresses der beteiligten Funktionen und Gruppen und der Komplexität der Informationen kaum zu gewährleisten. Deshalb ist es ratsam, die Kundenanforderungen möglichst neutral zu messen oder durch ein neutrales Institut messen zu lassen. Dabei kann der Erfüllungsgrad der Kundenanforderungen - häufig auch im Vergleich zur Konkurrenz - überprüft werden. Um die Anforderungen gegeneinander abwägen zu können, wird bei derartigen Befragungen nach der Bedeutung bestimmter Qualitätskriterien gefragt.[948] Durch offene Fragen für die Bezeichnung weiterer Kundenanforderungen können auch neue oder bisher nicht erkannte Anforderungen festgestellt und damit Innovationen angeregt werden, die direkt den Kundenanforderungen entsprechen. In einem zweiten Schritt wird dann der Grad der Zufriedenheit oder Unzufriedenheit der Kunden mit den eigenen oder auch fremden Marktleistungen über ein Rating erfragt. Aus wissenschaftlicher Per-

---

946) Vgl. z.B. die Auflistung bei Dornach, F., Meyer, A.: Das Deutsche Kundenbarometer,
    Teil 1, in: Qualität und Zuverlässigkeit (QZ), Nr. 12, 40. Jg., 1995, S. 1385.
947) Vgl. Cadotte, L., Woodruff, R., Jenkins, R.: Expectations and Norms in Models of Consumer Satisfaction, in: Journal of Marketing Research, Nr. 8, Vol. 24, 1987, S. 313f.

spektive ist das Konstrukt Kundenzufriedenheit zwar bisher noch weit entfernt von einer einheitlichen Definition,[949] für die Unternehmenspraxis lassen sich aber aufschlußreiche Zufriedenheitsmaße finden.[950] Die Zufriedenheit läßt sich mittels der erhobenen Bedeutung gewichten und somit ein Zufriedenheitsindex erlangen.

Dieser Index der Kundenzufriedenheit ermöglicht eine langfristige Zeitreihenuntersuchung über die Veränderung der relativen Qualität, die ein Unternehmen seinen Kunden bietet. In Verbindung mit einer Schätzung der Qualitätsgrenzkosten (Kosten für einen zusätzlichen zufriedenen Kunden) und der Fehlerkosten (primäre Kosten und Folgekosten der Kundenabwanderung)[951] läßt sich die Zahl der Kunden, die zusätzlich gewonnen werden sollen, planen. Mathematische Zufriedenheitsmaße berücksichtigen jedoch nur unzureichend die unterschiedlichen Reaktionen von Kunden bei vergleichbarer Zufriedenheit.[952] „Defectors" und „Terrorists" können trotz geringer Unzufriedenheit größeren Schaden anrichten als weniger extreme, aber höchst unzufriedene Kunden, „Mercenaries" schwanken trotz hoher Zufriedenheit in ihrer Loyalität.[953] Die Messung der Kundenzufriedenheit darf also nur ein Weg unter mehreren sein, Kundenzufriedenheit zu „erspüren"[954] und deren prozessualen Ursachen nachzugehen.[955]

---

948) Vgl. Brandt, D., Reffett, K.: Focusing on Customer Problems to Improve Service Quality, in: The Journal of Services Marketing, Nr. 4, Vol. 3, 1989, S. 9.

949) Vgl. Gierl, H., Sipple, H.: Zufriedenheit mit dem Kundendienst, in: GfK - Jahrbuch der Absatz- und Verbrauchsforschung, Nr. 3, 39. Jg., 1993, S. 241ff. und Kaas, K., Runow, H.: Wie befriedigend sind die Ergebnisse der Forschung zu Verbraucherzufriedenheit?, in: Die Betriebswirtschaft (DBW), Nr. 3, 44. Jg., 1984, S. 452f.

950) Vgl. Cadotte, L., Woodruff, R., Jenkins, R., a.a.O., S. 305ff.

951) Siehe Kapitel 3.2.2: Qualitätshemmnisse und der Zusammenhang von Qualität und Kosten.

952) Vgl. z.D. das „AmEx Fallbeispiel" von O'Brien, T., Jones, C., a.a.O., S. 100.

953) Siehe Kapitel 3.2: Qualität als grundlegender Erfolgsfaktor und Jones, T., Sasser, E., a.a.O., S. 96f.

954) Vgl. o.V.: Bei Quinn ist der Kunde König, in: Lebensmittelzeitung - LZ Journal, Nr. 43, 26.10.1993, S. 12.

Um das aktuelle Qualitätsniveau zu messen, gibt es eine Vielzahl von Verfahren, vor allem für den wichtigen Bereich der Dienstleistungsqualität.[956] Diese können wiederum für verschiedene Zwecke zur Anwendung kommen. Als routinemäßig eingesetzte Instrumente nehmen sie eine Frühwarnfunktion ein. Darüber hinaus dienen sie als Grundlage zur Formulierung von strategischen Zielen. Mitarbeitern unterschiedlichster Abteilungen wird plastisch vor Augen geführt, welche Anforderungen Kunden haben und welche Schwierigkeiten bestehen, diese Anforderungen zu erfüllen, wenn sie selber an einer Messung des erreichten Qualitätsniveaus teilnehmen. Zur Messung werden objektive und subjektive Verfahren unterschieden.[957] Objektive Verfahren verwenden Indikatoren, die nicht auf der Einschätzung durch die Kunden beruhen. Dies sind insbesondere - bspw. im Vertrieb bezogen auf die jeweiligen Vertreter oder Reisende - Umsatz und Marktanteilszahlen. Statistische Erhebungen können die Anzahl von Fehlern, Beschwerden, Aussagen gegenüber Dritten etc. auswerten. Solche objektiven Messungen können zwar erste Schwachstellen aufweisen, sie bringen aber nur eine Scheingenauigkeit, da die Einflüsse wie Wettbewerbs- und Marktsituation nicht isoliert werden können. In der Konsequenz ist es notwendig, Qualität direkt aus der Sicht des Kunden zu messen. Dazu werden Multiattributverfahren und Auswertungsverfahren von Kundenerlebnissen vorgeschlagen.

Die Auswertungsverfahren von Kundenerlebnissen haben den Vorteil, daß sie einen direkten Bezug zu Kunden herstellen und die Kundenorientierung damit

---

955) Vgl. Jung, H.: Wer sagt Ihnen, ob der Kunde wirklich zufrieden ist?, in: Absatzwirtschaft, Sondernummer Oktober 1991, 34. Jg., 1991, S. 176.

956) Vgl. zur Bedeutung der Dienstleistungsqualität Dörnberg, A. von: Die beste Qualität ist unser Ziel, in: Gablers Magazin, Nr. 2, 6. Jg., 1992, S. 20ff.

957) Vgl. Stauss, B., Hentschel, B.: Dienstleistungsqualität, in: Wirtschaftswissenschaftliches Studium (WiSt), Heft 5, 1991, S. 240ff.

unmittelbar durch alle durchführenden Mitarbeiter sowie alle, denen die Auswertung vorgelegt wird, erfahrbar ist. Jeder Kontakt des Kunden mit dem Unternehmen ist ein „Augenblick der Wahrheit", also eine Wahrnehmung von Qualität durch den Kunden.[958] Kontakte kritischer oder außergewöhnlicher Art werden von Kunden als sehr intensiv empfunden und sind von großer Verhaltensrelevanz.[959] Um eine möglichst aussagefähige Analyse durchzuführen, empfiehlt es sich, zunächst die relevanten Prozesse aus Kundensicht zu identifizieren. Die Darstellung der Teilprozesse erlaubt eine vollständige Abbildung der Kundenkontaktpunkte. Bei einem Blueprint-Verfahren werden Kontaktpunkte und ihre Aufnahme durch den Kunden abgebildet, aufgezählt und einzeln bewertet. Bspw. wird der Weg eines Kunden durch ein Unternehmen auf einem Lageplan nachgezeichnet.[960] Dieser Weg wird dann verglichen mit der Darstellung von Prozessen im Unternehmen. So läßt sich abschätzen, inwieweit Prozesse wirklich kundenorientiert gestaltet sind. Eine eingehende Bewertung ergibt sich aus der direkten Beobachtung der Wahrnehmung der Kunden, z.B. dem Begleiten eines Kunden auf seinem Weg durch ein Unternehmen. Als noch aussagefähigeres, aber auch aufwendiges Verfahren wird deshalb die Sequentielle Ereignismethode vorgeschlagen. Dabei werden Kunden im Rahmen eines Interviews nach den Eindrücken und Erlebnissen an bestimmten Blue-Print-Kontaktstellen befragt. Über diese „Critical Incident Technique" werden die kritischen Ereignisse der ablaufenden Prozesse erfaßt und ausgewertet. Ziel von Multiattributverfahren wie der

---

958) Vgl. Carlzon, J.: Alles für den Kunden - Jan Carlzon revolutioniert ein Unternehmen, Frankfurt a.M./ New York 1991, S. 17ff.

959) Vgl. Stauss, B.: „Augenblicke der Wahrheit" in der Dienstleistungserstellung: Ihre Relevanz und ihre Messung mit Hilfe der Kontaktpunkt-Analyse, in: Bruhn, M., Stauss, B. (Hrsg.): Dienstleistungsqualität: Konzepte, Methoden, Erfahrungen, Wiesbaden, 1991, S. 347ff.

960) Vgl. ebenda, S. 352.

Gap-Analyse SERVQUAL[961] ist es, durch die Überprüfung individueller Einschätzungen von verschiedenen Qualitätsmerkmalen globale Qualitätsbeurteilungen im Servicebereich zu erlangen. Diese Meßmethoden sind zwar sinnvoll, allerdings erhalten sie erst in Verbindung mit konkreten Implementierungsmaßnahmen eine wertsteigernde Bedeutung.

Die Maßnahmen zur Erhöhung der Kundenzufriedenheit setzen Mitarbeiterorientierung voraus, denn es ist von einem starken Zusammenhang zwischen Mitarbeiter- und Kundenzufriedenheit auszugehen.[962] Das Zufriedenstellen des Kunden steigert tendenziell die intrinsische Motivation der Mitarbeiter, vor allem, wenn sie im direkten Kundenkontakt stehen, und zufriedene Mitarbeiter wirken auf Kunden als Bestätigung einer zuverlässigen und vertrauenswerten Transaktionsbeziehung zum Unternehmen.[963] Praxisprogramme, also Tage, an denen die Unternehmensleitung oder Führungskräfte Aufgaben der Mitarbeiter an der Basis übernehmen, schaffen Kundenorientierung durch eine gelebte Nähe zum Kunden. „Die Aufgabe, sich um die Kunden zu kümmern, sollten Topmanager nicht delegieren",[964] weil sonst, vor allem auf Grund der oben genannten Perzeptionsproblematik, das Gespür für Marktdiskontinuitäten verlorengeht. Vorstandsmitglieder und Manager von Aral, Audi, FedEx, Henkel, Lufthansa[965] oder McDonalds

---

961) Siehe Kapitel 3.2.1: Dimensionen und Merkmale von Qualität.

962) Vgl. Diemer, R. von, Hertel, G.: Durch interne zur externen Kundenzufriedenheit, in: Qualität und Zuverlässigkeit (QZ), Nr. 4, 41. Jg., 1996, S. 375ff.

963) Vgl. Dornach, F., Meyer, A.: Das Deutsche Kundenbarometer, Teil II, in: Qualität und Zuverlässigkeit (QZ), Nr. 1, 41. Jg., 1996, S. 36f.

964) Gouillart, F., Sturdivant, F.: Topmanager müssen den Wünschen der Kunden selbst nachspüren, in: Harvard Business Manager, Nr. 3, 16. Jg., 1994, S. 34. Vgl. auch das exzellente Fallbeispiel S. 35f. und S.37f.

965) Vgl. Kiani-Kress, R.: Lufthansa - Schirm und Charme, in: Wirtschaftswoche, 50. Jg., Nr. 45, 31.10.1996, S. 190.

folgen einem dieser in Deutschland relativ neuen Programme, um die Anforderungen der Kunden aus nächster Perspektive zu erfahren.[966] Eine derartige Aktion ist im Sinne des Okuno-Modells, sie ist nicht aufwendig und schafft zusätzlich Motivation und Mitarbeiternähe. Motorola USA fordert sogar Kundenkontakt für alle seine Mitarbeiter, damit technische Lösungen oder administrative Prozesse im Sinne der Kunden sind: „Everyone at Motorola has to talk directly with customers to better understand their business."[967] Bei Schott und Motorola Deutschland bspw. werden zusätzlich Anreize für Teams geschaffen, besonders gute Lösungen für Kundenprobleme zu suchen: Prämien über 50.000 DM bzw. eine Reise nach Hawaii.[968]

Dem Beschwerdemanagement kommt eine herausragende Bedeutung als Informationsquelle über die Kundenzufriedenheit zu,[969] wie das Beispiel Volkswagen zeigt: Nur einer von 26 Kunden trägt seine Beschwerde dem Unternehmen vor, aber alle 26 geben ihre negativen Erfahrungen an durchschnittlich neun bis zehn Personen weiter. Bei schneller Reaktion zur vollen Zufriedenheit können andererseits 95 Prozent der zufriedengestellten Beschwerdeführer zu Dauerkunden werden.[970] Es ist in erster Linie der Servicebereich und auch hier der Mitarbeiter, der durch den direkten Kontakt das höchste Potential hat, Unzufriedenheit zu erzeu-

---

966) Vgl. Schumacher, H., Tödtmann, C.: Praxisprogramme - Abstieg vom Olymp, in: Wirtschaftswoche, Nr. 50, 50. Jg., 5.12.1996, S. 112ff.

967) Avishai, B., Taylor, W.: Customers Drive a Technology-Driven Company: An Interview with George Fisher, in: Harvard Business Review, Nr. 6, Vol. 67, 1989, S. 108.

968) Vgl. Schnitzler, L.: Service in Deutschland - Kunde als König, in: Wirtschaftswoche, 50. Jg., Nr. 43, 17.10.1996, S. 87.

969) Vgl. Stauss, B., Hentschel, B.: Verfahren der Problementdeckung und -analyse im Qualitätsmanagement von Dienstleistungsunternehmen, in: GfK - Jahrbuch der Absatz- und Verbrauchsforschung, Nr. 3, 36. Jg., 1990, S. 237f.

970) Vgl. Bunk, B.: Das Geschäft mit dem Ärger, in: Absatzwirtschaft, Nr. 9, 36. Jg., 1993, S. 65.

gen.[971] Defizite bei der Erreichbarkeit, Zuverlässigkeit, Schnelligkeit und Freundlichkeit erzeugen sehr schnell Ärger, da sie auf der zwischenmenschlichen Ebene wirken. Sowohl motivationalen Voraussetzungen als auch Servicestandards und einer professionellen Gestaltung des Informationsmanagements kommt also eine höchste Priorität zu, damit Mitarbeiter schnell, kompetent und zuverlässig auf Kundenanfragen, -wünsche und -beschwerden reagieren können.[972]

Der entgangene Gewinn verlorener Kunden, die „Negativ-Werbung" durch Mund-zu-Mund-Propaganda und die Zusatzkosten durch die Akquisition von Neukundengeschäft sind Größen, die sich im Zeitverlauf auf ein Vielfaches ihrer selbst multiplizieren. Schätzungen gehen davon aus, daß eine fünfprozentige Senkung der Kundenabwanderungsquote den Gewinn in Abhängigkeit von der Branche um 25 bis 85 Prozent steigert.[973] Unternehmen, die diesen Zusammenhang erkannt und kalkulatorisch belegt haben,[974] erkennen, daß es sich auszahlt, hohe Summen in die Steigerung der Zufriedenheitsrate zu investieren. Die Bedeutung verlorengegangener Kunden ist bei Xerox erkannt worden. Dort schalten sich die Computer von Sachbearbeitern automatisch ab, wenn eine Beschwerde wenige Tage nicht weiterbearbeitet worden ist. Die Beschwerde bekommt somit eindeutig oberste Priorität. Auch bei Canon wird eine Beschwerde nach drei Tagen Verzug in der Bearbeitung automatisch eine Hierarchiestufe höher geleitet. Nach wenigen Wochen läge sie somit auf dem Tisch des CEO.[975] Als Ergänzung der Vermeidung von Kundenabwanderung rückt die Pflege der Bestandskunden im

971) Vgl. Schnitzler, L.: Service in Deutschland, a.a.O., S. 90.
972) Vgl. Demmer, C., Groothuis, U.: Beschwerde-Management - Eigener Saft, in: Wirtschaftswoche, 49.Jg., Nr. 47, 16.11.1995, S. 120f.
973) Vgl. Dornach, F., Meyer, A.: Das Deutsche Kundenbarometer, Teil I, a.a.O., S. 1387.
974) Vgl. Bunk, B., a.a.O., S. 65.
975) Vgl. Schnitzler, L.: Service in Deutschland, a.a.O., S. 87.

Sinne eines Beziehungsmarketing in den Fokus der Unternehmenspolitik.[976] Es wird nicht nur versucht, Qualitätsmängel zu vermeiden, sondern eine Austauschbeziehung über sporadische Transaktionen hinaus langfristig aufzubauen. Dadurch können von beiden Seiten Such- und Anbahnungskosten eingespart werden, das Unternehmen baut eine Vertrauenspartnerschaft zu seinen Abnehmern auf. Notwendig ist dazu eine Auswahl geeigneter Austauschpartner, eine Individualisierung der Beziehung und eine gezielte Interaktion im Sinne einer langfristigen und intensiven Geschäftsbeziehung.[977]

Kundenorientierung ist die Konzentration auf die Bedürfnisse der Kunden im Sinne eines: „Ich will, daß wir einmal spüren, was Kunden schmerzt."[978] Kunden sind aber nicht nur Bestands , sondern auch potentielle Kunden. Marktleistungsinnovationen erschließen häufig neue Kundensegmente und werden - zumal im Investitionsgüterbereich - von den bisherigen, loyalen Kunden nicht immer angenommen. Kundenorientierung heißt daher nicht, Bestandskunden um jeden Preis zu halten, sondern kann auch die Umorientierung auf neue, zukunftsträchtigere Kundengruppen beinhalten.[979] Auf der Grundlage einer persönlichen Marktkenntnis, unter Abwägung aller aktuellen und potentiellen Marktchancen und der Kundenrentabilität[980] und soweit möglich auf Basis einer Kundendeckungsbei-

976) Vgl. Diller, H.: Beziehungs-Marketing, in: Wirtschaftswissenschaftliches Studium (WiSt), Heft 9, 24. Jg., 1995, S. 442.

977) Vgl. ebenda, S. 445.

978) Wirelines General Manager in Gouillart, F., Sturdivant, F., a.a.O., S. 38.

979) Vgl. Bower, J.L., Clayton, M., C.: Technisch revolutionäre Produkte: Wenn Stammkunden mauern, in: Harvard Business Manager, Nr. 3, 17. Jg., 1995, S. 88ff.

980) Vgl. Scheiter, S., Binder, C.: Kennen Sie Ihre rentablen Kunden?, in: Harvard Manager, Nr. 2, Vol. 14, 1992, S. 17ff.

tragsrechnung[981] muß entschieden werden, welche Aktivitäten a) das Neukundengeschäft, b) die Intensivierung des Bestandskundengeschäftes und c) die Steigerung der Kundenloyalität im Zeitverlauf verlangt.[982] Auch aus dieser Perspektive muß die Innovationsfähigkeit Qualitätsdenken ergänzen.[983]

5.3.2 Gesellschafts- und Ökologieorientierung als Ausdruck eines erweiterten Verständnisses des Kundenbegriffes

Aktuelle und potentielle Kunden sind in die Gesellschaft, in der sie leben, eingebunden. Daher muß Veränderungsmanagement die Auswirkungen auf die Gesellschaft zumindest mit berücksichtigen.[984] Auch die Mitarbeiter fordern von ihrem Unternehmen verantwortliches Handeln, damit sie sich mit ihrer Tätigkeit identifizieren können. Die Frage des Europäischen Qualitätspreises danach, was „...die Organisation bei der Erfüllung der Wünsche und Erwartungen der Öffentlichkeit insgesamt leistet...",[985] hat also einen ökonomischen Hintergrund. In Deutschland ist vor allem die „...Absicht, Ökonomie und Ökologie miteinander zu versöhnen...",[986] zu einem Managementthema geworden. Spektakuläre Aktionen von Umweltschützern in Fällen wie der Mercedes Teststrecke, beim Rhein-

981) Vgl. Haag, J.: Kundendeckungsbeitragsrechnung, in: Die Betriebswirtschaft (DBW), Nr. 1, 52. Jg., 1992, S. 33f.

982) Vgl. Grant, A., Schlesinger, L., a.a.O., S. 59ff. sowie Kapitel 3.2.2: Qualitätshemmnisse und der Zusammenhang von Qualität und Kosten.

983) Vgl. MacDonald, S.: Wenn zuviel Kundennähe zur Abhängigkeit führt, in: Harvard Business Manager, Nr. 2, 18. Jg., 1996, S. 101.

984) Vgl. o.V.: How to make lots of money, and save the planet too, in: The Economist, 3.6.1995, S. 65.

985) European Foundation for Quality Management: Der European Quality Award - Bewerbungsbroschüre, a.a.O., S. 16.

986) Bartscher, T., Fleischer, H., a.a.O., S. 440.

Donau-Kanal, beim Schnellen Brüter in Kalkar, der Wiederaufbereitungsanlage in Wackersdorf und der Brent-Spar-Skandal verdeutlichen die Tragweite der Problematik.[987] Jedes unternehmerische Handeln belastet die Umwelt. Materielle Ressourcen und Energie werden verbraucht und Einsatzstoffe oder Produkte müssen entsorgt werden. Daher macht sich die Sensibilisierung von Gesellschaft, Verbrauchern und Politik für die ökologischen Anforderungen breit.

Durch die zunehmende Sensibilisierung werden Anreize zu ökologisch vertretbarem Verhalten geschaffen. Kunden geben über ihre Kaufentscheidungen Impulse für Produktion und Absatz ökologisch möglichst gering belastender Produkte. Circa 60 Prozent der deutschen Verbraucher entscheiden sich bewußt für „Ökowaren"[988] der Konsumgüterindustrie, also Produkte, die zumindest einen ökologisch positiven Aspekt herausstellen. Auch von staatlicher Seite werden Anreize für Unternehmen gegeben, umweltbewußt zu handeln. Besonders zu nennen ist hier die Öko-Audit-Verordnung der EU, die 1995 in Kraft getreten ist.[989] Angelehnt an die DIN/ISO 9000er-Normenreihe zur Qualitätssicherung schafft sie ein Rahmenwerk, das Unternehmen zu umweltverträglicherem Verhalten anregen soll.[990] Gleichzeitig existieren Regeln und Gesetze sowie Sanktionsmechanismen gegen besonders umweltschädigendes Verhalten.

---

987) Vgl. Deutsch, Ch.: Investitionsrisiken - Heilsamer Zwang, in: WirtschaftsWoche, Nr. 31, 49. Jg., 27.7.1995, S. 44.

988) Laut einer Umfrage der Gfk-Marktforschung, vgl. Reuß, A.: Begrenzte Bereitschaft, in: WirtschaftsWoche, Nr. 25, 49. Jg., 15.6.1995, S. 27.

989) Vgl. Eggert, R., Petrick, K.: EG-Öko-Audit-Verordnung, in: Qualität und Zuverlässigkeit (QZ), Nr. 6, 40. Jg., 1995, S. 654.

990) Vgl. Deutsch, Ch.: Umweltzertifikate: Mit Handbuch und Erklärung, in: WirtschaftsWoche, Nr. 25, 49. Jg., 15.6.1995, S. 112.

Entsorgung, häufig gleichbedeutend mit einer Einlagerung, ist wenig umwelteffizient. Auch die sogenannte „thermische Verwertung", vor allem zur Beseitigung des Mülls privater Haushalte eingesetzt, ist nichts anderes als eine Entsorgung durch Müllverbrennungsanlagen. Dadurch wird in ungewünschtem Maße CO_2 freigesetzt und der Wirkungsgrad der Energieausbeute ist gering. Daß Ökologie und Ökonomie nicht zwangsläufig einen Gegensatz darstellen, zeigt sich vor allem in der Produktion. Ein verringerter Ressourceneinsatz bedeutet im Regelfall geringeren Verbrauch wertvoller Ressourcen und gleichzeitig verminderte variable Kosten. Die Miniaturisierung von technologischen Komponenten, vor allem aus Kostengründen vorangetrieben, hat also einen ökologischen Nebeneffekt. Häufig sind es einfache Umstrukturierungen von Prozessen, die Einsparpotentiale ermöglichen. Eine Vermeidung des Einsatzes von knappen oder schädlichen Ressourcen kann häufig durch den Einsatz alternativer Verfahren und Einsatzstoffe erreicht werden. In dem Maße, in dem die Kosten von der öffentlichen Hand auf die Produzenten zurückgewälzt werden, wird Vermeidung sinnvoll für Unternehmen. Hilfreich ist, insbesondere die Verminderung oder Vermeidung von Schadstoffen möglichst schon in den frühen Phasen der Prozeßketten zu bewerkstelligen.[991] Eine weitere Möglichkeit, Prozesse im Unternehmen umweltverträglicher zu gestalten, ist das Recycling. Damit ist eine Rückführung von Einsatzstoffen in den Stoffkreislauf gemeint. Das Ideal einer vollständigen Kreislaufwirtschaft läßt sich allerdings bisher nur in den seltensten Fällen verwirklichen. Ein weitgehendes Recycling in Ergänzung zur Ausschöpfung von Vermeidungsalternativen muß im Regelfall als die höchste Form ökologieschonender Betriebsabläufe angesehen werden. Da ökologische Anforderungen erst im Zeitablauf an Unternehmen her-

---

991) Vgl. Butterbrodt, D.: Die ökologische Dimension des Total Quality Management, in: Qualität und Zuverlässigkeit (QZ), Nr. 6, 40. Jg., 1995, S. 683 und vgl. Dürand, D., Röthig, I., a.a.O., S. 108ff.

angetragen wurden, sind Aspekte der Entsorgung, des Recycling und der Vermeidung in vielen Unternehmen nur unzureichend verwirklicht. Eine Vielzahl von Prozessen, Einsatzstoffen und Endprodukten kann neu gestaltet und im Hinblick auf ihre ökologische Verträglichkeit optimiert werden.[992] Hier zeigt sich der enge Zusammenhang zwischen <u>Ökologieorientierung und Innovationen</u>.[993]

Eine Grundlage der Gestaltung ökonomisch und ökologisch gleichermaßen sinnvoller Prozesse ist die <u>Ökobilanz</u>.[994] In diesem Controllingsystem werden die Verbräuche von Roh-, Hilfs- und Betriebsstoffen und Energie aufgelistet. Abfallmengen und Schadstoffausstoß werden gemessen und anhand ihrer ökologischen Wirkungen bewertet. Auf dieser Grundlage lassen sich Prozesse kontinuierlich auf ihre Umweltwirksamkeit überprüfen und Schwachstellen von Produktions- und Dienstleistungsprozessen analysieren. Die Vermeidung von Schadstoffen, ein verringerter Ressourceneinsatz und Stoffkreisläufe sind häufig ökologisch und ökonomisch sinnvolle Alternativen im Rahmen eines Veränderungsmanagement. Voraussetzung für entsprechende Prozeß- und Marktleistungsinnovationen ist, daß die Anreize, die von Staat und Gesellschaft ausgehen, an die Mitarbeiter im Unternehmen durch Sensibilisierung und Qualifikation[995] weitergegeben werden. Auch hier ist die Unternehmenskultur Träger der Veränderungsbemühungen.[996]

---

992) Vgl. Dillinger, A., a.a.O., S. 662ff.

993) Vgl. Meffert, H., Kirchgeorg, M., Ostmeier, H.: Der Einfluß von Ökologie und Marketing auf die Strategien, in: Absatzwirtschaft, Sondernummer Oktober, 33. Jg. 1990, S. 50.

994) Vgl. Meuser, T., a.a.O., S. 66f.

995) Vgl. Butterbrodt, D., Rehren, M., Tammler, U.: Umweltschutz in der „schlanken" Fabrik - eine kritische Diskussion, in: UmweltWirtschaftsForum (UWF), Nr. 12, 2. Jg., 1994, S. 64.

996) Vgl. Beyer, H., Fehr, U.: Umweltschutz, innerbetriebliche Kooperation und Unternehmenskultur, in: UmweltWirtschaftsForum (UWF), Nr. 4, 3. Jg., 1995, S. 34ff.

Ökologiebewußtsein und der Wille zu umweltschonenden Innovationen können der ökonomisch sinnvolle Ausdruck der Gesellschaftsorientierung eines innovations- und qualitätsorientierten Veränderungsmanagements werden.

5.4 Die Aufgaben der Unternehmensleitung

„Veränderungsmanagement ist [ein] Dauerthema. Kundenorientierung, Innovation oder Umgestaltung von Geschäftsnetzen und Wertschöpfungsketten rücken in den Vordergrund."[997] Um Veränderungsmanagement durchzusetzen, bedarf es einer Initialisierung des Prozesses und einer andauernden „Energiezufuhr", um den Prozeß weiterzuentwickeln. „Der entscheidende Wettbewerbsfaktor ist die Führung."[998] Diese Erkenntnis von MOHN ist grundlegend für alle Überlegungen zur Sicherstellung eines optimalen Ressourceneinsatzes. Der Unternehmensführung kommt die Initiatorrolle zu. Nur sie kann die Elemente auswählen, aus denen das Veränderungsmanagement besteht. „Wir sahen, daß offenbar keines der bekannten Programme ausreicht, um Produkte schneller und effektiver zu entwickeln - egal ob Total Quality Management, Reengineering, Bildung selbstverantwortlicher Teams oder Einführung funktionsübergreifender Prozesse. Die besonders innovativen Firmen unserer Studie hatten tendenziell eher weniger zu diesen Programmen gegriffen als die innovationsschwachen. Was die Erfolgreichen besonders vom Rest unterscheidet, sind ihre Chefs,"[999] resümieren HOUT und CARTER nach einer Studie der Innovationspraktiken von 500 Triadeunternehmen.

997) Born, A.: Gandhis Weisheit, in: WirtschaftsWoche, Nr. 32, 50. Jg., 1.8.1996, S. 60.

998) Behrens, B.: Reinhard Mohn - Achtzig Pfennig, in: WirtschaftsWoche, Nr. 25, 50. Jg., 13.6.1996, S. 65.

999) Hout, T., Carter, J.: Es liegt beim Firmenchef, ob der Wandel gelingt, in: Harvard Business Manager, Nr. 2, 18. Jg., 1996, S. 60.

Die Veränderung muß mit den drei Stufen des organisationalen Lernprozesses korrespondieren,[1000] damit das Lernen der Personen mit dem Lernen der Organisation Schritt hält: Wahrnehmen, Lernen, Sichern.[1001] Deshalb ist der erste Schritt immer ein Unfreeze, ein Auftauen[1002], ein In-Bewegung-Bringen, Strukturen werden gelöst. Wichtig ist, daß Reaktanzen antizipiert und möglichst vermieden werden, daß alle Mitarbeiter und ebenso Kunden und Lieferanten erreicht werden. Die Reaktionen der Wettbewerber sind zu bedenken und Führungskräfte mit in den Veränderungsprozeß einzubinden. Diese Phase ist die wichtigste, da der Erfolg der nachfolgenden hier festgeschrieben wird. Verhaltensveränderungen können nach dem Okuno-Modell[1003] in Gang gesetzt werden. Konzepte des Veränderungsmanagements „...do not solve pre-existing cultural, structural, political, or leadership problems. In fact, they usually magnify them."[1004] Die Veränderung allein kann also nicht Ziel sein, sondern muß durch stabilisierende und risikomildernde Maßnahmen im Vorfeld und im Nachhinein aufgefangen werden.

Die zweite Phase heißt Change - sie umfaßt ein In-Bewegung-Halten, ein zielgerichtetes Verändern, Strukturen und Prozesse werden verbessert. Die Zielrichtung wird durch eine Aufgaben- statt Hierarchiebetonung und die Anleitung zur Selbstverpflichtung[1005] vorgezeichnet. „Eine dezentrale Organisation, die zum gesunden Egoismus in den selbständigen Einheiten führt, sorgt dafür, daß man bei

1000) Vgl. Eckel, G., a.a.O., S. 27.
1001) Siehe Abbildung 11: Integriertes Lernmodell.
1002) Vgl. das Modell zu Erzielung von Homöostase nach Lewin bei Schreyögg, G., Noss, C., a.a.O., S. 171.
1003) Siehe Kapitel 5.1.1: Mitarbeiter als Grundbausteine des Veränderungsmanagements.
1004) Powell, T.: When Lemmings Learn to Sail: Turning TQM to Competitive Advandage, a.a.O., S. 52.
1005) Siehe Kapitel 4.2.2: Selbstverpflichtung als zentrales Prinzip zur Steuerung von Unternehmensprozessen.

der Integration nicht in alte, ineffiziente Strukturen zurückfällt."[1006] <u>Stabilize</u> ist der dritte Schritt. Damit ist kein „freeze", keine neue, starre Struktur gemeint, sondern neues Gleichgewicht, das Veränderungsfähigkeit beinhaltet. Die Gratwanderung zwischen Standardisierung und Flexibilität wird zum ständigen Entscheidungsproblem, das alle Ebenen des Unternehmens immer wieder neu zu lösen haben. „Veränderungs- und Entwicklungsprozesse sind iterative Prozesse; ihre Stadien wiederholen sich also in endloser Folge."[1007]

Die Initiatorfunktion der Unternehmensführung ist eng mit ihrer <u>Planungsaufgabe</u> verbunden. Sie muß dabei ihren eigenen Weg finden, denn Organisationen sind individuell mindestens so unterschiedlich und so vielschichtig wie Persönlichkeiten. Kein Konzept läßt sich erfolgreich „überstülpen". Eine eigene Bezeichnung für den Veränderungsprozeß macht diese Erkenntnis für alle Beteiligten und Beobachter transparent. Notwendige Voraussetzung ist eine Analyse der Umwelt und der Verfassung, in der sich das Unternehmen befindet. Die Gestaltungsfelder und -elemente, Mitarbeiter-, Prozeß- und Kundenorientierung sind in wechselnder Gewichtung und Ausformung jedoch immer Bestandteil der Planung. Auch das Planungsergebnis stellt eine Gratwanderung dar, zwischen den Extrempunkten Anweisung und Anreiz, Hierarchie und Markt, Selbstorganisation und Fremdkontrolle. Um das gewünschte Ergebnis zu erhalten, muß die Unternehmensleitung ihrer <u>Kontrollfunktion</u> gerecht werden. Sie muß Leistung erwarten und auch überprüfen.[1008] Dies fordert eine konsequente <u>Ergebnisorientierung</u> des Verände-

---

1006) Aus einem Interview mit Matthias Bellmann, Process Manager bei ABB, von Deutsch, Ch.: Organisation- „Enorme Potentiale", in: WirtschaftsWoche, Nr. 17, 49. Jg., 20.4.1995, S. 119.

1007) Straub, W., Forchhammer, L.: Berater können erfolgreicher werden, in: Harvard Business Manager, Nr. 3, 17. Jg., 1995, S. 12.

1008) Siehe Kapitel 5.1.2: Zielgerichtete Mitarbeitermotivation.

rungsprozesses und zu seiner Umsetzung ein „...system that provides reliable and valid market, employee, and business process information that improves strategic decisions in order to provide competitive value for the customers".[1009] Hier kann die regelmäßige und unternehmensweite Selbstprüfung im Sinne der Qualitätspreise eingesetzt werden. „Werden Self-Assessments regelmäßig und systematisch durchgeführt, sind jährliche Steigerungsraten von 50 bis 70 Punkten möglich,"[1010] wertet WALDNER die Erfahrungen mit der Anwendung des EQA. Bei einer Gesamtsumme von theoretisch möglichen 1000 Punkten und einem anfänglichen Punktestand von beispielsweise 300 oder 500 Punkten ist das eine Aussage, die Mut zum Self-Assessment nach dem EQA macht. Benchmarking ergänzt ein derartiges Überprüfungssystem. „...I have always felt that if you don't keep score, you're just practicing. And that requires very clear objectives. We have one-year, three-year, and ten-year plans, and we know exactly what has to be achieved for each one,"[1011] berichtet LESCHLY von SmithKline Beecham.

Darüber hinaus hat die Unternehmensführung auch eine Vorbildfunktion, die bei erkannter Bedeutung der Motivation nicht zu unterschätzen ist: „...bei Honda machten Vorstandsleute in der Putzkolonne mit. Die machen auch die Toiletten sauber. Andere malochen in den Montagehallen und kriegen so die Stimmung in

1009) Hurley, R., Laitamäki, J.: Total Quality Research: Integrating Markets and the Organization, in: California Management Review, Issue 1, Vol. 38, 1995, S. 62.

1010) Waldner, G.: Beim dritten Anlauf ins Finale - Ein Erfahrungsbericht über die Bewerbung um den Europäischen Qualitätspreis, in: Qualität und Zuverlässigkeit (QZ), Nr. 12, 40. Jg., 1995, S. 1394.

1011) Jan Leschly, Chief Executive von SmithKline Beecham in Garvin, D.A.: Leveraging Processes for Strategic Advantage, a.a.O., S. 89.

der Belegschaft und die technischen Probleme in der Fertigung mit."[1012] Aber Praxisprogramme allein reichen nicht aus, um Veränderungsfähigkeit zu bewirken. „Eine Treppe fegt man von oben:"[1013] Viele Probleme eines Unternehmens liegen in Fehlverhalten- und Fehlentscheidungen der Unternehmensleitung begründet. Diese Fehler wiegen besonders schwer, da sie in alle Bereiche der Unternehmung hineinreichen. Eine offene und tiefgehende Selbst- und Fremdanalyse der Unternehmensleitung birgt deshalb besonders hohes Verbesserungs- und damit Innovationspotential. Dies setzt einen hohen Grad an subjektiver Kritikbereitschaft und objektiver Kritikfähigkeit der Unternehmensführer voraus. Nur wenn diese Bereitschaft vorhanden ist, kann man glaubhaft auf die Unternehmenskultur einwirken. Damit Qualität zum Leitbild wird, müssen Qualitätshemmnisse abgebaut werden. „What makes this work is the acknowledgement that quality is a fundamental way of managing a business for achieving both customer satisfaction and lower costs."[1014] Die innovative Persönlichkeit eines Unternehmensführers entwickelt „...am besten ein Gespür für Veränderungsbedürfnisse...",[1015] berichtet DORMANN. Qualität und Innovation sind sinnvolle Leitbilder für ein Veränderungsmanagement. Eine qualitäts- und zugleich innovationsförderliche Unternehmenskultur zu verwirklichen ist jedoch ein Prozeß, der nie sein Optimum erreichen wird. Der Weg ist das Ziel.

1012) Aus einem Interview mit dem japanischen Kaizen-Spezialisten Minoru Tormiga bei Schnitzler, L.: Produktion - „Wurst mit zwei Enden", in: WirtschaftsWoche, Nr. 12, 49. Jg., 16.3.1995, S. 86.

1013) Vgl. Bey, I.: Überleben im internationalen Wettbewerb, in: Frankfurter Allgemeine Zeitung (FAZ), Verlagsbeilage Qualität, Nr. 225, 27.9.1994, S. B2.

1014) Feigenbaum, A.: ROI - How long before Quality Improvement pays off?, in: Quality Progress, Nr. 2, Vol. 20, 1987, S. 32.

1015) Der Hoechst-Vorstandsvorsitzende in einem Interview mit David, F., Giger, M.-A.: Führungsstil: „Mit Bauchgefühl", in: WirtschaftsWoche, Nr. 40, 50. Jg., 26.9.1996, S. 145.

6 Zusammenfassung

In einer Welt, die durch technische und wettbewerbliche Veränderungen geprägt ist und in der sich der Überlebenskampf aus der Natur auf Märkte verlagert hat, müssen sich Unternehmen einem ständigen Veränderungsdruck stellen und in der Lage sein, sich von der Konkurrenz zu differenzieren. Während die einen auf mehr Innovationen innerhalb des Unternehmens und bei ihrem Leistungsangebot am Markt setzen, verschreiben sich andere umfangreiche Qualitätsprogramme. Welcher Weg ist eher erfolgversprechend? Es werden Konzepte zum Managen der Veränderung angeboten, die versuchen, alle Probleme „auf einen Streich" zu lösen, andere propagieren eine langfristige und kontinuierliche Gestaltung des Wandels. Reorganisation und Strukturveränderung werden als Lösung genauso gehandelt, wie der Versuch der gezielten Veränderung von Verhaltensweisen. Welches Vorgehen ist zu empfehlen?

Die Antworten auf diese Fragen müssen im einzelnen organisationsspezifisch ausfallen, da Unternehmen durch verschiedene Markt- und Rahmenbedingungen geprägt werden und unterschiedliche interne und externe Strukturbedingungen aufweisen. Generalisierbare Aussagen lassen sich jedoch aus einem Vergleich der angebotenen Konzepte des Veränderungsmanagements im Hinblick auf ihren Beitrag zur Ressourcenentwicklung im Unternehmen ableiten. Die Management-konzepte mit dem Leitbild Qualität haben eine lange Entwicklung durchgemacht, aus der sich mehrere Leistungsniveaus herausgebildet haben. Qualitätssicherung, -kontrolle und -management sind tendenziell als inflexibel und innovationsfeind-lich einzustufen. Sie sind nicht konsequent an den Kundenbedürfnissen ausgerich-tet und berücksichtigen die Notwendigkeit der Motivation der Mitarbeiter nur un-zureichend. Konkretes Beispiel dafür ist die Normenreihe DIN EN ISO 9000-

9004. Total Quality Management erreicht eine ganz andere Leistungsdimension. Der European Quality Award und der Malcolm Baldrige National Quality Award beschreiben ein durchdachtes System der Verbesserungen, das alle Bereiche im Unternehmen und alle Leistungsträger mit einbeziehen. Doch nur wenige Unternehmen trauen sich die Umsetzung dieses Maßnahmenpaketes zu, und die Abbruchrate von TQM-Konzepten ist weiterhin hoch, da das Konzept offensichtlich den Rahmen des Machbaren sprengen kann und die Umsetzung extrem schwer ist. Kaizen, das viele gemeinsame Wurzeln mit TQM hat und wie TQM personenorientiert ist, entfaltet seine Wirkung im Gegensatz dazu allmählich. Das Prinzip der kontinuierlichen Verbesserung kann für ein Unternehmen eine Philosophie bedeuten, sich in einem Set von Instrumenten manifestieren oder als Konzept umgesetzt werden. Wie auch immer Kaizen ausgestaltet wird, anders als TQM hat es eine explizite innovative Komponente. Innovationen werden zwar von kontinuierlichen Verbesserungen abgegrenzt, beide wirken aber zusammen auf die Verbesserung der Leistungsprozesse und der Marktleistungen im Sinne der Kunden. Fraglich bleibt aber vor allem, wie in einem europäischen Kontext die notwendige Einstellungs- und Verhaltensänderung der Mitarbeiter in Richtung einer noch höheren Wertschätzung der kontinuierlichen Verbesserung erreicht werden kann. TQM und Kaizen sind weitentwickelte Konzepte und zeichnen sich durch eine hohe Dauerhaftigkeit ihrer Wirkungen und eine geringe Nachahmbarkeit aus. Eine Beurteilung von Lean-Ansätzen und Reengineering fällt anders aus. Sie sind auf eine extreme Veränderung von Organisationen ausgelegt und behelfen sich vor allem mit organisatorisch-strukturellen Maßnahmen. Sie betonen das Verbesserungspotential, das in Prozessen liegt, und verlieren dadurch eine andere Ressource aus dem Blickfeld: die Mitarbeiter. Vor allem Reengineering gefährdet Unternehmen in ihrem Bestand, da es mit Gewalt die Strukturen zerschlägt, die durch die Anpassung an die Marktevolution entstanden sind. Innovationsmanagement ist im Gegensatz zu den anderen Konzepten zwar bisher nicht als unternehmesweites Veränderungskonzept gedacht, aber es bietet eine Fülle von Anregungen zur Förderung von Innovationen im Unternehmen. Ohne die Frage der Abgrenzung der Konzepte zueinander klären zu wollen, lassen sich aus dem Vergleich der Gemeinsamkeiten und Unterschiede Kernelemente des Veränderungsmanagements ableiten. Mitarbeiter-, Prozeß- und Kundenorientierung sind demnach die wichtigsten drei Prinzipien, die aufeinander aufbauen und sich gegenseitig ergänzen.

Bei der Analyse der Wirkungszusammenhänge von Qualität und Innovation wird deutlich, daß sie weit weniger ein Gegensatzpaar darstellen, als man annehmen könnte. In weiten Bereichen sind Qualität und Innovation sogar als komplementär zueinander einzustufen. Dies spiegelt sich auch in der Diskussion um Standardisierung oder Differenzierung und Flexibilität versus Stabilität wider. Standardisierung und Differenzierung bieten beide sowohl Kostensenkungs- als auch Erlöserhöhungspotentiale. Es kommt auf ein ausgewogenes Verhältnis der beiden Prinzipien zueinander an. Flexibilität ist die Voraussetzung für Anpassungsfähigkeit und das Ausnutzen strategischer Spielräume. Stabilität ist unabdingbar für beherrschte Prozesse und damit für weitgehende Fehlerfreiheit. Auch diese beiden Prinzipien lassen sich miteinander verbinden, wie Baukastensysteme und teilflexible Fertigung sowie Beispiele bei der Gestaltung der „weichen Faktoren" zeigen.

Qualität, als Konsequenz aus Stabilität und Standardisierung, ist ein positiv besetzter Begriff mit einem hohen Integrationspotential. Obwohl die kundenorientierte Auffassung von Qualität ökonomisch insgesamt die sinnvollste ist, weist auch das transzendente Verständnis auf ein wichtiges Merkmal hin, nämlich die subjektive Komponente, die unter anderem darin zu sehen ist, daß es dem Menschen ein Bedürfnis ist, Qualität zu produzieren. Qualität wird nicht ausschließlich durch Normen und Pläne verwirklicht, diese können sogar qualitätshemmende Wirkung entfalten. Auch Überqualität ist nicht erstrebenswert, sogenannte Null-Fehler-Programme sind nur in Ausnahmefällen sinnvoll, dann nämlich, wenn hochstandardisierte Massenproduktion komplexe oder hochsensible Güter hervorbringt. Vielmehr kann eine Förderung der Bemühungen der Mitarbeiter um Qualität und ein gezielter Abbau von Qualitätshemmnissen Qualität dauerhaft entwickeln. Das führt dazu, daß die gesamten Fehlerkosten sinken, selbst wenn die Qualitätserhöhungskosten steigen. Wichtiger noch ist die Wirkung am Markt, denn die Folge- und Multiplikatorwirkungen von unzufriedenen Kunden lassen sich nur schwerlich abschätzen.

Auch der Begriff Innovation kann auf verschiedene Art und Weise interpretiert werden. Der Analyse liegt die Auffassung zugrunde, daß sich Innovationen nicht vollständig in ein lineares Phasenschema der Invention, Realisierung und Diffusion zwängen lassen. Vielmehr sind Innovationen Bündel von Verbesserungen, Erfindungen und Anwendungen, die einem evolutorischen Ausleseprozeß unterliegen. Als Lösungen von Problemen bilden sie in Form von Marktleistungs-, Prozeß-, Struktur- oder sozialen Neuerungen die Grundlage für ein Diskontinuitätenmanagement. Neuigkeitsgrad und Nutzen einer Innovation bestimmen ihren Differenzierungsbeitrag, aber auch das Konfliktpotential, das ihr innewohnt. Notwendige Voraussetzung für das Ausschöpfen eines solchen Differenzierungsbeitrages, der im Extremfall zu einer „zeitweisen Monopolstellung" führen kann, ist das Vorhandensein von Kreativität. Diese Schöpfungskraft von Menschen und Organisationen entsteht bei der Kombination von vorhandenem Wissen. Notwendig ist daher neben dem Bereitstellen einer breiten Wissensbasis die Förderung der Hochkreativen im Betrieb. Darüber hinaus sind Innovationen von einer Reihe von Hemmnissen bedroht, denn sie tragen immer für einen oder mehrere der Beteiligten ein Risiko in sich. Daher ist es notwendig, Innovationshemmnisse abzubauen und gezielt Promotoren und Sponsoren einzusetzen oder zu fördern, die das Aufkommen und die Entwicklung von Innovationen unterstützen.

Normen im Sinne einer übertriebenen Qualitätssicherung zählen zu den Kreativitäts- und Diffusionshemmnissen. Qualität muß weniger „gesichert" als „gefördert" werden, denn Qualität hat eine innovative Komponente. Qualität braucht Innovation, damit auch die Kundenwünsche von morgen noch befriedigt werden können, wenn die Kundenwünsche von heute schon nicht mehr existieren. Der ständige Wettlauf mit der Zeit beim Bemühen um Innovationen kann in eine „Beschleunigungsfalle" führen. Offensichtlich ist es nicht das übertriebene, einscitige und lineare Verfolgen von Leitbildern, sondern deren ausgewogener und zusammenhängender Einsatz, der zu einer optimalen Ressourcenentwicklung führt.

Die beiden Leitbilder Qualität und Innovation sind, so ergibt die Analyse, gut miteinander zu vereinbaren, weil sie beide eine subjektive Komponente sowohl im Entstehungs- als auch im Verwendungszusammenhang besitzen, gemeinsame förderliche Rahmenbedingungen haben und vor allem, weil sie beide in hohem Maße von der Ausgestaltung der weichen Faktoren im Unternehmen abhängen. Diese Konvergenzen finden ihren Ursprung in dem gemeinsamen Wettbewerbsdruck, der die Qualitäts- wie auch die Innovationsanforderung erst hervorbringt. Die Divergenzen sind in dem statischen Gegenwartsbezug der Qualität im Vergleich zum dynamischen Zukunftsbezug der Innovation, in der unterschiedlichen Bedeutung von Risiko und Neuigkeit sowie in einer unterschiedlichen Bewertung von Fehlern zu sehen. Aber die Lösung dieser Divergenzen kann nicht in der Entscheidung für eines der beiden Leitbilder bestehen. Im Gegenteil kann das starre Qualitätsbild der Verfechter von Qualitätssicherungssystemen durch mehr Flexibilität und Kreativität nur gewinnen, Innovationen brauchen die Ausrichtung auf die Kundenbedürfnisse, die ein zeitgemäßes Qualitätsverständnis mit sich bringt. Die beiden Leitbilder können nur unter der Prämisse des unternehmensweiten Lernens gemeinsam verwirklicht werden. Denn Lernen ist das Instrument, um immer besser zu werden, und gleichzeitig die Basis für Innovationen.

Die Komplementarität von Qualität und Innovation hat Auswirkungen auf die Suche nach einem optimalen Gestaltungskonzept des Wandels. Denn wenn beide Anforderungen aus der Wettbewerbssituation entstehen und wenn sie sich nicht nur miteinander vereinbaren lassen, sondern sich sogar ergänzen, dann ist es ratsam, sie gemeinsam zu Leitbildern eines Veränderungsmanagements zu erwählen. Konzeptionen, die nicht explizit innovations- und qualitätsförderlich sind, greifen im Gegensatz dazu zu kurz. Bei der Diskussion existierender Managementansätze wurde bereits deutlich, daß den Mitarbeitern die entscheidende Bedeutung für das Gelingen einer Veränderung zukommt, da sie letztendlich Träger aller Leistungsprozesse sind. Mit Hilfe der neuen Institutionenökonomik lassen sich Wege aufzeigen, wie die Mitarbeiter trotz teilweise divergierender Austauschziele innovationsoffen und qualitätsbewußt im Sinne der Unternehmensziele arbeiten. Dazu muß man sich zunächst vergegenwärtigen, daß es zwei Extrempunkte auf einem Kontinuum möglicher Organisationsformen gibt: Markt und Hierarchie. In der Praxis finden sich häufig Hybridformen entsprechender Anreiz- und Kontrollsysteme, da sie bei mittlerer Transaktionsspezifität ressourcenoptimal sind. Die Austauschbeziehung zwischen Unternehmen und Mitarbeiter ist durch ein Netzwerk aus impliziten und expliziten Anreizen, Kontrollen und Vertragsstrafen geprägt. Beide Partner verfügen in der Rolle von Principal und Agent über ungleichmäßig verteilte Informationen über ihre für den Transaktionspartner relevanten Eigenschaften, Absichten, Informationen und Aktivitäten. Diese asymmetrisch verteilten Informationen bringen die Gefahr des Ausnutzens von Opportunismusspielräumen mit sich. Die Spezifität der Unternehmensleistung und des

Mitarbeiter-Know-hows bindet die Austauschpartner aber an der Stelle wieder aneinander, wo die Beziehung durch Opportunismus gefährdet ist. Denn selbst wenn die Gefahr besteht, daß ein Mitarbeiter nicht seine ganze Kreativität oder sein Qualitätsbewußtsein, seine gesamte Arbeitszeit oder seine Energie für die Innovationskraft und für die Qualität der Leistungserstellung seines Unternehmens aufbringt, so ist sein Verbleib in der Firma durch die Transaktionskosten einer Kündigung und Neueinstellung, der Einarbeitung und der Reputationsbeschädigung geschützt. Vor allem innovations-, aber auch qualitätsbezogenem Opportunismus läßt sich eher mit Anreizen als mit Kontrolle beikommen. Die Anreize müssen aber so gestaltet sein, daß sie nicht ihrerseits erst nach komplizierten Überprüfungsverfahren, die wiederum Transaktionskosten verursachen, ausgeschüttet werden. Es sind die impliziten Anreize, die quasi automatisch mit der Leistungserstellung verbunden sind, die dieses Effizienzkriterium erfüllen. Daher ist es notwendig, daß Unternehmen den festgestellten „Eigenantrieb zu Qualität" und die Motivation, sich kreativ zu betätigen, bei ihren Mitarbeitern aktiv fördern.

Darüber hinaus gibt es einen Wirkungsmechanismus, der seit Menschengedenken die Zusammenarbeit zwischen ungleich informierten Austauschpartnern fördert: Das Wechselspiel von Vertrauen und Selbstverpflichtung. Innerhalb von sozialen Gruppen, in der Neuen Institutionenökonomik mit „Clan" bezeichnet, treten die einzelnen Personen immer wieder in Vorleistungen. Je häufiger sie die Erfahrung machen, daß ihre Erwartungshaltung aufgrund des gruppentypischen Verhaltens nicht enttäuscht wird, desto größere Vorleistungen sind sie bereit, auf sich zu nehmen. In Unternehmen wird Vertrauen und Selbstverpflichtung zum Bestandteil der Unternehmenskultur und zur Voraussetzung für eine Selbstorganisation und damit Feinsteuerung der unternehmerischen Subsysteme. Zwar kann die Selbstorganisation nicht evolutionären Marktprozessen überlassen werden, da dies den Bestand des Systems gefährden würde, aber sie kann innerhalb der

Grenzen von Bekenntnis-, Abgrenzungs-, interaktiven und diagnostischen Kontrollsystemen und auf der Basis gemeinsamer Werte bestehen. Eine innovations- und qualitätsförderliche Unternehmenskultur kann zwar nicht als Lösung der Schwächen eines Unternehmens herhalten, ist aber als unterstützendes Element eine notwendige Voraussetzung zur Integration der beiden Leitbilder.

Wie bereits herausgearbeitet, stellt das Lernen ein Grundprinzip einer derartigen Unternehmenskultur dar. Obwohl nicht abschließend geklärt werden kann, ob Organisationen lernen können, kann festgestellt werden, daß die Menschen in Organisationen lernen und daß deshalb Organisationen betrachtet werden können, als ob sie lernen könnten und daß sie dabei spezifische Lernleistungen entwickeln. Die höchste Stufe der Lernleistung ist in Analogie zum Lernen von Individuen bei Organisationen erreicht, wenn Verhaltensänderungen bewirkt werden und wenn Erlerntes reflektiert wird. Lernen kann dann zu einem proaktiven Vorgang werden, der Probleme und mögliche Lösungen antizipiert. Lernen von Organisationen wie auch von Individuen erfolgt in einem Kreislauf von Wahrnehmen/ Auswahl, Lernen/ Handlungsanpassung, Sichern/ Wissensspeicherung. Lernen hängt eng mit Qualität zusammen, wie das Erfahrungskurvenkonzept belegt, und erfordert sehr ähnliche Bedingungen wie Innovation, vor allem in Bezug auf eine Kulturanpassung. Deshalb ist die Idee der „Lernenden Organisation" ein hilfreiches Konstrukt zur Ergänzung eines Ansatzes des Veränderungsmanagements, auch wenn sie nicht als eigenständiger Managementansatz gewertet werden kann.

Diese Erkenntnisse lassen sich auf konkrete Gestaltungsempfehlungen übertragen. Wenn man davon ausgeht, daß die Mitarbeiter im Sinne des European Quality Awards „Befähiger" eines integrativen Veränderungsmanagements sind, dann setzen grundlegende Veränderungen zunächst bei ihnen an. Dazu kann mit teilweise einfachen Mitteln von der Unternehmensseite her verdeutlicht werden, daß

Selbstverpflichtung und Eigeninitiative honoriert werden. Auf Dauer lassen sich Mitarbeiter durch die Gestaltung eines umfassenden Anreizsystems dazu motivieren, Verantwortung zu übernehmen. Ein derartiges Empowerment kann durch Höherqualifizierung der Mitarbeiter unterstützt werden. Da die sicherlich sinnvolle Personalentwicklung aber erst nach vielen Jahren ihre volle Tragweite entwikkelt, kann sie kurz- bis mittelfristig nur begleiten. Viel wichtiger ist der Aspekt der Kommunikation mit den Mitarbeitern. Die Einrichtung von Selbstbestimmten Arbeits- und Projektgruppen ist im Gegensatz dazu unabdingbar für eine unternehmensweite Umsetzung der Leitbilder. Denn wenn Mitarbeiter in clanartigen Gruppen organisiert und damit selbst- und der Gruppe gegenüber verantwortlich sind, funktioniert das System impliziter Anreize für Qualität und Innovation effizient. Diese Struktur, für viele Unternehmen auch Strukturveränderung, kann dann sinnvoll durch den Abbau von Qualitäts- und Innovationshemmnissen unterstützt werden. Dazu gehört neben der genannten Qualifikation der Einsatz von Qualitäts- und Innovationszirkeln und -promotoren sowie der zielgerichtete Ausbau des Anreizsystemes. Die Elemente dieses Maßnahmenpaketes sind aus den Konzepten des Veränderungsmanagements bekannt, sie erhalten jedoch eine veränderte Gewichtung durch die Kombination der Leitbilder Qualität und Innovation. Das gilt auch für das zweite Gestaltungsfeld, die Prozeßorientierung. Ihr Prinzip ist die Kunden-Lieferantenbeziehung, die sich kaskadenförmig durch alle Stufen der Wertschöpfungsprozesse zieht. Ansatzpunkte zur Umgestaltung von Geschäftsprozessen ergeben sich aus dem Instrumentarium des Business Process Management. Für den Geschäftsprozeß der Marktleistungsentwicklung mit seiner besonderen Bedeutung für Innovationen stellen die Parallelisierung der Wertschöpfungsaktivitäten und der Einsatz von Quality Function Deployment richtungsweisende Methoden dar. Kundenorientierung im Sinne eines umfassenden Qualitätsmanagements wird zur maßgeblichen Leitidee eines integrativen Veränderungsmanagementansatzes. Denn die Ausrichtung aller Aktivitäten auf die Belange der Kunden schafft nicht nur einen konsequenten Qualitätsbezug, sondern gibt auch allen kreativen Prozessen und der Innovationsdiffusion eine einheitliche Richtung und fokussiert somit die Kräfte eines Unternehmens. Dieser Kundenbezug kann auf die Gesellschaft, als der Gesamtheit potentieller Kunden und ihrer Einflußgeber, übertragen werden. Der <u>Unternehmensleitung</u> kommt nicht nur die Aufgabe der Initialisierung der Veränderungsprozesse zu, sondern sie hat auch eine Vorbildfunktion. Dies ist vor allem wichtig, da ein transaktionskostenminimales vertrauensbasiertes System nur funktioniert, wenn die wesentlichen Vertauensträger die Erwartungshaltungen der Mitarbeiter nicht enttäuschen. Darüber hinaus benötigt die Unternehmensführung ein Bewertungssystem, innerhalb dessen sich Freiräume entwickeln können, aber das trotzdem klare Anreize für die fortwährende Verbesserung der Gesamtorganisation ermöglicht.

Auf diese Art läßt sich ein Veränderungsmanagement skizzieren, innerhalb dessen <u>Qualität und Innovation als komplementäre Leitbilder</u> bestehen. Die Ausgewogenheit von Eigensteuerung und Fremdsteuerung, Anreizen und Kontrolle, Differenzierung und Flexibilität versus Standardisierung und Stabilität entscheiden in der unternehmensspezifischen Situation über den Erfolg eines solchen Systems. Die Erkenntnis, daß Ausgewogenheit und Integration einen stärkeren Hebel für Verbesserungsmanagement darstellen als ideologisierendes Betonen von einzelnen „Visionen", mag in dieser allgemeinen Form nicht verwundern. Was statt dessen befremdet, ist die Einseitigkeit aktueller Managementansätze, die vielfach versuchen zu spalten, anstatt zu integrieren. Es steht zu hoffen, daß Unternehmen und andere Organisationen, die auf Grund des internationalen Wettbewerbs zu einschneidenden Veränderungen gezwungen sind, nicht strategische Spielräume verlieren und das Vertrauen ihrer Transaktionspartner verspielen, sondern daß sie in zunehmendem Maße sowohl Innovationskraft als auch Qualitätsfähigkeit gewinnen.

Literaturverzeichnis

Abernathy, W.J., Utterback, J.M.: Patterns of Technological Innovation, in: Technology Review, Nr. 3, Vol. 80, 1978, S. 40-47

Abram, Hawkes plc. (Hrsg.): A report on TQM within the UK's 500 largest companies, Hayward Heath 1993

Adler, P.: Time-and-Motion Regained, in: Harvard Business Review, Nr. 1, Vol. 71, 1993, S. 97-108

Adler, P., Mandelbaum, A., Nguyen, V., Schwerer, E.: Getting the Most out of Your Product Development Process, in: Harvard Business Review, Nr. 2, Vol. 74, 1996, S. 135-152

Akande, A.: Applying Deming to Service, in: Management Decision, Nr. 3, Vol. 30, 1992, S. 3-8

Akao, Y.: QFD: Wie die Japaner Kundenwünsche in Qualitätsprodukte umsetzen, Landsberg 1992

Albach, H.: Kosten, Transaktionen und externe Effekte im betrieblichen Rechnungswesen, in: Zeitschrift für Betriebswirtschaft (ZfB), Heft 11, 58. Jg., 1988, S. 1143-1170

Albach, H.: Innovationsstrategien zur Verbesserung der Wettbewerbsfähigkeit, in: Zeitschrift für Betriebswirtschaft (ZfB), Heft 12, 59. Jg. 1989, S. 1338-1351

Albach, H.: Das Management der Differenzierung, in: Zeitschrift für Betriebswirtschaft (ZfB), Heft 8, 60. Jg., 1990, S. 773-788

Albach, H. (Hrsg.): Innovationsmanagement: Theorie und Praxis im Kulturvergleich, Wiesbaden 1990

Albach, H.: Urlaub vom Konto, in: WirtschaftsWoche, Nr. 45, 49. Jg., 1995, S. 53-56

Albach, H., de Pay, D., Rojas, R.: Quellen, Zeiten und Kosten von Innovationen, in: Zeitschrift für Betriebswirtschaft (ZfB), Heft 3, 61. Jg. 1991, S. 309-324

Alchian, A., Demsetz, H.: Production, Information Costs and Economic Organization, in: The American Economic Review, 62. Jg., 1972, S. 777-795

Alchian, A., Woodward, S.: The Firm is Dead; Long Live the Firm. A Review of Oliver E. Williamson's „The Economic Institutions of Capitalism", in: Journal of Economic Literature, Vol. 26, 1988, S. 65-79

Anderson, E., Oliver, R.: Perspectives on Behavior-Based Versus Outcome-Based Salesforce Control Systems, in: Journal of Marketing, Nr. 10, Vol. 51, 1987, S. 76-88

Asbrock, T., Janßen, F.: Prozesse optimieren, in: Qualität und Zuverlässigkeit (QZ), Nr. 4, 46. Jg., 1996, S. 435-443

Avishai, B., Taylor, W.: Customers Drive a Technology-Driven Company: An Interview with George Fisher, in: Harvard Business Review, Nr. 6, Vol. 67, 1989, S. 107-114

Backhaus, K., Bonus, H. (Hrsg.): Die Beschleunigungsfalle oder der Triumph der Schildkröte, Stuttgart 1997

Baecker, D.: Vor einer Renaissance?, in: Blick durch die Wirtschaft, 40. Jg., 14.4.1997, S. 11

Bakerjian, R.: Design for Manufacturability, in: ders. (Hrsg.), Tool and Manufacturing Engineers Handbook, Vol. 6, 4. Aufl., Dearborn, 1992, S. 7-11

Bamberger, I., Wrona, T.: Der Ressourcenansatz und seine Bedeutung für die Strategische Unternehmensführung, in: Zeitschrift für betriebswirtschaftliche Forschung (ZfbF), Nr. 2, 48. Jg., 1996, S. 131-153

Bantel, W., Hinterhuber, H., Hübner, H.: Qualitätssicherung als Führungsaufgabe - Integration der Qualitätssicherung in die strategische Unternehmensführung, in: Journal für Betriebswirtschaft, Nr.1, 39. Jg., 1989, S. 18-38

Bär, K.: Wie Qualitätskosten zum Führungsinstrument werden, in: io Management Zeitschrift, Nr. 11, 54. Jg., 1985, S. 492-494

Barclay, C. A.: Quality strategy and TQM policies: empirical evidence, in: Management International Review (MIR), Special Issue, Heft 2, Vol. 33, 1993, S. 87-98

Barnard, C.: The Functions of Executive, Cambridge Massachusetts, 1962

Barney, J.B.: Organizational Culture: Can It Be a Source of Sustained Competitive Advan tage?, in: Academy of Management Review, Nr. 11, Vol. 11, 1986, S. 656-665

Bartel-Lingg, G., Geesmann, H., Bögel, R.: Das TQM-Klima, in: Qualität und Zuverlässigkeit (QZ), Nr. 2, 41. Jg., 1996, S. 153-156

Bartmann, D., Metzger, R.: Made in Germany, Mainz 1994

Bartscher, T., Fleischer, H.: Perspektiven einer ökologisch orientierten Unternehmensführung - Ansatzpunkte für eine adäquate Personalpolitik, in: Zeitschrift Führung-Organisation (ZFO), Nr. 6, 60. Jg., 1991, S. 440-444

Bauche, K.: Segmentierung von Kundendienstleistungen auf intensiven Märkten, Schriften zu Marketing und Management, Band 23, Frankfurt 1994

Bauer, E.: Auslaufmodell TQM?, in: Qualität und Zuverlässigkeit (QZ), Nr. 4, 40. Jg., 1995, S. 365

Baumann, M.: Druck von außen, in: WirtschaftsWoche, Nr. 19, 51. Jg., 1.2.1997, S. 72-76

Bea, F.: Prozeßorientierte Produktionstheorie und Lernen, in: Zeitschrift für Betriebswirtschaft (ZfB) - Ergänzungsheft, Nr. 3, 65. Jg., 1995, S. 35-47

Becker, F.: Innovationsfördernde Anreizsysteme, in: Schanz, G. (Hrsg.): Handbuch Anreizsysteme in Wirtschaft und Verwaltung, Stuttgart 1991, S. 569-593

Becker, F.: Anreizsysteme bei dezentralen Gruppenstrukturen, in: Corsten, H. (Hrsg.): Handbuch Produktionsmanagement: Strategie -Führung - Technologie - Schnittstellen, Wiesbaden 1994, S. 929-941

Behr, E.: Der richtige Mitarbeiter an der richtigen Stelle, in: Qualität und Zuverlässigkeit (QZ), Nr. 4, 41. Jg., 1996, S. 380-384

Behrens, B.: Reinhard Mohn - Achtzig Pfennig, in: WirtschaftsWoche, Nr. 25, 50. Jg., 13.6.1996, S. 64-67

Beitz, W.: Simultaneous Engineering: Eine Antwort auf die Herausforderungen Qualität, Kosten und Zeit, in: Zeitschrift für betriebswirtschaftliche Forschung (ZfbF), Eränzungsheft Nr. 2, 65. Jg., 1995, S. 3-11

Benes, G., Vossebein, U.: Wandel in der Gewichtung - Ein Vergleich zweier Umfragen über die Erfahrungen zertifizierter Unternehmen, in: Qualität und Zuverlässigkeit (QZ), Nr. 5, 41. Jg., 1996, S. 524-528

Benkenstein, M.: F&E und Marketing, Wiesbaden 1987

Benkenstein, M.: Modelle technologischer Entwicklung als Grundlage für das Technologiemanagement, in: Die Betriebswirtschaft (DBW), Nr. 4, 49. Jg., 1989, S. 497-512

Benkenstein, M.: Dienstleistungsqualität - Ansätze zur Messung und Implikationen für die Steuerung, in: Zeitschrift für Betriebswirtschaft (ZfB), Heft 11, 63. Jg., 1993, S. 1095-1116

Benkenstein, M.: Die Gestaltung der Fertigungstiefe als wettbewerbsstrategisches Entscheidungsproblem - Eine Analyse aus transaktions- und produktionskostentheoretischer Sicht, in: ZfbF, J. 46, Nr. 6, 1994, S. 483 - 498

Benz, J.: Kundenzufriedenheit im Dienstleistungsbereich - Multivariate Verfahren schaffen Klarheit, in: Marktforschung & Management (M&M), Nr. 2, 35. Jg., 1991, S. 77-82

Berke, J., Deutsch, C.: Die Mogelpackung - Qualitätsmanagement: Probleme mit Null-Fehler-Konzepten, in: WirtschaftsWoche, Nr. 25, 46. Jg., 1992, S. 58-68

Berry, L., Parasuraman, A., Zeithaml, V.: The Service Quality Puzzle, in: Business Horizons, Nr. 5, Vol. 31, 1988, S. 35-43

Berth, R.: Rezepte für müde Innovatoren, in: Gablers Magazin, Nr. 11, 7. Jg., 1993, S. 11-13

Betts, P.: Laying the ghost of engines past, in: Financial Times, 5.11.1993, S. 17

Bey, I.: Überleben im internationalen Wettbewerb, in: Frankfurter Allgemeine Zeitung (FAZ), Verlagsbeilage Qualität, Nr. 225, 27.9.1994, S. B2

Beyer, H., Fehr, U.: Umweltschutz, innerbetriebliche Kooperation und Unternehmenskultur, in: UmweltWirtschaftsForum (UWF), Nr. 4, 3. Jg., 1995, S. 34-43

Bierach, B.: Unter dem Zug, in: WirtschaftsWoche, Nr. 10, 49. Jg., 2.3.1995, S. 70-72

Bitsch, H., Martini, J., Schmitt, H.: Betriebswirtschaftliche Behandlung von Standardisierung und Normung, in: Zeitschrift für betriebswirtschaftliche Forschung (ZfbF), Nr. 1, 47. Jg., 1995, S. 66-85

Bitzer, B., Poppe, P.: Strategisches Innovationsmanagement - Phasenspezifische Identifikation innerbetrieblicher Innovationshemmnisse, in: Betriebswirtschaftliche Forschung und Praxis (BFuP), Nr. 3, 45. Jg., 1993, S. 309-324

Bitzer, B.: Innovationshemmnisse im Unternehmen, Wiesbaden 1990

Bleicher, F.: Effiziente Forschung und Entwicklung. Personelle, organisatorische und führungstechnische Instrumente, Wiesbaden 1990

Bleicher, K.: Vertrauen als kritischer Faktor einer Bewältigung des Wandels, in: Zeitschrift Führung-Organisation (ZFO), Nr. 6, 43. Jg., 1995, S. 390-395

Bleicher, K.: Möglichkeiten und Grenzen der Selbstorganisation: Organisation als Erfolgsfaktor, in: Gablers Magazin, Nr. 9, 9. Jg., 1995, S. 13-16

Bleuler, U., Brunner, P.: Die Dinge einfach machen. Fraktales-Einfaches-Effizientes Konzept zum Aufbau und Unterhalt eines Qualitätsmanagementsystems, in: Qualität und Zuverlässigkeit (QZ), Nr. 6, 40. Jg., 1995, S. 697-700

Böhmer, R.: Automatisierung - Viel menscheln, in: WirtschaftsWoche, Nr. 17, 50. Jg., 18.4.1996, S. 123-128

Bolfing, C.: How Do Customers Express Dissatisfaction And What Can Service Marketers Do About It?, in: The Journal of Services Marketing, Nr. 2, Vol. 3, 1989, S. 5-22

Bonarius, S.: Blutleere und Verbalakrobatik, in: management & seminar, Heft 6, o.Jg., 1994, S. 33-35

Bonarius, S.: Wasch mich, aber mach mich nicht naß, in: management & seminar, Heft 6, o.Jg., 1994, S. 30-32

Bonus, H.: The Cooperative Association as a Business Enterprise: A Study of the Economics of Transactions, in: Journal of Institutional and Theoretical Economics, Vol. 142, 1986, S. 310-339

Born, A.: Gandhis Weisheit, in: WirtschaftsWoche, Nr. 32, 50. Jg., 1.8.1996, S. 60

Bösenberg, D.: Seine Rolle im „Lean" finden, in: Personalwirtschaft, Nr. 11, 20. Jg., 1993, S. 35-37

Bössmann, E.: Unternehmungen, Märkte, Transaktionskosten, in: Wirtschaftswissenschaftliches Studium (WiSt), Heft 3, 12. Jg., 1983, S. 105-111

Bower, J.L., Clayton, M., C.: Technisch revolutionäre Produkte: Wenn Stammkunden mauern, in: Harvard Business Manager, Nr. 3, 17. Jg., 1995, S. 88-96

Bower, J.L., Hout, T.: Fast-Cycle Capability for Competitive Power, in: Harvard Business Review, Nr. 6, Vol. 66, 1988, S. 110-118

Bradley, K., Hill, S.: After Japan. The Quality Circle Transplant and Productive Efficiency, in: British Journal of Industrial Relations, Vol. 21, 1983, S. 291-311

Brandstätt, T., Zink, K., Olesen, J.-P.: In Schritten zur Prozeßorientierung, in: Qualität und Zuverlässigkeit (QZ), Nr. 5, 41. Jg., 1996, S. 518-523

Brandt, D., Reffett, K.: Focusing on Customer Problems to Improve Service Quality, in: The Journal of Services Marketing, Nr. 4, Vol. 3, 1989, S. 5-14

Brannen, Y.M.: Culture as the Critical Factor in Implementing Innovation, in: Business Horizons, Nr. 6, Vol. 34, 1991, S. 59-67

Braun, Ch.-F., von: Der Innovationskrieg. Ziele und Grenzen der industriellen Forschung und Entwicklung, München 1994

Braun, K., Lawrence, C.: TQM I: Ohne gemeinsame Werte geht es nicht, in: Harvard Business Manager, Nr. 2, 15. Jg., 1993, S. 77-85

Braun, K., Lawrence, C.: Den Vergleich mit Vorbildern wagen - Benchmarking - der Weg an die Spitze, in: Harvard Business Manager, Nr. 3, 17. Jg., 1995, S. 118-125

Breid, V.: Aussagefähigkeit agencytheoretischer Ansätze im Hinblick auf die Verhaltenssteuerung von Entscheidungsträgern, in: Zeitschrift für betriebswirtschaftliche Forschung (ZfbF), Nr. 9, 47. Jg., 1995, S. 821-853

Breilmann, U.: Dimensionen der Organisationsstruktur - Ergebnisse einer empirischen Untersuchung, in: Zeitschrift Führung-Organisation (ZFO), Heft 3, 64. Jg., 1995, S. 159-164

Brockhoff, K.: Competitor Technology Intelligence in German Companies, in: Industrial Marketing Management, Vol. 20, 1991, S. 91-98

Brown, S.W., Swartz, T.A.: A Gap Analysis of Professional Service Quality, in: Journal of Marketing, Issue 4, Vol. 53, 1989, S. 92-98

Brunner, F.: Produktplanung mit Quality Function Deployment QFD, in: io Management Zeitschrift, Nr. 6, 61. Jg., 1992, S. 42-46

Brunner, F.: Erfolgsfaktor motivierte Mitarbeiter, in: Qualität und Zuverlässigkeit (QZ), Nr. 9, 40. Jg., 1995, S. 1044-1048

Bunk, B.: Das Geschäft mit dem Ärger, in: Absatzwirtschaft, Nr. 9, 36. Jg., 1993, S. 65-69

Burghardt, J., Fleissner, F., Spath, D., Uhlig, A.: Verrichtungsorientierte Prüfplanung: Ein neuer Ansatz für eine wirtschaftliche Werkerselbstprüfung, in: Qualität und Zuverlässigkeit (QZ), Nr. 1, 41. Jg., 1996, S. 60-63

Burkhardt, K., Sager, O.: Lean Production - auch in Dienstleistungsbetrieben, in: io Management Zeitschrift, Nr. 2, 62. Jg., 1993, S. 69-72

Burckhardt, W.: Benchmarking auf dem Prüfstand: Kunden begeistern, Mitarbeiter motivieren, in: Gablers Magazin, Nr. 2, 9. Jg., 1995, S. 14-18

Burgheim, W.: Acht Lernpfade für das lernende Unternehmen, in: Harvard Business Manager, Nr. 3, 18. Jg., 1996, S. 53-61

Büscher, M.: Afrikanische Weltanschauung und ökonomische Rationalität, Freiburg i.Brg. 1988

Bush, D., Dooley, K.: The Deming Prize and the Baldrige Award: How they compare, in: Quality Progress, Nr. 1, Vol. 21, 1988, S.28-30

Bushe, G.R.: Cultural Contradictions of Statistical Process Control in American Manufacturing Organizations, in: Journal of Management, Nr. 1, Vol. 14, 1988, S. 19-31

Butterbrodt, D.: Die ökologische Dimension des Total Quality Management, in: Qualität und Zuverlässigkeit (QZ), Nr. 6, 40. Jg., 1995, S. 682-685

Butterbrodt, D., Rehren, M., Tammler, U.: Umweltschutz in der „schlanken" Fabrik - eine kritische Diskussion, in: UmweltWirtschaftsForum (UWF), Nr. 12, 2. Jg., 1994, S. 61-65

Cadotte, L., Woodruff, R., Jenkins, R.: Expectations and Norms in Models of Consumer Satisfaction, in: Journal of Marketing Research, Nr. 8, Vol. 24, 1987, S. 305-314

Carlzon, J.: Alles für den Kunden - Jan Carlzon revolutioniert ein Unternehmen, Frankfurt a.M./ New York 1991

Casse, P.: Leading by Empowering: Three different models, in: Personalführung, Nr. 11, 28. Jg., 1995, S. 970-976

Castiglioni, E.: Organisatorisches Lernen in Produktinnovationsprozessen: eine empirische Untersuchung, Wiesbaden 1994

Chesbrough, H., Teece, D.: Organizing for Innovation, in: Harvard Business Review, Nr. 1, Vol. 75, 1996, S. 65-73

Chrobok, R.: Organisationales Lernen, in: Zeitschrift Führung-Organisation (ZFO), Heft 1, 65. Jg., 1996, S. 52-53

Clark, K.B., Fujimoto, T.: Automobilentwicklung mit System - Strategie, Organisation und Management in Europa, Japan und USA, Frankfurt/ New York 1992

Coase, R.M.: The Nature of the Firm, in: Economica, Vol. 4, 1937, S. 386-405

Cohausz, H.: Von der Idee zum Produkt, in: Forschung & Lehre, Nr. 3, o.Jg., 1995, S. 144-147

Collis, D., Montgomery, C.: Wettbewerbsstärke durch hervorragende Ressourcen, in: Harvard Business Manager, Nr. 2, 18. Jg., 1996, S. 47-57

Conti, T.: Company Quality Assessments, in: The TQM Magazine, Part 1: Nr. 3, Vol. 3, 1991, S. 167 172, Part 2: Nr. 4, Vol. 3, 1991, S. 227 233

Conti, T.: A critical review of the current approach to quality awards, in: EOQ Quality, Nr. 3, o.Jg., 1992, S. 10-16

Cooper, R.G.: Predevelopment Activities Determine New Product Success, in: Industrial Marketing Management, Vol. 17, 1988, S. 237-247

Cooper, R.G.: Project NewProd: Factors in New Product Success, in: European Journal of Marketing, Nr. 5/6, Vol. 14, 1980, S. 277-295

Cooper, R.G.: The Dimensions of Industrial New Products Success and Failure, in: Journal of Marketing, Summer, Vol. 43, 1979, S. 93-103

Cooper, R., Markus, L.: Den Menschen reengineeren - geht das denn?, in: Harvard Business Manager, Nr. 1, 18. Jg., 1996, S. 77-89

Costello, N.: Organizations as economic agents, in: Mackintosh, M., et al.: Economics and changing economies, Milton Keynes 1996, S. 113-146

Crosby, P.: Quality is Free, New York 1979

Cube, F.v.: Lust an Leistung - Mitarbeiterführung nach Erkenntnissen der Verhaltensbiologie, in: Fortschrittliche Betriebsführung und Industrial Engineering (FB/IE), Nr. 3, 44. Jg., 1995, S. 126-130

Curtius, B., Ertürk, Ü.: QFD Einsatz in Deutschland, in: Qualität und Zuverlässigkeit (QZ), Nr. 4, 39. Jg., 1994, S. 394-402

Cusumano, M.A.: Manufacturing Innovation: Lessons from the Japanese Auto Industry, in: Sloan Management Review, Nr. 4, Vol. 29, 1988, S. 29-39

Cusumano, M.A.: The Limits of „Lean", in: Sloan Management Review, Nr. 4, 36. Jg., 1994, S. 27-32

Daniel, S.J., Reitsperger, W.D.: Management Control System for J.I.T.: An Empirical Comparison of Japan and the U.S., in: Journal of International Business Studies, Vol. 21, Nr. 4, 1991, S. 603-617

Dannenberg, M., Mütterthies, N.: Führungskräfte im Spannungsfeld wechselnder Managementphilosophien, in: Sparkasse, Nr. 10, 113 Jg., 1996, S. 446-458

Davenport, T., Short, J.: The New Industrial Engineering: Information Technology and Business Process Redesign, in: Sloan Management Review, Nr. 2, Vol. 31, 1990, S. 11-27

Davenport, T.: Need Radical Innovation and Continuous Improvement? Integrate Process Reengineering and TQM, in: Planning Review, Nr. 3, Vol. 21, 1993, S. 6-12

Davenport, T., Stoddard, D.: Reengineering: Business Change of Mythic Proportions?, in: MIS Quarterly, Nr. 2, o.Jg., 1994, S. 121-127

David, F., Giger, M.-A.: Führungsstil: „Mit Bauchgefühl", in: WirtschaftsWoche, Nr. 40, 50. Jg., 26.9.1996, S. 144-145

de Pay, D.: Maßnahmen des Schnittstellenmanagements im Innovationsprozeß, in: Zahn, R. (Hrsg.): Technologiemanagement und Technologien für das Management, Stuttgart 1994, S. 57-87

Debrah, Y., Jeng Li, C., Beng Geok, W.: From a Matrix to Autonomous Work Teams: Total Quality Management (TQM) as the Initiator of Organizational Structural Change, in: Entrepreneurship, Innovation, and Change, Nr. 3, Vol. 2, 1993, S. 273-305

Delfmann, W.: Logistik als strategische Ressource, in: Zeitschrift für Betriebswirtschaft (ZfB) - Ergänzungsheft, Nr. 3, 65. Jg., 1995, S. 141-171

Deger, R.: Deutschland versus Weltklasse: Internationale Wettbewerbsfähigkeit und Unternehmenserfolg, Stuttgart 1995

Delsanter, J.: Baldrige Winners, in: The TQM Magazine, Nr. 2, Vol. 4, 1992, S. 11-15

Demmer, C., Groothuis, U.: Beschwerde-Management - Eigener Saft, in: Wirtschaftswoche, 49.Jg., Nr. 47, 16.11.1995, S. 118-122

Deming, E.: Quality, Productivity and Competitive Position, Cambridge Massachusetts 1982

Deppe, J.: Quality Circle und Lernstatt - Ein integrativer Ansatz, Wiesbaden 1989

Deutsch, Ch.: Entgeltsysteme - Heißes Eisen, in: WirtschaftsWoche, Nr. 6, 49. Jg., 2.2.1995, S. 94-96

Deutsch, Ch.: Gruppenarbeit - Schnell umsetzen, in: WirtschaftsWoche, Nr. 40, 49. Jg., 28.9.1995, S. 127-130

Deutsch, Ch.: Innovation: In der Falle, in: WirtschaftsWoche, Nr. 23, 49. Jg., 1.6.1995, S. 83-86

Deutsch, Ch.: Investitionsrisiken - Heilsamer Zwang, in: WirtschaftsWoche, Nr. 31, 49. Jg., 27.7.1995, S. 44-47

Deutsch, Ch.: Organisation - „Enorme Potentiale", in: WirtschaftsWoche, Nr. 17, 49. Jg., 20.4.1995, S. 119-122

Deutsch, Ch.: Umweltzertifikate: Mit Handbuch und Erklärung, in: WirtschaftsWoche, Nr. 25, 49. Jg., 15.6.1995, S. 112

Deutsch, Ch.: Weit mehr möglich, in: WirtschaftsWoche, Nr. 22, 49. Jg., 25.5.1995, S. 79-81

Deutsch, Ch.: Gute Kontakte, in: WirtschaftsWoche, Nr. 6, 50. Jg., 1.2.1996, S. 68-72

Deutsches Institut für Normung (DIN) (Hrsg.): DIN ISO 8402 - Qualitätsmanagement und Qualitätssicherung - Begriffe, Berlin, Entwurf, März 1992

Deutsches Institut für Normung (DIN) (Hrsg.): DIN ISO 9001 - Qualitätsmanagementsysteme - Modell zur Qualitätssicherung/Qualitätsmanagementdarlegung in Design, Entwicklung, Produktion, Montage und Wartung, Berlin 1994

Deysson, C.: Mut zur Langsamkeit, in: WirtschaftsWoche, Nr. 17, 51. Jg., 17.4.1997, S. 108-119

Dichtl, E.: Dimensionen der Produktqualität, in: Marketing ZFP, Zeitschrift für Forschung und Praxis, Heft 3, 13. Jg., 1991, S. 149-155

Dichtl, E.: Vom Optimierungskalkül zur Prozeßoptimierung, in: Wirtschaftswissenschaftliches Studium (WiSt), Heft 4, 24. Jg., 1995, S. 173-179

Dichtl, E.: Weswegen im Wettbewerb Zeit zählt, in: Wirtschaftswissenschaftliches Studium (WiSt), Heft 1, 24. Jg., 1995, S. 33-34

Diemer, R. von, Hertel, G.: Durch interne zur externen Kundenzufriedenheit, in: Qualität und Zuverlässigkeit (QZ), Nr. 4, 41. Jg., 1996, S. 375-378

Diller, H.: Beziehungs-Marketing, in: Wirtschaftswissenschaftliches Studium (WiSt), Heft 9, 24. Jg., 1995, S. 442-447

Dillinger, A.: Qualität und Umwelt - zwei Seiten einer Medaille, in: Qualität und Zuverlässigkeit (QZ), Nr. 11, 37. Jg., 1992, S. 662-664

Dixon, R., Arnold, P., Heineke, J., Kim, J., Mulligan, P.: Business Process Reengineering: Improving in New Strategic Dimensions, in: California Management Review, Nr. 2, Vol. 36, 1994, S. 93-108

Dixon, R., Arnold, P., Heineke, J., Kim, J., Mulligan, P.: Reengineering II: Mit Ausdauer ist es machbar, in: Havard Business Manager, Nr. 2, Vol. 17, 1995, S. 105-115

Domsch, M.: Partizipative Strategien zur Förderung und Verbesserung des Innovationspotentials im mittelständischen Unternehmen, in: Zahn, R. (Hrsg.): Technologiemanagement und Technologien für das Management, Stuttgart 1994, S. 89-106

Dornach, F., Meyer, A.: Das Deutsche Kundenbarometer, in: Qualität und Zuverlässigkeit (QZ), Teil I: Nr. 12, 40. Jg., 1995, S. 1385-1390, Teil II: Nr. 1, 41. Jg., 1996, S. 33-38

Dörnberg, A. von: Die beste Qualität ist unser Ziel, in: Gablers Magazin, Nr. 2, 6. Jg., 1992, S. 20-23

Dorow, W., Weiermair, K.: Markt versus Unternehmung: Anmerkungen zu methodischen und inhaltlichen Problemen des Transaktionskostenansatzes, in: Schanz, G. (Hrsg.): Betriebswirtschaftslehre und Nationalökonomie, Wiesbaden 1984, S. 191-223

Doppler, K., Lauterburg, C.: Change Management - Den Unternehmenswandel gestalten, Frankfurt/ New York, 1995, S. 52f.

Dörle, M., Grimmeisen, M.: Fit for Customer bei Alcatel SEL - Konzept und Implementierung, in: Zeitschrift Führung-Organisation (ZFO), Heft 5, 64. Jg., 1995, S. 310-315

Dosi, G.: Technological paradigms and technological trajectories. A suggested interpretation of the determinants and direction of technical change, in: Research Policy, Vol. 11, 1982, S. 147-162

Dougherty, D., Bowman, E.: The Effects of Organizational Downsizing on Product Innovation, in: California Management Review, Nr. 4, Vol. 37, 1995, S. 28-44

Drew, S.: BPR in Financial Services: Factors for Success, in: Long Range Planning, Heft 5, Vol. 27, 1994, S. 25-41

Dürand, D.: Innovationsfähigkeit: Viel mehr Risiko, in: WirtschaftsWoche, Nr. 38, 50. Jg., 14.9.1996, S. 126-132

Dürand, D., Röthig, I.: Saubere Produktion: Lieber selbst, in: WirtschaftsWoche, Nr. 25, 49. Jg., 15.6.1995, S. 108-110

Durkheim, E.: The Division of Labor in Society, New York 1933

Ebrahimpour, M., Cullen, J.: Quality Management in Japanese and American Firms Operating in the United States: A Comparative Study of Styles and Motivational Beliefs, in: Management International Review (MIR), Special Issue, Heft 1, Vol. 33, 1993, S. 23-38

Eckel, G.: Lernen - ein wichtiges Element im Veränderungsprozeß, in: Zeitschrift für Betriebswirtschaft (ZfB) - Ergänzungsheft, Nr. 3, 65. Jg., 1995, S. 25-33

Eggert, R., Petrick, K.: EG-Öko-Audit-Verordnung, in: Qualität und Zuverlässigkeit (QZ), Nr. 6, 40. Jg., 1995, S. 654

Egner, H., Hoffmann, J., Martinez, H.: Methodengestützt planen und entwikkeln, in: Qualität und Zuverlässigkeit (QZ), Nr. 11, 40. Jg., 1995, S. 1282-1286

Eiff, W. von: Geschäftsprozeßmanagement: Integration von Lean Management-Kultur und Business Process Reengineering, in: Zeitschrift Führung-Organisation (ZFO), Heft 6, 63. Jg., 1994, S. 364-371

Engelhardt, W.H., Kleinaltenkamp, M., Reckenfelderbäumer, M.: Leistungsbündel als Absatzobjekte, in: Zeitschrift für betriebswirtschaftliche Forschung (ZfbF), Nr. 5, 45. Jg., 1993, S. 395-426

Engelhardt, W.H., Schütz, P.: Total Quality Management, in: Wirtschaftswissenschaftliches Studium (WiSt), Heft 8, 20. Jg., 1991, S. 394-399

Ester, B., Pfohl, H.-C.: Benchmarking in deutschen Maschinenbauunternehmen, in: Qualität und Zuverlässigkeit (QZ), Nr. 1, 41. Jg., 1996, S. 45-47

European Foundation for Quality Management (EFQM): Der European Quality Award - Bewerbungsbroschüre, Brüssel, 1996

European Organization for Quality (Hrsg.): 40th Annual EOQ-Congress, Proceedings, Vol. 1 - Vol. 3, Berlin, 1996

Eversheim, W., Wengler, M., Ogrodowski, U.: Qualitätsprobleme wie von selbst gelöst?, in: Qualität und Zuverlässigkeit (QZ), Nr. 9, 40. Jg., 1995, S. 1050-1056

Fallgatter, M.: Grenzen der Schlankheit: Lean Management braucht Organizational Slack, in: Zeitschrift Führung-Organisation (ZFO), Nr. 4, 64. Jg., 1995, S. 215-220

Fandel, G., Francois, P.: Just-In-Time-Produktion und -Beschaffung, in: Zeitschrift für Betriebswirtschaftslehre (ZfB), Nr. 5, 59. Jg., 1989, S. 531-544

Feigenbaum, A.: Total Quality Control, 3. Aufl., New York 1986

Feigenbaum, A.: ROI - How long before Quality Improvement pays off?, in: Quality Progress, Nr. 2, Vol. 20, 1987, S. 32-35

Felsch, A.: Personalentwicklung und Organisationales Lernen: Mikropolitische Perspektiven zur theoretischen Grundlegung, Hamburg 1996

Fischer, E.: Just-In-Time - Sündenbock für das Verkehrschaos?, in: Logistik heute, Nr. 4, o.Jg., 1993, S. 42-44

Fischer, G., Risch, S., Selzer, P.: Neue Kur, in: Manager Magazin, Nr. 10, 25. Jg., 1995, S. 197-211

Fischer, H.: Von der Herausforderung, das Verlernen und Umlernen zu organisieren, in: Sattelberger, T. (Hrsg.): Die lernende Organisation: Konzepte für eine neue Qualität der Unternehmensentwicklung, Wiesbaden 1994, S. 229-244

Fischer, T., Schmitz, J.: Ansätze zur Messung von kontinuierlichen Prozeßverbesserungen - Aufbau und Anwendung des Half-Life Konzeptes im Unternehmen, in: Controlling, Heft 4, 6. Jg., 1994, S. 196-203

Foster, R.: Innovation - Die technolgische Offensive, Wiesbaden 1986

Fritz, W.: Die Produktqualität - ein Schlüsselfaktor des Unternehmenserfolgs?, in: Zeitschrift für Betriebswirtschaft (ZfB), Heft 8, 64. Jg., 1994, S. 1045-1062

Fröhling, O.: Zur Ermittlung von Folgekosten aufgrund von Qualitätsmängeln, in: Zeitschrift für Betriebswirtschaft (ZfB), Heft 6, 63. Jg., 1993, S. 543-568

Fuchs, J. (Hrsg.): Das biokybernetische Modell, Wiesbaden 1992

Fukuyama, F.: Konfuzius und Marktwirtschaft, München 1995

Fukuyama, F.: Enorme Konsequenzen, in: WirtschaftsWoche, Teil 1, Nr. 38, 14.9.1995, S. 52-60, Teil 2, Nr. 39, 21.9.1995, S. 49-56, Teil 3, Nr. 40, 28.9.1995, S. 56-64

Furey, T.R.: Benchmarking - the Key to Developing Competitive Advantage in Mature Markets, in: Planning Review, Nr. 5, 15. Jg., 1987, S. 30-32

Gagliardi, P.: The Creation and Change of Organizational Cultures: A Conceptual Framework, in: Organizational Studies, Nr. 7, o.Jg., 1986, S. 117-134

Gaitanides, M.: Prozeßorganisation: Entwicklung, Ansätze und Programm prozeßorientierter Organisationsgestaltung, München 1983

Gaitanides, M., Wicher, H.: Strategien und Strukturen innovationsfähiger Organisationen, in: Zeitschrift für Betriebswirtschaft (ZfB), Heft 4/5, 56 Jg., 1986, S. 385-403

Gallon, R.: Did Michelangelo need ISO-9000 certification?, in: TQM & Innovation, Renault Tagungszeitung, The 1996 Learning Edge Conference, Paris, 25.04.1996, S. 5

Garvin, D.A.: Quality on the Line, in: Harvard Business Review, Nr. 5, Vol. 61, 1983, S. 65-75

Garvin, D.A.: Managing Quality, in: McKinsey Quarterly, Nr. 2, o.Jg., 1988, S. 61-70

Garvin, D.A.: Das lernende Unternehmen I: Nicht schöne Worte - Taten zählen, in: Harvard Business Manager, Nr. 1, 16. Jg., 1994, S. 74-85

Garvin, D.A.: Leveraging Processes for Strategic Advantage, in: Harvard Business Manager, Nr. 5, 17. Jg., 1995, S. 77-90

Gaukel, F., Bardelli, G.: Einführung der Prozeßorientierung in einem mittelständischen Unternehmen, in: io Management Zeitschrift, Nr. 5, 63. Jg., 1994, S. 34-36

Geiger, W.: Das spezielle immaterielle Produkt Dienstleistung, in: Qualität und Zuverlässigkeit (QZ), Nr. 9, 38. Jg., 1993, S. 509-510

Geißler, H.: Vom Lernen in der Organisation zum Lernen der Organisation, in: Sattelberger, T. (Hrsg.): Die lernende Organisation: Konzepte für eine neue Qualität der Unternehmensentwicklung, Wiesbaden 1994, S. 79-96

Geißler, K.: Zeit, Weinheim 1996

Gellermann, S.: Motivation und Leistung, Düsseldorf/Wien 1972

Gemünden, H.G., Walter, A.: Der Beziehungspromotor - Schlüsselperson für interorganisationale Innovationsprozesse, in: Zeitschrift für Betriebswirtschaft (ZfB), Heft 9, 65. Jg., 1995, S. 971-987

Gerum, E., Schäfer, I., Schober, H.: Empowerment - viel Lärm um nichts?, in: Wirtschaftswissenschaftliches Studium (WiSt), Heft 10, 25. Jg., 1996, S. 498-502

Geschka, H.: Wettbewerbsfaktor Zeit, Landsberg 1993

Gierl, H., Sipple, H.: Zufriedenheit mit dem Kundendienst, in: GfK - Jahrbuch der Absatz- und Verbrauchsforschung, Nr. 3, 39. Jg., 1993, S. 239-259

Giles, E., Starkey, K.: The Japanisation of Xerox, in: New Technology, Work and Employment, Nr. 2, Vol. 3, 1988, S. 125-133

Glöckner, T.: Automobilindustrie - Heiße Monate, in: WirtschaftsWoche, Nr. 28, 49. Jg., 6.7.1995, S. 44-49

Glöckner, T.: Zulieferindustrie: Großer Sprung, in: WirtschaftsWoche, Nr. 7, 50. Jg., 8.2.1996, S. 36-37

Göbel, E.: Bedeutung des Prozeßmanagement für das organisationale Lernen, in: Wirtschaftswissenschaftliches Studium (WiSt), Heft 11, 25. Jg., 1996, S. 554-558

Gobeli, D., Rudelius, W.: Managing Innovation: Lessons from the Cardiac Pacing Industry, in: Sloan Management Review, Nr. 2, Vol. 26, 1985, S. 29-42

Gomez, P., Probst, G.: Vernetztes Denken im Management, in: Die Orientierung, Nr. 89, o.Jg., 1987

Gottschall, P.: Von 152 auf 110 Sekunden, in: Manager Magazin, Nr. 12, 24. Jg., 1994, S. 239-247

Gouillart, F., Sturdivant, F.: Topmanager müssen den Wünschen der Kunden selbst nachspüren, in: Harvard Business Manager, Nr. 3, 16. Jg., 1994, S. 34-41

Grant, A., Schlesinger, L.: Realize Your Customers' Full Profit Potential, in: Harvard Business Review, Nr. 5, Vol. 75, 1995, S. 59-72

Graßy, O.: Industrielle Dienstleistungen - Diversifikationspotentiale für Industrieunternehmen, München 1993

Grayson, J.: Taking on the World, in: Total Quality Management, Nr. 6, o.Jg., 1992, S. 139-143

Griffin, A., Gleason, G., Preiss, R., Shevenaugh, D.: Best Practice for Satisfaction in Manufacturing Firms, in: Sloan Management Review, Nr. 2, Vol. 36, 1995, S. 87-98

Groothuis, U.: Auf Tuchfühlung - Eine Studie über Erfahrungen mit dem Kontinuierlichen Verbesserungsprozeß, in: WirtschaftsWoche, Nr. 24, 50. Jg., 6.6.1996, S. 102-106

Groothuis, U.: Verkaufsteams - an einem Strang, in: WirtschaftsWoche, Nr. 45, 50. Jg., 31.10.1996, S. 174-176

Groothuis, U.: Wandel in den Köpfen, in: WirtschaftsWoche, Nr. 17, 50. Jg., 9.11.1996, S. 140-145

Günther, T.: Zur Notwendigkeit des Wertsteigerungsmanagements, in: ders. (Hrsg.): Wertsteigerungs-Management, Frankfurt/ New York 1995, S. 13-58

Haag, J.: Kundendeckungsbeitragsrechnung, in: Die Betriebswirtschaft (DBW), Nr. 1, 52. Jg., 1992, S. 25-39

Hadamitzky, M.: Restrukturierung, organisatorisches Lernen und Unternehmenserfolg, in: Zeitschrift für Betriebswirtschaft (ZfB) - Ergänzungsheft, Nr. 3, 65. Jg., 1995, S. 173-189

Hahn, R., Scharioth, J.: Qualitätscontrolling und Kundenbindung, Weiterbildung bei Siemens, in: Gablers Magazin, Nr. 2, 6. Jg., 1992, S. 27-29

Haist, F., Fromm, H.: Qualität im Unternehmen, Prinzipien - Methoden - Techniken, 2. Aufl., München 1992

Hall, G., Rosenthal, J., Wade, J.: Reengineering: Es braucht kein Flop zu werden, in: Harvard Business Manager, Heft 4, 16. Jg., 1994, S. 82-93

Haller, S.: Methoden zur Beurteilung von Dienstleistungsqualität - Überblick zum State of the Art, in: Zeitschrift für betriebswirtschaftliche Forschung (ZfbF), Heft 1, 45. Jg., 1993, S. 19-40

Hammer, M., Champy, J.: Business Reengineering: Die Radikalkur für das Unternehmen, Frankfurt a.M./ New York, 1994

Hammer, M., Champy, J.: The Reengineering Corporation - A manifesto for business revolution, New York 1993

Hammer, M.: „Über Bord werfen", in: WirtschaftsWoche, Nr. 46, 49. Jg., 9.11.1995, S. 133-138

Hammer, M.: „In Feindeshand", in: WirtschaftsWoche, Nr. 47, 49. Jg., 16.11.1995, S. 126-130

Hammer, M.: Reengineering I: Der Sprung in eine andere Dimension, in: Havard Business Manager, Nr. 2, Vol. 17, 1995, S. 95-103

Hammer, M.: Reengineering Work: Don't Automate, Obliterate, in: Harvard Business Review, Nr. 4, Vol. 68, 1990, S. 104-112

Handy, Ch.: „Arme Würstchen", in: WirtschaftsWoche, Nr. 6, 49. Jg., 2.2.1995, S. 90-93

Hansen, U.: Beschwerdemanagement - Die Karriere einer kundenorientierten Unternehmensstrategie im Konsumgütersektor, in: Marketing ZFP, Zeitschrift für Forschung und Praxis, Heft 2, 17. Jg., 1995, S. 77-88

Hansen, W.: Made in Germany - Ende eines Mythos?, in: Frankfurter Allgemeine Zeitung (FAZ), Verlagsbeilage Qualität, Nr. 225, 27.9.1994, S. B1

Hart, C.: Vom Nutzen interner Qualitätsgarantien, in: Havard Business Manager, Nr. 3, Vol. 17, 1995, S. 78-86

Hauer, R., Schmidt, A., Zink, K.: Qualität ist oft kein Thema, in: Qualität und Zuverlässigkeit (QZ), Nr. 12, 38. Jg., 1993, S. 665-670

Hauff, W., Patzschka, C.: Qualitätskostenrechnung noch in den Kinderschuhen, in: Qualität und Zuverlässigkeit (QZ), Nr. 9, 40. Jg., 1995, S. 1033-1039

Haug, N., Martens, B., Pudeg, R.: Prozeßoptimierung durch Mitarbeiterbeteiligung - Beurteilung von KVP und KAIZEN aus der Sicht eines Anwenders, in: Fortschrittliche Betriebsführung und Industrial Engineering (FB/IE), Nr. 4, 42. Jg., 1993, S. 148-152

Hauschild, J.: Innovationsstrategien und ihre organisatorischen Konsequenzen, in: Rieckhoff, H.-C.: Strategieentwicklung: Konzepte und Erfahrungen, Stuttgart 1989, S. 255-270

Hauschild, J.: Managementrolle: Innovator, in: Staehle (Hrsg.): Handbuch Management, Wiesbaden, 1991, S. 226-239

Hauschild, J.: Zur Messung des Innovationserfolgs, in: Zeitschrift für Betriebswirtschaft (ZfB), Heft 4, 61. Jg., 1991, S. 451-476

Hauschild, J.: Innovationsmanagement, München 1994

Hauschild, J., Chakrabarti, A.: Arbeitsteilung im Innovationsmanagement, Forschungsergebnisse, Kriterien und Modelle, in: Zeitschrift Führung-Organisation (ZFO), Heft 6, 57. Jg., 1988, S. 378-388

Hauser, E.: Qualitätszirkel als Innovationsinstrument, in: Zeitschrift Führung-Organisation (ZFO), Heft 1, 60. Jg., 1991, S. 215-220

Hauser, J.R., Clausing, D.: The House of Quality, in: Harvard Business Review, Nr. 3, Vol. 66, 1988, S. 63-73

Hauser, J.R., Clausing, D.: Wenn die Stimme des Kunden bis in die Produktion vordringen soll, in: Harvard Manager, Nr. 4, 10. Jg., 1988, S. 57-70

Häusser, E.: Patentwesen und Forschung, in: Forschung & Lehre, Nr. 3, o.Jg., 1995, S. 136-138

Hax, H.: Theorie der Unternehmung - Information, Anreize und Vertragsgestaltung, in: Ordelheide D., Rudolph, B., Büsselmann, E.: BWL und ökonomische Theorie, Stuttgart 1991, S. 51-71

Hayek, F.A. von: The use of knowledge in society, American Economic Review, Vol. 35, 1945, S. 519-540

Hedberg, B.: How organizations learn and unlearn, in: Nystrom, P., Starbuck, W. (Hrsg.): Handbook of organizational design, New York 1981, S. 3-27

Heide, J., John, G.: Do Norms Matter in Marketing Relationships, in: Journal of Marketing, Nr. 4, Vol. 56, 1992, S. 32-44

Hellstern, G.-M.: Können Institutionen lernen? Wissensstrukturen, Informationsprozesse und Transfermechanismen in der Kommunalverwaltung, Frankfurt a.M., 1988

Henkens, U.: Marketing für Dienstleistungen - Ein ökonomischer Ansatz, Frankfurt 1992

Hentschel, B.: Die Messung wahrgenommener Dienstleistungsqualität mit SERVQUAL: Eine kritische Auseinandersetzung, in: Marketing ZFP, Zeitschrift für Forschung und Praxis, Heft 4, 12. Jg., 1990, S. 230-240

Henzler, H.: Wir brauchen neue Ideen und eine neue Politik, in: Stern, Nr. 43, 1994, S. 46-47

Herbst, A., Heimbrock, K.J.: Zwischen den Zeiten - Personalentwicklung im Reengineering-Prozeß, in: Personalführung, Nr. 11, 28. Jg., 1995, S. 936-942

Herrmany, J., Schwind, M.: Kontinuierlicher Verbesserungsprozeß und Gruppenarbeit, in: PERSONAL - Mensch und Arbeit, Nr. 7, 46. Jg., 1994, S. 644-649

Herter, R.N.: Total Quality Management, in: Das Wirtschaftsstudium (WiSu), Heft 1, 22. Jg., 1993, S. 29-32

Herter, R.N.: Benchmarking: Nur die Besten als Maßstab, in: Datenverarbeitung - Steuer, Wirtschaft, Recht, Heft 1, 23. Jg., 1994, S. 10-13

Herzog, R.: Globale Innovation, in: Controlling, Heft 4, 7. Jg. 1995, S. 184-189

Herzwurm, G., Mellis, W., Stelzer, D.: QFD unterstützt Software-Design, in: Qualität und Zuverlässigkeit (QZ), Nr. 3, 40. Jg., 1995, S. 304-308

Heymann, K.: Das Beschaffungslager wird eine Renaissance erleben, in: Beschaffung aktuell, Nr. 11, o.Jg., 1993, S. 33-37

Hildebrandt-Woeckel, S.: Arbeitszeit - Wie ein Traum, in: WirtschaftsWoche, Nr. 11, 50. Jg., 7.3.1996, S. 184-185

Hiller, J.: Von den Japanern lernen - Lean Management kann Standortnachteile ausgleichen, in: Office Management, Nr. 9, 41. Jg., 1993, S. 28-32

Hinterhuber, H.: Paradigmenwechsel: Vom Denken in Funktionen zum Denken in Prozessen, in: Journal für Betriebswirtschaft, Nr. 2, 44. Jg., 1994, S. 58-75

Hinterhuber, H., Krauthammer, E.: Lean Management und individuelle Arbeitsplatzsicherheit, in: Zeitschrift Führung-Organisation (ZFO), Heft 5, 63. Jg., 1994, S. 294-298

Hirzel, M.: Lean Management muss [sic] in den Köpfen der Manager beginnen, in: io Management Zeitschrift, Nr. 2, 62. Jg., 1993, S. 73-77

Hodel, M.: Organisationales Lernen - dargestellt an der Erarbeitung und Implementation eines durch Mind Mapping visualisierten Qualitätsleitbildes, Hallstadt 1995

Holst, G., Nedeß, C.: Statistische Versuchsmethodik in Zeiten schlanker Produktion, in: Qualität und Zuverlässigkeit (QZ), Nr. 7, 39 Jg., 1991, S. 756-761

Homburg, C., Becker, J.: Zertifizierung von Qualitätssicherungssystemen nach den Qualitätssicherungsnormen DIN ISO 9000ff. Eine kritische Beurteilung, in: Wirtschaftswissenschaftliches Studium (WiSt), Heft 9, 25. Jg. 1996, S. 444-451

Homburg, C.: Weiche Wende, in: Manager Magazin, Nr. 1, 26. Jg., 1996, S. 144-152

Hommerich, B., Maus, M., Creusen, U.: Innovation beginnt in den Köpfen, in: Gablers Magazin, Nr. 6, 7. Jg., 1993, S. 42-44

Hong Kong Management Association: Hong Kong Management Association Quality Award - Award Criteria, Hong Kong 1992

Horgan, J.: Komplexität in der Krise, in: Spektrum der Wissenschaft, Nr. 9, o.Jg., 1995, S. 58-64

Horváth, P.: Der Betrieb als lernende Entscheidungseinheit, in: Zeitschrift für Betriebswirtschaft (ZfB), 40. Jg., 1970, S. 747-768

Horváth, P., Herter, R.: Benchmarking - Vergleich mit den Besten der Besten, in: Controlling, Heft 1, 4. Jg., 1992, S. 4-11

Horváth, P., Lamla, J., Höfig, M.: Rapid Prototyping - der schnelle Weg zum Produkt, in: Harvard Business Manager, Nr. 3, 16. Jg., 1994, S. 42-53

Hout, T., Carter, J.: Es liegt beim Firmenchef, ob der Wandel gelingt, in: Harvard Business Manager, Nr. 2, 18. Jg., 1996, S. 59-68

Howell, J., Higgins, C.: Champions of Technological Innovation, in: Administrative Science Quarterly (ASQ), Nr. 6, o.Jg. 1990, S. 317-341

Hübner, H.: Informationsmanagement als Instrument und Voraussetzung für erfolgreiche Innovationen, in: Der Wirtschaftsingenieur, Nr. 1, 19. Jg., 1987, S. 31-34

Humble, J., Jones, G.: Creating a Climate for Innovation, in: Long Range Planning, Heft 4, Vol. 22, 1989, S. 46-51

Hummeltenberg, W.: Bewertungsmodelle für TQM, in: Preßmar, D. (Hrsg.): Total Quality Management I, Wiesbaden 1995, S. 137-184

Hurley, R., Laitamäki, J.: Total Quality Research: Integrating Markets and the Organization, in: California Management Review, Issue 1, Vol. 38, 1995, S. 59-78

Iacobucci, D.: The Quality Improvement Customers Didn't Want, in: Harvard Business Review, Nr. 1, Vol. 74, 1996, S. 20-36

Ihde, G.: Lernprozesse in der betriebswirtschaftlichen Produktionstheorie, in: Zeitschrift für Betriebswirtschaft (ZfB), 40. Jg., 1970, S. 451-468

Imai, M.: Kaizen - der Schlüssel zum Erfolg der Japaner, 3. Aufl., München 1992

Ishikawa, K.: What is Total Quality Control? - The Japanese Way, Englewood Cliffs, 1985

Jetter, M., Bartmann, D., Metzger, R.: Forschung und Entwicklung in Deutschland, in: Qualität und Zuverlässigkeit (QZ), Nr. 4, 41. Jg., 1996, S. 348-351

Jetter, M., Metzger, R., Bartmann, D.: Made in Germany 2, Mainz 1995

Jones, T., Sasser, E.: Why Satisfied Customers Defect, in: Harvard Business Review, Nr. 6, Vol. 73, 1995, S. 88-99

Jung, H.: Wer sagt Ihnen, ob der Kunde wirklich zufrieden ist?, in: Absatzwirtschaft, Sondernummer Oktober 1991, 34. Jg., 1991, S. 172-179

Jung, H.: KAIZEN - ein Konzept des mitarbeiterorientierten Managements, in: Personal, Nr. 8, 45. Jg., 1993, S. 359-363

Juran, J.M.: Japanese and Western Quality: A Contrast in Methods and Results, in: Management Review, Nr. 11, o.Jg., 1978, S. 27-45

Juran, J.M.: Product Quality: A Prescription for the West, in: Management Review, Part I: Nr. 6, o.Jg., 1981, S. 9-14, Part II: Nr. 7, o.Jg., 1981, S. 57-61

Juran, J.M.: Juran on Leadership for Quality, New York 1988

Juran, J.M.: Juran's Message for Europe, in: European Quality, Nr. 1, Vol. 1, 1993, S. 18-25

Jürgens, U.: Mythos und Realität von Lean Production in Japan - eine kritische Auseinandersetzung mit den Ergebnissen der MIT-Studie, in: Fortschrittliche Betriebsführung und Industrial Engineering (FB/IE), Nr. 1, 42. Jg., 1993, S. 18-23

Kaas, K.P.: Marktinformationen: Screening and Signaling unter Partnern und Rivalen, in: Zeitschrift für Betriebswirtschaft (ZfB), Heft 3, 61. Jg., 1991, S. 357-370

Kaas, K.P.: Marketing und Neue Institutionenlehre, Arbeitspapier Nr. 1 aus dem Forschungsprojekt Marketing und ökonomische Theorie, Frankfurt a.M. 1992

Kaas, K.P., Fischer, M.: Der Transaktionskostenansatz, in: Das Wirtschaftsstudium (WiSu), Nr. 8/9, 22. Jg., 1993, S. 686-693

Kaas, K.P., Runow, H.: Wie befriedigend sind die Ergebnisse der Forschung zu Verbraucherzufriedenheit?, in: Die Betriebswirtschaft (DBW), Nr. 3, 44. Jg., 1984, S. 451-460

Kakabadse, A., Fricker, J.: Anreize und Pfade zur lernenden Organisation, in: Sattelberger, T. (Hrsg.): Die lernende Organisation: Konzepte für eine neue Qualität der Unternehmensentwicklung, Wiesbaden 1994, S. 67-78

Kaluza, B.: Rahmenentscheidungen zu Kapazität und Flexibilität produktionswirtschaftlicher Systeme, in: Corsten, H. (Hrsg.): Handbuch Produktionsmanagement: Strategie - Führung - Technologie - Schnittstellen, Wiesbaden 1994, S. 51-72

Kamiske, G., Hummel, T., Malorny, C., Zoschke, M.: Quality Funktion Deployment - oder das systematische Überbringen der Kundenwünsche, in: Marketing ZFP, Zeitschrift für Forschung und Praxis, Heft 3, 16. Jg., 1994, S. 181-189

Kamiske, G., Malorny, C.: Total Quality Management - Ein bestechendes Führungsmodell mit hohen Anforderungen und großen Chancen, in: Zeitschrift Führung-Organisation (ZFO), Nr. 5, 61. Jg., 1992, S. 274-278

Kamiske, G.: Das untaugliche Mittel der „Qualitätskostenrechnung", in: Qualität und Zuverlässigkeit (QZ), Nr. 3, 37. Jg., 1992, S. 11-12

Kamphausen, J., Pfeifer, T., Meier-Kortwig, K.: Verbesserung der Prozeßqualität in der Produktentwicklung, in: Qualität und Zuverlässigkeit (QZ), Nr. 8, 40. Jg., 1995, S. 941-944

Kandaouroff, A.: Qualitätskosten, in: Zeitschrift für Betriebswirtschaft (ZfB), Heft 6, 64. Jg. 1994, S. 765-786

Kaplan, R., Myrdock, A.: Core Process Redesign, in: McKinsey Quarterly, Nr. 2, o.Jg., 1991, S. 27-43

Kargl, H.: Lean Production, in: Wirtschaftswissenschaftliches Studium (WiSt), Heft 4, 23. Jg., 1994, S. 176-179

Kasper, H., Lemmink, J.: After Sales Service Quality: Views Between Industrial Customers and Service Managers, in: Industrial Marketing Management, Nr. 18, Vol. 18, 1989, S. 199-208

Kassebohm, K., Malorny, C.: Auditierung und Zertifizierung im Brennpunkt wirtschaftlicher und rechtlicher Interessen, in: Zeitschrift für Betriebswirtschaft (ZfB), Heft 6, 64. Jg., 1994, S. 765-786

Keehley, P., Medlin, S.: Productivity Enhancements Through Quality Innovations, in: Public Productivity & Management Review, Issue 6, Vol. 15, 1991, S. 217-228

Kern, D.: Prozeßorientierung - Ein Praxisbeispiel, in: Zeitschrift für Betriebswirtschaft (ZfB), Heft 1, 65. Jg., 1995, S. 5-13

Kiani-Kress, R.: Lufthansa - Schirm und Charme, in: Wirtschaftswoche, 50. Jg., Nr. 45, 31.10.1996, S. 190-191

Kieser, A.: Die innovative Unternehmung als Voraussetzung der internationalen Wettbewerbsfähigkeit, in: Wirtschaftswissenschaftliches Studium (WiSt), Heft 7, 14. Jg., 1985, S. 354-358

Kieser, A.: Unternehmenskultur und Innovation, in: Staudt, E. (Hrsg.): Das Management von Innovationen, Frankfurt, 1986, S. 42-50

Kieser, A.: Fremdorganisation, Selbstorganisation und evolutionäres Management, in: Zeitschrift für betriebswirtschaftliche Forschung (ZfbF), Nr. 3, 46. Jg., 1994, S. 199-228

Kieser, A., Kubicek, H.: Organisation, Berlin/ New York 1983

Kirsch, W., Esser, W.-M., Gabele, E.: Das Management des geplanten Wandels von Organisationen, Stuttgart 1979

Kirstein, H.: Denken in Systemen, in: Qualität und Zuverlässigkeit (QZ), Nr. 1, 41. Jg., 1996, S. 40-42

Kleb, R.-H., Svoboda, M.: Trends und Erfahrungen im Lean Management - Studie mit führenden multinationalen Unternehmen, in: Zeitschrift Führung-Organisation (ZFO), Heft 4, 63. Jg., 1994, S. 249-254

Klimmer, M., Lay, G.: Lean Production: Ein Begriff wird zum Mythos, in: Die Betriebswirtschaft (DBW), Nr. 6, 54. Jg., 1994, S. 817-835

Klinkenberg, U.: Organisatorische Implikationen des Total Quality Management, in: Die Betriebswirtschaft (DBW), Nr. 5, 55. Jg., 1995, S. 599-614

Knebel, H.: Zur Beurteilung von Teamfähigkeit und Teamleistung, in: Personal, Heft 11, 47. Jg., 1995, S. 594-599

Knight, F.: Risk, Uncertainty and Profit, London 1921

Knoblauch, R., Schnabel, R.: Qualität beginnt und endet beim Mitarbeiter, in: Gablers Magazin, Nr. 2, 6. Jg., 1992, S. 11-17

Knolmayer, G.: Zur Berücksichtigung von Transaktions- und Koordinationskosten in Entscheidungsmodellen für Make-or-Buy-Probleme, in: Betriebswirtschaftliche Forschung und Praxis (BFuP), Heft 4, 46. Jg., 1994, S. 316-332

Kochan, D., Mettke, H.: Stereolithographie: Einsatz und Anwendung, in: Fabrik, Nr. 43, o.Jg., 1993, S. 24-26

Kolatek, C.: Geschwindigkeit von Innovationen, in: WZB-Mitteilungen, Nr. 9, 65. Jg., 1992, S. 22-24

Kondo, Y.: Quality and Human Motivation, in: European Quality, Nr. 6, Vol. 1, 1993, S. 45-50

König, W. Eversheim, W., Celi, I., Nöken, S., Ullman, C.: Rapid Prototyping - Bedarf und Potentiale, in: VDI-Zeitung, Heft 8, 135. Jg., 1993, S. 92-97

Körmeier, K.: Prozeßorientierte Umgestaltung, in: Wirtschaftswissenschaftliches Studium (WiSt), Heft 5, 24. Jg., 1995, S. 259-261

Korn, G., Schmitt, H.: Auf dem Weg zum produktiven, qualitätsorientierten Unternehmen - Zertifizierung nach DIN ISO 9000 als Standpunkt für kontinuierliche Verbesserung - Ein Erfahrungsbericht, in: Qualität und Zuverlässigkeit, Nr. 5, 38. Jg., 1993, S. 275-277

Koulamas, C.: Quality Improvement Through Product Redesign and the Learning Curve, in: Omega: International Journal of Management Science, Nr. 3, Vol. 20, 1992, S. 161-168

Kreikebaum, H.: Die Patentpolitik der deutschen Unternehmen als strategischer Wettbewerbsfaktor in der Triade, in: Wirtschaftswissenschaftliches Studium (WiSt), Heft 7, 23. Jg., 1994, S. 342-344

Kreuter, A.: Total Quality Management, in: Die Betriebswirtschaft (DBW), Nr. 5, 54. Jg., 1994, S. 683-685

Kreutzer, R.: Global Marketing, Konzeption eines länderübergreifenden Marketing, Wiesbaden 1989

Kreuz, W.: Wege zur umfassenden Veränderung im Unternehmen, in: Blick durch die Wirtschaft, 2.8.1994, S. 7

Krogh, H.: Lernende Organisation, in: Manager Magazin, Nr. 2, 26. Jg., 1996, S. 141-144

Kröger, F.: Forcierter Unternehmenswandel durch „Transforming the Enterprise", in: Zeitschrift für Betriebswirtschaft (ZfB), Ergänzungsheft Nr. 2, 65. Jg., 1995, S. 49-59

Krubasik, E.: Vorwort, in: Foster, R.: Innovation - Die technolgische Offensive, Wiesbaden 1986, S. 7-10

Kruse, K.-O.: Zur Flexibilisierung von strategischen Anreizsystemen, in: Zeitschrift Führung-Organisation (ZFO), Heft 2, 65. Jg., 1996, S. 86-89

Krystek, U.: Unternehmenskrisen - Beschreibung, Vermeidung und Bewältigung überlebenskritischer Prozesse im Unternehmen, 2. Aufl., Wiesbaden 1981

Kübler-Tesch, J.: Rapid Prototyping, in: Die Betriebswirtschaft (DBW), Nr. 5, 54. Jg., 1994, S. 685-687

Kuhlmann, M.: Wider die „Magersucht", in: Handelsblatt, 18.10.1995, S. B6

Kühlmann, T.: Psychologische Aspekte des Widerstands gegen Innovationen, in: Franke, J. (Hrsg.): Betriebliche Innovation als interdisziplinäres Problem, Stuttgart 1989, S. 93-100

Kühne, A.: Benchmarking - Ein Mittel zur Leistungssteigerung, in: Zeitschrift für Betriebswirtschaft (ZfB), Ergänzungsheft Nr. 2, 65. Jg., 1995, S. 41-47

Kupsch, P.U., Marr, R.: Personalwirtschaft, in: Heinen, E. (Hrsg.): Industriebetriebslehre: Entscheidungen im Industriebetrieb, 5. Aufl., Wiesbaden 1991, S. 729-894

Kupsch, P.U., Marr, R., Picot, A.: Innovationswirtschaft, in: Heinen, E. (Hrsg.): Industriebetriebslehre: Entscheidungen im Industriebetrieb, 5. Aufl., Wiesbaden, 1991, S. 1069-1156

Kuttkat, B.: Teamwork: Arbeit in Zirkeln - ein Vergleich der organisatorischen Abläufe, in: Industrie-Meister, Nr. 12, 23. Jg., 1993, S. 11-13

Lander, N.: More than the Three-Plate-Trick, in: European Quality, Nr. 2, Vol. 1, 1993, S. 48-53

Langner, H.: Kennen Sie die Zufriedenheit ihrer Kunden wirklich?, in: Marketing Journal, Heft 1, 26. Jg., 1993, S. 47-49

Lasinger, M., Schneckenreither, W.: Zertifizierung allein reicht nicht - Erfahrungen mit TQM in einem Dienstleistungsunternehmen, in: Qualität und Zuverlässigkeit (QZ), Nr. 2, 40. Jg., 1995, S. 168-173

Latniak, E.: Betriebliche Sozialinnovation, Arbeitspapier 02-92 der Abteilung „Politische Steuerung" des WZN/IAT, Gelsenkirchen, September 1992

Leder, M.: Innovationsmanagement, in: Zeitschrift für Betriebswirtschaft (ZfB) - Ergänzungsheft, Nr. 1, 59. Jg., 1989, S. 1-54

Leenders, M., Blenkhorn, D.: Reverse Marketing - Wettbewerbsvorteile durch neue Strategien in der Beschaffung, Frankfurt/ New York 1989

Legler, H.: Europa im Technologie-Wettbewerb: Stärken und Schwächen, in: Technologie und Management, Nr. 4, o.Jg., 1992, S. 16-24

Lehmann, A.: Qualitätsstrategien für Dienstleistungen - Bausteine zum Management von Dienstleistungsqualität, in: Seghezzi, H.-D., Hansen, J.R. (Hrsg.): Qualitätsstrategien - Anforderungen an das Management der Zukunft, München/Wien 1993, S. 109-128

Leonard-Barton, D.: Das lernende Unternehmen II: Die Fabrik als Ort der Forschung, in: Harvard Business Manager, Nr. 1, 16. Jg., 1994, S. 87-98

Levitt, T.: Marketing Imagination, New York 1983 (dt. Fassung Landsberg 1984)

Lewe, T.: Ein Mann kämpft für den Knick im Pleuel, in: Frankfurter Allgemeine Zeitung (FAZ), Nr. 271, 22.11.1994, S. T4

Lingenfelder, M., Schneider, W.: Die Zufriedenheit von Kunden - Ein Marketingziel?, in: Marktforschung & Management (M&M), Nr. 1, 35. Jg., 1991, S. 29-34

Lingnau, V.: Kritischer Rationalismus und Betriebswirtschaftslehre, in: Wirtschaftswissenschaftliches Studium (WiSt), Nr. 3, 24. Jg., 1995, S. 124-129

Link, J.: Die Erringung strategischer Wettbewerbsvorteile durch Systeminnovationen, in: Zeitschrift für Betriebswirtschaft (ZfB), Heft 6, 63. Jg., 1993, S. 1117-1136

Linneweh, K.: Kreatives Denken. Techniken und Organisation innovativer Prozesse, Karlsruhe 1973

Lippit, G.: Organizational Renewal - Achieving Viability in a Changing World, New York 1969

Littig, P.: Die Klugen fressen die Dummen: das „lernende Unternehmen", Bielefeld 1996

Luhmann, N.: Soziale Systeme, Frankfurt a.M. 1984

Luhmann, N.: Vertrauen. Ein Mechanismus der Reduktion sozialer Komplexität, Frankfurt a.M. 1989

Luhmann, N.: Funktionen und Folgen formaler Organisation, 4. Aufl., Berlin 1994

Lutz, C.: Kommunikation - Kern der Selbstorganisation: Unternehmensführung im Informationszeitalter, in: Sattelberger, T. (Hrsg.): Die lernende Organisation: Konzepte für eine neue Qualität der Unternehmensentwicklung, Wiesbaden 1994, S. 97-110

MacDonald, S.: Wenn zuviel Kundennähe zur Abhängigkeit führt, in: Harvard Business Manager, Nr. 2, 18. Jg., 1996, S. 95-103

Malik, F.: Strategie des Managements komplexer Systeme, 3. Aufl., Bern/ Stuttgart 1989

Malorny, C., Kassebohm, K.: Von der Wareneingangskontrolle zur Qualitäts- und Wertschöpfungspartnerschaft, in: Die Betriebswirtschaft (DBW), Nr. 4, 54. Jg., 1994, S. 463-479

Malorny, C.: Function and Use of Quality Management Models for the Introductory Path to Total Quality Management, in: European Foundation for Quality Management (EFQM) (Hrsg.): The 1996 Learning Edge Conference, Conference Papers, Paris 1996, S. 135-147

Markfort, D.: Japanische Methoden des Qualitäts-Engineering, in: CIM Management, Nr. 5, 8. Jg., 1992, S. 15-24

Masing, W.: Null Fehler, in: Qualität und Zuverlässigkeit (QZ), Nr. 1, 32. Jg., 1987, S. 11-12

Masing, W. (Hrsg.): Handbuch Qualitätsmanagement, 3. Aufl., München/ Wien, 1994

May, C., Pearson, A.W.: Total Quality in R&D, in: Journal of General Management, Nr. 3, Vol. 18, 1993, S. 1-22

Mayntz, R., Holm, K., Hübner, P.: Einführung in die Methoden der empirischen Soziologie, 5. Aufl., Opladen 1978

Mayrhofer, M.: Zertifizierung nach ISO 9000 - Wunschbild und Wirklichkeit, in: Qualität und Zuverlässigkeit (QZ), Nr. 2, 41. Jg., 1996, S. 168-171

McClelland, D.: Die Leistungsgesellschaft, Stuttgart 1966

McGregor, D.: Der Mensch im Unternehmen, Hamburg 1986

Meffert, H., Kirchgeorg, M., Ostmeier, H.: Der Einfluß von Ökologie und Marketing auf die Strategien, in: Absatzwirtschaft, Sondernummer Oktober, 33. Jg. 1990, S. 42-56

Meffert, H., Wagner, H.: Marketing im Spannungsfeld zwischen weltweitem Wettbewerb und nationalen Bedürfnissen, Arbeitspapier der WGMU e.V., Nr. 27, Münster 1986

Meffert, H.: Die Durchsetzung von Innovationen in der Unternehmung und am Markt, in: Zeitschrift für Betriebswirtschaft (ZfB), Nr. 2, 46. Jg., 1976, S. 77-100

Meßner, G.: Kreativitätsförderung im Rahmen betrieblicher Innovation, Frankfurt a.M./ Bern/ New York 1987

Meuser, T.: Orientierung für aktives Umweltmanagement, in: Gablers Magazin, Nr. 11/12, 8. Jg., 1994, S. 66-68

Meyer, A., Mattmüller, R.: Qualität von Dienstleistungen: Entwurf eines praxisorientierten Qualitätsmodells, in: Marketing ZFP, Zeitschrift für Forschung und Praxis, Heft 3, 9. Jg., 1987, S. 187-195

Meyer, B., Becker, A., Kühlhorn, G.: Die Killer-Liste der Autohersteller, in: Impulse, Heft 4, o.Jg., 1995, S. 16-19

Meyer, D.: Die Forschungs- und Entwicklungskooperation als strategische Allianz, in: Wirtschaftswissenschaftliches Studium (WiSt), Heft 1, 23. Jg., 1994, S. 15-19

Meyer, J.-A.: Kreativitätstechniken - Grundlagen, Formen und Computerunterstützung, in: Wirtschaftswissenschaftliches Studium (WiSt), Heft 9, 22. Jg., 1993, S. 446-450

Michael, H.: Qualitätsmanagement entsprechend ISO 9000, die Basis für Total Quality Management?, in: Produktionsautomatisierung, Nr. 4, 3. Jg., 1994, S. 20-24

Milgrom, P., Roberts, J.: Economics, Organization and Management, Englewood Cliffs 1992

Milling, P.: Organisationales Lernen und seine Unterstützung durch Managementsimulatoren, in: Zeitschrift für Betriebswirtschaft (ZfB) - Ergänzungsheft, Nr. 3, 65. Jg., 1995, S. 93-112

Milville, F.: DIN ISO 9000 oder TQM - Widerspruch oder Ergänzung?, in: Bankinformation und Genossenschaftsforum, Heft 3, o.Jg., 1996, S. 69-71

Mizuno, S.: Why company-wide total quality control?, in: Gestion 2000, Nr. 12, Vol. 5/6, 1989, S. 113-143

Morwind, K.: Praktische Erfahrungen mit Benchmarking, in: Zeitschrift für Betriebswirtschaft (ZfB), Ergänzungsheft Nr. 2, 65. Jg., 1995, S. 25-39

Mühlemann, P.R.: Steht und fällt der Erfolg mit dem Prototyp?, in: Technische Rundschau, Nr. 33, 85. Jg., 1993, S. 30-33

Müller-Hagedorn, L.: Das Konsumentenverhalten - Grundlagen für die Marktforschung, Wiesbaden 1986

Murphy, J.: Quality in Practice, 2. Aufl., Dublin 1988

Nakane, Y.: Warum Kaizen Muda vermeidet, in: Beschaffung aktuell, Heft 1, o.Jg., 1993, S. 35-37

National Institute for Standards and Technology (NIST): Malcolm Baldrige National Quality Award - 1996 Award Criteria, Gaithersburg 1996

Neumann, A.: Ausbildungsstand im Qualitätsmanagement, in: Qualität und Zuverlässigkeit (QZ), Nr. 2, 41. Jg., 1996, S. 164-166

Nier, D.: Innovationsfördernde Faktoren - Ergebnisse einer explorativen Studie, in: Zeitschrift Führung-Organisation (ZFO), Heft 4, 59. Jg., 1990, S. 274-276

Novello- v. Bescherer, W., Zaremba, H.: Betriebliche Schwachstellenanalyse und qualitätsorientierte Personalpolitik: das Unternehmen der Zukunft - als „lernende Organisation" auf Erfolgskurs, Bielefeld 1996

o.V.: Das Timing der Marketing-Prozesse - Zeitwettbewerb, Zeitstrategie, Zeitfalle, in: Absatzwirtschaft, Teil 1: Nr. 3, 32. Jg., 1989, S. 32-41, Teil 2: Nr. 4, 32. Jg., 1989, S. 52-61

o.V.: Mauern ziehen und Wände einreißen, in: Frankfurter Allgemeine Zeitung (FAZ), Nr. 169, 23.7.1992, S. 14

o.V.: Bei Quinn ist der Kunde König, in: Lebensmittelzeitung - LZ Journal, Nr. 43, 26.10.1993, S. 12-14

o.V.: Die meisten Unternehmen kranken an akutem Ideenmangel, in: Frankfurter Allgemeine Zeitung (FAZ), 14.9.93, S. 19

o.V.: Institutionen und viele kleine Erfindungen bestimmen das Wachstum, in: Frankfurter Allgemeine Zeitung (FAZ), 13.10.1993, S. 4

o.V.: Der Fall des Wankel-Motors, in: WZB-Mitteilungen, Nr. 12, 67. Jg., 1994, S. 33-36

o.V.: Hammer defends re-engineering, in: The Economist, 5.11.1994, S. 80.

o.V.: Ich hätte IBM auf meiner Seite gehabt, in: Frankfurter Allgemeine Zeitung (FAZ), Verlagsbeilage Deutsche Wirtschaft, Nr. 135, 14.6.1994, S. B3

o.V.: The anorexic corporation, in: The Economist, 3.9.1994, S. 15-16

o.V.: The celling out of America, in: The Economist, 17.12.1994, S. 61-62

o.V.: When slimming is not enough, in: The Economist, 3.9.1994, S. 61-62

o.V.: Deutschlands Innovationskrise, in: WZB-Mitteilungen, Nr. 6, 68. Jg., 1995, S. 15-17

o.V.: Geringe Rendite behindert Innovationsvorhaben, in: Handelsblatt, 18.12.1995

o.V.: Not Quite in Time, in: Newsweek, 30.1.1995, S. 26

o.V.: Schmiermittel: Mit Palmöl gebohrt, in: WirtschaftsWoche, Nr. 15, 49. Jg., 6.4.1995, S. 113

o.V.: How to make lots of money, and save the planet too, in: The Economist, 3.6.1995, S. 65-71

o.V.: Zurück zur Handarbeit, in: Manager Magazin, Nr. 7, 26. Jg., 1996, S. 54-55

Oakland, J.: Total Quality Management - The route to improving performance, 2. Aufl., Oxford 1993

O'Brien, L., Jones, C.: Loyalitätsprogramme richtig konzipieren, in: Harvard Business Manager, Nr. 4, 17. Jg., 1995, S. 98-105

Oberschulte, H.: Organisatorische Intelligenz - Ein integrativer Ansatz des organisatorischen Lernens, München 1994

Ochsenbauer, C.: Organisatorische Überlegungen zur Hierarchie: Überlegungen zur Überwindung der Hierarchie in Theorie und Praxis der betriebswirtschaftlichen Organisation, München 1989

Oefner-Py, S., Fritschle, B., Böning, U.: Der Erfolg, der von innen kommt, in: Gablers Magazin, Nr. 9, 10. Jg., 1996, S. 14-18

Oess, A.: Total Quality Management - Die ganzheitliche Qualitätsstrategie, 3. Aufl., Wiesbaden 1993

Oelsnitz, D. v.: Individuelle Selbststeuerung - der Königsweg „moderner" Unternehmensführung?, in: Die Betriebswirtschaft (DBW), 55. Jg., 1995, S. 707-720

Ohinata, Y.: Benchmarking - The Japanese Experience, in: Long Range Planning, Nr. 8, Vol. 27, 1994, S. 48-53

Ohmae, K.: Macht der Triade, Wiesbaden 1985

Okubayashi, K.: Japanese Effects of new Technology on Organization and Work, in: Zeitschrift für Betriebswirtschaft (ZfB), Ergänzungsheft 4, 65. Jg., 1995, S. 35-51

Oliver, N., Davies, A.: Adopting Japanese-style manufacturing methods: a tale of two (UK) factories, in: Journal of Management Studies, Nr. 5, Vol. 27, 1990, S. 555-575

Oliver, N., Jones, D., Delbridge, R., Lowe, J., Roberts, P., Thayer, B.: Worldwide Manufacturing Competitiveness Study - The Second Lean Enterprise Report, London und Manchester 1994

Osborne, R.: Building an Innovative Organization, in: Long Range Planning, Nr. 6, Vol. 25, 1992, S. 56-62

Osterloh, M., Frost, J.: Business Reengineering: Modeerscheinung oder „Business Revolution"?, in: Zeitschrift Führung-Organisation (ZFO), Heft 6, 63. Jg., 1994, S. 356-363

Otten, K.: Workflow, Imaging, Dokument-Management und Business Reengineering, in: Office Management, Heft 10, 42. Jg., 1994, S. 62-67

Ouchi, W.: A Conceptual Framework for the Design of Organizational Control Mechanisms, in: Management Science, Nr. 9, Vol. 25, 1979, S. 833-848

Ouchi, W.: Markets, Bureaucracies and Clans, in: Administrative Science Quarterly (ASQ), Nr. 3, Vol. 25, 1980, S. 129-141

Parasuraman, A., Zeithaml, V., Berry, L.: A Conceptual Model of Service Quality and Its Implications for Future Research, in: Journal of Marketing, Nr. 3, Vol. 49, 1985, S. 41-50

Parasuraman, A., Zeithaml, V., Berry, L.: SERVQUAL: A Multiple-Item Scale for Measuring Customer Perceptions of Service Quality, in: Journal of Retailing, Nr. 1, Vol. 64, 1988, S. 12-40

Peat, D.: Synchronizität - die verborgene Ordnung, München 1992

Pedler, M., Boydell, T., Burgoyne, J.: Auf dem Weg zum „Lernenden Unternehmen", in: Sattelberger, T. (Hrsg.): Die lernende Organisation: Konzepte für eine neue Qualität der Unternehmensentwicklung, Wiesbaden 1994, S. 57-66

Pedrazza, A.: Innovation und organisationales Lernen in High-Tech-Unternehmungen der Mikroelektronik, Bamberg 1992

Peters, R.-H.: Fotografie: Milliardengeschäft, in: WirtschaftsWoche, Nr. 24, 49. Jg., 8.6.1995, S. 9

Peters, R.-H., Deysson, Ch.: Fotoindustrie: Offene Ablehnung, in: Wirtschafts-Woche, Nr. 25, 49. Jg., 15.6.1995, S. 44-49

Peters, T.: Get innovative or get dead - in: California Management Review, Part 1, Issue 3, Vol. 32, 1990, S. 9-26, Part 2, Issue 2, Vol. 33, 1991, S. 9-23

Peters, T.: Time-obsessed competition, in: Management Review, Nr. 9, Vol. 79, 1990, S. 16-20

Pfeiffer, W., Weiß, E., Volz, T.: Begriff und Prinzipien des Lean Management, in: Datenverarbeitung - Steuer, Wirtschaft, Recht, Heft 1, 23. Jg., 1994, S. 3-9

Pfeiffer, W., Weiß, E.: Lean Management, Grundlage der Führung und Organisation industrieller Unternehmen, Berlin 1992

Piatier, A.: The Innovation Process: Analysis, driving forces, obstacles, assessment, in: Henry, B. (Hrsg.): Forecasting Technological Innovation, Brüssel/ Luxemburg, 1991, S. 1-24

Picot, A.: Transaktionskostenansatz in der Organisationstheorie: Stand der Diskussion und Aussagewert, in: Die Betriebswirtschaft (DBW), Nr. 2, 42. Jg., 1982, S. 267-285

Picot, A.: Zur Bedeutung allgemeiner Theorieansätze für die betriebswirtschaftliche Information und Kommunikation: Der Beitrag der Transaktionskosten- und Prinzipal-Agent-Theorie, in: Kirsch, W., Picot, A. (Hrsg.): Die Betriebswirtschaftslehre im Spannungsfeld zwischen Generalisierung und Spezialisierung, Wiesbaden 1989, S. 361-379

Picot, A.: Ökonomische Theorien der Organisation: Ein Überblick über neuere Ansätze und deren betriebswirtschaftliches Anwendungspotential, in: Ordelheide, D., Rudolph, B., Büsselmann, E.: Betriebswirtschaftslehre und ökonomische Theorie, Stuttgart 1991, S. 143-170

Picot, A., Dietl, H.: Transaktionskostentheorie, in: Wirtschaftswissenschaftliches Studium (WiSt), Heft 4, 19. Jg., 1990, S. 178-184

Picot, A., Laub, U.D., Schneider, D.: Innovative Unternehmensgründungen: eine ökonomische und empirische Untersuchung, Berlin/ Heidelberg 1989

Pieske, R.: Benchmarking - ausgewählte Projekterfahrungen: Den besten Wettbewerber finden, in: Gablers Magazin, Nr. 2, 9. Jg., 1995, S. 24-28

Pinkwart, A.: Katastrophentheorie und Unternehmenskrise, in: Zeitschrift für Betriebswirtschaft (ZfB), Heft 9, 63. Jg., 1993, S. 873-895

Pisano, G., Wheelwright, S.: High-Tech R&D, in: Harvard Business Review, Nr. 5, Vol. 73, 1995, S. 93-105

Porter, M.: Wettbewerbsstrategie, 7. Aufl., Frankfurt 1992

Powell, T.: Total Quality Management as Competitive Advantage: A Review and Empirical Study, in: Strategic Management Journal, Vol. 16, 1995, S. 15-37

Powell, T.: When Lemmings Learn to Sail: Turning TQM to Competitive Advantage, in: Voss, B., Willey, D (Hrsg.); 1995 Handbook of Business Strategy, Rhode Island, 1995, S. 42-54

Probst, G., Büchel, B.: Organisationales Lernen - Wettbewerbsvorteil der Zukunft, Wiesbaden 1994

Quentin, H.: Besser als Null-Fehler, in: Qualität und Zuverlässigkeit (QZ), Nr. 1, 41. Jg., 1996, S. 54-58

Radermacher, J.: Kreativität - das immer neue Wunder, in: Forschung & Lehre, Nr. 10, o.Jg., 1995, S. 545-550

Radovilsky, Z., Gotcher, W., Slattsveen, S.: Implementing total quality management, in: International Journal of Quality & Reliability Management, Nr. 1, Vol. 13, 1995, 10-23

Raffio, T.: TQM II: Wie Delta Dental Plan Service Excellence erreichte, in: Harvard Business Manager, in: Harvard Business Manager, Nr. 2, 15. Jg., 1993, S. 86-97

Rau, H.: Das größte Problem im Benchmarking-Prozeß: Das Original überflügeln, in: Gablers Magazin, Nr. 2, 9. Jg., 1995, S. 19-23

Rau-Bredow, H.: Reputation und wiederholte Spiele, in: Wirtschaftswissenschaftliches Studium, (WiSt), Heft 4, 25. Jg., 1996, S. 215-217

Rayport, J., Sviokla, J.: Exploiting the Virtual Value Chain, in: Harvard Business Review, Nr. 6, Vol. 74, 1996, S. 75-85

Reber, G., Strehl, F.: Zur organisatorischen Gestaltung von Produktinnovationen, in: Zeitschrift Führung-Organisation (ZFO), Heft 5-6, 52. Jg., 1983, S. 262-266

Reese, J., Werner, C.: Lernprozesse bei Lean Production, in: Das Wirtschaftsstudium (WISU), Nr. 11, 25. Jg., 1996, S. 1004-1009

Reheis, F.: Die Kreativität der Langsamkeit - Neuer Wohlstand durch Entschleunigung, Darmstadt 1996

Reichheld, F.: The Forces of Loyalty vs. Chaos, unveröffentlichtes Manuskript, Boston 1994

Reichheld, F.: Learning from Customer Defections, in: Harvard Business Review, Nr. 2, Vol. 74, 1996, S. 56-69

Reimann, C., Hertz, H.: The Malcolm Baldrige National Quality Award and ISO 9000 Registration, in: ASTM Standardization News, Nr. 11, o.Jg., 1993, S. 42-52

Reiss, M.: Mit Blut, Schweiß und Tränen zur schlanken Organisation, in: Harvard Manager, Nr. 2, 14. Jg., 1992, S. 57-62

Reiter, G.: Business Reengineering, in: Wirtschaftswissenschaftliches Studium (WiSt), Heft 6, 25. Jg., 1996, S. 320-322

Reitsperger, W.D., Daniel, S.J., Tallman, S.B., Chismar, W.G.: Product Quality and Cost Leadership: Compatible Strategies?, in: Management International Review (MIR), Issue 1, Vol. 33, 1993, S. 7-21

Reuß, A.: Begrenzte Bereitschaft, in: WirtschaftsWoche, Nr. 25, 49. Jg., 15.6.1995, S. 27

Richert, U.: Benchmarking - Ein Werkzeug des Total Quality Management, in: Qualität und Zuverlässigkeit (QZ), 40. Jg., 1995, Teil 1: Nr. 3, S. 283-286 und Teil 2: Nr. 4, S. 414-418

Riehl, J.W.: Planning for Total Quality: The Information Technology Component, in: Advanced Management Journal, Nr. 4, Vol. 53, 1988, S. 13-19

Rieker, J.: Norm ohne Nutzen?, in: Manager Magazin, Nr. 12, 25. Jg., 1995, S. 201-207

Riekhof, H.-C.: Strategien des Innovationsmanagements - Rollenverteilung und Motivationssysteme im Innovationsprozeß, in: Zeitschrift Führung-Organisation (ZFO), Nr. 1, 56. Jg., 1983, S. 14-19

Riekhof, H.-C.: Kreative Köpfe, Mentoren und Innovationsmanager, in: Harvard Manager, 1986, S. 14-19

Riekhof, H.-C.: Anreize im Innovationsprozeß, in: Schanz, G. (Hrsg.): Handbuch Anreizsysteme in Wirtschaft und Verwaltung, Stuttgart 1991, S. 687-703

Rigby, D.: The Secret History of Process Reengineering, in: Planning Review, Nr. 2., Vol. 21, 1993, o.S.

Ripley, R.E., Ripley, M.J.: Empowerment, the Cornerstone of Quality: Empowering Management in Innovative Organizations in the 1990`s, in: Management Decision, Nr. 4, Vol. 30, 1992, S. 20-43

Ripperger, A., Zwirner, A.: Prozeßoptimierung - Ein Weg zur Steigerung der Wettbewerbsfähigkeit, in: Controlling, Nr. 2, 7. Jg., 1995, S. 72-80

Rommel, G. et al.: Einfach überlegen - Das Unternehmenskonzept, das die Schlanken schlank und die Schnellen schnell macht, Stuttgart 1993

Rommel, G. et al.: Qualität gewinnt - Mit Hochleistungskultur und Kundennutzen an die Weltspitze, Stuttgart 1995

Rosenstiel, L. von: Motivation im Betrieb, München 1976

Rößl, D.: Selbstverpflichtung als alternative Koordinationsform von komplexen Austauschbeziehungen, in: Zeitschrift für betriebswirtschaftliche Forschung (ZfbF), Nr. 4, 46. Jg., 1996, S. 311-334

Rother, F.: Biodiesel: Ohne Federlesen, in: WirtschaftsWoche, Nr. 15, 49. Jg., 6.4.1995, S. 112-115

Rothwell, R., Gardiner, P.: The strategic management of re-innovation, in: R&D Management, Vol. 19, 1989, S. 147-160

Ruhnau, J., Esser, J.: Vorschlagswesen und Gruppenmodelle, in: Personal, Nr. 8, 45. Jg., 1993, S. 354-356

Saint-Exupéry, A.: Wind, Sand und Sterne, 18. Aufl., Düsseldorf 1989

Sarazen, J.S.: Continuous Improvement and Innovation, in: Journal for Quality and Participation, Nr. 11, Vol. 14, 1991, S. 34-39

Sattelberger, T.: Die lernende Organisation im Spannungsfeld von Strategie, Struktur und Kultur, in: ders. (Hrsg.): Die lernende Organisation: Konzepte für eine neue Qualität der Unternehmensentwicklung, Wiesbaden 1994, S. 11-56

Schaeffer, R.H.: Die Leistung steigern, aber wie?, in: Harvard Manager, Nr. 1, 14. Jg., 1992, S. 68-75

Schade, C., Schott, E.: Instrumente des Kontraktgütermarketing, in: Die Betriebswirtschaft (DBW), Nr. 4, 53. Jg., 1993, S. 491-511

Scheiter, S., Binder, C.: Kennen Sie Ihre rentablen Kunden?, in: Harvard Manager, Nr. 2, Vol. 14, 1992, S. 17-22

Schelling, T.C.: The Strategy of Conflict, 5. Aufl., Cambridge Massachusetts 1976

Scherer, F.M.: Form, Size, Market Structure, Opportunity and the Output of Patented Inventions, in: American Economic Review, Nr. 5, Vol. 55, 1965, S. 1097-1125

Scherm, E.: Konsequenzen eines Lean Management für die Planung und das Controlling in der Unternehmung, in: Die Betriebswirtschaft (DBW), Nr. 5, 54. Jg., 1994, S. 645-661

Schewe, G.: Die Innovation im Wettbewerb, in: Zeitschrift für Betriebswirtschaft (ZfB), Heft 9, 62. Jg., 1992, S. 967-988

Schewe, G.: Erfolg im Technologiemanagement: Eine empirische Analyse der Imitationsstrategie, in: Zeitschrift für Betriebswirtschaft (ZfB), Heft 8, 64. Jg., 1994, S. 999-1025

Schieben, A.: Henne oder Ei?, in: Finanzierung - Leasing - Factoring, Nr. 2, 43. Jg., 1996, S. 45-49

Schildknecht, R.: Total Quality Managment, Konzeption und State of the Art, Frankfurt/ New York 1992

Schlicksupp, H.: Anreize zur Entfaltung von Kreativität, in: Schanz, G. (Hrsg.): Handbuch Anreizsysteme in Wirtschaft und Verwaltung, Stuttgart 1991, S. 526-545

Schmalen, H.: Das hybride Kaufverhalten und seine Konsequenzen für den Handel, in: Zeitschrift für Betriebswirtschaft (ZfB), Heft 10, 64. Jg., 1994, S. 1221-1240

Schmidt, A., Zink, K.: Nutzt ein nationaler Qualitätspreis?, in: Qualität und Zuverlässigkeit (QZ), Heft 11, 39. Jg., 1994, S. 1242-1244

Schmidt, J.: Mehr Motivation durch Mitbestimmung, in: Personalführung, Heft 6, 27. Jg., 1994, S. 536-541

Schmitt, K.: Alles wird schlanker, flexibler, kostenbewußter und härter, in: Beschaffung aktuell, Nr. 12, o.Jg., 1993, S. 16-17

Schneeweiß, C.: Lernaspekte eines Decision Support Systems zur Arbeitszeitgestaltung, in: Zeitschrift für Betriebswirtschaft (ZfB) - Ergänzungsheft, Nr. 3, 65. Jg., 1995, S. 79-91

Schneidermann, A.M.: Optimum Quality Costs and Zero Defects, in: Quality Progress, Nr. 11, Vol. 19, 1986, S. 28-31

Schneidewind, D.: Das japanische Unternehmen - Ushi no Kaisha, Heidelberg 1991

Schneidewind, D.: Jishu Kanri - Ein japanisches Erfolgsgeheimnis, Wiesbaden 1994

Schnitzler, L.: Kundenorientierung: Nicht das Beste, in: WirtschaftsWoche, Nr. 4, 49. Jg., 19.1.1995, S. 60-68

Schnitzler, L.: Kundenorientierung: Siegen lernen, in: WirtschaftsWoche, Nr. 19, 49. Jg., 4.5.1995, S. 72-85

Schnitzler, L.: Produktion - „Wurst mit zwei Enden", in: WirtschaftsWoche, Nr. 12, 49. Jg., 16.3.1995, S. 86-89

Schnitzler, L.: Service in Deutschland - Kunde als König, in: WirtschaftsWoche, 50. Jg., Nr. 43, 17.10.1996, S. 86-94

Scholz, C.: Lean Management, in: Wirtschaftswissenschaftliches Studium (WiSt), Heft 4, 23. Jg., 1994, S. 180-186

Schonberger, R.J.: Is Strategy Strategic? Impact of Total Quality Management on Strategy, in: Academy of Management Executive, Issue 3, Vol. 6, 1992, S. 80-87

Schönwald, B.: Von der Idee zum Produkt - Simultaneous Engineering als Bestandteil von Forschung und Entwicklung, in: VDI Berichte, Nr. 758, o.Jg., 1989, S. 27-41

Schreyögg, G., Noss, C.: Organisatorischer Wandel: Von der Organisationsentwicklung zur lernenden Organisation, in: Die Betriebswirtschaft (DBW), Nr. 2, 55. Jg., 1995, S. 169-185

Schreyögg, G.: Unternehmenskultur und Innovation: Eine schwierige Beziehung auf dem Prüfstand, in: PERSONAL - Mensch und Arbeit, Heft 9, 41. Jg, 1989, S. 370-373

Schröder, H.-H.: Die Parallelisierung von Forschungs- und Entwicklungs (F&E)-Aktivitäten als Instrument zur Verkürzung der Projektdauer im Lichte des „Magischen Dreiecks" aus Projektdauer, Projektkosten und Projektergebnissen, in: Zahn, R. (Hrsg.): Technologiemanagement und Technologien für das Management, Stuttgart 1994, S. 289-323

Schröder, H.-H.: F&E-Aktivitäten als Lernprozesse: Lernorientiertes F&E-Management, in: Zeitschrift für Betriebswirtschaft (ZfB) - Ergänzungsheft, Nr. 3, 65. Jg., 1995, S. 49-77

Schröder, M., Wilhelm, R.: Flexibilität stärken, in: Qualität und Zuverlässigkeit (QZ), Nr. 5, 41. Jg., 1996, S. 530-536

Schuldt, R.: Einführung von Gruppenarbeit - Pilotprojekt bei Mercedes-Benz-España, in: Personalführung, Nr. 9, 27. Jg., 1994, S. 830-837

Schumacher, H., Tödtmann, C.: Praxisprogramme - Abstieg vom Olymp, in: Wirtschaftswoche, Nr. 50, 50. Jg., 5.12.1996, S. 112-120

Schumann, J.: Die Unternehmung als ökonomische Institution, in: Das Wirtschaftsstudium (WiSu), Nr. 4, 16. Jg., 1987, S. 212-218

Schumpeter, J.: Theorie der wirtschaftlichen Entwicklung, Leipzig 1911

Schumpeter, J.: Business Cycles, New York 1939

Schumpeter, J.: Capitalism, Socialism, and Democracy, New York 1942

Schuster, R.: Motivation, in: Masing, W. (Hrsg.): Handbuch Qualitätsmanagement, 3. Aufl., München/ Wien, 1994, S. 783-796

Schwertfeger, B.: Management by Pharao?, in: Handelsblatt, 8./9.12.1995, S. K 1-2

Seghezzi, H.-D., Bleicher, K.: Integriertes Qualitätsmanagement, in: Qualität und Zuverlässigkeit (QZ), Heft 6, 40. Jg., 1995, S. 675-680

Seidel, W., Stauss, B.: Beschwerdemanagement - Personalpolitische Konsequenzen für Dienstleistungsunternehmen, in: Qualität und Zuverlässigkeit (QZ), Heft 8, 40. Jg., 1995, S. 915-922

Seifert, H., Steiner, M.: F+E: Schneller, schneller, schneller, in: Harvard Business Review, Nr. 2, Vol. 73, 1995, S. 16-21

Seiffert, U.: KVP - Bestandteil eines evolutionären Produktentstehungsprozesses, in: Wirtschaftswissenschaftliches Studium (WiSt), Heft 4, 24. Jg., 1995, S. 197-202

Seitz, K.: Die japanisch-amerikanische Herausforderung: Deutschlands Hochtechnologie-Industrien kämpfen ums Überleben, München 1990

Semich, J.: The Costs of Quality, in: Purchasing, Nr. 8, Vol. 103, 1987, S. 61-63

Shetty, Y.: Aiming High - Benchmarking for Superior Performance, in: Long Range Planning, Nr. 1, 26. Jg., 1993, S. 39-44

Siefkes, D.: Über die fruchtbare Vervielfältigung der Gedanken beim Reden, in: Forschung & Lehre, Nr. 10, o.Jg., 1995, S. 551-555

Simon, H.: Management strategischer Wettbewerbsvorteile, in: Zeitschrift für Betriebswirtschaft (ZfB), Heft 4, 58. Jg., 1988, S. 461-480

Simon, H.: Die Zeit als strategischer Erfolgsfaktor, in: Zeitschrift für Betriebswirtschaft (ZfB), Heft 1, 59. Jg., 1989, S. 70-93

Simons, R.: Kontrolle bei selbständig handelnden Mitarbeitern, in: Harvard Business Manager, Nr. 3, 17. Jg., 1995, S. 98-105

Sohn, K.-H.: Lean Management - Die Antwort der Unternehmer auf gesellschaftliche Herausforderungen, Düsseldorf et al. 1993

Sommerlatte, T., Tiby, C.: Innovationsstrategien (I): Klimatische Prozesse, in: WirtschaftsWoche, Nr. 36, 40. Jg., 29.8.1986, S. 50-55

Sommerlatte, T.: Innovationsfähigkeit und betriebswirtschaftliche Steuerung - läßt sich das vereinbaren?, in: Die Betriebswirtschaft (DBW), Nr. 2, 48. Jg., 1989, S. 497-512

Sonnenberg, H.: Balancing speed and quality in product innovation, in: The Canadian Business Review, Vol. 20, 1993, S. 19-22

Specht, G.: Grundprobleme eines strategischen markt- und technologieorientierten Innovationsmanagements, in: Wirtschaftswissenschaftliches Studium (WiSt), Heft 12, 15. Jg., 1986, S. 609-613

Specht, G.: Technologiemanagement, in: Die Betriebswirtschaft (DBW), Nr. 4, 52. Jg., 1992, S. 547-566

Spremann, K.: Reputation, Garantie, Information, in: Zeitschrift für Betriebswirtschaft (ZfB), Heft 5/6, 58. Jg., 1988, S. 613-629

Spremann, K.: Asymmetrische Information, in: Zeitschrift für Betriebswirtschaft (ZfB), Heft 5/6, 60. Jg., 1990, S. 561-588

Sprenger, R.: Das Prinzip Selbstverantwortung, Frankfurt/ New York 1995

Sprenger, R.: Der große Bluff, in: Manager Magazin, Nr. 8, 25. Jg., 1995, S. 128-131

Sprenger, R.: Bodenloses Gerede, in: Wirtschaftswoche, Nr. 10, 51. Jg., 27.2.1997, S. 134

Stalk, G.: Time - The Next Source of Competitive Advantage, in: Harvard Business Review, Nr. 4, Vol. 66 1988, S. 41-51

Stalk, G.: Zeit - die entscheidende Waffe im Wettbewerb, in: Harvard Manager, Nr. 1, Vol. 11, 1989, S. 37-46

Stalk, G., Hout, T.: Redesign your Organisation for Time-Based Management, in: Planning Review, Nr. 1, Vol. 18, 1990, S. 4-9

Stalk, G., Hout, T.: Zeitwettbewerb - Schnelligkeit entscheidet auf den Märkten der Zukunft, Frankfurt/ New York, 1990

Staudt, E., Bock, J., Mühlemeyer, P., Kriegesmann, B.: Der Arbeitnehmererfinder im betrieblichen Innovationsprozeß, in: Zeitschrift für betriebswirtschaftliche Forschung (ZfbF), Nr. 2, 44. Jg., 1994, S. 111-130

Staudt, E.: Mißverständnisse über das Innovieren, in: Die Betriebswirtschaft (DBW), Nr. 3, 43. Jg., 1983, S. 341-356

Stauss, B.: „Augenblicke der Wahrheit" in der Dienstleistungserstellung: Ihre Relevanz und ihre Messung mit Hilfe der Kontaktpunkt-Analyse, in: Bruhn, M., Stauss, B. (Hrsg.): Dienstleistungsqualität: Konzepte, Methoden, Erfahrungen, Wiesbaden 1991, S. 345-365

Stauss, B., Friege, C.: Zehn Lektionen in TQM, in: Harvard Business Manager, Nr. 2, 18. Jg., 1996, S. 20-32

Stauss, B., Hentschel, B.: Verfahren der Problemdeckung und -analyse im Qualitätsmanagement von Dienstleistungsunternehmen, in: GfK - Jahrbuch der Absatz- und Verbrauchsforschung, Nr. 3, 36. Jg., 1990, S. 232-259

Stauss, B., Hentschel, B.: Dienstleistungsqualität, in: Wirtschaftswissenschaftliches Studium (WiSt), Heft 5, 20. Jg., 1991, S. 238-244

Stegers, W.: Ihr neues Auto? Vom tollen Team!, in: Peter Moosleitners interessantes Magazin (PM), Heft 2, o.Jg., 1994, S. 12-18

Steih, M., Pfaffmann, E.: Der interne Arbeitsmarkt in der japanischen Unternehmung, in: Zeitschrift für Betriebswirtschaft (ZfB), Nr. 1, 66. Jg., 1996, S. 77-101

Stein, I.: Lizenz zum Tüfteln, in: WirtschaftsWoche, Nr. 40, 50. Jg., 26.9.1996, S. 137-141

Steinle, C., Bruch, H., Müller, P.: Selbstorganisation - Ansätze und Implikationen für Organisation und Personalführung, in: Das Wirtschaftsstudium (WISU), Nr. 7, 25. Jg., 1996, S. 648-655

Stornebel, K., Tammler, U.: „Quality Function Deployment" als Werkzeug des Umweltmanagements, in: UmweltWirtschaftsForum (UWF), 3. Jg., Heft 4, 1995, S. 4-8

Straub, W., Forchhammer, L.: Berater können erfolgreicher werden, in: Harvard Business Manager, Nr. 3, 17. Jg., 1995, S. 9-18

Striening, H.-D.: Prozeß-Management - Ein Weg zur Hebung der Produktivitätsreserven im indirekten Bereich, in: Technologie und Management, Nr. 3, o.Jg., 1988, S. 16-26

Strittmacher, F.: Von den besten Unternehmen lernen, in: Impulse, Heft 5, o.Jg., 1996, S. 112-116

Suarez, F., Cusumano, M., Fine, C.: An Empirical Study of Flexibility in Manufacturing, in: Sloan Management Review, Nr. 2, 37. Jg., 1995, S. 25-31

Suarez, F., Cusumano, M., Fine, C.: Wie flexibel produziert Ihre Fabrik?, in: Harvard Business Manager, Nr. 2, 18. Jg., 1996, S. 36-44

Taguchi, G., Clausing, D.: Robust Quality, in: Harvard Business Review, Nr. 1, Vol. 68, 1990, S. 65-75

Takeuchi, H.: Productivity: Learning from the Japanese, in: California Management Review, Issue 2, Vol. 23, 1981, S. 5-19

Takeuchi, H., Quelch, J.: Quality is More than Making a Good Product, in: Harvard Business Review, Nr. 3, Vol. 61, 1983, S. 139-145

Teece, D.J.: Profiting from Technological Innovation: Implications for integration, collaboration, licensing and public policy, in: Research Policy, Vol. 15, 1986, S. 285-306

Thamhain, H.J.: Managing Technologically Innovative Team Efforts Toward New Product Success, in: Product Innovation Management, Nr. 1, Vol. 7, 1990, S. 5-18

Theuvsen, L.: Business Reengineering - Möglichkeiten und Grenzen einer prozeßorientierten Organisationsgestaltung, in: Zeitschrift für betriebswirtschaftliche Forschung (ZfbF), Nr. 1, 48. Jg., 1996, S. 65-82

Thom, N.: Innovations-Management, in: Zeitschrift Führung-Organisation (ZFO), Nr. 1, 52. Jg., 1983, S. 4-11

Thom, N.: Der Organisator als Innovator, in: Die Unternehmung, Nr. 4, 46. Jg., 1992, S. 253-266

Töpfer, A., Mehdorn, H.: Total Quality Management - Anforderungen und Umsetzung im Unternehmen, 2. Aufl., Landsberg 1992

Töpfer, A.: Zeit-, Kosten- und Qualitätswettbewerb: Ein Paradigmenwechsel in der marktorientierten Unternehmensführung?, in: Blum, U., Greipl, E., Hereth, H., Müller, S. (Hrsg.): Wettbewerb und Unternehmensführung, Stuttgart 1994, S. 223-261

Töpfer, A.: Konzepte des Qualitätsmanagement: Bewertung und Vergleich, in: Gesellschaft für Planung - Agplan: agplan-Handbuch zur Unternehmensplanung, 47. Erg.-Lfg., II/1996, S. 1-40

Trommsdorff, V., Schneider, P.: Grundzüge des betrieblichen Innovationsmanagement, in: Trommsdorff, V. (Hrsg.): Innovationsmangement, München 1990, S. 1-26

Troxler, P., Ulich, E.: Conceptual and Methodological Contributions of Work Psychology to Total Quality Management, in: European Organization for Quality (Hrsg.): 40th Annual EOQ-Congress, Proceedings, Vol. 1, Berlin 1996, 105-109

Tucker, F., Zivan, S., Camp, R.: Mit Benchmarking zu mehr Effizienz, in: Harvard Manager, Nr. 3, 9. Jg., 1987, S. 16-18

Turnbull, P.: Organizational buying behaviour, in: Baker, M. (Hrsg.): The Marketing Book, 2. Aufl., Oxford 1991

Union of Japanese Scientists and Engineers (JUSE): The Deming Prize Guide - For Oversea Companies, Tokyo, 1992

Upton, D.: What Really Makes Factories Flexible?, in: Harvard Business Review, Nr. 4, Vol. 73, 1995, S. 74-84

Vandenbrande, W.: Organizational, Social and Political Barriers to TQM, in: European Organization for Quality (Hrsg.): 40th Annual EOQ-Congress, Proceedings, Vol. 1, Berlin 1996, S. 105-109

Vogel, B.: Innovationsmanagement - Mehr Freiraum für Visionen, in: TopBusiness, Nr. 4, o.Jg., 1994, S. 93-100

Voigt, K.-I.: F+E Strategie und „Strategische" Flexibilität, in: Zeitschrift für Betriebswirtschaft (ZfB), Nr. 9, 64. Jg., 1994, S. 1083-1107

Voigt, K.-I.: Werbeerfolg durch Lernen und Vergessen, in: Das Wirtschaftsstudium (WISU), Nr. 11, 25. Jg., 1996, S. 999-1004

Volk, H.: Kaizen - Anmerkungen zu einem Mythos, in: Personal, Nr. 3, 45. Jg., 1993, S. 116-118

Wagner, H.: Zero-defects - eine industrielle Weltanschauung, in: Qualitätskontrolle, Nr. 6, 11. Jg., 1966, S. 61-69

Waldner, G.: Beim dritten Anlauf ins Finale - Ein Erfahrungsbericht über die Bewerbung um den Europäischen Qualitätspreis, in: Qualität und Zuverlässigkeit (QZ), Nr. 12, 40. Jg., 1995, S. 1392-1395

Walther, J.: Betriebswirtschaftliche Analyse und Beurteilung von Total Quality Management-Konzeptionen, in: Zeitschrift für Planung, Heft 1, Band 6, 1995, S. 1-10

Wanke, O.: Virtuelle Realität: Schneller fertig, in: WirtschaftsWoche, Nr. 24, 49. Jg., 8.6.1995, S. 85-87

Watzka, K.: Personelle Widerstände gegen Qualitätssicherungsmaßnahmen, in: Qualität und Zuverlässigkeit (QZ), Nr. 1, 34. Jg., 1989, S. 49-52

Weiber, R.: Was ist Marketing? Ein informationsökonomischer Erklärungsansatz, Arbeitspapier zur Marketingtheorie, Nr. 1, Trier 1993

Weiber, R.: Leapfrogging-Behaviour: Herausforderung für das Marketing-Management neuer Technologien, in: Zahn, R. (Hrsg.): Technologiemanagement und Technologien für das Management, Stuttgart 1994, S. 333-368

Welge, M., Hüttemann, H., Al-Laham, A.: Strategieimplementierung, Anreizgestaltung und Erfolg, in: Zeitschrift Führung-Organisation (ZFO), Heft 2, 65. Jg., 1996, S. 80-85

Westermeier, K.: Forschungskrise - Teure Flaschen im Labor, in: TopBusiness, Nr. 4, o.Jg., 1994, S. 106-110

Wettwer, B., Wulff, M.: Halbleiter: Roter Puck, in: WirtschaftsWoche, Nr. 34, 49. Jg., 17.8.1995, S. 48-49

Weymann, H., Wiegard, M.: Information, Dialog und Kreativität, in: Qualität und Zuverlässigkeit (QZ), Nr. 5, 41. Jg., 1996, S. 544-548

Wheelwright, S., Clark, K.: Revolution in der Produktentwicklung: Spitzenleistungen in Schnelligkeit, Effizienz und Qualität durch dynamische Teams, Frankfurt a.M./ New York, 1994

Whiting; R.: Benchmarking, Lessons from the Best-in-Class, in: Electronic Business, Issue 19, Vol. 17, 1991, S. 128-134

Wicher, H.: Unternehmenskultur, in: Das Wirtschaftsstudium (WISU), Nr. 4, 23. Jg., 1994, S. 329-341

Wicher, H.: Das Promotorenkonzept - Eine Problemanalyse, in: Das Wirtschaftsstudium (WISU), Nr. 10, 24. Jg., 1995, S. 820-832

Wicher, H.: Probleme der Innovationsmessung, in: Das Wirtschaftsstudium (WISU), Nr. 5, 25. Jg., 1996, S. 455-461

Wieandt, A.: Die Entstehung von Märkten durch Innovationen, in: Betriebswirtschaftliche Forschung und Praxis (BFuP), Heft 4, 47. Jg., 1995, S. 447-471

Wieandt, A.: Zum Marketing von Innovationen, in: Marketing ZFP, Zeitschrift für Forschung und Praxis, Heft 1, 16. Jg. 1994, S. 21-30

Wildemann, H.: Entwicklungsstrategien von Zulieferunternehmen, in: Zeitschrift für Betriebswirtschaft (ZfB), Heft 4, 62. Jg., 1992, S. 391-413

Wildemann, H.: Simultaneous Engineering als Baustein für Just-in-time Forschung, Entwicklung und Konstruktion, in: VDI-Zeitschrift, Nr. 12, 134. Jg., 1992, S. 18-23

Wildemann, H.: Lean Management, Frankfurt a.M. 1993

Wildemann, H.: Der Bayerische Qualitätspreis, in: Qualität und Zuverlässigkeit (QZ), Nr. 4, 40. Jg., 1995, S. 408-412

Wildemann, H.: Ein Ansatz zur Steigerung der Reorganisationsgeschwindigkeit von Unternehmen: Die Lernende Organisation, in: Zeitschrift für Betriebswirtschaft (ZfB) - Ergänzungsheft, Nr. 3, 65. Jg. 1995, S. 1-23

Wilkinson, A., Witcher, B.: Fitness for use? Barriers to full TQM in the UK, in: Management Decision, Nr. 8, Vol. 29, 1991, S. 46-51

Williamson, O.: Markets and Hierarchies: Analysis and Antitrust Implications, New York/ London 1975

Williamson, O.: The Economics of Organizations: The Transaction Cost Approach, in: American Journal of Sociology, Nr. 3, Vol. 87, 1981, S. 548-577

Williamson, O.: The Modern Corporation: Origins, Evolution, Attributes, in: Journal of Economic Literature, Nr. 12, Vol. 19, 1981, S. 1537-1569

Williamson, O.: The Economic Institutions of Capitalism, New York 1985

Williamson, O.: Die ökonomischen Institutionen des Kapitalismus: Unternehmen, Märkte, Kooperationen, Tübingen 1990

Williamson, O.: Vergleichende ökonomische Organisationstheorie: Die Analyse diskreter Strukturalternativen, in: Ordelheide, D., Rudolph, B., Büsselmann, E.: Betriebswirtschaftslehre und ökonomische Theorie, Stuttgart 1991, S. 13-49

Wind, Y., Thomas, R.: Conceptual and Methodological Issues in Organisational Buying Behaviour, in: European Journal of Marketing, Nr. 5/6, Vol. 14, 1980, S. 239-263

Windau, P. von, Pfleger, M.: Unternehmenskultur - die zentrale Aufgabe, in: Absatzwirtschaft, Sondernummer Oktober 1990, 33. Jg., 1990, S. 82-84

Windsperger, J.: Der Unternehmer als Koordinator, in: Zeitschrift für Betriebswirtschaft (ZfB), Heft 12, 61. Jg., 1991, S. 1413-1429

Windsperger, J.: Transaktionskostenspezifität, Reputationskapital und Koordinationsform, in: Zeitschrift für Betriebswirtschaft (ZfB), Heft 8, 66. Jg., 1996, S. 965-978

Wittlage, H.: Fraktale Organisation - Ein neues Organisationskonzept, in: Das Wirtschaftsstudium (WISU), Nr. 3, 25. Jg., 1996, S. 223-228

Witzig, T., Breisig, T.: Umsetzung aktueller Konzepte des Qualitätsmanagements, Erkenntnisse aus einer Fallstudie, in: Zeitschrift für betriebswirtschaftliche Forschung (ZfbF), Nr. 6, 46. Jg., 1994, S. 737-763

Wolf, G.: Qualitätsmanagement: Motivation nicht zum Nulltarif, in: Blick durch die Wirtschaft, Nr. 104, 39. Jg., 31.5.1996, S. 11

Wolf, J.F.: Neely Gardner and Deming`s TQM, in: Public Administration Quarterly, Issue 2, Vol. 16, 1992, S. 209-221

Wolinsky, A.: Prices as Signals of Product Quality, in: Review of Economic Studies, Vol 50, 1983, S. 647-658

Womack, J.: Neues von Hammer und Champy, in: Harvard Business Manager, Nr. 1, 17. Jg., 1995, S. 73-75

Womack, J., Jones, D.: Das schlanke Unternehmen: Ein Kosmos leistungsstarker Firmen, in: Harvard Business Manager, Nr. 3, 16. Jg., 1994, S. 84-93

Womack, J., Jones, D.: From Lean Production to the Lean Enterprise, in: Harvard Business Review, Nr. 2, Vol. 72, 1994, S. 93-103

Womack, J., Jones, D., Roos, D.: Die zweite Revolution in der Autoindustrie - Konsequenzen aus der weltweiten Studie des Massachusetts Institute of Technology, 3. Aufl., Frankfurt/ New York 1991

Zäpfel, G.: Robuste Produktionsplanung zur Bewältigung von Absatzungewißheiten, in: Zeitschrift für Betriebswirtschaft (ZfB), Ergänzungsheft 2, 65. Jg., 1995, S. 77-95

Zeithaml, V., Berry, L., Parasuraman, A.: Kommunikations- und Kontrollprozesse bei der Erstellung von Dienstleistungsqualität, in: Bruhn, M., Stauss, B. (Hrsg.): Dienstleistungsqualität: Konzepte, Methoden, Erfahrungen, Wiesbaden 1991, S. 109-136

Zeithaml, V., Parasuraman, A., Berry, L.: Qualitätsservice, Frankfurt a.M./New York 1992

Zink, K. (Hrsg.): Qualität als Managementaufgabe - Total Quality Management, Landsberg 1992

Zink, K., Hauer, R., Schmidt, A.: Quality Assessment - Instrumentarium auf der Basis von EN 29000, Malcolm Baldrige Award und European Quality Award, in: Qualität und Zuverlässigkeit (QZ), Teil 1: Nr. 10, 37. Jg., 1992, S. 585-590, Teil 2: Nr. 11, 37. Jg., 1992, S. 651-658

Aus unserem Verlagsprogramm:

Schriftenreihe Innovative Betriebswirtschaftliche Forschung und Praxis

---

Xiaoming Ji
Planung und Bewertung von Investitionsobjekten
Umsetzbarkeit marktwirtschaftlicher Methoden in der Volksrepublik China
Hamburg 1999 / 200 Seiten / ISBN 3-86064-896-9

Martin Möhrle
Bilanzierung des derivativen Geschäftswertes im Licht der Investitionstheorie
Hamburg 1999 / 228 Seiten / ISBN 3-86064-935-3

Gösta Heelemann
Die Entwicklung ostdeutscher Kapitalgesellschaften unter besonderer Berücksichtigung spezifischer Transformationsaspekte
Hamburg 1999 / 441 Seiten / ISBN 3-86064-877-2

Jens-Peter Madrian
Interessengruppenorientierte Unternehmensführung
Eine organisationstheoretische Analyse am Beispiel großer Aktiengesellschaften
Hamburg 1998 / 290 Seiten / ISBN 3-86064-843-8

Matthias Menke
Planung der Unternehmernachfolge
Ein strategisches Konzept für Einzelunternehmer
Hamburg 1998 / 248 Seiten / ISBN 3-86064-830-6

Verlag Dr. Kovač - Postfach 50 08 47 - 22708 Hamburg - Fax: 040 - 39 88 80-55

Einfach
Wohlfahrtsmarken
helfen!